英格兰名人传

启真馆 出品

西方传记经典

[英]托马斯·富勒 著

王宪生 译

The History of the Worthies of England

英格兰名人传

ZHEJIANG UNIVERSITY PRESS
浙江大学出版社

译者序言

托马斯·富勒（1608—1661）是英国17世纪著名作家，也是位神学家、布道师和历史学家。剑桥大学毕业后，他一直断断续续地担任圣职，1633年到多塞特郡担任乡村牧师后，就开始了写作生涯，最终成为当时出版著作最多的作家之一，也可以说是英国最早的职业作家之一。富勒生性憨厚幽默，修辞技巧娴熟，喜欢在作品里玩弄文字游戏，尤其是善用双关语，其作品读来清新自然、妙趣横生，很受读者欢迎。用他自己的话说，他的作品出版后，没有一部让出版商赔过钱，有的书甚至出了十几版。1660年，他把自己最著名的《英格兰名人传》书稿送到印刷厂，但第二年就因病去世，没有亲眼看到这部作品出版。

《英格兰名人传》这部书他并没有完成。为撰写这本书，他前后准备了将近二十年，一有机会就辗转各地搜集资料，走访当地名人，调查记录，有时为了得到一点重要信息而强颜欢笑，还向提供信息的人支付报酬。即便如此，仍有很多资料没有找到，全书直到付印也没有整理成形，只是有一个简单的框架，比奥布里的《名人小传》稍微像样一些。

富勒这部传记与其他传记最大的不同，就是它不仅仅是名人传记，而且还包括英格兰各郡的山川地貌、风土人情、土产特产、奇闻轶事，这些内容往往比介绍名人的篇幅还要长。所以，把它改名为《英伦风情录》可能更名副其实。如果当时有人想到英格兰各地去旅游，这本书一定是最好的旅游手册，说它是英国第一部观光指南也不为过。

全书在内容的安排上是以郡为单位，每个郡下面先是一段导语，介绍该郡的地理位置、面积大小、气候特点、土壤结构等，接下来便是天然产品、工业品、当地俗语、奇观、建筑、重大战役等，最后一部分才是这个郡的名人简介。富勒在这里收录的名人，大致分为君主、圣徒、高级教士、律师、法官、政治家、海员、作家、值得纪念的人物等，有的是当代人物，有的是几百年以前的人物，凡是有些名气的都尽量收录。各郡的最后都有一段告别辞，是作者对这个郡的点评、希望或祝福，充分表现出作者的人文情怀。

从全书内容来看，最出彩的地方是各郡的前半部分，即自然景观、风土人情这部分，往往比对人物的描写更精彩，提供的信息也更准确，因此也更有史料价值。看完全书，仿佛作者以导游身份带领我们在英格兰各地转了一圈，让游客对当时英格兰各方面的情况都有一个大概的了解，而这些信息往往在其他文献中看不到。当然，由于历史的局限性，作者缺乏现代人的科学素养，对很多现象的描述都是有问题的，甚至是错误的，对此我们不应过多苛求。读者感兴趣的与其说是作者描写的某种事物，不如说是作者对待这一事物的态度，还有由此折射出的当时人们的三观、习俗和审美情趣。

名人简介这部分问题更多。不但很多人的生卒年月不准确，而且很多事迹都是道听途说，甚至带有神话色彩，而且越是久远的人物问题越多，与事实出入也越大。所以，这部分的看点主要不是史实，而是富勒如何用生花妙笔描写这些人物及其事迹。就像茶余饭后听人侃大山，是真是假明眼人并不在乎，更重要的是得到愉快的享受。

　　英国的传记文学始于文艺复兴时期，早期的传记一般记述的是国王、圣徒等堪称道德楷模的人物，后来才扩大到其他人物。到了富勒的时代，传记文学逐渐增多，尤其是王朝复辟之后，成为主要的文学体裁。从富勒的这部传记来看，虽然记述的人物类型繁多，但仍然可以看出早期传记的影响，如君王、枢机主教、高级教士等大人物仍是主流，记述他们的事迹时仍然为尊者讳，只说好话不说坏话，与奥布里不遮不掩的风格大异其趣。当然，也许这和作者的性格人品有关。富勒是谦谦君子，温润如玉，从来不吐脏字，连贬损人的话也说得十分文雅，自然不愿说别人的坏话。

　　书中说他写这部传记有五个目的：为上帝争光，保存逝者的英灵，为在世的人树立榜样，让读者得到愉快的享受，为自己挣点辛苦费。即便是只达到第一个目的，他就感到满意了。而在我们看来，他第四个目的肯定达到了，相信每一位读者都会从这部传记中得到愉快的享受，甚至可以说这是英格兰第一部可读性强的传记，能把传记写成这个样子，可以说是别出心裁，这也是这本书历久不衰、一版再版的主要原因。最后一个目的肯定没有达到，富勒死的时候这部书还没有出版，出版后挣的钱无论多少，他连一个便士也无缘花费。

　　至于前面三个目的，尤其是他最为看重的第一个目的是否达到，恐怕只能由当时的人来判断。富勒是个虔诚的圣公会教徒，大半生都在教会担任圣职，有这些想法是很正常的。他在书中处处表现出对上帝和圣公会的虔诚，夸赞上帝伟大，圣公会正宗，对其他教派多有不敬之词，称他们为"异教徒"，尤其是天主教徒。不仅是富勒持这一态度，恐怕当时所有的圣公会教徒都是这样，富勒作为神职人员更应该是这样，不同教派之间相互贬损，视如寇仇，否则就是"政治不正确"。从爱德华六世时代直到光荣革命，英国的宗教与政治就搅和在一起难解难分，往往是宗教立场决定人的政治立场，没有人在这方面掉以轻心。这种微妙的政教关系，欧洲其他任何一个国家都达不到这种程度，也没有持续这么长的时间。

英格兰的教派纷争从都铎王朝中期开始，尤其是亨利八世去世之后。亨利八世虽然断绝了与罗马的关系，自立为圣公会首领，开始了宗教改革，但他的改革只是名义上的，其实质依然如故。圣公会的教义、教阶体制、礼拜仪式等，与天主教并没有多大区别，唯一的变化就是国王取代了教皇，成为教会首领。亨利八世之后，其三个子女先后当政，两大教派像翻烧饼似的轮流坐庄，几百人被处死，更多的人被监禁或逃亡国外，广大教徒苦不堪言。到伊丽莎白女王登基时，英格兰几乎到了崩溃的边缘。伊丽莎白虽然是一代明君，一上任就以快刀斩乱麻之势解决了令人头疼的宗教问题，尤其是她的"不探究灵魂"的宗教政策，确保了近半个世纪的相对稳定，但还是留下一个很大的隐患，即圣公会保留了天主教的教阶体制和一部分礼拜仪式，名义上属于新教阵营，但新教认为它像天主教，天主教认为它像新教，两边都不认可，成为新教阵营的"另类"，也是后来宗教争端的滥觞。

到富勒这个时候，教派争端愈演愈烈，一直伴随他整个一生。富勒是圣公会教徒，又是君主制的拥护者，内战时自然站在国王一边。即便是在克伦威尔掌权时期，他也没有倒向清教徒一方，甚至还流露出希望国王复辟的意思，这在当时是有很大风险的，万一让人检举，后果会很严重。由此可以看出，富勒在宗教和政治上既虔诚又坚定，在逆境中也初心不改。难怪国王一复辟，马上就向剑桥大学力荐富勒，建议授予他神学博士学位，算是对他多年忠心耿耿的报答。另外从本书中还可以看出，富勒在描述某人、某事、某物时，圣经里面的典故和话语信手拈来，可见他是个非常称职的神职人员，神学博士头衔不是白送给他的。这样一个人，在这种情况下，时常说出一些本行人挂在嘴边的话，也就可以理解了。

英国的宗教纷争前后持续了大约一个半世纪，光荣革命之后逐渐平息，这和约翰·洛克大力倡导宗教宽容是分不开的。伏尔泰流亡英国时，看到不同教派的人在伦敦交易所里兴致勃勃地谈股票交易，感到非常吃惊，这在当时的法兰西是不可想象的，富勒时代的英格兰也绝对不会出现这种事。一旦市场开始繁荣，世俗的经济利益占据人的头脑，教义和教派之类的事就不那么重要了。富勒如果生活在伏尔泰那个时代，挂在嘴边的恐怕就不是圣经典故，而是股票买卖了。

富勒这部名著一直没有中文译本。多亏刘训练老师和启真馆慧眼识珠，策划出版了这部经典之作，由我操刀翻译，实感惶恐，深知译好17世纪的英语很不容易。为尽量传译原作的风采，译者使尽闪转腾挪的功夫，但愿能保留几分富勒的神韵，不当之处还请广大读者批评指正。

编者前言

如果我们想起伊丽莎白时代就想起剧作家，想起维多利亚时代就想起小说家，那么王朝复辟时期典型的文学体裁肯定是传记和自传，从最广义上说的传记和自传。佩皮斯的《日记》、奥布里的《名人小传》，马上就会出现在脑海里。但这两部作品都不是作者打算出版的，至少不是打算以保存至今的形式出版。佩皮斯以速记符号写日记，这些符号直到一个半世纪之后才被人破译。奥布里只不过是为其宏大的写作计划记一些笔记而已。

这一领域的完整作品，还要到其他地方去找，找托马斯·富勒的《英格兰名人传》，或是艾萨克·沃尔顿的《传记集》。无论是富勒还是沃尔顿，在处理传记的方式上都比奥布里保守，都保留一点虔诚的味道，人一死只能说其好话。两位作者都公开宣称，他们的目的是教育读者。

这一点奥布里在理论上可能会同意，他至死也没有把他的笔记整理成形，其部分原因是他要考察一个人完整的生平。他的方法和克伦威尔对彼得·利利的著名忠告是一致的："利利先生，我希望你使出浑身解数，把我的像画得真正像我，一点也不美化，而是要画出所有的粗糙之处——粉刺、肉赘，还有你所看到的一切，否则我连一枚硬币也不给你。"这可以成为奥布里《名人小传》的铭文，而富勒《英格兰名人传》的铭文则是"让我们赞美名人吧,赞美生养我们的先辈吧"。

我们要是想和佩皮斯一起在伦敦大街上散步,或是和奥布里一起坐在牛津小酒馆里喝酒,那和富勒在一起就是想悠闲地吃饭。他是个令人轻松愉快的作家,极为风趣,见多识广。他可能没有佩皮斯直来直去,也不像奥布里那样猥亵,但他可以用风趣的话和风格加以弥补。他在某种程度上是最早的一批职业作家之一,这从他的大量作品中可以看出来。他有一定程度的职业范儿,对自己不着一字,要想了解他的生平得到别处去找,在他自己的作品里找不到。

具有讽刺意味的是,这位传记写作的先驱,倒成了维多利亚时代至少三部传记所描写的对象。这些传记详尽无遗,能让人看得精疲力竭。这些大部头的书差不多能把他埋起来。在抵制维多利亚时代鉴赏力的过程中,他也许被人忽略了,这是不应该的。但这要由读者来定夺,现在我们还是转谈他本人的生涯。

托马斯·富勒 1608 年出生于北安普敦郡的阿尔德文科尔,是个牧师的儿子,这个牧师也叫托马斯·富勒。他父母的身世我们所知甚少,只知道他母亲的祖父是伦敦商人,由于这一层关系,富勒与诗人威廉·戴夫南特爵士是远房亲戚。

依当时的习俗,他在十三岁上了剑桥。他父亲是三一学院的董事,叔叔是王后学院院长。他被送到叔叔那里,在那里度过了七年,由于没有当选董事而离开了那里,因为按照规定,每个郡选出的董事不得超过一名。据说富勒拒绝了让他不理会这一规则的提议。

不管怎么说,他转到西德尼-苏塞克斯学院,1631 年当选为董事。1630 年,他成为圣贝内特教堂的受俸牧师。这是座撒克逊小教堂,邻近圣体学院。这一圣职的任免权掌握在圣体学院院长和各位董事手里,这些人显然认为富勒大有潜力,当时他只有二十二岁,而且这绝非一座默默无闻的乡村教堂,而是一座大学教堂,其牧师有相当大的影响力。不过他担任这一职务时间很短，在圣贝内特教堂只有三年。

　　1631 年，先是亲戚为他找到一个收入更丰厚的职务，也就是内瑟伯里的受俸牧师，属于索尔兹伯里大教堂，所以他叔叔有权赠送，因为这时王后学院院长当上了索尔兹伯里主教。

　　两年以后，富勒成为多塞特郡布里德波特附近的布罗德温瑟教区牧师。这是一大变化，富勒离开了明显喜欢的大学生活，来到英格兰乡村的纵深地区。富勒对大学生活的喜爱反映在他的《剑桥大学史》里，《剑桥大学史》是其《英格兰教会史》的一部分，出版于他离开那里二十年以后。他喜欢与良友为伴，喜欢谈论奇闻趣事，而这些多塞特几乎无法为他提供。但也有补偿：他就是在这样一个乡村牧师家里长大的，习惯了乡村生活方式，与乡下人为伍让他感到轻松自在。

　　这种乡村隐居生活成为富勒作家生涯的开端。在剑桥期间，他发表了一首并不怎么样的诗，但他真正的才华把他引向其他地方。很难说到底是什么促使他撰写《圣战史》。这是一部很通俗但涉猎很广的十字军史，以大量中世纪编年史为基础，这些编年史很多是在三十年或四十年前才首次刊印问世。人们对中世纪史和普通历史学又产生了新的兴趣。正像戴维·诺尔斯在《历史上的大冒险》中所说："撰写历史要用到新技巧，这一技巧一百年来一直用在描写古代的文学名著上，使用者有很多大学者，从瓦拉、伊拉斯谟到斯卡利杰尔、卡索邦。"

　　富勒不是个有独创性的学者，与威廉·达格代尔爵士（富勒在《英格兰名人传·沃里克郡》里热情赞扬了这位爵士）不一样。但他欣赏著名古文物研究者的作品，承认自己受惠于他们的大作和收藏品，尤其是受惠于罗伯特·科顿爵士惊人的手稿收藏，这些手稿大部分保存完好，现在是不列颠图书馆的珍品。在富勒那个时代，不列颠图书馆被认为和牛津大学图书馆一样，是当时两座最大的学术图书馆之一。

富勒非常清楚公共档案的价值。他的《英格兰名人传》中，有很多篇幅都是亨利六世时期每个郡的乡绅编撰刊印的材料，还有各郡郡长和伦敦市长名单。富勒的才华在于让更广大的读者可以接触到这一新学术成果。他性情温和，头脑冷静，是那个时代做阐释工作的理想人物，当时由于派系之间的疯狂争斗，很多珍贵历史文献被毁坏。他在撰写《圣战史》时，这样描述腓特烈·巴巴罗萨："在已故作家中，新教作家不承认当时所有天主教作家的权威，天主教作家不承认当时在世的所有帝国作家所提供的证据……两派之间共享的当代历史微乎其微，几乎一无所有。"对于这一点，富勒再清楚不过了。

无论如何，《圣战史》是一部受欢迎的成功之作，1639 年首印当年就重印。塔索的《被解放的耶路撒冷》将第一次十字军东征描述成一部英雄史诗，费尔法克斯成功翻译了这本书，1600 年首次出版，1624 年重印，这部译作可能给了富勒灵感。这本书詹姆斯一世和查理一世都喜爱，据说詹姆斯一世认为，该书的价值超过了"其他所有英语诗歌"。当然，就《圣战史》来说，这本书写得好，出版商、圣保罗教堂的约翰·威廉姆斯出版的好，为富勒成为成功作家奠定了稳固的基础。

如果说《圣战史》具有一点开创性，他的下一部著作，也是更为成功的著作《神圣的国家和渎圣的国家》，则转向一个业已证明效果很好的套路，也就是一本写人物的书。这一形式由约瑟夫·霍尔（《善人与恶人》，1608）和约翰·厄尔（《微宇宙志》，1628）的著作普及开来。这两部著作都近似于宗教文献，霍尔和厄尔后来都成为主教，但其著作关注的是世俗道德而不是基督教道德，在很大程度上受惠于伊丽莎白时代后期的讽刺文学。富勒用一种可靠、家常式的风趣来淡化其前辈的放纵，用现实生活中的真实事例为前辈的抽象概念带来活力。这又转而成为依据男女主人公生活片段而写成的传记小品。在这个意义上，他对拜占庭皇帝安德罗尼柯·康奈诺斯的描述实际上被扩充了，并在五年以后单独成书出版。

1639 年出版《圣战史》之后和 1642 年出版《神圣的国家和渎圣的国家》之前，富勒又改变了生活轨迹。1641 年，他妻子死了，当主教的叔叔也死了，富勒本人也卷入当时的政治之中，成为教士会议成员。1641 年，他搬到伦敦，把教区管理工作交给了副牧师。

1642 年夏，他被任命为萨沃伊牧师，那里是以前萨沃伊宫辖区一座废弃的济贫院，实际上只是伦敦的另一个教区，但其因与王室有关系而享有特殊声誉。据说富勒曾在"伦敦大多数讲道坛上"布过道，"被赞扬为当时最优秀的讲道者之一"。在内战初期的动荡岁月里，讲道坛是有巨大政治影响力的地方，富勒试图利用布道来达成和解。

1642 年底，富勒和另外五个人向上议院请愿，希望允许他们从伦敦到国王那里乞求和解，这时伦敦成了议会派的武装要塞，国王在同样武装起来的要塞牛津。请愿得到了准许，但他们出发的时候，在阿克斯布里奇被议会派卫兵拦住搜查，找到了用密码写给保王党首领的可疑信件。他们几个人被捕了，被传唤回伦敦，但请愿书到了国王手里，国王于 1643 年 1 月做了答复。

富勒继续在清教徒中间宣讲温和的保王派观点，"叛乱分子的主要人物对他深恶痛绝"。但随着保王派人物埃德蒙·沃勒阴谋占领伦敦的消息传来，议会派要求伦敦所有居民宣誓效忠议会、反对国王。富勒很有保留地宣了誓，结果被要求再重复一遍。富勒拒绝了，离开伦敦去了牛津。

富勒离开伦敦去呼吁和解，但孤掌难鸣。1643 年 8 月，他抵达保王派营地，很快就应邀向国王布道。但他讲的并不是听众想听的话，并再一次乞求和解："富勒为和解祝福。"这话并不得人心。几个月后，他就以随军牧师的身份到了战场，参加了保王党的军队。后来他抱怨说，内战的前五年他失去了研究的一切机会，但一位不知名的传记作者却描绘了一幅令人愉快的图画，描写他如何充分利用这些被迫的旅行：

> 当时他的事务和研究工作实际上类似于一种游侠行为，他打算搜集英格兰各地名人更准确的资料。这水别人蹚过，但他决定再蹚一遍。无论走到哪里，尤其是重要的地方，他都把大部分时间用在观看、调查古迹和教堂墓碑上，想办法结识当地最博学、最有影响的人物（通常是和他们成为永久朋友），以此充分了解一些东西，他认为这些东西能让他的一番辛苦努力得到赞赏。这位博士为此而写了那么多信，想想真是令人不可思议。
>
> 这位好心的博士从来都不拒绝用最低贱者的发现来点亮调查了解真相的蜡烛。他会心安理得地忍受年长的教会官员或其他落伍者一个多小时的粗俗无礼，只是为了得到一鳞半爪他需要的信息。他头脑敏捷，各种官能一直处于待命状态，随时准备做他需要做的事。但他在做调查时，必须耐心听取那些漫无边际的胡说八道，直到他们说到点子上。他筛选老古董的决心就是这么坚定。对于这些赢弱的煽动分子或帮手（他愿意这样称呼他们），他从来都是先付钱再表示感谢之后才让他们走。

富勒担任随军牧师的时间比较短暂，1644 年 9 月又被任命为亨丽埃塔公主的专职牧师，公主的母亲亨丽埃塔·玛利亚在逃到法兰西之前把她生在了埃克塞特。埃克塞特是保王党的要塞，富勒可以享受十八个月相对平静的生活，与当地的古文物收藏家亲切交谈，他又写了一部受欢迎的著作《乱世妙想》。这是埃克塞特历史上刊印的第一本书，在以后的五十年里出了十几版。

1646 年 1 月，埃克塞特被费尔法克斯率领的议会军围攻了三个月之后投降了。亨丽埃塔被保姆偷偷送到法兰西，富勒又一次失业了。但不久以后，多亏了蒙塔古大人爱德华帮忙，他又找到一个资助人，到了北安普敦郡的鲍顿。"我有气无力，流浪在外，默默无闻……蒙塔古大人第一个照顾我，接纳了我，以其慷慨大方又让我恢复了原来的状态，又慷慨资助我可爱的儿子读书，儿子是我在老年唯一的希望。"

第二年，富勒又回到伦敦布道。他虽然与议会发生了冲突，被短暂地禁止布道，但他继续得到了有保王倾向者的支持。1649 年，他的一个资助人卡莱尔伯爵给了他一个牧师职位，到埃塞克斯的沃尔瑟姆大教堂任职。

富勒在沃尔瑟姆大教堂度过九年，这里离伦敦和剑桥都很近，但又能避开城市里的政治麻烦。他与厚道、受人尊敬的人为邻，1652 年前后又结了婚。他又能从事写作了，米德尔塞克斯伯爵的大图书馆为他提供帮助，取代了他自己散落在各处的书。

富勒出版了一些较短的著作之后，于 1655 年出版《不列颠教会史，附剑桥大学史和沃尔瑟姆大教堂史》，不少于一千三百页，大部头的对开本。这是一部费力费时而又急需的书，富勒规划了大约十五年，为此而进行了大量有独创性的研究，利用了保存在伦敦塔的国家档案和坎特伯雷历任大主教的登记簿。如果富勒只是将这些材料刊印出来，他作为古文物研究者和历史学家的声誉也会确立起来。但他生性开朗，一直不停地突破他要描述的段落。主教尼科尔森称赞他的学识，但抱怨这本书里"到处都是双关语和模棱两可的话，看起来这个人要嘲弄教会的编年史，把编年史说成是寓言和传奇故事似的"。

这本书还有一些奇特之处，其中包括很多献辞。富勒甚至把书里的各个部分题献给不同的人，这暗示早期书籍凭借认捐才能出版。爱开玩笑的牛津大学演说官员（人称"大地之子"）是依照传统每年选出来发表一场粗俗演讲的，他肯定是把这些献辞看成是筹集资金的方式，暗示每一位接受献辞的人都要为书的出版支付十枚金币——有一个支付二十枚的人被遗漏了。他还生动地讲述了富勒在伦敦兜圈子，一个胳肢窝夹着这部巨著，另一则夹着娇妻，参加每一场宴会或午餐来为他这部书做宣传。这是一幅夸张的人物肖像，但即便承认这是"大地之子"在胡说八道，他这样说也肯定有一点道理，也就是让读者认可这部书。

另一位历史学家彼得·黑林攻击得更厉害。黑林是个狂热的高教会[①]信徒，也是个优秀学者，发表文章逐个攻击《教会史》里很多与教义有关的部分。他也反对将轻松的内容和严肃的内容混在一起：

> 但首先，他向我推荐这本有趣的故事，还有一些粗俗的笑话，经常穿插在这部史书的各个部分。如果把这些内容抽出来单独成书，完全可以成为《笑话盛宴》里的第二道菜，成为对原书的增补，书名就叫《趣话集锦》，或是为原来的《百年笑话》再补充一百年，但这本书早就失传了。

对于黑林尖锐而又强硬的批评，富勒用他惯有的镇定自若来回应，这让他的对手好像感到很窘迫。这位对手喜欢争辩，不明白富

---

① 伊丽莎白的宗教改革不彻底，造成圣公会保留了一些天主教成分，后来圣公会内部就逐渐形成了"高教会"和"低教会"。"高教会"是指那些天主教倾向更明显的信徒，"低教会"是指那些新教倾向更明显的信徒。两大派的纷争一直持续到19世纪。——译者注

勒为什么愿意容忍不同意见。富勒的《受到伤害的无辜者的上诉》再一次受到黑林的攻击，但后来两位对手见了面，尽管黑林不太情愿，最终还是成为好朋友，也算令人欣慰。

17 世纪 50 年代初，富勒又在伦敦布道，每周都在圣克莱门特－丹尼斯教堂布道一次，这样持续了一段时间。但他下一次晋升是到大都市之外，在米德尔塞克斯郡的克兰福德。他到这里是由伯克利大人于 1658 年推荐的，伯克利大人是他的老朋友，也是其资助人。

克伦威尔死后，富勒再一次进入政界，就像 1642 至 1643 年间出现危机时向国王请愿那样。这一次他写了一本小册子，呼吁自由选举议会议员，就在蒙克将军 2 月 11 日的信之前面世，这封信和富勒的小册子是同一个话题。在这本小册子里，富勒看起来牢牢抓住了实际问题，这一特点也贯穿《英格兰名人传》的始终。

5 月，富勒甚至更深地卷入王朝复辟之中，到海牙担任伯克利大人的专职牧师，伯克利大人是议会派去迎接国王的专员之一。富勒在这里见到了塞缪尔·佩皮斯，佩皮斯这样写道：

> 5 月 17 日……（觐见过国王和王后之后）去觐见波希米亚王后时，我遇见富勒博士，和爱德华·皮克林先生一起把他送到一家小酒馆，我和其他人去见王后……然后去见博士，我们喝了一会儿。

两个人明显是偶然相识的，这一关系持续到佩皮斯回到英格兰之后。在此之前，佩皮斯和富勒可能通过两个人共同的朋友和资助人蒙塔古家族的关系见过面。9 月，他们在怀特霍尔一家小酒馆里又见了面，当时有人请佩皮斯解决一项争端，问他悲剧是否必须是历史上真实发生的事，佩皮斯认为不一定，富勒表示同意。1661 年1 月，富勒——佩皮斯称他是"了不起的汤姆·富勒"——到佩皮斯家"为他一个朋友求情，这个朋友想乘坐即将出发的两条船去牙买加，我答应了"。2月和5月，佩皮斯在萨沃伊听他布过道，第一次听很喜欢，但到了第二次，就觉得"不行，枯燥乏味"。

富勒这时又恢复了他在索尔兹伯里的牧师职务，1660年8月由国王授权，获得剑桥大学神学博士学位。1661年夏，他被任命为国王的特派牧师。他只有五十三岁，一旦有合适的职务空缺，大家都认为他能当上主教，作为他在内战的黑暗岁月里忠诚于国王的回报，也是对他身为著名讲道者和作家的合理补偿。

但在1661年夏，他患上致命的热病，"这种病当时到处肆虐，更广泛的叫法是'新疾病'，像瘟疫一样在全国上下让很多人送了命"。他死于8月16日，埋葬在克兰福德。

佩皮斯记下了这个日子，"无论是在城市还是乡村，几乎没有任何人听说过（这种热病），除非是在瘟疫时期。死者当中有著名的汤姆·富勒……"

富勒没有完成他最著名的作品《英格兰名人传》，这本书他准备了将近二十年。1660年，这本书的草稿被送到印刷厂，但还有很多没有完成，威尔士部分只是个梗概。1661年1月，佩皮斯和他谈到过这本书：

> ……我碰见托马斯·富勒博士，领着他到了多格。他对我说，他最后一本大部头的书即将出版，也就是英格兰所有家族的历史，谈到我们家他比我知道得还要多。他还说，他把记忆术发展到完美的程度，不久前他用拉丁语对四个著名的大学者口述不同的话题，这些话题是他们提出的，速度快得他们根本就记不下来，最后把他们累倒了。
>
> 顺便说一句，谈话中他对我讲了开始一句话的最好方式。如果一个人走了神，忘了最后一句话（他从来不忘），这个时

候他最后一个应急手段就是用"然而"开始。

约翰·奥布里也发现了富勒非凡的记忆力，从富勒死后不久出版的一部不知名的传记中引述了一件事：

> 他中等身材，粗壮，卷发，爱动脑子，饭前散步和沉思时，他会吃完一便士的面包而一无所知。他天生记忆力很强，后来又增添了记忆术。他能向你一一说出从拉奇特到查令十字街的所有标牌，先正着说，再倒着说。

佩皮斯急于见到《英格兰名人传》，朋友的最后一部书出版时，他于 1662 年 2 月 10 日写道：

> 然后去了圣保罗大教堂（伦敦售书业中心），在那里见到富勒博士的《英格兰名人传》——这是我第一次见到此书。于是我就坐下来看，一直看到两点我才意识到该走了。然后我起身回家吃饭，但让我感到困惑的是（他虽然和我谈到过我家，谈到过我家的纹章）他只字未提我们家，无论是在剑桥还是在诺福克，都没有提到。不过我确实相信，我们家从来也没有引人注目过。

佩皮斯好像买过或借过这本书，这个月末他在家里看过，后来一些年份他也隔三岔五地提到它。

如果承认《英格兰名人传》符合英国文学的标准，那它也许是最奇怪的文学书之一。富勒虽然用去八十页对开纸的篇幅来概述撰写这部书的计划和原则，但它常常杂乱无章，不比一个剪贴簿强多少。他经常为自己不顺着一个话题说下去辩解，说他在其他地方谈过了，而且书的一部分被历史档案目录所占据。另外，他还大量抄袭别人的作品。

然而，将整部作品凝聚在一起的是一种极为强烈的意识：我们所面对的是一个栩栩如生的人，其才智和风格与其相般配。以下是这部著作的选集，不可避免地会歪曲书的本质。我努力记住乔治·森茨伯里的告诫：

> 富勒欢迎节选，他自己也有份。他的书几乎没有一本有正规的计划或连贯的大纲，拆开引用根本不会对其造成伤害。对于一个既东拉西扯又爱开玩笑的作家来说，"提取精华"很可能是恰当的、没有风险的。
>
> 但选集是否能让读者对作者有一个公正的看法，即便是读者对17世纪中叶及其典型的离奇有趣颇有好感，这一点可能让人怀疑。我们必须记住，妙语和俏皮话绝不仅仅为了逗人一笑。其部分用意是，借助于幽默话语，作者可以把这些片段表述得更透彻。
>
> 我希望我在趣话和重大事情上保持了平衡，这是富勒的真实用意。富勒与卡姆登、斯托一样，善于将高雅的学术向广大公众解释，卡姆登与斯托是伊丽莎白时代写通俗历史的两位伟大作家。从这个意义上说，富勒是吉本的先驱，也是维多利亚时代历史作家的先驱。吉本也是历史学家，具有非常鲜明的风格。但富勒完全可以为他自己的书辩解，就像《英格兰名人传》的前言所显示的那样。

理查德·巴伯

本书的结构

将英格兰比作一所不大但很实用的房子，各个郡就像是各个房间，这样比喻也许并无不当。博学的卡姆登先生、勤勉的斯皮德先生和其他人已经描述了这些房间，如果上帝不介意，我打算描述这些房间里的家具设施。每一个地方都有其名产，有生长在那里的名人，还有与此相关的其他值得注意的东西。

著名哲学家加图，如果有人向他提出一个新计划，他通常会这样问："这会让谁受益？""要是完成这一计划，会带来什么好处？"无论做任何事情，这个问题更适合问，而回答起来就不容易了，尤其是对于出新书这件事，连那些抱怨书已经太多的人，也每天都帮着出更多的书。

要知道，我打算让这本书达到五个目的。第一，为上帝争光。第二，保存逝者的英灵。第三，为在世的人树立榜样。第四，让读者得到愉快的享受。最后（我公开承认并不感到羞耻），为自己挣点辛苦费。如果运气不好，五个目的不能全部达到，一部分能达到我也高兴。即便是只达到一个目的（尤其是第一个），我也会感到满意和欣慰，达到这些目的就是我辛苦努力的动机。

第一，为上帝争光，这应该是我们一切行动的目的，尽管我们开弓时常常双手颤抖，箭就射不中目标。但我们的国家物产丰富、硕果累累，既然描述这样一个国家，我就希望作者和读者都要感谢上帝，他对我国是那么慷慨。为此，我不仅总是表达感激之情，而且还时常找机会劝别人也表达感激之情，希望这不会被认为偏离了主题，而是与我的志业密切相关。

第二，保存逝者的英灵。好名声就是倒出来的油膏，在看不到的地方也能闻到。历朝历代的人，都名正言顺地希望好人的英灵永世长存，并以此在某种程度上对人必死的命运进行报复，尽管没有几个人找到了有效办法去做到这一点。木质纪念碑会被烧毁，玻璃纪念碑会被打碎，软石纪念碑会崩塌，大理石和金属纪念碑（如果能躲过岁月的侵蚀）会被贪婪的人拆除。所以我认为，避免英灵被人遗忘的最好方式，就是（仅次于他自己的美德）把他们的名字写下来传之后世。

第三，为在世的人树立榜样，这里我们有各种先例可循：著名勇士、富人、智者、学者、虔诚和对大众慷慨的人。这些人之中，我们最主要强调最后一种人。学生受到老师责备，说老师不在学生就偷懒。学生理直气壮地为自己辩解，说老师既没有为自己留下稿纸，也没有留下供抄写的稿件。但富人如果不在一定程度上表达自己的慷慨，就没有任何借口，上帝为他们提供的纸够多了——"因为常有穷人和你们同在"[①]——为他们树立了显著的榜样，这从下面的作品里可以明显看出来。

第四，让读者得到愉快的享受。我承认，这一话题本身枯燥乏味——介绍传主出生和死亡的时间、地点，传主姓名，其著作名称和数量。所以，这个干巴巴的梗概，也就是时间、地点和人物，必须要用漂亮的语言来润色。为此，我故意在其中穿插了很多有趣的故事（不是肉，而是佐料）。这样一来，如果说读者掩卷之际不是

---

① 语出《圣经·马太福音》26:11。——译者注

更虔诚、更博学（我希望如此），至少也是更愉快、更名正言顺地高兴。

最后，为自己挣点小钱，作为对我辛勤劳动的补偿。这是个应该考虑的问题，光明正大的雅各问他岳父拉班的就是这个问题："如今我什么时候才为自己兴家立业呢？"[①] 到目前为止，还没有一家出版商出版了我的书而赔钱，以后该我为自己（考虑到各种因素）攒钱了。

富勒描述了"各个郡的不同话题"，其标题是"天然产品""工业品""药用水""奇观""建筑""俗语"等。他是这样描写"工业品"的：

> 一些未开化的人无缘无故地抱怨大自然，说大自然是人类的后娘，因为其他动物来到世上时身上长有羽毛、皮毛或绒毛，或长有爪、螯、喙、獠牙、角、蹄等，而人则是赤条条的，毫无遮拦。我说这是无缘无故的指责，因为上帝让人长了手，给了人使用手的理由（这两个福分其他动物都没有）。衣服和围墙也给了人，这是不同寻常的，非常了不起的。
>
> 英格兰的工业品非常值得一看，不知道更值得赞赏的是其稀有还是多样。毫无疑问，一个国家的财富在于其土产经过大多数人的手，在工艺上达到最完善的程度。所以我特别关注相关的地区，而不是大量提及以前提到的产品（不过还是简单提一下）。
>
> 不应该忘记的是，有一些东西不能名正言顺地被称为天然物品，因为经过人加工以后，其品质变了，被掩盖起来了，但在名称上并不是工业品。如食盐，是用水煮过的。麦芽，是晒干的大麦。苹果酒，是用苹果压榨的。因为它们有混合的性

---

① 语出《圣经·创世记》30:30。——译者注

质，为了我自己方便，我就把它们随便放在不同的地方。

"药用水"这一部分反映了17世纪的人对其有非常大的兴趣。约翰·奥布里总是想靠着找到合适的矿泉水来发财，在旅行时非常仔细地记下了各种井和泉水的性质。富勒对不同的水进行了分类：

1. 颜色：黑，红，黄等。
2. 滋味：甜，苦，咸，酸等。
3. 气味：硫黄臭味，就像擦洗枪时的臭味。
4. 声音：像行军一样的敲打声，有时候像好几个地方的撤退声。
5. 热度：像温水一样，然后逐渐变热，甚至会达到烫伤的程度。
6. 重量：明显重于或轻于其他同等比例的水。
7. 流动：虽然离大海有好多英里，但和退潮与涨潮同步运动。
8. 功效：一部分由外科医生用于治疗伤口，一部分由内科医生用于治疗疾病。

富勒在描述时流露出坚定的爱国主义，如果说颇有些天真的话："英格兰（在矿泉水储量上）和任何国家一样多，其泉水质量好有几个原因。"他是这样描写"奇观"的：

我第二个目的是要说明，英格兰在奇景方面并不少于外国，在种类上也是这样，虽然程度上差一些。意大利有西比拉洞穴，我们萨默塞特郡有伍基洞穴；西班牙有阿纳斯河，我们有摩尔河；等等。奇观就像先知一样享有荣誉，但在当地不行。当地人司空见惯（至少经常谈论），对奇观的尊重就下降了，其名声也不那么大了。

他又以同样的口气描述"建筑"：

　　　意大利人甚至把英格兰所有的建筑都叫作"野蛮"建筑，只是（体量）非常大（"大"本身就有点粗糙的味道）。不过，为了淡化他们在建筑材料、大理石、教皇制度、宫殿等方面的优势，（他们）可以赞赏英格兰一些建筑结构的艺术，尤其是我们的教堂。

他下一个标题是"俗语"，他很珍视的一个话题。这一热情反映在他自己的风格上，其长处在于精辟、令人难忘的短语。

当地俗语

俗语浓缩成几个词要好得多…一个完美的俗语必须有六个要素：

1. 简短，		1. 演讲，
2. 明白易懂，		2. 谜语，
3. 通俗，	否则就不是俗语，而是	3. 秘密，
4. 有象征意义，		4. 句子，
5. 历史悠久，		5. 流行话，
6. 真实。		6. 诽谤。

我只在各郡收录这样的当地俗语，也提到某地或某人，只要这个地方或这个人能给我们一些历史线索，能够解释一些重大信息，有助于说明使用俗语的那个郡。

我忽略了那些局域性的俗语，这些俗语从来都没有走出过它们

那个镇子的烟囱冒出的烟所覆盖的范围，尽管这些俗语本身可能很
有意义，但邻近的郡都不知道，离全国范围内的接受更是差得远。
另外，那些毫无意义、粗俗下流、带有诽谤性的俗语我一概拒收，
只收有助于了解那个郡的俗语。

在《草药》标题下，富勒再一次重申英格兰是个自然资源丰富
的国家，同时也抱怨上帝恩赐的财富被人忽视了：

> 有人坚持这一立场，认为每一个国家都能治愈在这个国家
> 引起的疾病，为所有在这个国家感染的疾病提供治疗方法。这
> 一观点并不对，但有几分道理，因为每一个国家都有了不起的
> 植物，尤其是英格兰。但部分是因为人懒，不去寻找；部分是
> 因为无知，找到以后也不认识；部分是因为骄傲、倔强，找到
> 了也不屑于利用。甚至只有从遥远的地方得到的、花大价钱买
> 来的才会受到重视，而英格兰的很多植物既珍稀又有用。现在
> 踩在脚下的东西，要把它牢牢地抓在手里。

第一个四人组：君主

这里所说的君主包括男女，只延伸到国王及其妻子和孩子。第
二类只有少数几个，而且还是从国王爱德华四世起才有，他是第一
个娶臣民或其领土上的本地人为妻的国王。

我们只限于收录诺曼征服以后出生的人。如果追溯到撒克逊统
治时期，尤其是介入七大王国之争，就会太耗神费时，那时的君主
也不能看作是君主。但如果描写了不列颠或撒克逊国王，我们是在
某种其他意义上（如圣徒、殉道者、军人等）认可他，以便根据我

们的计划来保留君主这个完整的话题。

我们仅仅限定在合法的国王这个范围内。在这些名正言顺的君主之后，我们（有了合适的机会）还出于礼貌和公平而插入一些君主的继承人（在兰开斯特王室的纠纷中），尽管他们并不拥有王位。或者一些与君主血缘关系非常近的人，历史在很大程度上就依赖他们。

我们观察了这些君主的身世，因为这些显赫人物不仅是灌木丛中的栎树，而且还是栎树中的界标，是系统梳理历史的指南。另外，他们自身也引人关注，与王冠或近或远。不仅是他们自己的荣誉，而且成千上万人的福祉都与他们的出身有关，在这里上帝的安排最明显不过了……

圣 徒

这个词可以有好几种解释，或更确切地说，这些解释是不公正地强加于这个词的：

1. 虚构的圣徒，从本质上来说根本就没有，如圣克里斯托弗等人。

2. 派系推出的圣徒，此类人我们这个时代多如牛毛，宣称其具圣徒身份有两个论据：第一，他们自称为圣徒。第二，他们那一派的人称他们为圣徒。这两种人我们都不认可。

3. 异教 ① 推出的圣徒，即罗马教廷宣称的圣徒。

4. 真正的圣徒，相当于圣保罗所说的"真正的寡妇"②，这两类

---

① 富勒是圣公会成员，对他来说，其他教派都是异教，如罗马天主教。——译者注

② 源于"要尊敬那真为寡妇的"。参见《圣经·提摩太前书》5:3。——译者注

人都应该受到尊重。

必须承认的是，本书对第三种圣徒花费了很大工夫，我不得不悲叹，这些圣徒的生平由于天主教的阐述而变得模糊起来，其阐述中有虚假成分，让圣徒们蒙受了耻辱，对教会史造成了伤害。本来是老实人，莫名其妙地被归到骗子行列，结果那些不明真相的人就以为他们是骗子。所以，这些圣徒的所作所为中掺杂有那么多虚假成分，应该怀疑有人对他们造了假……

我们的圣徒名单始于奥尔本，结束于赫里福德主教托马斯，他死于公元 1282 年，是教皇册封的最后一位英格兰圣徒[①]。安瑟姆虽然在托马斯之后被册封为圣徒（国王亨利七世统治时期），但他不是英格兰人，而是法兰西人[②]，比托马斯早死一百多年。从那以后，获得这一殊荣的就没有英格兰人了，外国人也没有几个，教皇在册封时慎之又慎。

首先，教皇知道圣徒多了，得到的尊重就少了。其次，日历上已经填满圣徒了（就不说人满为患了），不得不挤占位置，很多圣徒的纪念日在同一天。第三，对册封圣徒的谴责声很大，没有几个人慷慨得愿意花钱买，教皇太贪婪，不愿意为了纪念死者而册封圣徒。最后，新教徒越来越爱打听教皇的活动日程，打听那些（受到怀疑的）即将被册封为圣徒的人有多么完美，这使得圣座在册封时更加谨慎，如果不是在其死亡时或入殓一段时间之后能证明其完美无瑕、

---

① 托马斯·莫尔虽然比富勒早一百多年，但莫尔直到 1935 年才被教皇庇护十一世册封为圣徒，所以在富勒时代莫尔并不是圣徒。——译者注

② 中世纪的著名学者或教士往往漂泊不定，再加上当时并没有现代意义上的国家，所以很难确定其国籍。如这位安瑟姆出生于意大利，然后在法兰西一座修道院长期担任院长，最后又应邀到英格兰担任坎特伯雷大主教。所以他既算是意大利人，也算是法兰西人或英格兰人。他最后死在英格兰，也葬在英格兰，但六百多年后意大利人还想把他的遗体迁回意大利，最后因故而没有迁成。——译者注

不得不册封的人，一个也不册封。

富勒继续描述殉教者、优秀忏悔牧师、教皇、枢机主教和其他高级教士。在枢机主教问题上，其爱国情怀胜过了他的新教信仰。他抱怨说：

> ……这六十年来，我国没有产生一位枢机主教，最近六百年来至少还有一个或两个。这似乎有些奇怪，我国和任何一个国家一样，为罗马天主教事业所做的贡献配得上晋升这一职位，和任何国家一样拥有优秀人物，为什么英格兰人不能戴那顶鲜艳的帽子呢？

他下一个标题是《政治家》，是严格意义上的政府高官：大法官、财政大臣、国务大臣、海军大臣、爱尔兰总督。他是这样描述财政大臣的：

> 财政大臣一直是个责任重大、报酬丰厚的职务。有一个善于在这个职务上捞取额外收入的人，有人问他担任这一职务一年的价值是多少，他这样回答：对于一个想（死后）立即升入天堂的人来说，可能价值数千英镑；对于一个想入炼狱的人来说，其价值再翻倍；对于一个愿意冒险到一个更糟糕的地方①去的人来说，谁也不知道能捞多少。

富勒接着谈论法官时说了一段精彩的题外话，谈当时法律出版商的问题，显示出精明的商业意识：

———————————

① 即下地狱。——译者注

如果一本习惯法旧书再版，印刷商不会花多少钱，也不用去找一大笔钱。法律这个职业本身范围狭窄，只限于少数人，而且这些人已经有法律方面所有作家的书了，这些书如果小心保存和充分利用，就足够他们用了，也够他们儿子的儿子用了，一直用到第三代。所以，一整个世代都不需要重印一部古老的法律书，而且（快速回报是经商的生命）销售的缓慢乏味也会把利润耗尽……

军人与海员，有必要鼓励渔业贸易

军人成功了，尽管我写起这些人就感到恐怖。据说犹太人的神在罗马的朱庇特神殿里没有位置，除非整座殿堂都归他（这再公正不过了）。所以，我们最近伤心地感觉到军人闹事，让人怀疑他们会（尽管不公正）把其他人都从书里挤走，为他们自己腾位子……

海　员

上帝创造出浩瀚的海洋，想必不是仅仅为了让鱼类在里面嬉戏，也不仅仅是（有些人这样认为）为了用海水来消解太阳带来的干旱和酷热，而是有更好的打算。主要是通过在海上航行，就可以保持贸易畅通，保持学术和宗教交流（最近的宗教来自巴勒斯坦，是最重要的宗教），保持更快更方便的货物运输。和空车的爬行相比，满载货物的船就像是在飞翔。

说句妒忌的人无法否认的话，我们英格兰人无论是打仗还是发现，无论是其商船还是战舰，在基督教世界的所有国家都赢得荣誉。

有人认为，如果效仿前皇查理五世，拿出一笔津贴在伦敦举办航海术讲座，这对英格兰航海术的完善会大有好处。查理五世很明智，知道他的海员没有经验，在往返于西班牙和西印度群岛之间时多次遇到海难，所以不仅设置一位引航少校检查那些负责在这条航线上航行的人，还创办了航海术讲座，直到今天还在塞维利亚的缩写宫（contraction house）举办。主讲人不仅以口头形式认真教授西班牙海员，而且还发表各种严谨、有价值的海洋学论文，用以指导和鼓励后世。

我在这里希望对培养渔夫给予更多的关注和鼓励，我可以将海员称为渔夫之子。甚至可以这样说，渔夫死掉了指望海员撑住，就像是合乎情理地指望在没有蜂群的情况下有很多蜂蜜和蜡，尽管还保存有一些老蜜蜂。

如果国家不支持甚至不喜欢公众定期吃鱼，渔夫也难以为继。有人对此表示怀疑，好像每一条鱼肚里都有个教皇，鱼身上有邪教的骨头，会让一个有良心的人哽噎似的，尤其是在斋戒期间。要知道，这些习俗有三重原因：天主教会、虔诚、策略。天主教会虽然被铲除了，虔诚和策略仍然要得到灌溉和维护，政治家如果不迷信就会节制，就会聪明起来。

这个道理我们意识到一部分，但很令人遗憾（上帝不允许知道全部真相），东北部沿海很多城镇都衰败了，哈特尔普尔、惠特比、布里德灵顿、斯卡伯勒、威尔斯、克罗默、洛斯托夫特、奥尔德堡、奥福德，从纽卡斯尔到哈里奇一带全完了。这些地方以前每年（我听说）发出去二百多条船，都是从事渔业，但主要是为了捕鳕鱼，这种高贵的鱼和牛里脊肉都是绅士餐桌上的佳肴。

这些渔夫以前和家里的男丁一起出发——海员、青年水手，我几乎要说，海上的孩子们也一样（有一些除了学会说面包、黄油之外，还学会了左舷、右舷这些词），都是航海学毕业生。渔业确实养育了天生最能适应环境的海员。

但自从最近的内战以来，为此而使用的船只连三条都没有，渔民宁可让船停泊在港口烂掉，也不愿冒险出海，捕回来一些不值钱的东西。

这样一来，随着时间的推移，恐怕我们抓捕鳕鱼的技术就会失传（高手人数少，也老了），也许抓捕其他好鱼的技术也会失传。没有任何一个国家像英格兰一样（这样说不是自夸），在渔业管理上这么精心，这么有技术。

令人担心的是，连海员学校也要衰落，这可以说是更大的危害。到东印度群岛等地的远洋航行并不是造就海员，而是毁掉海员。那不是优秀水手的摇篮，而是其坟墓（此说不当之处请指正）。是渔业养育了海员，不过现在他们失去了信心，因为捕来的鱼不值钱，市场行情不好。要纠正也没有任何希望，只能守斋，我们的先人都是严格守斋的。我说的是先人，他们守斋不懈怠，而我们破起斋来倒是挺任性。他们考虑到这个岛的情况，考虑到岛上的各种有利条件，让自己的法律和习俗能为这个岛带来最大的好处……如果有人指责我说的都是乏味的题外话，那就让他把这归咎于我对公益的热情。

富勒接下来考察英格兰作家。奇怪的是，他把法律和科学作家放在名单前面，科学家包括外科学作家，他希望这些人"具备从业的三个必要条件：鹰眼，女人手，狮子心"。他继续描述哲学和神学作家，然后是历史作家，最后是诗人：

　　除此之外，我们再大胆加上优秀诗人……其中有一些还有桂冠诗人头衔，不过我必须承认，我一直找不到他们的月桂树根扎在英格兰的哪个地方，让我国有了这么一个正儿八经的习俗。我的确从书上看到，1341 年，在罗马的朱庇特神殿，彼特拉克（早于我国的乔叟）在元老院戴上桂冠，还看到德意志皇帝腓特烈三世为康拉德·塞尔蒂斯戴上桂冠。后来，帝国的巴拉丁伯爵要求得到这一特权，庄重地为诗人戴上桂冠。

月桂树枝在历代都被认为是荣誉的象征，连国王詹姆斯也脱下王冠（在二十二先令硬币上）戴上桂冠（在新铸造的二十先令硬币上）。诙谐的人以此开玩笑，说诗人总是受穷，月桂树是才智的象征，不是财富的象征，因为国王詹姆斯刚戴上桂冠，他在公共货币上的价值就跌落了两先令……

音乐家

音乐只不过是把野调无腔的声音提炼成悦耳的曲子而已。音乐范围很广泛，可以屈就至野兽，也可以攀高到天使。对于马来说，吹一声口哨要比抽它一鞭能让它跑得更欢，铃铛的响声能消除其疲劳。

天堂上的天使也演唱音乐，有人这样精彩地描述：

> 我们不知道天使在上面做什么，
> 只知道他们表达爱，也唱歌。[1]

让我高兴的是，不久前音乐被赶出教堂时（音乐有什么问题，我不敢问）[2]，它就躲到国内精英人物的大厅、客厅和私人房间里去了，在那里受到欢迎。我相信我根本就想不到，那些把我们的王国

---

[1] 这是沃勒的妙语，但他的书眼下不在我手头，无法抄写他的原话。（沃勒的诗句富勒记错了——"他们在天上做什么/我们只知道/他们很幸福/他们还表达爱"——但这对他的论点有利！）——原编者注

[2] 富勒写这本书时正值清教徒掌权，而清教徒反对一切形式的娱乐，自然不能容忍教堂里演唱音乐。——译者注

变成共和国的人，竟然会这样压制音乐，因为他们为自己在共和国的怀抱里而自豪，而一把陷入困境的竖琴就是半个共和国。

有人问："怎样才能成为优秀音乐家？"有人回答说："有一副好嗓子。"还有人说是技巧，但也有人说是鼓励，这才是实话。所以我总是希望，由于大多数音乐家都是成熟的人，这场动乱开始的时候已经成年，技术业已娴熟……可以为年轻人建一所学校，在这一批老师退休之后指导年轻人学习音乐。

当年我的愿望虽然没有实现，但感谢上帝，我活着看到音乐又有了需求（国家恢复了正常状态），在教堂和其他地方又兴盛起来。所以现在不必担心，我们又会有新一代的优秀音乐家，足以继承老去的一代。[①]

天主教流亡作家

宗教改革之前的作家取代了宗教改革以来、女王玛丽统治时期仍然在世、被流放在外的天主教作家以后，这两群作家之间就拉开了距离，一条黑线把他们隔开了，可以看出他们的资历大不相同（后者甚至更糟糕）。改革之前的作家信邪教更可以原谅，因为他们生活在一个黑暗时代，而福音传来之后再信邪教就不太好原谅了。

我承认，"流亡"这个词带有不少同情的意思，具有仁慈之心的人对流亡者表示怜悯，而认真考虑一下他们被流放的原因就不是这样了。女王伊丽莎白执政的第一年，有些人倔强地离开了国土，这

---

① 富勒的这一愿望不久就实现了，英国音乐在王朝复辟之后逐渐进入黄金时代，产生了像亨利·珀塞尔这样饮誉欧洲的音乐家。但总的来说英国音乐成就不大。如果说英国文学是一座山峰，英国音乐也就是一座小土丘。——译者注

实际上是自我流放，其他人被依法处死，他们的死被地方法官委婉地称为流放。

反对意见：这些人可以失去而没有损失，可以在你书里略去，因为他们没有肢体，只是肢体上的脂肪瘤，甚至可以说是溃疡。

回答：姑且承认他们没有这么坏，被他们自己归为一类的，把他们混合起来对别人不可能有伤害。其次，淡化他们的错误，在其他方面他们中有很多人在学术界还是值得称道的。最后，描述他们的生平非常有益于澄清教会史。

对那么多无用的书的正当的抱怨

所罗门甚至在他那个时代就意识到这种虚浮，说"有些书没有用"。这位异教徒诗人注意到：

> 我们全力写诗，有学问的写，没有学问的也写。

这都是印刷术发明之前的事，当时书籍都是一本一本地问世。印刷术普及以来，书籍问世犹如过江之鲫，一版接着一版。这使得博学的伊拉斯谟在同伴面前自嘲起来，以便能更随便地嘲笑别人："很多像我这样的人都有这种毛病：不知道如何写的时候，忍不住还是要写。"

我在这里希望有见识的读者原谅，如果我没有注意到很多现代小册子作者，那是因为不学无术的三流作家和博学的作家不在一个档次上。有人这样说一本书的作者（虽然尖刻），但这句话是真心实意的：

> 别人的书错误百出，但有一处还算合格，

而你的书从头到尾全是错。

出版商一开始是个处女，然后是个贞洁的妻子，接着就变得平平庸庸，堕落到出版各种下流小册子的地步。一个作者写了一本没有价值而有瑕疵的书，最后说了句"余者付诸阙如"，有人把它改为"余者并不缺，而是没有了"。确实是不缺（尽管有欠缺），世人根本就不需要，很多书就像是犹大国王约兰，在世的时候"无人思慕"[1]。出版商甚至开始成为国人的烦恼，无用的书成了负担。

有人会说，这话用来说你本人再合适不过了，你出的书比任何一个同代人出的都要多。这样说我也认了，我是有这个毛病，答应以后改正。如果上帝愿意，从此以后我再也不用英语出书，而是用直接通神的语言。

富勒接着说公益捐助人，即教堂、学校、学院、桥梁、济贫院建造者。他劝那些想捐助的人，让他们考虑他自己的一些计划，首先是"成立一个由诚实能干的商人组成的公会……接受并利用好心人的捐助，用来解救所有在突尼斯、的黎波里、阿尔及尔等地的英格兰俘虏"，仿效天主教在这件事上的做法。其次，他呼吁为被扣押的牧师捐款，这些牧师因为支持国王而失去了薪俸。

这一请求乍一看有点奇怪，当时是1662年[2]，王朝复辟已经两年了，这些牧师又得势了，下台的是清教徒。但一个独特的脚注说明了一切："读者，这段话是三年前写的，我不忍心亲手将其删除，就让它保留着吧。"最后，他提议为仆人捐助，这样我们才得以一窥仆人的世界：

---

[1] 参见《圣经·历代志下》21:20。——译者注
[2] 编者没有把话说清楚，像是1662年富勒还活着似的。富勒这本书是在1662年出版的，但他本人在1661年8月就死了。——译者注

最后，我建议为那些仆人捐助，这些人除了凭辛苦挣的一点钱之外一无所有，与同一个主人共同生活七年以上。我指的不是学徒，而是那些契约仆人，这些人仅仅凭借自己的判断，（服务到期以后）仍然依附于主人，但没有其他合同约束。他们知道，如果改换门庭肯定会冒险，而且可能会一无所获。尤其是一些女仆，这些人宁要一个确定无疑的好主人，也不要一个有希望成为其好丈夫的人；宁愿伺候人过小康日子，也不愿嫁人而冒过穷日子的风险。

我承认一些主人就是这样残忍，没有一个仆人能和他长期待下去；还有些主人反复无常，没有一个仆人可以和他长期待下去。有个主人向一个淑女求婚，每次去拜访她，都有一个新仆人侍奉（尽管一次只带一名仆人）。他就是这样朝三暮四，说换人就换人。该向女主人告辞了，他向她致意。"致意就免了吧，"她对他说，"说不定我很快就会再见到您，请您让我向您的仆人致意吧，以后我再也见不到他了。"

然而，尽管有时候该怪罪的可能是男主人或女主人，但这个时代该怪罪的通常都是仆人，他们经常莫名其妙地改换门庭。说真的，造就好军人的时代造就不了好仆人，这样的时代不许他们服从，倒是允许他们放肆……有些仆人甚至警觉性非常高，从来都不在主人家里睡觉，待的时间非常短，很快就走人了。

这些仆人反复无常，正好可以用来评价他们的稳定性。他们就是一个家庭的标杆，知道什么时候遇到了一个好主人，其主人似乎也知道什么时候遇到了一个好仆人。

一个家庭这样的好习性得不到鼓励，仆人得不到赏金，这是令人遗憾的。也许鼓励好习性、给仆人发赏金是一次机会，可以让其他仆人留任的时间更长，这对整个国家都有好处……

值得纪念的人物

前面的标题像是一些私有住宅，符合条件的人物各得其所。但这最后一个标题像是一家客栈，接纳所有南来北往的人，他们都有特殊标记（不是坏标记），显然不能转换为前面的标题。所以，那些在力量、身材、生育能力、寿命或其他任何方面高于、低于或有别于常人标准的人，都收录在"值得纪念的人物"这个标题下面，我认为这样标记对我来说麻烦少，而读者了解他们之后所得到的乐趣多。

在这个标题下面，我们也收录各个手工行业在技能上明显高于其同行的所有技师。

反对意见：将手工艺人与从事智力活动的名人混在一起有碍观瞻，五颜六色的衣服穿上不好看。看到铁匠詹姆斯·约克和自己坐在一张餐桌上吃饭，周围都是林肯郡老乡，英格兰财政大臣、伯利伯爵威廉·塞西尔心里不难受吗？

回答：我相信恰恰相反，他会非常高兴。身为大政治家，他会赞赏并鼓励他勤劳的同乡，一点也不小看他们。没有这些人的帮助，大事根本就办不成，或是维持不久……

我承认，对手艺锦上添花容易，开创一门手艺难。但由于种类上可以增加，程度上也可以完善，对任何一门工艺做出明显改进的人，也可以看作是共同发明人，是这门工艺的创建人，他们为此做出了贡献，因此也值得受到尊重和奖赏。

我可以提到英格兰南部一个值得尊敬的家庭，几百年来十六代人一直住在同一个地方，从来没有通过婚姻、购买、馈赠或其他任何方式为其祖产增加一英尺的土。也有一些手工艺一直局限在同样的范围，但从来没有取得任何进步，没有做出任何改进，我认为这应该归咎于缺乏足够的鼓励。

每个郡的调查结束时，富勒都附加一些名单：市长、乡绅、郡长等。他在前言里说明是如何汇编这些名单的，显示出在仔细利用历史文献方面，他与当时的古文物研究大家非常接近：乡绅名单来自亨利六世时期汇编的人口统计，还引述了亨利五世发布的一份令状，禁止没有权利拥有纹章的人佩戴纹章，这是富勒直接从伦敦塔里找到的原始档案。

但他还准备给予近代史以同样的重视，他为每个郡准备的最后一个词条是"现代战役"。

我们与每个郡告别之前，都插入一张自内战以来的现代战役一览表。我在这里并不打算对小规模战斗（只有双方的交战）和战役（双方将领率领军队相互交战）做出任何区分，也不区分战役和战争，战役是在战场上打，而战争则是持续的敌对状态（可能会持续多年），其区别还难以确定。停战协定可能会让战争暂停下来，但和平协议根本不可能让战争完美结束。

描述战役时，考虑到造成的破坏，依据近年来对议会的不当接受，我必须不适当地使用"议会"一词……英语里没有一个词来表达议会里持不同意见的一派。我相信上帝，既然英语无法表达这个概念，以后我国就不会出现这种事情①。

插入这些战役绝不是打算（上帝明白我的心意）永久纪念我们相互之间可恶的敌意，房子不再燃烧了，心头的火可能还在烧。我这样做主要是为了向上帝表达感激之情，在这座蕞尔小岛的心脏地区打了那么多场战役，而留下的可以看得见的伤痕和废墟竟然那么

---

① 富勒所说的这个词现在叫"Parliamentary Opposition"。当时英国议会里还没有出现政党，自然没有这个词。但富勒去世十几年之后，议会里就出现了政党，他所说的不会出现的事情也随之出现。——译者注

少。想想死去那么多的人会对活下来那么多感到惊奇，活下来那么多的人会对死去那么多感到惊奇。总之，就像我们说最好的油一样，说它没有味道也就是没有怪味，但油的天然风味依然存在。我也是这样，尽力依据清晰的历史真相来描写这些战役，不带任何偏见。

前言的其余部分用来讨论本书为何这样编写，说明富勒所用的各种标记，表示对出生地或年代的怀疑。由于这种以郡为单位的布局，出生地对他来说就显得更为重要，比对大多数历史学家来说都重要，所以他必须设计出详细的规则来处理难点。

另外，他还要说明其先后顺序，对这些事情他那个时代非常重视。前言的这一部分结束时，他对乡绅有一个全面调查，或是依据其籍贯来描述，或是依据其成名的职业来描述。

富勒一开始先探究塞西尔家族的自吹，说他们家起源于罗马元老院的凯基利乌斯家族，这一说法连约翰·奥布里也挖苦过。富勒认为，最古老的家族，其家系可以清晰追溯的上限不会超过诺曼征服时期。不过富勒也认为，自诺曼征服以来很多外国人来到这里，爱德华二世时期有埃诺特人，更晚一些时候有从意大利与荷兰来的新教徒。

富勒发现，德意志或西班牙血统的家族非常少，而法兰西人则一直是最值得注意的移民。同样，苏格兰人和威尔士人也拥有一席之地，但"让我非常惊奇的是，从来没有一个爱尔兰家族在英格兰崭露头角，而很多英格兰人在爱尔兰兴旺发达。这似乎表明我们喜欢在那里生活，可以在那里发号施令，而他们则不喜欢来到一个必须俯首听命的地方"。

至于职业排序，富勒把律师排在第一位，然后是城市商人。但他发现，律师往往是绅士的幼子，而且律师的财富好像比商人的更稳定。近年来，医学是另一条晋升之路，和掠夺商船一样。

有些人凭借在海上效力和贸易许可证而飞黄腾达，尤其是在女

王伊丽莎白时期，当时我们与西班牙交战。但这样的财富就像潮起
潮落一样，很难持久。据观察，这样发横财发得最多的人，是那些
最不报私仇的人，大多数都担任公职。这些人之中，最引人注目的
是德文郡从男爵德雷克家族，一度担任德文郡郡长。

在前言的后半部分，富勒用十几页篇幅说明他所使用的方法，
也像所有著名前言一样为自己的缺点辩解，以缓和读者的批评。他
对作者与材料来源的关系知道得一清二楚：

> 首先，要相信作者，证明作者正确。亚当抱怨自己赤身裸
> 体时，上帝问他："谁告诉你赤身露体呢？"① 暗示他要是说不出
> 来是谁首先告诉他裸体的，上帝就会有正当的理由怀疑他就是
> 始作俑者（实际上正是他），也是说出这一不幸事实的人……
> 一切听说的事情都可以分为两类：1. 信息源头；2. 流传渠道。
> 一个人如果在不知情时买了偷来的牛，公平合理地为牛付了
> 钱，而且是在公开场合当众支付的，他是不能因此而受到伤害
> 的。我说的是那种写了错话，然后在页边空白处说出原文作者
> 的人。
>
> 其次，要启发读者，教育读者。"不知道原作就相信，这
> 是徒劳的。"这甚至不是合乎情理的相信，而是轻率、草率的
> 轻信。
>
> 有些人故意隐瞒作者，或是出于内疚，或是出于妒忌。内
> 疚是因为他们知道，一旦检查这些引语，就会发现有问题，引
> 述得累赘或是有害，偏离了原意。
>
> 他们这样做或是出于妒忌。僭主爬上宝座以后，通常把他
> 们攀爬的梯子砍断（理查德三世将白金汉公爵斩首就是证据），

---

① 语出《圣经·创世记》3:11。——译者注

因为他们担心如果梯子还竖在那里，其他人也能爬上来。有些作家有妒忌之心，担心一旦指出原文出处，读者就会和他们知道的一样多（如果不是更多的话），于是就故意把读者拦住了。

有些人为了避开妒忌的祸害，就没完没了地炫耀卖弄，书后面聚集了一支作者大军。这样一来，读者会认为他们藏书丰富，而不是认为他们学识渊博，说他们拥有——我不说读了——那么多书。

富勒试图先发现自己的缺点再为自己辩解，这一想法让他有点难为情，他自己也承认这一点。但他为任何无意识遗漏所做的道歉包括一个虚构的精彩片段，说他随时准备做出纠正：

最后，我准备好一只手握笔、一只手拿海绵，依据更可靠的信息来增添、修改、插入、擦去、扩充和删除。如果我这番辛苦值得让本书重印，我就会惭愧地认错，怀着感激之情予以订正，感激那些提供更准确信息的人。

开始撰写第一个郡之前，富勒写下了这一段告别辞：

我略去每个郡里的很多珍品和值得纪念的人物，其理由如下：本书只是一般介绍，不能指望我涉及那么多细节，那是只写一个郡的地貌的作家应该处理的。一个人对着希腊地图吹毛求疵，说地图有缺陷，他父亲位于雅典的房子在上面查不到，这个人就表现得一点也不明智。他的期望实际上是荒唐的，在一部一般性作品里寻找每一个可以观察到的细枝末节。要知道，一个庸人对他自己一亩三分地的了解，可能比任何一位古文物研究者都要多。我记得在宫里有一场很有意思的挑战，是王后的小矮人向国王的门卫发出的，条件是

小矮人可以自选地点，而且允许他先到，并选定汉普顿宫的
大烤炉。这样一来，最弱的也能战胜最强的，因为他在自己
熟悉的地盘上占据了优势。

目　　录

伯克郡

伯克郡西临威尔特郡，南临汉普郡，东临萨里郡，北临牛津和白金汉郡（先是以伊希斯河为界，然后以弯弯曲曲的泰晤士河为界）。可以把它想象成一把躺着的鲁特琴，腹部朝西，细颈或长柄向东延伸。从科里沙尔到温莎长四十英里，但最宽的地方也很难超过长度的一半。

这个郡的普通物产和英格兰任何一个郡一样丰富，有草地、粮食、鱼、家禽、羊毛、木材等，这里特别举出其中一个或两个为例。

天然产品

栎　树

被派到迦南去侦察的密探接到指示，除了查询其他东西之外，让他们尤其注意有没有树木。这是个重要问题，尤其是当时以色列人在阿拉伯沙漠里，走了好几个月也见不到一棵树（据记载，以琳有七十棵棕榈树，被认为是个奇迹）^①，没有树的时候才知道树的价值。

伯克郡盛产各种树木，虽然目前只有温莎森林里的栎树才是我们要夸赞的：首先是结实，可以用来造船。其他国家的栎树可以说是胆小鬼，子弹穿过的地方四周都裂开了，像是害怕子弹威力似的。而我们英格兰确实是栎树的核心产区，这里的栎树即便是子弹穿过，弹孔四周依然坚固。

其次，运输方便。把守财奴（舍不得花钱）的财富比作苏格兰高地的栎树和冷杉树（确实又好又多）并无不当。这些树长在人上不去的山上，再有力气、再有技术也利用不上，大自然为它们造就了大保险箱，但没有钥匙来打开箱子。

英格兰得天独厚，我们的四大森林都是坐落在海边或通航的河畔，也就是新森林位于海边，舍伍德森林位于特伦特河畔，迪安森林位于塞文河畔，这座温莎森林位于泰晤士河畔。我希望能够更精心地保护好这里的树木。

树　皮

这个郡的名称^②可以让我们名正言顺地来谈论这一物品（虽然其他郡也都有树皮），因为"伯克郡"这一名称来自一棵剥了皮的栎树，它长在一个很显眼的地方，一到动乱时大家都到那里去共同自卫。

栎树皮是制作上等皮革的必需品。不过最近有人想出了一个办法，不用树皮也能将皮革鞣制得结实、卖相好，条件是（也是个充足的理由）让他得到一笔合理的利润，因为这是个罕见的发明。但

① "他们到了琳，在那里有十二股水泉，七十棵棕树，他们就在那里的水边安营。"参见《圣经·出埃及记》15:27。——译者注
② "Bark"意为"树皮"。——译者注

很多人认为，凡是等着人死后穿其鞋子的人，和那些等着穿不用树皮制作的皮靴的人一样，都要光着脚再走很长一段路。

鳟　鱼

这是一种可爱的、有益于健康的鱼，生活在流速最湍急、沙砾最坚硬的河里，吃洁净的食物。这种鱼大多数都生活在亨格福德附近的肯尼特河里，不过没有格斯纳所说的在日内瓦湖里捕到的大，有三腕尺①长。五月份长成，以后价值每年递减。完全长成以后质量就开始下降，但大小不变，鱼头一直长，直到死亡。

另外要注意，背大头小是鱼到了捕获季节的标志。

这个郡的其他物品可参见其他郡，在其他郡提到这些物品可能更方便。

工业品

服　装

这里供应服装，在第一个郡就遇见了我们最好的工业品。先说几句古代服装。

1. 在英格兰，布肯定是和文明社会一起出现的。据说古代不列颠人是赤身裸体的，衣服只用颜色绘制，习惯了也不觉得冷。有人问一个乞丐为什么裸体，乞丐回答说："我全身都是脸。"但罗马人一征服这个岛，大家都普遍制作和使用布了（不过很粗糙，只能遮丑和保暖）。

2. 细布供有身份的人在家里穿。在英格兰，对外出口大约从国王爱德华三世时期才开始。在此之前，我们的成文法并不重视织物

① 腕尺：长度单位，1腕尺约45厘米。——编者注

（羊毛是按照规定形式运输的），不需要规则来管理织物，除非是审慎的管家制定规则来管理家人。

3.用宽幅织布机织造细平布（我们民族的财富就在其中），两个人操作一台织布机，始于国王亨利八世统治时期。我听说纽伯里的杰克是第一个把这种布引进我国的人。很可能是因为诗人虚构出了智慧女神和纺织始祖密涅瓦，纺织技术太巧妙了。

俗　语

我在这个郡只见到一个俗语，或是因为其俗语太狭窄，出不了边界，或是因为太宽泛，其他郡也都用。由于这是按字母顺序排列的第一个郡，为了避免出现空白，我们就在这里插入这些俗语，按照英格兰人明确使用的情况排列。但首先要提到这个郡唯一的俗语：

> 布雷的牧师仍然是布雷的牧师。

布雷是这个郡著名的村子，其名称来自"比布罗西斯"，居住在附近的一个古代不列颠人的分支。该村的牧师长寿，生活在国王亨利八世、国王爱德华六世、女王玛丽、女王伊丽莎白时期，一开始是天主教徒，然后是新教徒，然后是天主教徒，后来又是新教徒[①]。

他在温莎（两英里开外）见过一些殉教者被烧死，觉得这火太热，他这脆弱的性格受不了。有人指责他是个变节者，一个变幻无

---

① 亨利八世时期天主教是国教；爱德华六世时期废除天主教立新教；女王玛丽时期天主教复辟；女王伊丽莎白时期再废天主教，重新确立新教的国教地位。这句话是说这位牧师是一棵墙头草，哪一派得势就加入哪一派，并无个人主见。——译者注

常的低能儿。

"不是这样，"他说，"我一直都是有原则的，也就是死活都是布雷的牧师。"

这号人现在很多，虽然改变不了风向，但能转动风磨，把磨调整得无论风从哪里吹来，都肯定能把粮食磨成粉。

接下来是英格兰通用的俗语：

> 圣母一坐在我主怀里，
> 英格兰就要当心招灾。

或是：

> 牧师就要留神他的帽子。

我知道这个俗语有预言能力，或这一预言有威胁性，其历史不超过一百二十年，是宗教改革后天主教徒的俗话。

这句话敢大声说的少，悄声说的多，指指点点的比悄声说的还要多。这是在告诉那些容易受骗的人，说英格兰人冒犯了圣母，废除了圣母崇拜[①]，于是圣母就找机会对英格兰进行报复。如果她的节日（3月25日，格里高利历新年的第一天）碰巧赶在复活节那一天（像是得到她儿子的鼓励），这明显是打算对我国进行判决，尤其是对神职人员。

这种巧合自诺曼征服以来只有十五次，这是我的好朋友、博学

---

① 圣母崇拜是罗马天主教的习俗。天主教认为圣母是最重要的圣徒，身份最为特殊，所以建有很多圣母教堂来敬拜她。宗教改革后，新教不承认圣母的特殊身份，认为她只是普通圣徒，所以废除了圣母崇拜。——译者注

的数学家伊莱亚斯·阿什莫尔先生精确计算出来的，我们可以查查编年史，看看在这些年份英格兰是否明显受灾……

到目前为止，这个俗语充其量只是断断续续地可信，没有连续出现灾难。但毒刺（有人会这样说）在尾部，我看到这个俗语在以下年份应验：

1554 年，女王玛丽确立天主教，杀害新教徒。

1627 年，到雷岛的航行不成功。

1638 年，苏格兰首现动荡迹象。

1649 年，英格兰共和国（说是暴政更合适）第一个完整的年份[①]。上帝保佑，后来又回到君主制。

这两个日子下一次重合是在 1722 年，让下一代人看看有什么影响吧。我说明的任务完成了，让读者去谴责这些事件吧。我相信这个国家罪孽深重，每一年都应该受到严惩。

但即便是圣母坐在我主怀里也无关紧要，只要我主坐在圣父右边时，我们对他表示真心悔改就行。

> 只要一纺麻线，
>
> 英格兰就完蛋。

这个俗语虽然有个不同的印记，但我认为和前面一个一样，是同一个师傅铸造的硬币，甚至是在同一个时代铸造出来的。表面上看是字面意思，但下面还有一层想象的意思。一纺麻线，也就是这种必需品都用上以后，就没有麻剩下来制作帆和缆索了，英格兰（其实力在于航运）的状况就惨了。

但要知道，"麻"（hempe）这个词是由亨利八世、爱德华六世、

---

① 这一年国王查理一世被斩首，君主制被废除。——译者注

女王玛丽、菲利普①和伊丽莎白的首字母所组成，好像最后伊丽莎白一死，英格兰的好运气就完了，后来证明这是假的。

但为了让这个俗语得到认同，就装作有几分可信，因为英格兰与苏格兰合并以后，其名字就并入大不列颠了，这是国王宣布的。

> 挪威的黑舰队来了又走，
>
> 英格兰用石灰和石头盖楼，
>
> 战争之后你什么都没有。

这个俗语有个更大的版本，虽然对我们来说这个已经够大了，大得已经让人闹不明白了。有人让它在 1588 年应验，那年西班牙无敌舰队被打败，其国王的外号就是"挪威"，这是一位博学的作家发现的。其他人认为它叫挪威黑舰队，因为被英格兰打败以后才变黑（别人看起来并不凄凉，是它自己感到悲哀），被赶到那里的海岸上。

当然，后来英格兰用石灰和石头盖起了大楼，我们最漂亮的大楼（虽然以前的更大、更坚固）就标注有打败西班牙舰队的日期。至于下面的"战争之后你什么都没有"，我们认为是假的，就像我们的内战一样，那是我们不幸的经历。

不管是真是假，对于后来的外国入侵我们一点也不关注，做出这一预言的要么是个胡思乱想的傻子（那么多聪明人为何又关注它？），要么是个老是说瞎话的人，或是为了骗人而说实话的人。所以，这一预言应验了也别得意，不应验也别沮丧。

> 英格兰是个钟声不断的岛。

---

① 指女王玛丽的丈夫、西班牙国王菲利普二世，他凭借与玛丽的婚姻关系也是英格兰国王。——译者注

外国人常常这样说。英格兰所拥有的钟，比基督教世界任何国家的都更大、更多，钟声也更悦耳，连意大利也不例外，虽然诺拉①就在那里，钟就是首先在那里开始应用的。

我国好像非常喜爱钟，不愿意将钟运到外国去。这有一个著名的例子。国王亨利八世统治时期，贪婪的班戈尔主教亚瑟·巴尔克利窃取圣物，把他大教堂里五口漂亮的钟给卖了。钟要运到海外，他亲自监督着把钟装到船上。突然，钟和船一起在港口沉到水里，主教马上就瞎了，后来一直瞎到死。

英格兰的钟我就不再说了，就让它留在人的记忆里，瘟疫时期大批人染病而死，其葬礼上悲壮的钟声离我们从来都不遥远。上帝让我们听到钟声，我们应该表示感谢。

> 沙子喂土，英格兰惨叫，
>
> 土喂沙子，英格兰叫好。

诺丁汉郡分为两部分，一部分是沙地，一部分是黏土地。整个英格兰也是这样一分为二，但沙地连五分之一也不到。到了多雨的年份，水浸没了黏土，黏土凝聚在一起，沙地里的谷物丰收，谷仓里堆满粮食，而其他郡的粮食则贵起来。一个人喂养四个人难，四个人喂养一个人容易。

另据观察，干旱从来没有在英格兰引起过饥荒，因为（尽管沙地也晒干了）黏土地占绝大部分，含有更多的天然水分，可以确保产量增加。

----

① 意大利那不勒斯的一个镇，据说是第一个将钟用于礼拜活动的地方。——译者注

> ……英格兰一文不值，
>
> 除了那个弯棍和灰鹅翅。

一文不值，也就是微不足道的东西，没有价值，可以随手扔掉，只是半个岛，面积不大。女王伊丽莎白统治期间，西班牙国王菲利普二世把我们的英格兰大使召过去（当时两国君主还相安无事），拿出来一幅小的世界地图，用小拇指按住英格兰，然后问我们的大使：英格兰在哪里？与西班牙的疆域相比，英格兰确实微不足道[1]。

至于那个弯棍等，说的是箭术。帕提亚人的箭对罗马人来说，远没有我们的箭让法兰西骑手感到可怕[2]。天意甚至更青睐英格兰。箭现在不用了，战争武器虽然变了，英格兰人的手仍然没有闲着，其他任何国家的铁、硝石、铅等材料都没有我国的好，用这些材料制造枪炮、火药、子弹的工匠也不及我们。所以，现在英格兰人用起直铁棍来和以前用弯棍一样娴熟。

> 英格兰是女人的天堂、马的地狱、仆人的炼狱。

女人的天堂是真的，无论是女佣、妻子或是寡妇，在这里都最受尊重，待遇最好。我们的习惯法比外国民法对女人更客气，允许寡妇得到其丈夫财产的三分之一，另外还有其他权益。无论何种宴会，都是让女人坐最高的座位，墙也让给她们（拥挤的时候对最弱者最危险，散步的时候最体面的位置留给最值得尊敬的人）。女仆一

---

① 当时菲利普统辖的疆域包括西班牙、葡萄牙、那不勒斯、西西里、米兰与荷兰十七省。——译者注

② 英法百年战争期间，英格兰人的长弓杀伤力巨大，让法兰西人闻风丧胆，是战争初期英格兰人取得节节胜利的主要保障。——译者注

结婚，契约就废除了，尽管服务期限还没有结束。而同样条件的年轻男子却没有这一权利。总之，在法律和限制法律的习俗之间，妇女自由地享受着很多优惠，而我们男人并不羡慕，只是祝她们好运。

下一个，英格兰是马的地狱，我们并不清楚，这样说并没有足够的证据。实际上西班牙人养马只是为了展示，不是为了使用，就随意耍弄它们。而英格兰人要是在这方面有过失，骑乘、比赛、打猎时虐待马匹，就要马上改正，况且"善良的人善待家畜"。

最后一个，仆人的炼狱，我们还没有找到出处，就把它当作谎言排除掉。我们只有两种仆人：学徒和签约仆人。学徒的父母拿出一大笔钱，让其孩子尽七年义务，学某种手艺或知识，这要求善待其孩子，在我国普遍都是这样。否则拿出这么多钱为孩子买罪受，这是发疯行为。至于签约仆人，他们自己立约，如果条件差，只能怪罪自己。我相信，如果主子违背契约虐待仆人，不让仆人吃饱，不让仆人睡好，派活儿太多，或惩罚过重（学徒也是这种情况），就要依法对仆人做出赔偿。

我听说在我们父辈那一代，仆人比现在要顺从得多，尤其是自内战以来，所有的关系都乱套了。现在仆人要是遵照主子的吩咐做，那敢情好，实际上他们自行其是。就我来说，我既反对一方专横霸道，也反对另一方抗命不遵，而是认为双方都要尽到义务。

至于奴隶或奴仆，在西班牙和外国极为常见，而我国及其法律（无论以前的保有权如何）目前并不予承认①。

最后：炼狱本身就是个虚构的东西②，所以这个说法是假的，对英格兰并不适用。

---

① 1833 年，英国议会通过法案，废除了整个大英帝国的奴隶制，成为西方第一个全面废除奴隶制的国家。——译者注
② 宗教改革以后，新教神学不承认炼狱这个概念。——译者注

　　英格兰的饥荒始于马槽。

　　实际上饥荒几乎从来都不是始于马饲草架。干草可能太贵，由夏季干燥所导致，但冬季粮食（绝对不会受旱）可以按合理的价格买到。如果豌豆、燕麦等马饲料（燕麦北方穷人也普遍食用）缺乏，小麦、黑麦等过不了多久就会涨价。实际上任何粮食价格昂贵，其他粮食的价格很快就会上去。

　　英格兰国王是魔鬼之王。

　　德意志皇帝被称为王中之王，其麾下有很多自由的君主。西班牙国王被称为人之王，因为民众心甘情愿地臣服于他。法兰西国王被称为驴之王，默默地承受着不合理的负担。但英格兰国王为什么被称为魔鬼之王？我既不可能明白，也确实不明白，而且将来也不会明白。我相信圣格里高利说得好："英格兰人像天使一样。"[1] 因为我们肤色漂亮。因为灾难深重而成为魔鬼，这是可悲的。

　　英格兰人是法兰西人的猿猴[2]。

　　很久以前就有这个说法，现在仍然这样说英格兰人，说得太对了，相反的证据我一个也找不到。

---

[1] 圣格里高利担任教皇之前，在罗马奴隶市场上见到几个漂亮的英格兰小伙子，问他们是哪里人，小伙子回答说是"英格兰人"。但由于"英格兰人"与"天使"发音相似，格里高利可能没有听清，就误以为他们是天使，于是就有了"Angli velut Angeli"这一说法，实际上是以讹传讹。——译者注

[2] 意思是英格兰人模仿法兰西人。——译者注

……对我们来说是痛苦。

这应该说出来，不应该再否认。

我们主要在两个细节上模仿法兰西人。第一个是他们的语言（杰克如果会说法语，就是个绅士），有些人是通过旅行学会的，其他人是在家里学会的，像乔叟的玫瑰女士那样学：

从鼻中哼出曲调悦耳动听，

法语讲得高雅而又韵味浓，

她是在斯特拉特福德学的，

巴黎的法语一句也听不懂。[①]

其次是他们的习惯，我们的一切优雅行为都和法兰西方式保持一致，虽然我们与法兰西人的距离，比乡村地里的豌豆和菜园里早熟豌豆的距离还要大。我认为这不光彩，英格兰的胜利之师两次插入法兰西心脏，我们竟然还要学习他们的方式，是我们教会他们如何服从的。

英格兰的贪食者。

很久以前就有人指责我们英格兰人贪食，而我们更愿意辩解而不是承认，更愿意承认而不是改正。有人以气候冷为借口为我们的食欲强辩解，还说这里物产丰富（英格兰实际上就是个大厨师的作坊，没有理由让任何人在这里挨饿），可以举办盛大宴会。他们还声称，外国人（甚至包括来到这里的西班牙人）和我们一样，也同样是大肚汉，他们在家里吃得少是因为不够吃，并不是因为要节制

---

① 参见乔叟《坎特伯雷故事集·总引》。——译者注

饮食。

所有这些说法都不是合理的辩解，饮食过量是一种有害的对上帝表示感谢的方式。我们也不需要像埃及人那样，把死人头端上来作为最后一道菜，以此让我们记住人总是要死的。仔细想想，宴会不过是食物、鱼、肉的停尸房，个别甲壳类动物没有用手杀死，到头来还是用牙咬死。所以，指望吃货嘴里能留住性命门儿都没有。

> 胡须长的人无情无义，头巾鲜艳的人没有风趣；
> 上衣花哨的人缺乏优雅，让英格兰不懂节制。

这更像是诽谤而不是俗语，完全是胡说八道，不过可以让我们真正了解到当时英格兰人的习俗。

胡须长的人无情无义。英格兰人确实爱长毛发，头上长，下巴上也长，认为这会让朋友感到和蔼可亲，让敌人感到可怕。

头巾鲜艳的人没有风趣。他们的头巾上染有一种颜色，介于染与涂之间（于是就有了涂染者这个词），这一工艺现在很多人都认为失传了。那个时候头巾当作帽子戴。

上衣花哨的人缺乏优雅。当时衣着艳丽在英格兰成为时尚，也许指责他们的人在那个时候也会穿得花里胡哨，如果家里有很多地能够养活他们的话。

这个顺口溜是苏格兰人说英格兰人的，那是国王爱德华二世统治期间，苏格兰人打败了我们之后。坎尼之战 [①] 对罗马人来说，远不及斯特灵之战 [②] 对英格兰贵族的毁灭程度。苏格兰人获胜后洋洋得意，就用"无情无义""没有风趣""缺乏优雅"这几个词来骂我们。

[①] 第二次布匿战争期间，迦太基军队在坎尼大败罗马军队。——译者注
[②] 此事发生在 14 世纪初苏格兰独立战争期间。——译者注

关于第一个词，我们扪心自问，英格兰人是不是有情义，他们留着长胡须，佩着长剑。第二个词我们问问世人，我们民族的风趣是不是显而易见，就像他们在文学作品和行为上所表现的那样。第三个词我们问问上帝，唯有他检查人心，看看是不是真的优雅。至于第四个词（不懂节制）我就不提了，对于上层建筑，基础一下沉，上层建筑就自然而然地跟着沉下去了。

我要补充的只有这一点：在这个时代，严肃的、明智的、被降服的苏格兰人没有必要理睬其祖先的这些说法。民族之间要是怀有敌意，就会想办法丑化对方。

想得到英格兰，
必始于爱尔兰。

这个俗语的意思是，重大规划必须循序渐进，不仅是一步一步来，还要有适当的方法。英格兰这块肉好像太大，外敌一口吞不下，所以必须一点一点地吞，首先袭击的就是爱尔兰。有些人突发奇想（一切都在天意掌控之中），认为 1588 年西班牙无敌舰队如果进攻爱尔兰（当时那里忠心耿耿的人很少，条件也很差），对派遣他们的人也许有一个更好的交代。

为改正这一错误，西班牙国王后来又派约翰·德拉奎拉到爱尔兰，但结果如何我们知道得很清楚。如果外敌想冒险试一试这个俗语对不对，英格兰和爱尔兰都会摆出原来的姿态等待着。

在英格兰，一蒲式耳^① 三月的尘土抵得上国王的赎金。

---

① 蒲式耳：计量单位，1 蒲式耳英制约合 36.37 计，美制约合 35.24 计。——编者注

南方各郡的沙质土地不是这样，那里干燥的三月是有害的，而在这里是有益的。国王的赎金是多少，英格兰有惨痛的经历，当时支付了十万英镑去赎回理查德一世[1]，这笔钱由德意志皇帝和奥地利公爵利奥波德分享。干燥的三月对我国的土地确实普遍有好处，黏土地如果三月遭到水淹，一年都难以恢复。

然而，这个俗语意味着在接下来的四月有及时雨[2]，否则三月的尘土会变成五月的灰烬，草和粮食都会烧掉。眼看着丰收在望，上帝说毁掉就给毁掉了。

英格兰：地方好，人坏。

这是个法兰西俗语。这么一个爱自夸的民族，竟然还会说其他国家的好话，也是挺让人高兴的。

法兰西人以前多次入侵英格兰，试图在这个美丽的国家占领一个郡，这就不让人感到那么惊奇了。不过自诺曼入侵以来，他们从来也没有在一百码的地方平安无事地占领二十个小时，而我们长期以来一直占据着大片法兰西领土[3]。

但此俗语抬举这个国家是为了贬低其人民，捧起来再羞辱他们。我们英格兰人应该准备好，谦恭地向上帝承认过错，真诚、痛心地说我们自己：啊，罪孽深重的民族！但在世人面前，我们不会承认明显比其他民族坏。明摆着的道理是，法兰西和英格兰都需要纠错。以前上帝让他们激烈交战相互残杀，真是一点也不亏。

---

[1] 此事发生在第三次十字军东征之后，理查德在回国途中被奥地利公爵俘获，后被移交给德意志皇帝亨利六世，英王承诺交出赎金后才获释。——译者注
[2] 英格兰有个谚语："三月多风四月雨，迎来五月好风光。"——译者注
[3] 主要是诺曼底、加莱等地。——译者注

　　德意志朝圣者乞讨时唱歌，

　　法兰西人哀诉哭叫，

　　西班牙人恶毒咒骂，

　　爱尔兰人和英格兰人偷窃。

　　这是个西班牙俗语，我觉得说得太对了，尤其是西班牙人连他们自己也不放过，不护短，把自己邪恶的本性说出来。要是有人问为什么不提意大利人，认为意大利朝圣者肯定也有自己的个性。要知道，罗马和洛雷塔是最主要的朝圣地，都在意大利，所以意大利人几乎从不外出（崇尚节俭）。

　　而指责我们英格兰人偷窃，必须承认，据观察，我们的穷人手脚不太干净，所以我们的法律非常严厉，轻罪也重罚，对这种恶习惩处最重，农民沾染上的人数最多。

　　希望国人更真心地做虔敬的事，不要做朝圣这种乏味无用的事。如果真去朝圣，我希望他们更诚实，而不要偷窃。也希望他们旅途上碰见的人更仁慈，不要拒绝给他们提供路上的必需品，免得引诱他们偷窃。

君　主

　　亨利六世，亨利五世之子，出生于温莎城堡。其母固执，不顾其父反对，非把他生下来不可。他更适合穿僧衣而不是戴王冠，且生性随和，愿意用一磅的耐心换取一盎司的勇猛，宁可伤害自己也要对别人单纯。

　　他既过于顺从，又过于依赖妻子，娶了西西里和阿拉贡国王勒内的女儿玛格丽特为妻。勒内只是在称号上强大，在其他方面几乎帮不上女婿的忙。由于国内的纠纷，亨利不仅丢掉了父亲在法兰西得到的东西，而且他自己在英格兰继承的财产也落到约克家族手里。他死于1471年，更准确地说是被谋杀的。

这位亨利两次加冕为王，两次被废黜，两次被埋葬（先是埋在彻特西，后来埋在温莎），一次成为半个圣徒。亨利七世压低他册封为圣徒的价格（可以看出他受到爱戴，看出在罗马教廷用金钱收买的情况），不愿意出到索要的价码。

然而，这位亨利是得到民众认可的圣徒（虽然教皇不承认），大家从国内最遥远的角落来到他的墓碑前，想象着得到了很多好处。他是最后一位确定出生于温莎的君主。后来英格兰的王后们好像不喜欢那个地方了，觉得在那里生下王子不吉利。

枢机主教

我在文献上看到，很多人想当枢机主教而当不上。这个郡有这么一个人，能当上而不想当，他就是威廉·劳德。这个职务相当于白给了他，但他不屑地拒绝了，说："罗马教会必须做出很多改变，然后我才会接受这一要职。"他这样说我觉得相当于拐弯抹角地说"决不当"。

宗教改革以来的高级教士

托马斯·戈德温，出生于这个郡的欧金汉，一开始在当地的免费学校上学，从这里被送到牛津莫德林学院，在约克教长莱顿博士的慷慨资助下学习了一段时间，后来被推选为该院的董事。他用这一职务按照一定的条件换取了格洛斯特郡伯克利校长一职，他在这里也学习医学，后来证明这对他很有好处。女王玛丽统治期间，他被禁止在学校教书。邦纳甚至威胁要把他烧死，他不得不经常隐藏起来，经常搬家。

他是个口才好的讲道者，身材高大英俊，这些品质让他很受女王伊丽莎白的喜爱。女王爱才子，但更爱长相英俊的才子。他连续十八年当选为王室专职牧师，四旬斋期间为女王布道。他先是担任牛津基督大教堂教长，后来担任坎特伯雷教长，最后担任巴斯和威尔斯主教。

后来他年老体弱，患上了痛风病，不得不娶第二个妻子照顾他，一个和他岁数相当的老妇。他在宫里的仇人（那个时代主教不缺仇人）向女王禀报了此事，把他说得很不光彩。他们甚至诽谤他娶了个二十岁的姑娘，直到好心的贝德福德伯爵不经意地对女王说了句："陛下，我不知道他这个女人比二十岁大多少，但我知道她有一个儿子将近四十岁了。"

他患上了四日热，医生建议他回到老家欧金汉，那是他出生的地方，在这种情况下家乡的空气可能对病人有提神作用，就像母乳对婴儿一样。1590年11月19日，他死在这里（在同一个地方吸进第一口气，呼出最后一口气），埋葬在高坛南边一通墓碑下面。

作　家

沃林福德的理查德出生在一个宜人的集镇上，该镇位于泰晤士河畔，父亲是当地的铁匠。后来他去了牛津，在默顿学院学习，后来成了僧侣，最后成为圣奥尔本斯修道院院长，是当地最优秀的数学家，尤其擅长其中的机械部分，而且手巧（保留了一点父亲的手艺），善于制造漂亮的器械和工具。

　　他的杰作是个最精巧的时钟，制作时很困难，花费更大，对技术要求最高。约翰·贝尔（从他的话来看，我推测是个目击者）时期，这座时钟一直在那座修道院，贝尔证实欧洲没有与此相似的时钟。如此说来，它似乎可以和德意志斯特拉斯堡的那座著名时钟相媲美，而且在这方面还更好，因为它更古老。它既是时钟，又是日历，显示恒星和行星、海水潮起潮落、几时几分等诸如此类的东西。

　　我听说专利权在法兰西宫廷开始普及的时候，国王的弄臣提议这一专利归他自己所有，也就是每一个戴表的人交两先令，怎么利用时间他不管。圣奥尔本斯的修士们当然要留心时间是怎么度过的，因为英格兰的修道院都没有类似的珍品。他们的时钟聚集起最零碎的时间，每一分钟都显示出来。出于这一原因，我认为制作这个时钟的理查德为他的寿终做好了充分准备，1326 年，他死于麻风病。

战　役

纽伯里第一战役：1644年9月20日

　　埃塞克斯伯爵解了格洛斯特之围，然后返回伦敦，后面跟着国王的军队，但没有被追上。双方身后都留下带血的脚印，尤其是在威尔特郡的奥尔德本，在这里双方发生激烈冲突。伯爵在纽伯里停了下来，在这个镇东边进行了一场激烈战斗。伦敦人的表现显示，他们既可以在商店里称量，也可以在战场上挥剑。议会一方被认为损失最大，国王一方损失的重要人物最多，其中包括卡那封和森德兰伯爵、福克兰子爵、摩根上校等人。

　　两支军队可以说是都打了也都挨打了，都没有获胜，双方都拖到黄昏。夜里双方都伤心地吃了饭，第二天都没有胃口吃早饭了，宁愿守住各自的阵地对峙，也不愿再打了。

纽伯里第二战役：1644年10月27日

让人感到惊奇的是，埃塞克斯伯爵不久前在康沃尔失去了所有的步兵，但很快就再次召集了更多的步兵，就像伦敦是一切商品的总店，伯爵招募了新兵后向国王开战。这一仗打得和上一次一样长、一样激烈，但议会一方的胜利更明显。康沃尔人（虽然很勇敢）被认为表现得不好，本来期待他们表现得更好一些。

到了夜里，国王一方在树篱上挂上点燃的火绳（假装他们就住在附近），人则转移了出去，到邓宁顿城堡去运大炮（城堡堡主约翰·博伊斯爵士是国王的武士，为国王效力），回来的时候速度比逃跑慢一点，比撤退快一点，尽可能保持整齐的队形。很多人在这里丢了性命，好像"纽伯里"这个名称令人遗憾地应验了似的[①]，预示着这个镇要提供一个新的埋葬地，用来埋葬那么多在两次血战中死去的人。

告别辞

与这个郡告别的时候，我认真考虑了这里还缺什么，这样我希望能补充上。但我发现没有天然缺陷，所以我希望居民们要感谢上帝，上帝给了他们一个完美的地方，既能给他们带来益处，又能给他们带来快乐。

另外，据观察，这个郡的土地非常容易引起不安，使主人跌落下来。但我认为这不能怪牲畜难驾驭，只能怪骑手不老练。我衷心

---

① "Newbury"在字面上可以解释为"新的埋葬地"。——译者注

希望这个郡的绅士以后在马鞍上坐得更稳一些，不要让这么一个好
地方横生出那么多枝节来。

贝德福德郡

　　贝德福德郡北临北安普敦郡，东临亨廷登郡和剑桥郡，南临赫特福德郡，西临白金汉郡，自北向南呈椭圆形，长二十二英里，宽不足十五英里。

　　这里的土壤是厚厚的黏土，四周可以说是有一条沙土带，更确切地说是从中间斜穿过去（从沃本到波顿），称得上漂亮宜人，而另一部分肥沃、宜居，像英格兰其他地方一样便利。

　　这里插入一句告诫的话，以保护其应有的权利（但受到了侵犯），保护这个郡生产的很多粮食。谷物商（在这一点上最敢保证）会告诉你，赫特福德郡的小麦和大麦在伦敦得到好评时，这在很大程度上意味着（虽然是误称）马上就有人在赫特福德郡购买并运出去，但这本来生长在贝德福德郡邓斯特布尔附近和其他地方。但保姆只是把小孩抱在怀里或放在膝上晃两下，不能让她声称自己是十月怀胎生下孩子的亲妈。

天然产品

大　麦

白色，大粒，饱满，开花多。乡下人会告诉你，这是所有粮食中最好的（嫩），必须在好几季里最精心地看守好。大麦不仅能果腹，在一定程度上也能解渴，如果制成麦芽酒的话。大麦像小麦一样有益于健康（不过没有小麦口感好），是制作圣餐面包的原料，吃面包证明他的人性，吃大麦面包证明他的谦恭。

麦芽酒

麦芽酒是改变了性质的大麦，经历了水与火，在炉里浸泡并烘干……

麦芽酒商以前在这个郡赚了多少钱，看看啤酒商囤积的财富就能推测出来，这两个行业关系非常近。我在文献上看到，国王亨利五世统治时期，邓斯特布尔的一个啤酒商威廉·默弗利（被认为是个威克利夫派教徒，科巴姆大人的追随者）被抓住的时候，其身后有两匹马披着镀金甲胄，怀里还有一对镀金马刺，等待着（据说）科巴姆大人册封他为骑士。这一说法我虽然不全信，但足以向我们显示这个行业当时非常有钱。

漂白土

在本郡离沃本不远的地方挖出了很多漂白土，当地人通称为沃本土。这种土可用于制作布料，做好布几乎离不开它，外国没有这里的多，也没有这里的好。怪不得我们的法令严禁运输漂白土，以保护我们的布料完美。要不是这种漂白土像赭土，且所有的地块都被封了，荷兰人（荷兰人太奸诈，而我们太粗心）就会储存大量的漂白土了。

云　雀

最多、最好的云雀都在这个郡的邓斯特布尔被捉住并宰杀。云雀活着的时候无害，不糟蹋粮食，死了以后也对人的健康有益，肉可以吃，就像活着时可以听音乐一样。

冬季云雀成群结队地飞，很可能这就是拉丁语"alauda"既表示"云雀"也表示"一军团士兵"的原因。有人可能会说，军团士兵戴着头盔，头盔上面饰有羽毛，就像云雀一样，所以才这样叫。除此之外，拉丁语还叫"galerita"。如果人向云雀学习早起，会对健康大有好处。

工业品

胖子（皮肤皱折贴在两侧）普遍懒惰，瘦子则更爱活动。所以物产丰富的地方（就一般情况而言，这个郡就是这样）日子过得安逸，这是贝德福德郡没有任何手艺的主要原因。

俗　语

像邓斯特布尔的路一样平坦。

这句话用来指朴素而又简单的东西，既没有装饰，也没有防护，也指显而易见的东西，要发现毫不费力。邓斯特布尔的路宽阔，不知多少人走过，从北方和西北方通向伦敦的多条道路在这里汇合。

　　　　像克劳利的小溪一样弯曲。

　　这是一条无名小溪，发源于沃本附近，流经克劳利，立即注入乌斯河。但这个俗语更可能说的是乌斯河，这条河就在这个郡，比希腊神话中的曼德列斯河还要蜿蜒曲折，全长八十多英里，陆地跨度十八英里。如果了解到它的惨状，预感到它会注入下一个郡雾气朦胧的沼泽地，不愿离开这个宜人的地方，你就不会责怪它了。谁不想在好地方多待一会儿呢？

　　　　贝德福德的法庭执行官到了。

　　这个俗语起源于这个郡，但应用在下一个郡剑桥。流过此地的乌斯河被称为贝德福德的法庭执行官。这条河由于雨水、冬季的雪水和支流汇入而涨水，流向下游时突然用大水冲向伊利岛。

　　但我听说最近从沼泽地排水的人，以令人难以置信的谨慎、代价、技术和勤奋，将毒气从这个法庭执行官手里夺走了，保护这一地区免受它的危害。

告别辞

　　和这个郡告别的时候，我想起斯托先生的错误（哪个作家不犯错误呢），他说潮水船、运泥船、驳船沿泰晤士河从贝德福德到伦敦，这肯定要走好多英里的旱路。但如果凭借艺术和勤奋有可能这样运输，他的话就应验了，因为这种运输方式肯定对这个郡有好处。

白金汉郡

白金汉郡是个狭长的地方（其英里数与此相应），从北到南延伸四十四英里，而最宽处只有十四英里。

这里物产丰富，尤其是艾尔斯伯里谷地，其中一个（最近）位于夸伦登庄园、名叫伯里费尔德的整个牧场（现在是从男爵罗伯特·李爵士的一部分遗产），每年租金可达八百英镑，而佃户对这笔交易毫无怨言。

这个郡的名称来自其主要城市白金汉，白金汉又来自"山毛榉"（撒克逊语叫作"白金"），市区附近长有很多，该郡其他地方也很多，所以把它放在天然产品的第一位。

天然产品

山毛榉

山毛榉在罗马人眼里是神圣的。山毛榉也是药材，虽然我们并不想让一个嘴唇疼或眼疼的人去试试普林尼说得对不对，看看山毛榉叶子能不能治嘴唇疼，山毛榉果实的灰能不能治眼疼。

我们平常是用山毛榉来盖房子（也可以制作很多器具）。有人问，山毛榉什么时候可以成为最好的木料，意思是每年什么季节砍伐最好。回答是，找不到栎树的时候，山毛榉就是最好的木料，我向你保证每天都可以砍伐。

所以，国王亨利八世统治时期，采取了很多措施来保护山毛榉林（当时树林的状况比现在好得多）。女王伊丽莎白统治的第一年也规定，栎树、山毛榉树、白蜡树（山毛榉排在第二位，这是应该的）的树桩不得达到一平方英尺，不得生长在离大海或任何可以通航的河流十四英里之内的地方，不得兑换为煤或燃料，因为煤或燃料的价格低。如果大自然没有这样的意图，人就要为它派上更好的用场。

绵　羊

英格兰最好、体型最大的绵羊在这个郡的艾尔斯伯里谷地，在这里买一头种公羊花费十英镑或更多根本不算一回事。所以，一个外国人要是听说这个价格，就会以为公羊是罗马人的大炮，不是我们常说的动物。

我不知道有人的说法是不是应该插在这里，他这样说有其道理。他首先发现，可以食用的家畜，在地里放牧时其名称是英语，而摆到餐桌上以后，其菜名则是法语：

英语：1.Sheep 2.Ox 3.Calf 4.Hog 5.Pig

法语：1.Mutton 2.Beef 3.Veal 4.Bacon 5.Pork

他给出的理由是，诺曼征服以后，法兰西人施暴政于英格兰佃户，迫使英格兰佃户为他们饲养牛羊，但牛羊被宰杀之后，由法兰西绅士们享用美食。

外国人非常赞赏我们英格兰的羊，因为英格兰的羊并不像一群狗一样跟随羊倌（和海外的羊不一样），而是四处乱跑。罗马天主教神父们对那些头脑简单的信徒说，我们的羊不驯服，"因为我们抛弃了教皇这个大羊倌"。而实际上早在与罗马决裂之前，英格兰的羊就不跟随羊倌，因为它们不再害怕狼了（在外国狼还侵扰羊），可以放心地在地里吃草，既不需要人引导，也不需要人保护。

驯服的野鸡

　　这种野鸡的名字最早来自亚洲的一条叫法希斯的河①，它们早就从那里飞到了英格兰。这种野禽羽毛漂亮，尤其是公鸡，肉味鲜美。威科姆附近养得很多，操心多于花费，因为它们都吃蚂蚁。是驯养的野鸡好，还是野生的好，我让美食家们去判断。

工业品

　　说实话，这个郡主要以土地为生，不是以手工艺为生。这里物产丰富，土产品很多（多亏离伦敦近，那里有最好的商家），没有著名的手工艺品（除了其他郡也有的之外）。除非有人举亚麻线带为例，这个郡的奥尔尼附近大量生产，不过我觉得德文郡生产得更多，谈到德文郡的时候再详细说说。

俗　语

　　　白金汉郡的面包和牛肉。

---

① 可能是格鲁吉亚里奥尼河的旧名。——译者注

白金汉郡的面包和其他郡的一样精致，牛肉和其他郡的一样肥美。所以，当地居民如果有闲暇又有食欲，吃了以后肯定又有力气又健康。

　　　　搜索灌木丛，可能蹦出来一个贼。

这个俗语的形成肯定是有正当理由的，是事实，含有讽刺意味，符合这个地方改革之前的情况。古文物研究大家卡姆登说："以前这个地方完全无法通行，到处都是树，直到圣奥尔本斯修道院长利奥福斯坦把树砍倒，因为这些树形成了一个窝藏贼的地方。"

不过这个俗语已经陈旧过时了，不真实了，白金汉郡所经历的没有刑事案件的巡回法庭，其次数不亚于任何有同样人口的郡。听听这个郡是如何为自己申辩的吧：这些强盗根本就不是本地人，而是从附近的郡逃到这里避难的。

圣　徒

圣鲁瓦尔德就是圣鲁巴尔德（乡下人通常称其为格鲁巴尔德），也有人将其拼写成圣鲁瓦尔德，但与另一个有爱尔兰血统的圣鲁瓦尔德不是一个人。那个爱尔兰血统的圣鲁瓦尔德是个主教和殉教者，在布拉班特的梅希林纪念他的受难。看官，请相信我，为了您方便接受我这个考证，不要费尽周折去寻求这么一件小事的真相，麻烦我已经承担了。

说到他传奇的一生，我所写的连我自己都不相信，也不希望别人相信，我写的只是别人记述下来的。有人说他是不列颠国王的儿子，而他自己的撒克逊名字就足以驳倒这一说法。更可信的说法是，他是诺森伯兰一个国王的儿子，母亲是麦西亚国王彭达的女儿，是个基督徒。他出生在这个郡的金斯－萨顿，一呱呱坠地就连喊三遍："我是基督徒。"然后就明确承认自己的信仰，希望接受洗礼，选择了教父，为自己起名叫鲁瓦尔德。

他还用手指点旁观者把一块凹陷的大石头给他拿来当圣洗池。他父亲手下的一大帮仆人试了试搬不动，他们的力量还差得远，而两个神父（他指定的教父）过去轻而易举地就搬来了。洗礼之后，他谈罗马教会的常识谈了三天，确认其正确无误以后，把他的身体留在萨顿一年，留在布拉克利两年，然后就一直留在白金汉。随后他就去世了。

看官，我以自己的心情可以部分猜出您看过之后的感受，要同时考虑这么几件事，您的灵魂是分裂的：

1. 对第一个编造这故事的人感到不满；

2. 对轻信者感到好笑；

3. 对用意很好但胡编乱造的虔诚行为感到悲哀；

4. 感谢上帝让我们生活在一个知识更丰富、更明确的时代。

圣鲁瓦尔德虽然出生在这个郡，但在肯特的博克斯利最受尊重，这里有个故事。

博克斯利教堂有一尊圣鲁瓦尔德的小雕像（他是个童圣徒），小，空，轻，一个七岁的儿童就能轻而易举地拿起来。搬动这尊像成了检验妇女贞洁的标准。凡是打点好神父的人都能轻易地搬动它，而不打点的人则搬不动。这是一种骗人的把戏，雕像用一个木栓固定在后面一个看不见的架子上。事先打点好神父的人要去搬动的时候，就能很容易地搬走，而忏悔时手紧的人就搬不动。

讲故事的人说，这件事更能让人感到可笑而不是虔诚。很多贞洁的处女和守妇道的妻子离开时红着脸，让旁观者怀疑（没有任何

理由）她们不检点。而那些不太贞洁的人走时则会受到赞许（因为
她们给的钱多）。

他出生的确切年代不得而知，但有可能是 680 年前后。

高级教士

约翰·扬出生于这个郡的牛顿 – 朗维尔，在牛津新学院上学。
有不下于十个姓扬的在这里注册，被认为是这个基金会的董事。有
人说，由于这个学院总是"新"的，很多董事"年轻"[①]是很有可
能的。

这位约翰·扬成为此学院的院长，后来被任命为希腊的加里波
里市主教。这个好地方既不能养肥骆驼，也不能养肥狮子，只能养
肥变色龙，因为佃户是个土耳其的大人物，交给地主的租金非常少。
不过这个有名无实的主教区给了他优先权，可以在大议会投票，也
有圣职授予权。

但一些英格兰土壤很难适应希腊的空气。为了帮助他，在国王
亨利八世元年的 1 月 12 日，他被任命为上诉院案卷保管员，大约八
年以后，或是去世了，或是辞去了职务。我记得他被埋葬在新学院
附属教堂，坟墓上有铜碑文。

军　人

亚瑟·格雷，威尔顿男爵，应该算作这个郡的人。他父亲不住

---

① Young，即姓"扬"，在这里一语双关。——译者注

在威尔顿（赫里福德郡一座衰败的城堡，其头衔就来自这里），而是住在沃顿，他们家有一座漂亮的房子，离白金汉不远。

他继承了一小笔遗产，其大为缩减的原因如下：他父亲威廉·格雷大人被囚禁在法兰西，一直请求以公款将他赎回（因为是担任公职时被俘虏的），但没有成功，最后不得不卖掉大部分祖产为自己赎身。

亚瑟参加战斗表现英勇，试图得到晋升。1560年，他在父亲麾下参加了围攻利斯的战斗，肩膀受了伤，这让他对苏格兰人一直怀恨在心。1580年，他被派到爱尔兰担任总督，在那里还没有接受剑或其他指挥权的象征。为了一开始给敌人来个下马威，很不幸地在格兰达洛与反叛者作战，英格兰人伤亡惨重。这使得很多人赞扬他的勇气而不是指挥方式，后来他又重新得到信任，最后镇压了德斯蒙德的叛乱。

回到英格兰以后，1588年，女王主要依靠他出主意，在陆地上指挥打击西班牙，在有利位置构筑堡垒。提到这一年（无论是国内的教规纷争还是与外敌的斗争，这一年都至关重要），我想起了这位大人只是主教的假朋友，在议会或枢密院会议桌上投票出现分歧时，他总是站在反教士派一边。

大臣戴维森，当时的大红人（故意捧起来再把他搞垮），因苏格兰女王的事在星室法庭受到谴责时，只有这位格雷大人为他辩护，做了一个能干而又诚实的大臣应该做的事。

除了说话率直之外（军人常见而又应该有的口才），他真的能说会道，能够明白无误地表达自己的观点。这位尚武的大人确实不会在一顶头盔下面长两个脑袋，可以说其护面甲总是打开的，一点也不掩饰，在任何时候都承认自己的观点。他死于1593年。

作　家

罗杰·文多弗出生于这个郡的一个集镇，被培养成圣奥尔本斯修道院的本笃会修士，在那里成为国王的传记作家。

要知道，看官，我们英格兰的国王都有一名修士为自己书写辉煌的统治，通常都是圣奥尔本斯修道院的修士（临近伦敦，那是消息和书籍的主要基地）。有人补充说（很遗憾，他是个外国人，离得远，不大可信），他们的编年史锁在国王的藏书室里，无论是在国王本人还是其儿子的有生之年都不会公开。假如真是这样，这对秉笔直书是很大的鼓励，即便是接近真相也不会担心受到打击，真相可以说是被捆了起来，不会对他们造成任何伤害。

罗杰的编年史从诺曼征服开始，一直写到 1235 年，也就是亨利三世统治的第十九年。实际上马修·帕里斯分享了文多弗的大部分成果，只是把文多弗的编年史续写了若干年，插入一些小改动，然后把整部作品据为己有。

血的颜色深，几滴就能把一盆水染红。帕里斯是更有名的作家，所以他凭借几处添加的内容，就为整部史书命了名。就像一座三层楼的建筑，是罗杰打下了基础，建成了第一层和第二层，而帕里斯先生接着建好了顶层，而屋顶是威廉·里什安格尔建的。文多弗大约死于 1236 年。

塞缪尔·柯林斯，鲍德温·柯林斯（生于考文垂，虔诚、辛勤的讲道者，对穷人非常慷慨，女王伊丽莎白经常称他为柯林斯神父）之子，出生于伊顿，在伊顿上学，所以在出生地就呼吸到学术空气。

他从伊顿到剑桥国王学院，先后当选为董事、院长、钦定教授。他有令人钦佩的才智和记忆力，当代讲拉丁语最流利的人。据说卡利古拉①派士兵去阻挡潮汐，但徒劳无功。谁要是在辩论中遇到他滔滔不绝的话语，也同样阻挡不住。

　　他通常每周举办两次讲座，持续了四十多年，在校门上用标签通知听众讲课的时间，从来没有两张标签是一样的，其评论性的语言也没有很大区别。有些不满意的侍臣伤害他，想把他贬到（在收益方面）布里斯托尔主教区，侍臣们就动员所有的朋友不选他。在这个动荡的年代（造就出来的讲道者多、教授少），他失去了教堂，但保住了教授职位，在这个职位上死于 1651 年前后。

值得纪念的人

　　赫丝特·坦普尔夫人，迈尔斯·桑兹先生的女儿，出生于这个郡的拉特莫斯，嫁给了斯托的从男爵托马斯·坦普尔爵士。她生有四个儿子、九个女儿，都成了家，人丁极为兴旺，她见到了七百个传人。

　　看官，我说话有分寸，留有一定的余地，通过打赌获得了这一真相，结果我赌输了。除此之外，她死的时候又有了新一代达到结婚年龄的女传人。所以，这一棵老藤可以说是枯萎了，即便是有很多新枝准备生长。

　　我要是她的亲戚，像她大多数有能力的亲戚那样，我就会为她立一座碑，设计成这个样子：种立起一棵漂亮的树，这位夫人及其丈夫躺在树根旁边，其继承人攀到中部和顶端的大树枝。右边是她几个较小的儿子，左边是她女儿，每个人都发出枝杈。她孙子、孙

────────────

① 古罗马皇帝。——译者注

女、外孙、外孙女的名字都刻在这些枝杈上，曾孙辈的名字刻在这些大枝杈发出的小枝杈上，玄孙辈的名字刻在这些小枝杈长出的叶子上。她死的时候还健在的人染成鲜绿色，余者（枯萎了）染成褪了色的暗黄色。

普林尼说，克里斯皮努斯·希拉里乌斯公开摆阔，在朱庇特神殿里把侍奉他的七十四个子女和孙子女奉献给主神。普林尼认为这是个奇迹，值得记在编年史里。他要是看到赫丝特·坦普尔夫人一家的景象，就会更加赞叹。

比韦斯告诉我们，说西班牙一个村庄有大约一百户人家，这些居民全都是一个老人的后裔，这个老人当时还在世。由于子孙太多，亲属称谓就成了问题，辈分最低的不知道该如何称呼他。"我们的语言（指西班牙语），"他说，"对高祖父以上的长辈没有称谓语。"赫丝特·坦普尔夫人的子孙要是都聚集在一个地方，其人口足以形成一个相当规模的城市。不过其后裔分布范围广，延续的世代并不多。

看官，让我在这里补充一点上一个郡遗漏的内容。切尼家族在肯特兴旺发达，但其他郡也有他们家族的纹章，天蓝色带横条平行线，六头跃起后腿直立的银白色狮子，右上角有一只貂。

这个家族里有一位亨利·切尼，在女王伊丽莎白统治的第七年担任这个郡和贝德福德郡的名誉郡长，不久之后又被女王册封为贝德福德郡的图丁顿男爵。他年轻时胆大，爱冒险，和法兰西国王亨利二世玩掷骰游戏，掷了一下就赢了国王一枚昂贵的钻石。国王问他，假如他掷输了会咋办。年轻的切尼夸海口说："我在肯特有足够的羊尾巴，剪下的羊毛可以买一枚比这还要好的钻石。"到了老年，他老成持重，有智慧，这些都与其年龄相称。这位大人死后没有留下子女。

告别辞

经过认真考虑，我不知道希望这个郡能得到什么它还缺少的东西，上帝和英格兰历代国王一直让它得天独厚，选派到议会的议员不少于十二名，比麦西亚王国任何一个郡（尽管面积是它的三倍）都要多。

就在我写到这里的时候，国人盛传陛下加冕之后要召开议会，我希望这个郡的不动产保有者（在很多有资格的人之中）为上帝选择忠实的仆人，这些人要臣服于国王，要爱家乡，有效地增进政教两界的福祉。

剑桥郡

剑桥郡北临林肯郡，东临诺福克和萨福克，南临埃塞克斯和赫特福德郡，西临亨廷顿郡和贝德福德郡，长三十五英里，宽不足二十英里。

这里的餐桌和其他任何地方一样丰盛，南部有面包和啤酒，北部（伊利岛）有肉。这里的谷物长得好，每蒲式耳比其他地方多卖几个便士。

这个郡的北部最近由于排水而大有改善，尽管最穷的一部分人可能感受不到。告诉它们对公众的巨大好处，以前可以把一条狗鱼或一只鸭子喂饱，现在可以把一头牛或一只羊喂肥。这样穷人就会回来，如果他们在牵牛或牵羊的时候被捉住，富有的主人就会指控他们犯罪。而狗鱼或鸭子是他们自己的财产，只要费点工夫把它们捉住就行了。让最好的工程（尽管实施得非常完美）满足所有人的利益、受到所有人的喜爱，这是根本不可能的。

1657 年，大雪融化以后河岸抵挡不住，给牲口、粮食和一些基督徒造成巨大损失。但不久之后，给沼泽地排水的人及时苦干，情况逐渐改善，驳斥了一些人的猜疑，这些人怀疑这些土地恢复到原来的状态。

这个郡北部被称为伊利岛，这个名称可能来自希腊语一个表示沼泽地的词。但我们的撒克逊祖先希腊语并不好，显然是因为这里鳗鱼多，才有了这个名称[①]。我在这里不敢冒昧引述牛津可尊敬的教授普里多博士的一段话，而是让读者去他那里查找，看看其他作家是如何证明的。

这个地方的牧师不顾教皇和修士禁止娶妻的命令，仍然娶妻，他们的妻子与孩子都奇迹般地变成了鳗鱼（当然是大部分变成康吉鳗，少数变成格里格鳗），由此才名叫"伊利"，我认为其意思是"鳗鱼栖息处"。第一个发现这一可恶谎言的人肯定早就得到了报答。不过出于这一原因，我们在这个郡的天然产品中，就首先看看鳗鱼。

天然产品

鳗　鱼

鳗鱼在英格兰各个郡都能找到，但放在这里谈论最合适，因为这里的鳗鱼最多、最早、最好，很久以前就供应给英格兰历任国王的宫廷。我不参与争论它们是像其他鱼那样繁殖，还是莫名其妙地从腐败物中长出，或者是这两种方式都有，这种可能性最大，因为有人冒险了解到这两种方式区别的标志。我知道大家普遍喜欢银鳗鱼，希望银鳗鱼也喜爱人，就像人喜爱银鳗鱼一样，我本人也在有这一愿望的人的范围之内。

据观察，鳗鱼从来都没有淡季（其他鱼都有固定的季节），最大的鳗鱼总是被认为最好。我不知道这个意大利俗语是否值得记住：把鳗鱼给你的敌人，但不给他酒。

---

① "Ely"（伊利）与"eel"（鳗鱼）谐音。——译者注

野　兔

野兔各郡都有，但因为最近在纽马克特附近建了个野兔猎园，专门供国王打猎，所以就特地在这里提到它。有些人更喜欢猎捕野兔而不是吃野兔肉，认为野兔肉吃了让人忧郁，不好消化，不过其他人认为难就难在如何把野兔捉住。这号蠢货别的能耐没有，就是能跑。

野兔是不是每年都改变性别（有人这样说），只能让猎人去判断。最近这些年内战对野兔伤害很大。这也难怪，这年头连人都不守法，哪还能指望对野兔立法。

柳　树

让人伤心的树。失去爱人的人用柳树枝编哀悼花圈，流亡者把竖琴挂在这种令人悲哀的树上。柳树的嫩枝可以治病，用以驱除儿童的愚蠢。柳树喜爱潮湿的地方，在伊利岛长得枝繁叶茂，其树根加固了河岸，剪下的树枝可以当柴烧。柳树生长极快。这个郡有个俗语，说种柳树赚的钱可以买马时，种其他树赚的钱还不够买马鞍。

我再补充一句：如果在女王面前可以烧绿白蜡树，在淑女面前就可以烧枯柳树。

工业品

纸

我希望能以前言的形式列举几项发明，这些发明是古人交流的方式，借此将其想法传之后世。

最早是写在树叶上，现在我们仍然把一张纸叫作一"叶"。从树叶人们又转而用树皮，因为树皮更结实，在"liber"[①]这个词上仍然可以看出来。然后人们写在标签或铅板上，字母是深深地刻进去的，这是印刷术之前的另一种印刷术。关于这一点我引述约伯（可以说是和摩西本人同时代的作家，如果不比他年长的话）所说的话："惟愿我的言语现在写上，都记录在书上。"[②]后来又有很多表达思想的方式我就不说了。纸一开始是用宽菖蒲叶（有点像我们的大酸模草）做的，这种植物生长在埃及的卡诺珀斯及其附近，似乎是那个地方的主要产品，足以证实先知的诅咒："靠尼罗河旁的草田，并沿尼罗河所种的田都必枯干。庄稼被风吹去，归于无有。"[③]

现在的纸是用磨破的碎布做的，但这种新的人工产品仍然心存感激，保留了以前天然纸的名称。它可以被当作出身低贱者的标记，这些人凭借技术和勤奋，经上帝祝福晋升到高位。"他从灰尘里抬举贫寒人，从粪堆中提拔穷乏之人，使他们与王子同坐，就是与本国的王子同坐。"[④]如果查一下纸的家谱，可以发现纸是穿着破衣服从小门来到世上。但经过艺术升华（尤其是把珍贵的秘密写在纸上之后），就可以在精选之后保存在最高统治者的柜橱里。令人遗憾的是，这么有用的一项发明，其第一个发明人已无法确定。

从皇帝到乞丐，人可以分为很多阶层，纸也差不多可以分为这么多品种：皇裁纸[⑤]、王裁纸[⑥]、枢机裁纸[⑦]，直到一种很粗糙的纸名叫"Emporetica"，只供小贩用作包装纸。

---

① 指书，也指植物贴近木质的内层皮。——译者注
② 下面一句是："用铁笔镌刻，用铅灌在磐石上，直存到永远。"参见《圣经·约伯记》19:23—24。——译者注
③ 这里所说的草即纸莎草。参见《圣经·以赛亚书》19:7。——译者注
④ 语出《圣经·诗篇》113:7—8。——译者注
⑤ 尺寸最大的纸。——译者注
⑥ 尺寸小于皇裁纸。——译者注
⑦ 尺寸小于王裁纸。——译者注

纸能体现出各国造纸者的一些特征。威尼斯纸整洁、精细、高雅，法兰西纸柔和、纤弱、轻薄，荷兰纸厚重、粗糙，就不说有时候还吸水了，它像海绵一样把墨水吸干。

纸作为这个郡的工业品收录在这里，因为斯陶尔布里奇集市附近有磨坊，这里在我们祖辈的记忆里就造纸。我觉得有一种适当的关联，剑桥有那么多优秀作家，剑桥郡就应该为他们提供纸。

令人遗憾的是，这里已经不再造纸了，我们每年消耗大量的纸，都是从意大利、法兰西、德意志进口。如果我国造纸的话，进口纸就会减少。有人不赞成，说我们造的纸永远也没有威尼斯纸完美。我的回答是，我们的玻璃也没有威尼斯玻璃纯净，但苏塞克斯也吹制很多玻璃杯，制造商赚了钱，用户也方便。同样的道理，这些粗糙、不起眼的国产纸，也肯定会给公众带来好处。

篮　子

这些篮子是用柳条编的，此郡大部分地方都长有很多柳树，一英亩柳树比一英亩小麦还要赚钱。篮子是家庭的必需品，可以放很多东西，这些东西不放在篮子里可能就会丢。

篮子在某种程度上甚至救了圣保罗的性命，他是坐在篮子里从大马士革的城墙上下来的[①]。因此有人推测（并非没有可能）他是个身材矮小的人。马休尔[②]承认篮子是不列颠人发明的，不过后来罗马人声称是他们发明的：

> 篮子听说最先在不列颠使用，
>
> 现在才知道是罗马人的发明。

[①]　参见《圣经·哥林多后书》11:32—33。——译者注
[②]　公元 1 世纪时的罗马诗人。——译者注

篮子的编造工艺日渐改进，柳条劈得像线一样细，染成不同的颜色，日益成为大宗产品。

建　筑

剑桥是这个郡的主要荣誉所在，因为大学在剑桥。必须承认，牛津的位置比剑桥好得多，不过也要承认，牛津空气虽然好，但剑桥学院多。牛津是城里的一所大学，剑桥是大学里的一座城。剑桥的学院不是被可恶的街道所包围，而是通常坐落在街道外面，四周是隐秘的人行道和花园，更加方便。

伊利教堂

这座教堂离旅行者的视线太远了，每一侧都很远，不仅给人以美的期望，而且是真的美。教堂的灯塔由主教霍瑟姆建造，用时二十年，花了五千零九十四英镑十八先令十便士半，是一座著名建筑。钟声一响，教堂的木质结构就震动并裂口（结构没有缺陷，而是完美），然后又完全契合起来。所以，这可以被当作一个虔诚基督徒的真实象征：他虽然畏惧、发抖，但牢牢地站立在真正信仰的根基之上。

圣玛丽小教堂的艺术也很罕见，其样板或本源在剑桥国王学院，不过它建造在这里（其他地方也有），儿子超过了父亲。

主教威斯特小教堂也不应该忘记。国王詹姆斯的石匠大师经过认真检查，发现这里的石匠建造工艺超过了国王亨利七世的威斯敏斯特小教堂。

最近在这座教堂看到很多新亮光（额外的窗户比最初的建筑

圣玛丽小教堂

国王学院礼拜堂

多），整座建筑就要倒塌的样子，只有几个好心人出资及时把它支撑起来，我感到很伤心。但我听说又雇了一位了不起的古文物研究专家，要把这座教堂的珍贵遗迹保护起来，就像最近在淹没土地上的其他教堂一样，我又感到很高兴。有些人刚把水从建筑物里排干，有些人要防止建筑物被人遗忘，要把古文物永久保留给后世。这两种做法哪一种更好，还真是难说。

奇 观

让我在这里插入一个人工奇观，大家都叫它"魔鬼沟"，当地人认为是魔鬼开挖的，实际上是东英吉利的某个国王或几任国王开挖的。看看后世是多么懒惰，一点也不像祖先那么勤奋，把祖先辛勤劳动的成果说成是魔鬼的成就。

但如果前面提到的国王挖沟只是为了留个名，上帝已经给了他们公正的裁决：其名字已经被人遗忘了。更有可能的是，挖这条沟是为了把他们的疆土与麦西亚王国分开，并保卫其疆土免遭麦西亚人入侵。或是为了给民众找活儿干，以转移他们的注意力，防止他们有不臣之心。懒惰孕育不忠，勤奋孕育顺从。

俗 语

剑桥要求一切平等。

有人把这解释为他们的公地，大家共同平均分享。其他人认为是公共花费，所有人都支付同样的数目。依据梭伦的格言，平等是保持友情最好的方法。普鲁塔克称赞这一格言的智慧："平等不会孕育战争。"否则，让一个人结清所有的账，就会有杀人的枪声，是推卸责任者应得的报应。不平等甚至是社会即将灭亡的征兆。

有人解释这个俗语，说获得同样学位的毕业生（或是在大学之内，或是在大学之外）一见面都是好伙计。黛朵 ① 在宫里有一个她自己专用的宝座（实际上可以称之为随从厢，有一百个年龄相同的仆人经常侍奉她）。这样，相同的学位实际上让所有学生都平等了，年资不会造成他们之间有任何距离，不会妨碍他们友好相处。

对于这个俗语我没有任何补充，只是它也用在牛津。

剑桥郡的骆驼。

我不知道这一俗语有何重要意义。我知道拉丁俗语里有骆驼，表示驼背、变形，或表示一个人很笨拙、很不雅观地扛着一样东西（像一峰跳跃的骆驼），或表示某种特别大的东西，无论如何都与这个郡的人无关。此地人身板挺直、身手敏捷，和其他郡的人一样，也没有任何比例失调的地方。

据我所知可能是这个意思：住在这个郡北部沼泽地区的人，一踩上高跷就成了小巨人，卡姆登先生对此非常清楚。然而，那个用脚的大小来测量赫拉克勒斯身高的数学家，在这里八成要把尺寸搞错，如果他依照腿长来推测身高的话。

一匹博伊斯滕马和一个剑桥文学硕士，不会为任何人让路。

这个俗语我们可以在威廉·佐恩的一封信里见到。信是写给乔

---

① 迦太基首任女王。——译者注

治·布鲁因的，收在他的《城市戏院》里。信里说，一个牛津古文物研究者反对我们，好像我们的硕士没有礼貌，不知道为身份更高的人让路，不过全面考虑一下，这更像是对他们的赞扬而不是羞辱。

注意这位作者在此之前的一句话："他们走在街上，不仅要求市民让路，而且还要求每一个陌生人为他们让路，除非其身份高。"

他为一个市民让路究竟有什么理由？这让我想起了普鲁塔克关于地米斯托克利的一段话：地米斯托克利小时候，有一次放学回家时，碰见雅典城里的一个僭主。人们喊叫着要他让路，地米斯托克利说："大街这么宽，还不够他走的？还要我为他让路？"这是听见他说话的人转述的，预示着他将来能成大器。这肯定地说明他不是缺乏教养，而是有勇气，一个男人是不会为他碰见的任何一个傲慢无知的人让路的。

亨利－三年级生

这个称号是指那些在大学待了四年之后，仍然没有获得文学学士学位的人，这样他们（在某些学院）就更能够得到晋升。起这个名有好几个原因。

有些人想象着国王亨利八世来到剑桥，让所有三年级生延后一年，这些学生期待着能宽限一年。这一说法很可笑（与他的皇家风范不相称）。更可能的是，因为一般人认为国王强壮有力、身材高大，这些亨利－三年级生也比别人年长、高大。

真相是这样的。国王亨利八世统治时期，修道院拆毁之后，学术界感到困惑，大学（感谢上帝，有惊无伤）关注着自己会有一个什么结果。于是很多学生就留了下来，两年，三年，有的四年，看看（在获得学位之前）如何授予他们学位。

宗教改革以来的高级教士

罗伯特·汤森，神学博士，出生于剑桥的圣博托尔夫教区，王后学院的研究生，年纪轻轻就入了学，那时只有十二岁。

他记忆力非常好，获得神学博士学位的时候，能够背诵《埃涅阿斯纪》第二卷，那是他上学时学习的，一行也不遗漏。他是个优秀的讲道者，庄重，适合布道。他担任国王詹姆斯的专职牧师，陪伴国王到苏格兰，回来后晋升为威斯敏斯特教长，然后成为索尔兹伯里主教。

听听一本小册子的作者是怎么说的。此人自称 A.W.，写了一本书更像是讽刺作品而不像是历史，更像是诽谤而不像是刻画人物。他在这本书里谈到国王詹姆斯的宫廷，诽谤谩骂了当时政教两界行贿受贿的人，然后听听他是如何设法补偿的：

> 一些值得尊敬的人没有花钱而得到晋升，以提高他们的（白金汉及其同党）声望。如托尔森，一个值得尊敬的人，既没有支付地租，也没有支付津贴，在他之后同一个主教区的戴夫南特也是这样。但这不过是猎狗面前的音乐而已。

虽然这两个得到赞扬的人都是我的教父和亲戚（一个是我姨夫，一个是我舅舅），虽然从这张骂人的嘴里说出这样的好话似乎很罕见，但这两个因素不足以让我们接受他的赞扬，他的话是那么让人反感。

啊！这两个值得尊敬的主教要是还活着，对这样一个作家的赞扬该会多么鄙视，连他们的主子詹姆斯国王也无缘无故地遭到他的诋毁！他们一定会谴责这样苛刻的赞扬，这样的赞扬如果说不是建立在对其他同事进行羞辱的基础之上，也是伴随着对他们的羞辱。

所以，身为他们的外甥，我代表他们的英灵对这段话表示抗议，这段话为他们增光添彩，却湮没了其他高级教士的名誉，这些教士都是他们的同龄人。就算这类贿赂相当普遍，但除了这些行贿的教士之外，还有很多值得尊敬的主教，这些主教是凭借其功德晋升上去的，根本就没有花钱行贿。

汤森博士热情好客，生性慷慨，没有贪婪之心，总是相信天意，认为他死后孩子（他有很多孩子）会有人抚养。他说得不错。他在自己的主教区只有一年，刚接到通知就让他到议会布道，结果不正常的熬夜研究让他患上热病，死于1622年，埋葬在威斯敏斯特大教堂。

军　人

诺曼征服之前，这个郡的男人很勇敢，这从一位著名作家的真实描写中可以明显看出来。这位作家说，面对丹麦人的军队，东英吉利其他地方的人都吓得从战场上逃跑了，而剑桥郡的人却在顽强抵抗。我们的作家还说："因此，到英吉利人统治的时候，赞扬剑桥人的声音最为响亮。"

诺曼人入侵的时候，剑桥人依然享有勇敢的名声。他们一方面因为人勇敢，一方面占有沼泽之利，进行了顽强抵抗，结果征服者威廉到达英格兰之后，高兴地去了伊利。我甚至听到可靠消息，说剑桥人经常被当作流行俗语，不过现在就像是旧硬币一样，几乎不用了。

这里的民众确实身强力壮，四分之一袋就是首先在这里使用的，男人通常扛（距离不长）八蒲式耳大麦，而四蒲式耳就足够其他郡的人招架了。谁都不要再说主动的勇气来自被动的力量了，我相信（如果有了正当理由）他们既有好背好肩膀，也有好手好胳膊。

作　家

约翰·埃弗斯登出生于这个郡的埃弗斯登家族，伯里修道院的修士，担任修道院的衣食住管理员。这一职务听起来不怎么样，但实际上很重要，负责全院人的日常饮食，为每个人分配份额。

但埃弗斯登有更高尚的情操，埋头研究诗歌、法律、历史。他依照当时历史学家的兴致，从世界之初开始写，写了一大卷。大家都是从那里开始，但转向不同的目标。身为修士，他并不太喜欢行乞修士。他发现方济各会修士 1336 年刚来到伯里的时候，刮了一场可怕的飓风，将大树、塔楼和沿途遇到的一切都刮倒了。幸好他们来的时候虽然遇到了暴风，但走时却很平静，也就是死的时候。

这位约翰鼎盛时是在国王爱德华三世统治时期，死于 1338 年前后。

安德鲁·马维尔出生于这个郡的米尔德里德，在剑桥三一学院获得文学硕士学位。他后来在赫尔当牧师，在那里一生都受人爱戴。

他说话爱开玩笑，但举止十分庄重，是个最优秀的讲道者。他像个好管家一样，从来不打开新酿的酒，而是宣讲他事先经过长时间仔细考虑的问题。他常说，他反对这一俗语：对讲道者来说，星期六是工作日，星期一是假日。

1640 年 1 月 23 日，他乘坐一条小船过亨伯河，船被沙子压歪了，他淹死了，都怪船夫粗心大意（不说喝醉酒了），让所有好心人都悲痛不已。如果某些妒忌和贪婪的人想自己用，但不剥夺公众利益的话，他对圣彼得的注释非常好，每天都受到期待。

宗教改革以来为公众捐助的人

约翰·克兰出生于这个郡的威斯贝奇，在剑桥被培养为药剂师，是非常勤奋的一个小伙子，一些有见识的人预言他会成为富人。巴特勒博士非常喜爱他，住在他家里，也死在他家里，甚至把大部分财产都留给了他。

这位克兰先生对朋友很大方，每年毕业典礼时都盛情款待所有的牛津人。他临死时拿出来不少于三千英镑的资金用于慈善事业，他妻子死后把他住的房子（一座非常漂亮的房子）赠给了公共医学教授。在处理其他赠品时，他充分考虑了他的出生地威斯贝奇（赠给威斯贝奇一百英镑，用于建设市政厅），也考虑了他生活过的剑桥，还有他熟悉的林恩、巴特勒博士（他财产的第一个奠基人）出生的伊普斯威奇、他地产所在的金斯敦。

他死的时候给予学生某种"预防药"，免费借给一个诚实的人一百英镑，让他为大学购买好鱼和家禽，他发现不卫生的食物引起了很多疾病。他在遗嘱中赠给伊利主教雷恩博士和埃克塞特主教布朗里格博士每人一百英镑，在遗嘱的附录中又追加了一百英镑。除了隐瞒的善举之外，他对任何有难的保王党成员都慷慨相助。他死于1650年5月。

值得纪念的人

威廉·科利特出生于这个郡的欧弗，被培养为伦敦的一名职员，最后成为伦敦塔档案保管员，在这个职务上没有一个人赶得上他对业务的熟悉程度。在这个位置上他和前任奥古斯丁·文森特先生走的是同一条路,但他活下来了,在这方面他超过了文森特先生。

因为方法是记忆之母,他就依次详细了解所有的档案,这样就能立即找到。他不喜欢有些人的习惯,这些人用水来恢复档案,当时可以用,但以后就不能用了。他讨厌以修补为借口用笔在旧文件上写字,主张保持它的本来面目。

实际上塞尔登先生和其他人在其作品中为后世提供了英格兰珍品的盛宴,但我说科利特可以被称为他们的宴会承办人,以合理的价格为他们提供食品。他死于 1644 年,所有的古文物研究者都非常悲痛。

爱德华·诺盖特,神学博士罗伯特·诺盖特之子,圣体学院院长,出生于剑桥,其继父伊利主教尼古拉·费尔顿把他养大。继父发现他喜爱绘画和纹章学,就允许他朝这方面发展。而有些父母对其子女施展才华(如果没有走上邪路的话)加以阻挠,引导他们向不利的方向发展。

他在绘画方面很有鉴赏力,因此受阿伦德尔伯爵雇用,到意大利去买画。回来的时候走到马赛时,他没有等到期待的一笔钱,在那里他谁也不认识,也没有人认识他。

一位法兰西绅士(应该得到这样的称呼)发现他每天早晨和晚上都在市里的交易所(姑且这样称呼它),一连好几个小时走来走去,步伐急促,满脸阴沉,便问他为什么不高兴,如果可能的话还答应尽力帮助他。诺盖特就说明了情况,那人回答说:"请接受我的建议。我发现你一天走了二十多英里,来回一趟有一弗隆①,走来走去一点用也没有,如果一直不停地走的话,你就能走回国了。我想

---

① 长度单位,相当于八分之一英里。——译者注

让你轻松一下（如果你愿意的话），给你足够的钱让你步行。"

诺盖特高兴地答应了，悠然自得地步行（同时也住宿）穿过法兰西（五百多英里）回到英格兰，安全而又有益于健康。

他成为我们这个时代最优秀的书籍彩饰[①]艺术家，通常受雇为贵族的专利证书设计首字母，也接受大使的委托。没有留下几个继承人，没有一个达到他的艺术水平。他是个优秀的纹章官，也是个非常诚实的人，这是他享受到的最高荣誉。他是个忍受疾病的典范（我亲眼所见），患有结石、膀胱溃疡等多种疾病。他死于 1649 年，死时还担任纹章官。

告别辞

医生很难为一个肝热而胃冷的病人开出对症的药，因为对肝好的药对胃就不好。天气也很难讨好这个郡的方方面面，其北部潮湿、沼泽多，需要晴天；南部、东南部干燥，荒地多，喜欢多雨，每天都可以吸收一阵雨（收获季节除外），每个星期日可吸收两阵雨。但老天爷可以让一个地方下雨、不让另一个地方下雨，这样就可以满足两个地方的需要，我把这两个地方都交给他了。

[①] 主要是对一本书每章的首字母用各种图案花纹进行装饰，涂上各种颜色，尤其是金色和银色。这种艺术流行于中世纪，是一种简陋的绘画形式，英格兰的温切斯特是这类艺术家的聚集地之一，这种形式在文艺复兴以后逐渐式微。——译者注

柴 郡

柴郡的形状像一把斧子，威勒尔是手柄，北临兰开夏郡（以默尔西河为界），东北部与约克郡的一角为邻，东临德比郡和斯塔福德郡（以山为界），南临什罗普郡，西临登比、弗林特郡和爱尔兰海。最长的地方（非常适合短途旅行）有四十四英里，最宽处有二十五英里。

诺曼征服之前，这个郡据说是个巴拉丁伯爵领地，诺曼征服以后继续享有这一地位。在这一荣誉上，它比兰开夏郡要早得多。兰开夏郡与柴郡的关系是抄件与原作的关系，兰开夏郡是由国王爱德华三世给予的巴拉丁伯爵领地，由兰开夏公爵代表国王行使管辖权。

这里盛产人类生活的所有必需品。据观察，所有大小河流都发源或流经某个水塘，如坎伯米尔、巴格米尔、皮克米尔、里德利浦、佩蒂普尔等，所以柴郡比周围所有郡的这类湖泊都要多，盛产鲤鱼、丁鲷、鳟鱼、鳗鱼等。

这个郡的乡绅有四个特点：

1.人数众多，英格兰同样面积的地方都比不上它。

2.历史悠久，很多人的祖先在诺曼入侵之前就定居在这里。

3.忠诚，尤其是对抗北方的敌人，打心眼里痛恨苏格兰人（要知道，这是在两个王国联合之前）。

4. 好客，在管理家务上，没有一个郡比得上这个郡，因为所有人都独立，可以得到更好的供应。

有人打趣说，所有人似乎都觉得柴郡的绅士善于持家，因为他们的盾徽上有很多麦捆（待客主要用面包，最好的面包是小麦做的）。我甚至辨别出了不少于二十六个，纹章学上称之为"一捆麦子"，这个郡好几家绅士的盾徽上都有。

现在已经知道得很清楚，这种盾徽的起源是为了与切斯特的巴拉丁伯爵休·基韦利厄五世保持一致，他的盾徽是横条平行线，六捆麦子，金黄色。这个郡的很多绅士是他的侍从，就把这些或类似的图案用在自己的盾徽上。

天然产品

盐

盐是人生活中最基本的东西。献的祭品没有盐上帝不接受，饭菜没有盐人也不爱吃。盐和面包一起放在餐桌上，表示它们对维持人类生存同等必要。

在最近的内战中，一位将军痛骂一个上尉，说他这么快就把城堡放弃了，城堡里还储存着炸药。上尉回答说："黑炸药我有很多，但白炸药 ① 一点也没有了。"

各个地方的缺点值得注意：

1. 有些地方在数英里之内有盐没有肉，比如说非洲南部。

---

① 即"powder"，在这里一语双关，既指"炸药"，也指"粉末"，即食盐。——译者注

2.有些地方肉很多，但没有盐可用，比如说鞑靼人的很多地方。

3.有些地方有肉有盐，但肉完全不能放佐料，比如说农布雷－德迪奥斯附近，还有阿美利加子午线附近的一些地方。

4.有些地方有肉有盐，肉也可以加佐料，但太贵，普通人享受不起，比如说法兰西，没有一个国家比它盐多，也没有一个国家的盐比它更贵（国家的原因）。

奶　酪

穷人吃奶酪是为了充饥，富人吃奶酪是为了助消化。古代不列颠人似乎不会做奶酪，后来才向罗马人学会，现在罗马人甚至要向我们学习如何正确做奶酪。

这个郡的奶酪在质与量上都是最好的，但他们的奶牛在冬天不圈在屋里（其他郡不是这样），所以最耐寒的奶牛竟然生产出最嫩的奶酪，这似乎有点奇怪。其他地方也有人想学着做，但做不成，虽然他们把柴郡的奶牛和养牛女工都引进了。他们似乎应该把柴郡的土地也搬过去，柴郡的地里肯定有某些神秘的好东西，否则是做不出好奶酪的。

我没有听见有人夸赞这个郡的奶油，恐怕这两种物品就像是两个世界里的星星一样，一个世界里的星星高高升起，另一个世界里的星星就要落下。

磨　石

这是天然石头，适合人工磨刀用。这个郡的莫科普山上挖出了又大又好的石头，不过其中有一半在斯塔福德郡，特伦特河就发源于斯塔福德郡。

磨石对人的重要性，一些老人有痛苦的体会。这些老人没有了臼齿，只好把牙龈当臼齿用。如果没有磨坊、没有磨面做面包的石头，就只能像没有臼齿的老人那样胡乱凑合。

关于重要工业品，我在这个郡一样也没有见到过，所以就继续往下说。

建 筑

比斯顿城堡坐落在一座陡峭的山上，获得了这个郡在建筑上的荣誉，是柴郡伯爵雷纳夫三世从圣地凯旋后建造的。我非常喜爱这座建筑的优雅，不过我承认自己从来都没有亲眼见过他，以后也永远见不到了。

有人不同意维吉尔的虚构，让黛朵爱上埃涅阿斯，实际上埃涅阿斯死了很多年之后，黛朵的摇篮才编出来。其他人则巧妙地掩饰这一时代错误，辩解说黛朵是看见挂毯上绣的埃涅阿斯像以后而爱上他的。而我是真心为自己辩解，我虽然没有亲眼见过这座城堡，但我喜爱它，我见过对它的描绘。现在城堡已经被夷为平地（上次战争以后），是由约翰·萨维奇先生下令拆毁的。

> 真正的城堡完全消失，
> 城堡的画像让我们赏心悦目。

我承认博学的利兰坚信，这座城堡会经历更好的时代，这一信息他是从古代预言里见到的：

> 比斯顿终将把头高高昂起，
> 如果我这个预言家相信预言。

但我更相信利兰讲述的历史，他所说的是过去的事，而不是对于将要发生的事时的预言。

奇　观

　　光荣的布里尔顿家族居住在布里尔顿，附近有个水塘。这个家族里任何一个继承人去世之前，都有人看见树干在水里漂浮几天。这是一些值得信赖的人说的，审慎的人也都相信。

　　如果真是这样，大家不要都期待着郑重其事的召唤，然后再去偿还自然的债务了。上帝让我们头发变白，视力减弱，感觉迟钝，浑身没劲，亲眼看到最亲的人去世（尤其是比我们年轻得多的人去世），这对我们来说就足够了，足以提醒我们，让我们知道人是要死的，不必让木头漂浮了。

　　我们不要忘记，人们发现这里的地下埋着很多冷杉树，后来就派上了更合适的用场。这个郡的人把这些树砍成小块，用它们当蜡烛，点起来很亮。我看到的作者还说，这些木制蜡烛有很长的烛花，但又说（对我来说简直是奇迹）落下来也不会造成伤害，虽然引燃了屑麻一类的东西。

　　令人奇怪的是，只要有一星点的火没有灭，用甜酒就能让它复燃。不要让粗心大意的仆人把这些易燃因素凑到一起引诱上帝，没有哪个郡比这个郡更悲伤地意识到火灾造成的伤亡了。这个郡有个漂亮的集市南特威奇，在一百五十年之内两次被烧成废墟。

俗　语

柴郡，人的首领。

不要说这个俗语具有挑战性，肯特人会担任人的首领，他们才是有种的男人，不许旁人染指。有人会反对这个小郡的这一俗语，应该接受一个范围更大的英格兰俗语："你没有那么优秀，别人可能和你一样优秀。"为了避免出现分歧，可以让很多明智、温和的人担任首领。

切斯特人做事时，实际上总是满不在乎地放低身价。国王理查德二世对此非常了解。有一次理查德二世身处险境，就派人招来两千名切斯特人伴驾，他们全是弓箭手。在议会起疑心的时候，他把这一数目增加了一倍，每人都有面包和啤酒，每天六便士，在那个时候算是高工资了。

令人遗憾的是，这些柴郡人曾经把勇敢浪费在对付他们自己上，那是一场可怕的战斗，国王亨利四世与绰号"急性子"的亨利·珀西交手……

这并不能降低前面对他们忠诚的评价，他们坚守的理想总是那么错综复杂。一派为莫蒂默而战，主张莫蒂默有权利当国王；另一派为亨利四世而战，认为亨利四世事实上是国王。考虑周到的人知道一派是忠实的臣民，但不愿说另一派是叛逆者。

居心不良、爱打趣的人就不要再说柴郡人没有种了，最近他们在一位杰出的骑士领导下失败了。这位骑士的名字我就不提了，部分原因是他说出了自己的名字（但我对他不置一词），部分原因是在拙作付印之前，他的大名很可能已经添上了。如果其他郡及时提供所承诺的援助，那么现在的死胎就会成为一个活婴了。

另外，我们仁慈的君主要是得到更好的东西，他这个摹本（上帝是原作）就不会卷入战争风云、熊熊烈火或大动乱之中，而是会平心静气地寻求和解了。为了证明这不应该是男人的作为，上帝让肯特人和柴郡人都前功尽弃了。这只能是上帝所做的事，在我们眼里是不可思议的。

　　　　　宁可从米克森那边娶，也不从荒野那边娶。

"米克森那边"就是附近或家里的意思，"米克森"是指农夫院子里的一堆肥料。

"荒野那边"是指很远或远离伦敦的地方，路从切斯特通向伦敦，经过斯塔福德郡的一部分荒野。这句话的意思是：柴郡的绅士觉得在本郡范围内匹配良缘更为有利，比从其他郡娶个新娘更划算：

1. 因为对她的出身和教养情况更了解。

2. 因为供养她的费用会少一些（不过她的嫁妆可能也会少）。

据观察，这样在本郡内部通婚既是为了延续世家的血脉，也是为了保持世家之间的友好关系。卡姆登先生描述过科克居民的情况，柴郡绅士的情况也是这样：他们全都联姻了。

高级教士

托马斯·萨维奇出生于这个郡的麦克莱斯菲尔德，父亲是骑士，把他培养成剑桥大学的法学博士。然后他晋升为罗切斯特主教，最后成为约克大主教。他是个侍臣，比教士级别高，最善于处理俗务，也是一个好猎手，更热衷于打猎而不是其重要的本职工作……

他做事有远见，谢绝了花费昂贵的就职典礼，成为第一个由牧师在私下里为他举行就职仪式的人，为他那个教区的继任者省去很多不必花费的英镑。

但他一点也不贪婪，赡养着一大家人，在斯科罗比和考伍德都建有很多房子。他在教区任职七年，死于 1508 年，遗体埋葬在约克，心脏埋在其出生地麦克莱斯菲尔德，在一座他自己建的小礼拜堂里。他打算在那里再建一所学校，但由于死亡而没有建成。

军　人

休·卡尔弗利爵士出生于这个郡的卡尔弗利。传说他是个牙和手都很特别的人，饭量抵得上两个人，打架抵得上十个人。他消化快，食欲强，只要不受伤，任何东西都能被消化。据说杀了人是他离开这个郡的原因，从这里去了伦敦，从伦敦又去了法兰西，在法兰西成为最优秀的军人……

我发现他有五个主要成就：

1. 在法兰西时，有一次三十个英格兰人与三十个布列塔尼人决斗，他是这三十个英格兰人之一。

2. 国王爱德华三世统治的最后一年，他身为加莱总督在一旁观看（他的双手被停战协议束缚住了，但有效期为一个月），亲眼看着英格兰人在他面前被杀害，他很快就为他们报了仇。

3. 国王理查德二世统治的第一年，英格兰贵族出航失利，被暴风雨挡回去了。他夺取了一条"布伦号"三桅帆船和其他二十五条法兰西船只，另外还有一条不久前由于疏忽而丢失的"马可城堡号"，也让他给找到了。

4. 第二年，他在逢集的时候抢劫了埃塔普勒，抢了很多东西，让加莱人富了很多年。

5.他娶了阿拉贡女王，这是最确定无疑的^①，她家纹章的四分之一刻在他的墓碑上，虽然我不能向读者描述细节。

他死亡的确切日期不清楚，推算起来大概是 1388 年前后。之后就没有人提过他，这样的精神是不可能不存在的，也不可能不是活跃的。

罗伯特·诺尔斯爵士，骑士，出生于这个郡的一个平民家庭。但其出身低贱的负担并没有压垮他尚武精神的翅膀，他凭借勇敢获得了晋升。他也是那三十个英格兰人之一，为了民族荣誉而与三十个布列塔尼人决斗，同时赢得了很高的声望。

后来在法兰西战争中，他在国王爱德华三世麾下担任指挥官。尽管敌人很强大，他像赶羊一样将敌人赶走，摧毁了敌人的一个个城镇和城堡。甚至多年以后，那些房屋废墟的棱角和山墙（用兵器劈开的）还被人称为"诺尔斯的法冠"。

他做的最后一件事是镇压以沃特·泰勒为首的叛乱者。我看到年老的罗伯特爵士身穿盔甲，像占领特洛伊时的老普里阿摩斯一样，但要比老普里阿摩斯成功得多，最终取得了辉煌的胜利。伦敦市民给予他选举权，把他当成了自己人，以此来表达感激之情。

他的仁慈也不亚于他的勇敢。他让法兰西人畏惧，但让英格兰人爱戴。他为建造罗切斯特桥而慷慨解囊，在罗切斯特东头建造了一座小礼拜堂，在约克郡的庞蒂弗拉克特建造了一所学校。庞蒂弗拉克特是他女主人康斯坦斯的出生地，他每年为这里捐赠一百八十英镑。

① 富勒的信息有误。与休爵士同时代的阿拉贡君主是彼得四世，并非女王，而且整个 14 世纪阿拉贡都没有女王。——译者注

他死在诺福克自己的索普庄园，死得安详、体面，也带着武士通常都有的满脸阴郁，他享年至少九十岁。1352年他在国王爱德华三世麾下担任将军时，肯定不会小于三十岁。他一直活到了1407年8月15日，被埋葬在伦敦的白衣修士区，他曾是这里的大赞助人。

约翰·史密斯，上尉，出生于这个郡，这是他亲戚也是我老师亚瑟·史密斯先生告诉我的。但他与哈瑟顿的世家史密斯家族是不是亲戚关系，我就不知道了。

他一生大部分时间都在国外：先在匈牙利皇帝手下效力，与土耳其人交战，在单人决斗中他自己就杀死了三个土耳其人。所以，匈牙利国王西吉斯蒙德授权给他，让他在自己的纹章上增添三个土耳其人头。他在一天夜里给一座被围困的城市送情报，往空中放耀眼的烟火，显示出可辨认的字体，还有很多奇怪的表演。这一场面离城十分遥远，大家认为比较廉价，并不是不好。

他从在欧洲的土耳其人那里到了美洲异教徒中间，那是女王伊丽莎白统治后期。他在那里遇到的危险、坚守、拯救等，让大多数人感到难以置信，有些人认为不真实。但我们有两个证据可以证明它们，也就是他自己书里的散文和绘画，但看起来把他的事迹减少了很多。他一个人成为公布和赞扬这些事迹的信使。

两名上尉在一起吃饭，其中一个开始大讲其成就，结束的时候这样问伙伴："先生，请问您做了什么？"伙伴回答说："让别人说吧。"从陌生人嘴里说出来肯定更能提高他们的声望。然而，持温和观点的人肯定认为，史密斯上尉在弗吉尼亚建立种植园时起了作用，他是弗吉尼亚总督，也是新英格兰的舰队司令。

他在伦敦度过晚年，他把贵族的思想禁锢在穷人的钱包里，让那些心里有弯弯绕的人看不起他。但他靠回忆和讲述自己以前的经历和所作所为来振作精神。最终，他被埋葬在圣墓教堂的唱经楼里，位于南侧，坟墓上方的平板上刻有口气炫耀的墓志铭，那太长了，无法在这里抄录。

医　生

如果说这个郡没有培养出这样的作家，这不会令人感到多么奇怪，如果我阅读到的文献可靠的话。我看到的文献上说，这里要是有人生了病，就为他做点牛乳酒，头上系一块方巾。如果这样还治不好病，就让上帝怜悯他吧。

但愿这说的是普通人，绅士们会得到（毫无疑问）这一行博学者的帮助。

宗教改革以来的作家

拉尔夫·拉德克利夫出生于这个郡，旅行到南方，定居在赫特福德郡的希钦，将一所拆毁的加尔默罗修会的房子改造成一所公共语法学校。他在这里建了一个漂亮的舞台，一是为了让邻居观看娱乐节目，二是为了鼓励学生练习语音，学生们表演了很多节目。皮茨赞扬他，说他身为教师坚守本职，不涉足神学。但在他著作中有一本专著，论述的是烧毁罪恶之地所多玛，还有一本论述约伯的苦难。

他的盛年是国王爱德华六世统治时期，即公元 1552 年，最终他可能死于女王玛丽统治之前。

约翰·斯皮德出生于这个郡的法林顿，这是他女儿告诉我的。

他最初被培养为手工艺人，我认为是裁缝。我这样写不是为了出他的丑，而是出我自己的丑，我觉得他的手艺远远超过了我所受到的高雅教育。富尔克·格雷维尔爵士非常好学，发现自己宽广的胸怀里装着非常狭隘的职业，就着手扩大其涉猎范围，就像该作家巧妙地承认的那样：

> 我承认他对我好，让我这只手不再每天干活儿，让它自由表达我的想法，我目前的状况就是他促成的。

这就是后来设计了地图、撰写了《英格兰史》的那个人，虽然这两件事都得到很多人的帮助（一个人承担这么大一项工程，请求帮助并不丢人），如罗伯特·科顿爵士、卡姆登先生、巴克姆先生等人。他还制作了有用的家谱，放在英语版《圣经》各卷前面，国王詹姆斯还颁发给他专利证，作为对他辛勤劳动的回报，让他和后人从中得利。这对那些为书商公司写作的人很有好处。直到这个荒淫的时代否定所有这些独创性才有助于理解《圣经》，几乎拉平了（如果说没有阻止的话）所有图书作者的正当收益。

1629 年，他死于伦敦，埋葬在克里普尔门外面的圣贾尔斯，与约翰·福克斯先生在同一个教区，由此英格兰任何一个教区都没有两具这样有益、这样著述甚丰的历史学家的遗体。乔赛亚斯·舒特先生在葬礼上布道：这样我们就与斯皮德神父告辞，他这个名字真正应验了其两个含义：快速，成功①。

---

① "Speed" 在当时有这两层意思，其第二层意思在当代英语里已经消失。——译者注

战　役

罗顿荒地，1645年9月24日

　　国王陛下听说琼斯上校夺取了切斯特郊区和坚固的圣约翰教堂，就挥师北上救援，议会派的一名将领波因斯便追赶国王。到了罗顿荒地，离切斯特不到三英里的地方，国王的军队停了下来，然后陛下带着一些主要人物进了城。

　　第二天，国王与波因斯的两支队伍在荒地里进行了一场激烈的战斗，波因斯的队伍伤亡更大。有见识的人认为，国王的军队如果追击这一支敌军（当时还没有得到增援），最后就能把它打败。这一致命的疏忽（像下棋一样，悔棋是没有机会的）导致了他们的垮台。

　　第二天，琼斯上校带着队伍来到了战场，这样国王的军队在荒地里腹背受敌，陷入窘境，整个队伍有翼无腿，就像马没有了脚。而议会军有翼有腿，而且都很强大。

　　紧接着，一大队骑兵（切斯特总督拜伦勋爵不愿派出步兵，留着步兵以保护国王）出了切斯特城，但要救被打败的朋友为时已晚，而自己参战又为时过早。三位贵族兄弟之中，最年轻的利奇菲尔德伯爵伯纳德·斯图尔特在这里阵亡，三兄弟都为国王丢了性命，这让人悲痛不已。

告别辞

　　与柴郡告辞时，我希望他们的殷勤好客能有一部分在南方扎下根，以便在那里开花结果。作为交换，我们南方人的一些优雅东西可以在他们的花园里茁壮成长，尤其是楹梓，这种蔷薇科植物与其说是好吃，不如说是有益于健康，也被认为是一种大补品。我这样说是因为这个郡的一个本地人在描述这个郡时，并不记得他曾见过这里长有楹梓。

切斯特

切斯特是一座漂亮的城市，坐落在迪河东北，其历史悠久，就连创建者的名字都没有人记得了，而切斯特历任伯爵和其他人为其增光添彩。城墙最近维修一新，尤其是从新塔到水门这一段。

1569 年，这个郡的两个郡长在城里打斗，也就是理查德·马西和彼得·利切尔班德，（如果年长的官员不守秩序，谁还会守秩序？）因其危害严重而理所当然地受到了处罚，让他们维修那一段城墙。在切斯特看守一扇大门，好像比在其他地方看守一座城还要光荣。以前城东门委托给牛津伯爵监管，桥门委托给什鲁斯伯里伯爵监管，水门委托给德比伯爵监管，北门委托给市长监管。

城的形状为扇形，几乎呈正方形，其四条主要街道（姑且这样称呼）在城中央相交，这个地方叫作"披屋"，可以同时眺望四条街，景色宜人。这里的房屋建造得很特别，人称"排屋"，像长廊一样，行人走路不淋雨，也不用到街上去，两侧和下面都是商铺。其形状很难想象，所以那些有钱又有闲的人值得去看看，看看到底是个什么样子，据说类似的形状在整个英格兰都见不到，甚至整个欧洲都见不到。

俗　语

女儿被偷走，就把胡椒门关上。

胡椒门是这座城市的后门，在东侧（我认为是这样），以前因故被关闭了。当时情况是这样，市长的女儿（当时正在胡椒街上和其他几个姑娘在一起玩球）被一个年轻人偷走了，当时走的就是这扇门。所以为了报复，市长就让人把这扇门关闭了。

不过我不明白为什么要让城里人不方便，对于市长来说，因为他本人疏于照看，或是因为他女儿不听话。但无论我们说什么，爱会把整道墙变为一扇门，可以从这里逃出去。

海　员

戴维·米德尔顿出生于这座城，这是他亲戚，也是我朋友告诉我的。他是那些为打开世界之窗做出实际贡献的人之一，我指的是新发现的东印度群岛和西印度群岛，我们可以在他刊印的书里读到详情。

心肠软、边看边动情的看官，会非常同情他遭遇的苦难，他遇到过很多巨大的危险，有食人者、葡萄牙人、鳄鱼以及荷兰人，直到最后他达到了目的，并在万丹建立了英格兰贸易点。1610 年以后，我没有见过有人再提起他。

亨利·米德尔顿爵士，骑士，戴维·米德尔顿的弟弟（我认为是他弟弟），历尽艰辛、多次冒险促进了英格兰的贸易，当之无愧地被册封为骑士。

在他多次航行中，最值得关注的是他的红海之旅，对他来说红海就像是死海，我的意思是这要了他的命。奸诈的土耳其统帅让他在这里的莫哈登陆，并把他们之中的八个人残忍地杀害，他本人和另外七个人被锁住脖子，借口是那个港口为圣城门户。圣城是《古兰经》上所说的麦加（不过《圣经》上说的是耶路撒冷），任何基督徒靠近它都是死罪。然后他被押送到一百六十英里开外，来到阿拉伯半岛的曾南见长官，时间是 1611 年 1 月。曾南这座城市位于北纬 16° 15′，但非常冷，一夜结的冰有一指厚，这是亨利爵士说的。这就驳斥了古人以为这些国家热得不能住的说法。

土耳其长官最后允许他离开，他便向东航行。和印度人达成一项有利的交易，弥补了他在土耳其人手里遭受的损失。他的船叫"贸易增长号"，这真是名副其实。

后来按照上帝的意愿，他手下人得了一种怪病，有一百个英格兰人死亡，而这位优秀的骑士被认为死于悲痛，时间是 1613 年 5 月 24 日。只要荷兰地图上还标注有米德尔顿湾（以他的名字命名），他的英名就会一直活下去。

为公共事业捐助的人

约翰·费勒，绅士，是这座城的一员。他凭借聪明才智和勤奋，自己出资在桥门建了一项像是尖塔状的水利工程。此后这一设施就把河水从顶端蓄水池里沿铅管道和木管道输送到居民家里，非常方便。

我希望所有类似的所有设计开工以后都能顺利完成。我努力查询也无法得知他死亡的确切时间，只知道和他同名的儿子也做着类似的努力，要把一汪清泉水引到城中央，我相信已经完成了。

告别辞

现在我们就要和这座古老而又光荣的城市告别了。我希望最起码迪河与新塔之间的距离能得以弥补，所有的障碍能够被清除，得到这样一个结果：新塔上的环（现在只能供观看）能恢复它原来设计的功能，也就是用来固定船只，那么这条河上的船（最近大船都换成小船了）就能恢复到原来的运输能力和大小了。

康沃尔

康沃尔这个名称一部分来源于其形状，一部分来源于其居民。从形状上说狭窄得像一只角，（顺便一提）所有语言都是这样说的，包括学术语言和现代语言，变化非常小：

1. 希伯来语：Keren

2. 希腊语：Keras

3. 拉丁语：Cornu

4. 法语：Corn

5. 西班牙语：Cuerno

6. 意大利语：Corno

7. 英语：Horn

8. 荷兰语：Horne

9. 威尔士语：Kerne

这个名称的后半部分意思是外国人，附近的人认为这个郡的居民都是外国人。

这个郡西临德文郡[①]，两个郡大致上以塔玛河为界，其他几面都

① 原文有误。德文郡在其东面，其西面是大海。——译者注

被大海包围，所以港口很多。这样一来，外国人到西班牙、爱尔兰、黎凡特①、东印度群岛、西印度群岛的时候，或从这些地方来的时候，有时候会到这里落脚，有时候不情愿地被逼到这里，但无论如何总是对当地居民有利。俗话说："马无论躺在哪里，都会留下几根鬃毛。"

当地人的语言和英语不一样，是威尔士语的方言，发音更容易，且语汇丰富，无论用散文还是用诗歌都足以表达一个才子的奇思妙想。有人断言它来源于希腊语，并找到很多词为证据，说两个词是一个意思……但有见识的人认为，这些词意思一样并没有规律，而是巧合，关系更远的两种语言里也能找到这样的词。自巴别塔之后，语言陷入混乱以来②，不同的语言再也无法沟通了。有人想迫使希伯来语和英语统一，因为亚衲的三个巨人儿子中有一个被叫作亚希幔③。

康沃尔语只有两个诅咒语，最多三个，但每一个是否符合经院哲学家划分的种类我不知道。其中一个是断言，另一个是承诺，有人又增加了第三个，表示威吓。最糟糕的是，这本来是一个（我不愿意说）毛病，普通的康沃尔人不仅经常这样诅咒，而且还从英语里借用其他诅咒语。

天然产品

钻　石

钻石本身听起来很牛，但康沃尔的钻石让它贬值了。

---

① 泛指地中海东部地区。——译者注
② 人类想建一座通天塔，为阻止这一计划，上帝让人类说不同的语言，使他们不能沟通，计划因此而失败。参见《圣经·创世记》11。——译者注
③ 意思是"右手的兄弟"。参见《圣经·民数记》13:22。——译者注

在黑色程度和硬度上，康沃尔钻石和印度钻石相比差得远。但如果衬托得漂亮（占有优势的虚伪经常被当作真诚），连并非外行的宝石匠乍一看也可能上当：其光泽本不如东方钻石，但一衬托就超过了东方钻石，天然形成的切面和修琢，人们可以让它变尖并把其磨光。

但这就够了。尤其是"宝石"这个词在拉丁语里是指"玩物""小玩意"。所以有人就恶意收藏被认为珍贵的宝石，主要是异想天开，而不是看重其昂贵的内在价值。

龙涎香

我承认，这种珍贵产品并不固定出产在世界上任何一个地方。龙涎香太珍贵了，任何一个国家也不能独自拥有。所以，龙涎香只能偶然被发现一点，有时候在这个地方，有时候在那个地方。但因为这个时代所见到的最近、最大、最好的龙涎香是在这个郡的海岸边被发现的，我们就在这里简单说一点它的名称、性质和用途。

龙涎香本是指"灰色的琥珀"，说的是其颜色，现在这个名称（古人根本就不知道）到后来才有。一位博学的医学博士认为，起这个名字可能是出于这个原因：这种东西从来没有在地中海（古人实际上只知道有地中海，不知道还有别的海）被发现，只在大洋里被发现过，但以前船只不在大洋里航行，直到最近二百年来有了航海图和指南针，海员们才开始在大洋里航行。

我们既搞不清楚龙涎香在哪里能找到，也不知道它到底是什么。有人认为是鱼的精液，或是从鱼精液里提取出来的类似油膏的东西。也有人认为这是大海的泡沫，或是某种自然生成的东西，被太阳的高温晒成了这个样子。也有人认为这是长在海滨的一种胶。总而言之，谁也说不准它是什么东西，有些医生认为是这，有些认为是那。但最为确定的是，药剂师把它定价为一盎司五英镑，有人说这一价格比以往任何时候都要高。

龙涎香是一种罕见的补品，可以提神，用以健脑再好不过了。另外它还有最香的气味，与其他物品搭配使用比单独用香味更浓。

大约是国王查理统治的第三年，有人在这个郡枯水的地方找到一块龙涎香，靠近安东尼庄园的海滨，该庄园当时属于理查德·卡鲁先生。

蒜

这里确实存在一个巨大的落差，从最香的胶到最臭的植物根茎。但差距并没有这么大，如果蒜的价值像有些人所断言的那样。更不要说一直怨声载道的以色列人了，他们认为蒜比吗哪[1]还要好。有些人认为，对于人与兽来说，蒜是治病最好的良药。蒜的味道确实有点刺鼻，但聪明人会闭住气，只要蒜能让他们保持或恢复健康。

有人甚至写了大部头的著作来论述蒜的用途。如果所言属实，只要在菜园里种上蒜，不知道还会不会有人生病或死亡。我相信，我们的味觉对此非常满意，在大多数食物里加上一点可口的美味，能尝到、能闻到，但看不到。

最好的蒜生长在这个郡的斯特拉顿周围。

沙丁鱼

这一地区捕获到很多沙丁鱼，他们被其天敌金枪鱼和鳕鱼逼到岸边，在追击敌人报仇的时候被渔民一网打尽。沙丁鱼看起来似乎不入眼，个头那么小，不过这里聪明的民众会告诉你，他们见过很

---

[1] 神赐给以色列人的食物。"这食物，以色列家叫吗哪，样子像芫荽子，颜色是白的，滋味如同搀蜜的薄饼。"参见《圣经·出埃及记》16:31。——译者注

多沙丁鱼长达一厄尔[①]，要知道它的长度，应该是从头量到尾。

沙丁鱼数量惊人，大批穷人被雇来去头（也就是把鱼头剪掉）、取出内脏、破开、撒上粉面并晒干，然后（叫"熏"）加上油和柠檬，他们是西班牙最显赫人物的食品。

我希望他们不仅把网收起来，连鱼也能容纳，眼看着沙丁鱼日渐减少，鱼群通常转移到其他海岸，并向西朝爱尔兰游过去了。其他鱼可以充分利用，渔民的鱼钩都欢迎，除了被认为能传染疾病的海星之外。

蓝板岩

蓝板岩通常出现在墙石板下面，其深度可以让工匠见着水。它们材质薄，颜色清晰，重量轻，经久耐用，且受到普遍重视，（除了供应本地之外）大批量地运到其他地方，也出口到法兰西和低地国家。

对于板岩我要说的是，阿格里奥帕斯的儿子基尼拉斯[②]据说是第一个在塞浦路斯发现板岩的人，并用其来盖房子。

锡

在基督教世界，这个郡出产的锡最多、最好。这里的锡在欧洲甚至是绝无仅有，直到后来从这里跑出去一名矿工，在波希米亚境内发现了锡。

可以说上帝就在这个郡，厚施食物（数量那么多），还有白镴盘，盘里的锡给父亲，而铅给了母亲，我们这个时代太照顾母亲了。挖坑道花费昂贵（可以理解为他们的地址，即矿井的通道），之后加

---

① 英国旧制长度单位，相当于1.25码。——译者注
② 希腊神话中的塞浦路斯国王。——译者注

工、砸破、捣碎、脱水、清洗、熔化等，卖出去之后可以得到丰厚的回报。

发现那么多矿井非常了不起。有些人在睡梦中收获的比别人醒着还要多，梦见某个（不大可能的）地方可以找到锡，然后按照这个方向去找，结果就找到了。

我们知道，诗人维吉尔虚构了两个梦门：

> 梦有两扇门，一扇（据说是）用角制的，
> 穿过这扇门的是真正有预见性的梦；
> 另一扇门装饰着白象牙，
> 假幽灵和撒谎的想象从这里走过。

令人感到奇怪的是，最好的材料（象牙）制作的门竟然表示最坏（虚假）的梦。康沃尔人的梦好像是从角门进去的，但结果很幸运，很多人发了财，为后代留下大笔财产。

我还不能与锡矿工人告辞，先看看他们一种很奇怪的做法，也就是每过七年或八年，他们就把自己的房子熔化烧掉（这对他们大有好处）。我记得马休尔有一首很有意思的短诗，描写一个名叫堂吉利亚努斯的人，据说此人漫不经心地把他的房子烧掉了，但得到了十倍的补偿，那是朋友为他捐献的。

> 得到十倍的钱，请你实话实说，
> 堂吉利亚努斯，你是故意放的火？

但这里的锡矿工人承认就是自己放的火，这样有好处。因为锡在熔化的过程中，大风会吹起很多火花，风是从风箱里吹出来的，吹到茅草覆盖的屋顶。屋顶燃烧的时候，他们能在灰烬里找到很多

锡，可以偿还盖新房的费用，而且还有盈余。

建　筑

律师诺伊先生经常打趣说，他家的房子完美无缺，就是离伦敦太近了，而实际上离伦敦足有三百英里，位于这个郡一个偏远的角落。但你可以一本正经地为其辩护，说康沃尔离首府那么远既方便也不方便。

至于他们房子的构造，一般来说都很普通，不过贵族绅士家的房子都漂亮，其中哪一座也比不过埃奇库姆山。这所房子是骑士理查德·埃奇库姆爵士建造的，其特征来自一个和他很熟的人，他温和、结实、内向、明智、做事慎重且富有成效，兼具各种美德，与其说是引人注目，不如说是值得称道。

女王玛丽统治时期（约 1555 年），某一次有空闲，理查德·埃奇库姆爵士设宴款待英格兰、西班牙、荷兰的舰队司令，另外还有很多贵族。这一经历异乎寻常，我相信这几个国家的舰队司令从此以后（如果以前有过的话）再也没有友好地坐在同一张餐桌旁吃饭。这次宴请的地点就在埃奇库姆山，房子刚建好，由前面提到的那位骑士命名，呈正方形结构，每一端都有个圆塔楼，房顶上有亭子间。大厅（高于其他房间）在有人进去时会发出洪亮的声音，客厅与餐厅视野开阔，既能看到大海，也能看到陆地。房子所在的地势较高（夏季凉爽，冬季也不冷），有利于健康，附近河里物产丰富，两座堡垒提供了安全保障，并与普利茅斯镇为邻。

同时，我不应该忘记房子周围肥沃的土地（不能给人带来好处的快乐只是没有根的花朵），有树林、水果、鹿和兔子，且有足够大的牧场，可以耕种，也有草、石头、泥灰土石之类的东西。

我写这些不是为了引诱看官去违犯第十戒，去贪恋邻居的房屋，而是写一行阻止这样做的话。我听到可靠的消息说，1588年，西班牙舰队的司令梅迪纳－西多尼亚公爵看到这座房子后深受触动（虽然只是从海上远远地看上一眼），下决心在占领此王国的这一部分之后将这座房子据为己有（如果他为自己挑选最好的，请不要责怪他），他在想象中早已将英格兰征服了。但他要是没有其他衣服可穿，只等待着用将来宰杀的熊皮做件衣服时，会患上重感冒。

奇　观

如果我们严格限定奇观的意义，我承认康沃尔一个奇观也没有。但如果把标准放宽一些，这个公爵领地还是能拿出一些东西的，这样说起来至少我们都愿意称其为奇观，也就是"投掷石"。

这是些相互离得足够远的石头，据说以前是人变成的，有人在主日投掷（康沃尔人特有的一种游戏），这样是对主的亵渎。于是他们把《圣经》和奥维德不平等地结合起来，编造了这么一个故事。

但这样用谎言编造的信仰不能持久，我们提出抗议，拒绝这一胡编乱造，尤其是同一个立法者命令我们"当记念安息日，守为圣日"[1]，还命令我们"不可作假见证陷害人"[2]，我们不会接受假教义，也不会真正使用假教义。

不过这一传说肯定和当时的看法相一致，所以我们可以推断，这些喧闹的活动（更确切地说是出苦力）根本不是让疲倦的人恢复精神，而是让恢复了精神的人疲倦，这与凭着良心过主日的习俗完

---

[1]　语出《圣经·出埃及记》20:8。——译者注
[2]　语出《圣经·出埃及记》20:16。——译者注

全不协调，是对主日的亵渎，应该受到严惩。

另外我们倒是认为，这些石头当初垒在那里是当作边界使用的，或是立起来作纪念碑，来纪念在这里取得的某一场胜利。

石琥珀

……有人认为琥珀（Amber），代表那个勇敢的不列颠人安布罗修斯（Ambrosius），在打败罗马人或其他敌人以后，由他把石头立起来纪念这一胜利。这是一件数学和临界比例的杰作，一块巨石如此精确地在安放在一块岩石顶上，稍微一碰就能触动它，但任何力量都不能把它移走，其位置摆放得恰到好处。

我听到大家议论，说这块石琥珀成为一些人性格的象征，这些人倾听各方面的意见，好像也愿意倾听，但立场非常坚定，不论何种理由也不能让他们改变原来的立场。

但是，看官，您要知道，这一奇观现在已经不是奇观了。据我听到的可靠消息，最近一些士兵把它完全摧毁了。啊，艺术挡住了无知要走的路，这该有多么危险！肯定不是贪婪促使他们这样做的，虽然在这个时候贪婪能让人毁坏土耳其一处漂亮的历史遗迹。

公路附近建了一座墓（依照当地的习俗），埋了一个有身份的人，包括一根柱子，柱子顶端有个柱头，正是个大石球，上面用土耳其语写着：

　　智慧在头脑里。

很多年也没有人把它拆除，在那里破坏对死者的纪念是一种罪过。后来，一个没有良心而奸诈有余的人路过这里，决定弄清楚这句碑文的含义。他把这个空石球打开，发现里面全是黄金，回去以后更有钱了，但不是更诚实了。我相信，如果类似的诱惑使士兵们这样做，他们就找不到目标了。

按我的理解，他们毁坏这一奇观的借口是改革，说有些人把它当成了偶像。如果真是个偶像，我对毁坏石琥珀并不感到惋惜，就像不惋惜犹大王希西家打碎铜蛇一样 [①]。

但我不相信基督徒这么愚蠢，费了那么大劲把那块石头从中央移走（用了好多个小时巧妙地竖立起来的东西，由于妒忌几分钟就把它拿掉了），这样康沃尔的人工奇观就比以前少了一个。除非有人说，为了凑够数，这些士兵绝无仅有的妒忌可以取而代之。还是让他们湮没无闻吧，凭借干这种坏事来享受荣誉是不行的。

俗　语

知道 Tre、Pol、Pen，
你就知道康沃尔人的名字了。

这三个词就是这几个姓的词典，起初是康沃尔语，虽然在意义上是名词，但我可以恰当地称它们为前置词。

1. Tre 表示一个镇，如 Tre-fry, Tre-lawney, Tre-vanion 等。

2. Pol 表示头，如 Pol-wheel。

3. Pen 表示顶部，如 Pen-tire, Pen-rose, Pen-kevil 等。

有人又增添了第四个前缀，也就是 Car（我猜测表示石头），如

[①]　上帝命摩西铸造一条铜蛇，但后来以色列人对着铜蛇烧香，把它当成偶像来崇拜，希西家便将其打碎。参见《圣经·列王记下》18。——译者注

Carmion, Carzew 等。但我不敢增添，只是把我在作品里见到的列举出来。

给某人一个康沃尔式的拥抱。

康沃尔人是摔跤艺术大师，所以现在如果流行奥林匹克运动会，他们定会凯旋。他们拥抱时狡诈地紧紧抱住对手，其结果就是直接把对手摔倒，或至少把对手打败。这句话可以用来比喻骗人的把戏，表面上是拥抱，而心里却想着把人放倒。

亨斯顿的丘陵地，如果好好挖，
价值堪比伦敦城，代价昂贵。

这样说是否正确谁也不能证实，谁也不能驳斥，因为地下的财富谁也说不清，这片丘陵地下可能有大量锡之类的珍宝。我相信，这个地方以前有很多有利可图的金属，现在却非常稀少了。

但为了证明这个俗语正确，有可能在这里发现了康沃尔钻石，其内部纯净、闪闪发亮（调配得好）。虽然狡诈的（不诚实的就不说了）商人把最好的粮食放在上面，将最差的放在麻袋底部，但把最粗糙的放在高处，把最纯洁的放在最低处才是正直的本性。

特鲁罗有三条街，
总有一天可以说特鲁罗就在这里。

我相信这个镇的人非常聪明，不会相信这样的预言，只有迷信的人才会信以为真。让他们服侍上帝，挑战魔鬼所有的假预言吧。

与其类似的还有另一个说法，预示着这个镇会有灾难，因为

"罗"（*ru*），"罗"在英语里是"唉"（woe），"唉"在康沃尔语里出现了两次。让特鲁罗人练习他们镇名中的第一个音节，避免第二个音节里的任何危险吧。

他一声不吭，航行到康沃尔。

这是个意大利俗语，可以看作是描述（更确切地说是嘲笑）一个戴绿帽子的男人。……意大利人通常好吃醋，对妻子严加看管。如果这样合理，我为看管者感到悲哀。如果不合理，我为被看管者感到悲哀。

而在我们的康沃尔，妻子享有自由，这是对她们保持贞洁的应有的报答，所以丈夫对妻子完全放心。

要把他传唤到哈尔盖弗尔市长面前。

这是个笑话中假想的法庭，人们开着玩笑，穿得邋里邋遢，敞着怀，需要刺激，同时用正式的措辞对他们做出不利的判决，嘲弄而不是伤害他们。但说到这里也就够了，免得把我也传唤到那里去。

达德曼和拉姆海德相遇时。

这是两个海角，海员们都知道，两地相距将近二十英里，所以这个俗语是拐弯抹角地表示不可能。

不过这两个地方现在又走到一起了（虽然不是在地理位置上），他们属于同一个主人，即皮尔斯·埃奇库姆爵士，他凭自己的权利得到一个海角，凭他妻子的权利得到另一个。

主要法官和法律作家

这个郡有个有趣的传说，说有一个人身高力大，手拿一杆黑色长矛，站在波尔森桥上（朝着朗斯顿走去时，进入康沃尔的第一个入口，那里的巡回法庭是霍尔登），随时准备打倒任何想到这个郡去的律师。

但说实话，这里没有几个律师在学问、生计或权威方面出类拔萃。或是这个郡离高一级的法院太远，或是附近的小法院太多（属于公爵领地、锡矿区和其他特区），使得辩护律师和类似的没有多少学问的律师来提供服务，同时从更有学问的律师手里抢走了生意，把钱赚走了。

军　人

亚瑟王，尤瑟王之子，出生于这个郡的廷塔杰尔城堡，后来成为大不列颠王。他在三个方面可以当之无愧地被称为不列颠的赫拉克勒斯：

1. 非婚生，两个人都是私生子，由其他男人的妻子所生，但二人的母亲都诚实，且都受了骗，一个被奇迹所骗，另一个被梅林的魔术所骗，后者是由别人装扮成她们的丈夫行骗的。

2. 痛苦的一生，一个以十二项任务而著称，另一个以十二次战胜撒克逊人而著称，二人都是大力士，要是力气没有这么大，在可能的范围内有关他们的传说就会打折扣。

3. 惨死，亚瑟死的同样令人惋惜，但更光荣，他不是死于女人的妒忌，而是死于男人的背叛，被莫德雷德①所杀害，那地方就在他的出生地附近。

> 任何地方似乎都不配见证他的死亡，
> 在广袤的不列颠只有他出生的地方。

至于他的圆桌和各位骑士，其故事流传了很多世代。审慎的人从来都不大相信，他死于公元 542 年前后。

现在总的概括一下康沃尔人。他们一直都被认为是勇敢的男子汉。在前面提到的亚瑟王统治时期，他们好像组成了他的先锋队，如果我对一位康沃尔诗人那粗俗的诗句理解正确的话：

> 勇敢的亚瑟如果想在战场上打仗，
> 就首先邀请我们康沃尔人来帮忙。
> 他只把康沃尔人当成恺撒之剑，
> 由康沃尔人在战场上一马当先。

但后来，在国王卡纽特②统治时期，康沃尔人成为我们的殿后部队。不要说他们堕落了，把他们从前头调换到后头，因为审慎的军队指挥官认为，实力（因而还有荣誉）取决于殿后部队。

但令人遗憾的是，这些人被其首领误导，经常把勇敢妄用到叛乱上，尤其是在国王亨利七世统治时期，他们在布莱克希思的杀伤力最大，其箭据说有裁缝的量尺那么长，后来英格兰再也没有见过这么长的箭。

---

① 指亚瑟王的侄子。——译者注
② 11 世纪初丹麦、英格兰及挪威的国王。——译者注

不过后来康沃尔人在很大程度上恢复了名誉，在最近的内战中成为勇敢和忠诚的典范。

医　生

尽管这个郡自夸没有一位作家是从大学医学专业毕业的，通常他们可以通过实践来取得凭证，而不是通过凭证来从事实践。但我要是不提几个人的话，可能会得罪康沃尔人。

罗·海耶斯，职业是铁匠，肚子里的学问只够打铁用，但行医多年，经常看好病，且赢得普遍赞誉，不仅本地民众信任他，甚至有身份的人也来找他，他们从国内偏远地区赶来，拿自己的性命做赌注试试他的本事。人们或是有正当的理由，或是为了掩盖自己的愚蠢，说经过他的治疗，这一趟没有白跑。而他的鼎盛时期是在 1602 年。

阿特韦尔出生于这个郡，是圣图厄的牧师，医学理论中经常见到他的名字，他在行医实践中感到快乐。但其做法大多数人都难以置信，认为那根本就不合乎常情。他虽然有时候也放血，但对于各种疾病基本上都是让人喝牛奶，通常是牛奶加苹果，而这一招（虽然与最受尊敬的从业者的诊断相反）让很多患了绝症的人起死回生，或是凭借药力，或是凭借医生的运气，或是凭借病人的想象。

所以，他的名声维持了多年，主要是因为他不辞辛劳免费为穷人治病，只适当收一点富人的钱，而将收入的一半留给他走访的家庭。至于他当牧师的薪俸，他都拿出来用于敬神。直到 1602 年阿特韦尔还在世。

作　家

约翰·特里维萨出生于这个郡的卡拉道克，之后在牛津接受教育，作为格洛斯特郡伯克利教区牧师和伯克利勋爵托马斯的专职牧师，接受了托马斯的建议将《圣经》（另外还有他写的一些史书）翻译成英语。对于一介平民来说，没有教皇或公共机构的特殊命令，这在那个时代是一项大胆的工程。

他承担这一工程有人非常赞赏，不久前（大约五十年之前）约翰·威克利夫也承担过。而做别人做过的事，还有什么意义呢？另外，威克利夫和特里维萨的看法高度一致，他重新翻译一遍真是多此一举。有些人不这样看，认为在那个时代，对于一个学者来说，翻译《圣经》和抄写《圣经》所吃的苦头相差无几。

其次，从威克利夫到特里维萨这一段时间，英语正处于危机之中①，五十年之内得到的改善，比以前三百年的变化还要大。以前使用的很多粗鄙的词（更糟糕的就不说了）被特里维萨改造得文雅了，他的译文比威克利夫的好，又比廷代尔的低一等。所以，源头的水总是清的，译文的渠道可以或多或少分享到一些清水，依据译者的年龄、勤奋程度和才能而定。特里维萨在高龄时死去，大约是在 1400 年。

值得纪念的人

吉尔特在康沃尔最后一次暴乱中（1546 年，国王爱德华六世统

---

① 当时中古英语正发生剧烈变化。——译者注

治时期），由于其所作所为而被关在朗斯顿监狱。此人躺在绿城堡里，把一块几磅重的石头从塔楼顶上扔过去（我向你保证，这个塔楼可不低），一直扔到猎园里。

约翰·卡鲁，理查德·卡鲁先生（这个郡概况的作者）的佃户。大约在 1608 年，有一次扛了六蒲式耳小麦粉，最上面是磨坊主——一个二十四岁的傻大个，走了大约一箭之遥的路程，把十五加仑算作一蒲式耳。

约翰·罗曼，布雷的同龄人，小丑似的小低个儿，可以和布雷很好地合作。他可以说是康沃尔的麦洛①，从小就习惯负重，长大成人之后可以背起一头牛的整个躯体，但从来都不觉得吃力（这是我看到的作者的原话）。

维尔，这个郡博德明的一位老人，他沾了墨丘利能耐大的光，一出生就具有杰出才能，没有老师教就熟练掌握了几乎所有的手工艺，也是个木匠、细木工、造水车工匠、共济会会员、钟表匠、雕工、冶炼工、建筑师，他还有什么不会？他甚至还是个外科医生、内科医生、炼金术士等等。莱昂蒂尼的高尔吉亚吹嘘自己的人文学，维尔就可以吹嘘自己的手工艺，也就是没有他不会的。1602 年是他最辉煌的时候。

爱德华·博恩，这个郡的拉多克人，考特尼先生的仆人。他从小就聋，结果也变哑了（按照大自然的安排，接收不到的，也发送不出去），但他可以学习，也可以告诉主人当地任何令人激动的新

----

① 古希腊摔跤能手。——译者注

闻。尤其是如果几英里远的地方有人布道，他就会以最快的速度赶到那里，直接面对着讲道者，在整个布道期间一直目不转睛地看着讲道者的脸，他诚实的一生也与其宗教热情相符。

他还有很强的记忆力，任何人只要见一次不仅永远不忘，而且还会通过某种特殊的观察力和辨别力，让这个人与其他任何人相识。有个人名叫肯普，住得离他不远，也有残疾。二人一见面，除了拥抱之外，还有一些奇怪而又一本正经的表示，有开怀大笑和其他热情洋溢的姿态。他们没有舌头，但这妨碍的似乎是其他有舌头的人，而不是他们两个相互理解的人。

战　役

这个话题我要详细谈谈，因为我所说的内容不是建立在不确定关系的流沙之上，而是建立在真实信息的磐石之上。我有拉尔夫·霍普顿爵士的一部手稿（承蒙其秘书特雷杜伊先生交给了我），由他亲笔修改，是西部重大事件的编年史，而这些事件都是这位杰出的骑士亲身经历的。

我从所谓的利斯卡德战役开始讲起，其名称来自临近的一个名镇，否则布雷多克山就是它的发生地。

战斗开始之前，国王一方及时考虑了这个问题：莫恩大人凭借委任状从牛津带来四个人（即这位莫恩大人、拉尔夫·霍普顿爵士、约翰·伯克利爵士和阿什伯纳姆上校），这四人在处理军务时享有平等的权利，这一平等可能在指挥打仗时多有不便（到目前为止，由于各方都极节制，并没有带来不便），把权力交给一位主帅最为妥当，大家一致同意由拉尔夫·霍普顿爵士担任主帅。

拉尔夫·霍普顿爵士首先下令，在每一个中队最前头举行公共祈祷，这一命令得到了执行（敌人观察到了，把它称为"望弥撒"，后来他们的一些俘虏也这样承认）。然后他命令步兵排列成最好的队形，在围栏里布置一支由火枪手组成的敢死队，其两翼是他所拥有的少数骑兵和龙骑兵。

布置好以后，两门小炮迅速而又悄悄地从莫恩大人家运出来，同时放在一辆小手推车上，且处于敌人的任意射程之内，但上面覆盖有东西，敌人看不见，周围还有一些骑兵守护着。这两门隐藏的炮两次成功发射，敌人很快撤离了阵地，所有士兵都跑了。国王的队伍虽然开了杀戒，但很有节制。他们抓了一千二百五十名俘虏，包括大部分军旗、所有的大炮（四门铜炮，且带有炮架，其中有两门发射十二磅重的炮弹，还有一门铁猎隼炮）、所有的弹药和大部分武器，同时在夜里挥师来到利斯卡德。国王的队伍先对上帝表示公开感谢，然后就各自休息了。

斯特拉顿战役获胜是在 1643 年 5 月 16 日，星期二。但我们首先如实介绍一下两支军队的情况，他们之间显然不平等。

国王的队伍缺少弹药，在一座陡峭的山上凭着勇敢为自己开辟道路。他们的骑兵和龙骑兵不超过五百，步兵大约有两千四百。总之，在各方面都处于劣势，面临所有的危险。

议会军各种物资都很充足，且在非常有力地固守着一座山头。他们的骑兵确实不多（刚派出一千二百人到博德明去突袭郡长和特派员），但步兵有五千四百人，这是他们的少将承认的。

国王的军队接到命令，要从四个不同的路径向山顶冲击。山很陡峭，敌人顽强阻击，国王的队伍也勇敢地向上冲。

战斗一直持续着，且局势不明朗，出现了各种情况，从早上五点一直打到下午三点。其中最值得关注的是，少将丘德雷用一排长矛向比维尔·格林菲尔德爵士发起巧妙的攻击，结果这位骑士被打倒，其队伍便乱了阵脚，结果差一点被消灭。幸亏约翰·伯克利爵士（率领火枪手从两侧支援比维尔·格林菲尔德爵士）及时解围并增援进攻，同时俘虏了少将丘德雷。

三点到四点之间，国王军队的指挥官们从四条路线分头上山，非常高兴地在接近山顶的地方会师，溃败的敌人在慌乱中放弃了阵地。这一战他们虽然是进攻方，但损失人员很少，也没有一个重要指挥官，最终杀敌约三百，俘虏一千七百，缴获敌人所有的大炮（十三门铜炮）和弹药（七十桶炸药），还有一仓库的饼干和与之相称的其他物资。

为庆祝这场胜利，他们在山顶上举行了公共祈祷和感恩仪式，然后队伍排列整齐，为这场胜利增光添彩。由于表现出色，拉尔夫·霍普顿爵士后来在牛津被册封为斯特拉顿男爵。

1644 年，议会军在这个郡被全面解除武装并遭遣散，这是一次没有战斗的征服。我看见头低下去，从脚上拔出一根刺。这就是康沃尔与英格兰之比，这就是国王屈尊来到这个郡。埃塞克斯带着他所有的军队跟随国王，结果被围困在一个狭窄的地方（更确切地说是一个很大的围场里），其四面全被围，除了大海就是国王的军队。

于是埃塞克斯（还有一些主要指挥官）乘船去了普利茅斯，从普利茅斯又去了伦敦。在威廉·贝尔福爵士的指挥下，其骑兵也冲进了伦敦（损失不大）。国王的骑兵跟了上去，但没有追上。步兵落在了后面，向国王投降了，其条件众所周知。

陛下真诚希望其（敌人自己供认）严格遵守条款，如果有不守规矩的国王派成员违反了条款（军人几乎不穿低劣的衣服，而敌人有实力，穿得更好些），这与其说是主动伤害，不如说是对伤害的报复，其中有些人在类似的情况下受到同样对待。议会派的步兵没有用武器证明其不满，很快就恢复（或者说是保持）了原来的原则，在纽伯里第二场战役中，为他们的老朋友增添了新武器。

告别辞

现在要与这个郡告别了，我希望他们一切都好，尤其是那些风暴永远不到这里来，或是很快从这里离开。那是英国的一种飓风，几乎没有客套，吹倒一些房屋和更多的树，造成更多的破坏。天意就是他们的风神，也是海神，愿天意使这个郡免遭愤怒海水的侵扰，也免遭狂风的袭击，愿他们的母狮永远也见不到公狮[①]，免得在它们之间扩散洪水。

为了这个公爵领地的荣誉，为了让它和整个英格兰交上好运，我永远都会尽绵薄之力来祈祷（与数百万忠诚的英格兰人的祈祷交织在一起），希望上帝开恩，为康沃尔安置一位公爵[②]，有我们仁慈君主的勇敢，且具有各种美德，并成为他父亲土地的法定继承人。这位公爵在法律上是成年人，具有所有的行为能力。他一出生，从幸福的那一刻起，上帝就在适当的时候派他为我们的民族带来安慰。

[①] 这是作者玩弄的文字游戏，无法传译。"母狮"（lioness）与"Lyonesse"谐音，"Lyonesse"是传说中与康沃尔接壤的一个地方，后来消失在大海里。——译者注

[②] 康沃尔是国王的公爵领地，正常情况下康沃尔公爵由国王的长子担任，如果国王没有男性继承人就由国王本人担任。但富勒说这话时正值共和时期，国王查理一世被斩首后王位一直空缺，自然没有康沃尔公爵。富勒希望有一位康沃尔公爵，实际上是希望王权复辟。——译者注

坎伯兰郡

坎伯兰郡北临苏格兰，南临诺森伯兰郡和威斯特摩兰郡，西临爱尔兰海，其形状与半月形不无相似之处，从北部顶端到南部顶端大约有四十多英里。其土壤虽然普遍较硬，要费很大劲才能得到改良，但这里也具有多样性，盛产各种天然产品。

天然产品

珍 珠

珍珠通常产于伊尔特河，蚌类（也有牡蛎和其他甲壳类动物）在河里张开口吸收水珠，这在一定程度上使其发育成了珍珠。有人认为，水珠就是液体珍珠，所以珍珠就是水珠在这些甲壳类动物体内固化而成的。穷人在浅水处捡到珍珠，然后卖给珠宝商得到一些小钱，珠宝商再卖出去赚大钱。

西班牙有个俗语，说一个宝石匠要想发财，就要买死刑犯的东西（再便宜也不在乎了），然后再卖给即将结婚的人，这些人再贵也要买。但先不管这些好处，珠宝行当里那些和这里的乡下人做交易的人，凭借购买他们的珍珠赚了大钱，虽然这些珍珠在光泽度上根本比不上印度珍珠。但珍珠是否有药用价值，现在还不好说。

黑　铅

凯西克附近挖出了很多黑铅，那里是欧洲唯一发现黑铅的地方（据我所知）。黑铅有很多用途。

1. 画家（除了混合一些黑铅做铅色之外）用来画画，也就是画阴影线，且画了以后还可以擦掉。

2. 用作笔，学者看书时用来标记重要内容，其印记很容易擦掉，不会对书造成损害。

3. 毡帽制造工为帽子上色。

4. 擦铅箱，使铁器发亮。

5. 在佛兰德和德意志，人们用黑铅来为物品上光。

除了这些明显、确定无疑的用途之外，还有一些隐蔽的用途，这就使得黑铅越来越贵，很多都出口到海外。

红　铜

红铜矿早就被废弃了（填满了垃圾），直到女王伊丽莎白统治初期才重新起用，这里出产了很多红铜，国内使用，也对外出口。但红铜本身太软，军事上不能用，也不能单独（一个人不能生孩子）用来制作军事上最有用的黄铜制品。这就要看天意了，上天做事从来不会半途而废，而且一般来说，神赐给人的礼物，只要合理通常都是不失时机地加倍赏赐。

炉甘石（到后面适当的地方再说）首先在英格兰发现，这是黄铜之母，而红铜是黄铜之父。这样一来，女王伊丽莎白在英格兰留下的黄铜炮，比她接收的铁炮还要多。我们的木墙（人们通常这样称呼我们的船）外面覆盖了一层粗糙但更坚固的保护膜。

我们不应该忘记两个荷兰人（在海里是好的青蛙，但在陆地上是更好的鼹鼠）的名字，是他们重新发现了这些红铜矿，其中也有一些银（新鲜牛奶里总有一些奶油），也就是德意志奥格斯堡的托马斯·舒尔兰德和丹尼尔·霍奇斯塔德。他们的侄子在附近买了地，看来其侄子更喜欢轻而易举地得到地面上的东西，而不大喜欢吃苦受累钻到地下去找更值钱的宝贝。

一些值得信赖的人告诉我，说最近二十年这个郡的红铜已经完全停产了，不是没有红铜了，而是不再开采了。听到这一消息我很遗憾，也不愿相信。我们这个时代的勤奋守护不住聪明的前人发现的东西，这很可悲。我愿意换句话说，内战期间埋在人肚子里的那么多钢，妨碍了他们开采地球肚子里的铜。希望现在和平的年代会鼓励人们继续开采。

奇　观

如果按照奇观这个词的严格意义来衡量，这个郡连一个也没有。但如果把含义放宽一些，那就可以把沼泽部队算在内了。

如果考虑到他们的初始、增长、鼎盛、衰败和毁灭这几个阶段，这些沼泽部队的生活状况很奇怪。

1. 初始。我认为他们和卡姆登先生所说的边境居民一样，卡姆登先生称其特点是野蛮、好战。他们被称为沼泽部队是因为其住在沼泽地里，成群结队地骑马。同时，他们住在边境地区或两国交界处，但不遵守任何一个国家的法律。他们进教堂的次数，和日历上有 2 月 29 日这一天的次数差不多。

2. 增长。英格兰和苏格兰合并成大不列颠以后，那些以前靠入侵敌方为生的人就去抢夺邻居家的财产。儿子不学父亲，不干父亲这一行。他们像约伯那样，但不是虔诚、能忍耐，而是突然暴富暴贫[①]，有时候早上牛羊成群，到了夜里却一无所有，可能第二天又有了很多。他们的座右铭是：从诚实的邻居家偷走他们有时候失而复得的东西。他们是一窝马蜂，你打一只，所有的马蜂都会飞到你耳边。他们如果答应安全护送一个旅行者，就会像土耳其禁卫军一样忠实履行职责。但谁要是闯入他们的住处，就该他倒霉了。

3. 鼎盛。四十年来他们发展到几千人。他们迫使附近的人花钱买平安，一直给他们交租金。在其鼎盛时期，他们有两个大敌：国法和诺沃斯勋爵威廉·霍华德。霍华德把很多沼泽兵送到卡莱尔，那里地方官员总是在白天工作。但这些沼泽部队如果有可能为一个被判有罪的同伴争取到赦免，就会从其公共积累中预付一大笔钱。在这种情况下大家就抽签，共用一个钱包。

4. 衰败。现在的卡莱尔伯爵查尔斯·霍华德大人凭借智慧、勇敢和勤勉，率领他的团打垮了这些英格兰强盗。他对这些沼泽部队很严酷，这不仅可以被原谅，而且还受到明智者的赞扬，他们考虑到我们的大律师（布拉克顿）如何描述那些被正式剥夺了法律保护的人：

"从此以后（剥夺了对他们的法律保护以后）他们戴着狼头罩，这样可以不经任何司法审讯而合法地把他们杀掉，就像那些戴罪的人一样，不走法律程序就可以处死，因为他们活着不愿意守法。"

5. 毁灭。这位大人的严厉惩罚取得了成功，对他们进行了彻底的改造，头目被处决，余者被改造成守法的人，我相信他们以后会继续守法。

---

① 参见《圣经·约伯记》。——译者注

俗　语

> ……如果斯基多山戴一顶帽，
> 斯科菲峰心里完全知道。

　　这是两座相邻的山，一座在这个郡，另一座在苏格兰的安南达尔。如果斯基多山顶上覆盖着云和薄雾，过不多久斯科菲峰就会下雨。这句话用来描述那些希望得到同情的人，想让住在附近的人同情其不幸的遭遇。

> 如果你邻居的房子着了火，
> 当心你的房子是下一个。

　　坎伯兰郡的人凭借惨痛的教训明白了这个道理。他们与苏格兰为邻，内战让他们付出了沉重的代价。

> 斯基多山，劳夫林山，卡斯蒂坎德山，
> 是全英格兰最高的山。

　　我不知道如何让这个顺口溜与另一个相一致，这两个顺口溜出自同一个作家：

> 英格尔保罗山，彭德尔山，佩尼根特山，
> 是苏格兰和特伦特之间最高的山。

但为了把这两个顺口溜解释通，我们发现：首先，每个郡都热衷于夸大（美化就不说了）他们自己的东西；其次，测量高低依据的是目测（从来都测不准），不同的人测起来就不一样；再次，有些山看起来更高，几乎是垂直的，而其他山的高度不太明显，人们不大注意，他们是和周围的土地一起不知不觉地逐渐升高。另外，没有人提起威尔士的普林利蒙山，也没有比较苏格兰以南所有山的最高峰。

作 家

约翰·坎农，有人这样叫他，因为他是某个大教堂的教士 ①。如果真是这样，除了他之外，还有几百个约翰·坎农。还有人说，因为他是教会法博士，而教会法的范围也和大教堂教士一样宽泛，会有几百个有同样权利的人和他争夺这个姓氏。

如果没有人能明白无误地说服我相信其他理由，我有理由认为他出生于这个郡的坎农斯比，为了简洁而把后面的"斯比"省掉了。

比利尤斯·贝尔对他的诋毁超过任何一个神职人员。听听贝尔是怎样骂他的："他成了个人身牛头怪物（我说是小兄弟会修士），就会吹牛皮。"等等。但我倒是不相信贝尔，况且一个明智的、温和的外国作家特里特米乌斯也对坎农赞扬有加。所以我推测，他的才华不像是屋里的一支蜡烛，只在英格兰国内点燃，而像是一把火炬在海外熊熊燃烧，巴黎大学和其他地方都知道他的博学。

他的鼎盛时期是在 1320 年，即国王爱德华二世统治时期。

---

① "坎农"（canon）的意思是"大教堂教士"或"教会法"。——译者注

告别辞

我获悉这个郡最近建起了两个小工厂，一个是在科克尔茅斯的粗布厂（在国内销售），一个是两年前建在卡莱尔的麻纱布厂。我希望工厂主不要因为得不到多少鼓励而灰心丧气。因为初始阶段业绩不好而感到羞耻的人，到头来绝不会有大作为。连最高大的巨人一开始（虽然绝不是个侏儒）也只是个婴儿，最长的线最初也只是一个小点。

德比郡

德比郡北临约克郡，东临诺丁汉郡，南临莱斯特郡，西临斯塔福德和柴郡。南达尔文特河流入特伦特，从德比郡中间穿过。我说南达尔文特河，因为我发现北面还有三条达尔文特河：

1.穿越约克郡，将约克郡分为西部和东部的达尔文特河。

2.将达勒姆主教区与诺森伯兰郡分开的达尔文特河。

3.位于坎伯兰郡流入爱尔兰海的达尔文特河。

这几条达尔文特河我都见重要作家描写过，写得也都相似，这足以让我相信：不列颠语里表示"水"的一个词"dower"[①]，与"达尔文特"这一名称有一些关系。

这个郡从最北端到最南端有三十八英里，而最宽处也不足二十九英里。南部和东部物产丰富，而北部（人称山顶）地上贫瘠、地下富有。

但也有一些例外。看看哈登附近的漂亮牧场（属于拉特兰伯爵），牛羊肥得令人难以置信，有人甚至提出用先令把牧场围一圈，用这些钱把它买下来。因为先令是斜着放，不是侧着放，所以被拒绝了。

---

① 与"Darwent"（达尔文特）发音相近。——译者注

天然产品

铅

英格兰（欧洲就不说了）最好的铅是在这个郡发现的。它不粗糙，而是优质天然金属，不是凝结成块或疙瘩，而是很均匀。所以制作管子和板材最有用，甚至软得可以由人工压出印记来。铅矿工可以说是我们共同体之中的共同体，由他们特有的法律来管制，通常由议会法案来确认。这里举几个例子：

1. 如果本国任何一人找到一条斜脉，或导致别人发现斜脉，就可以凭任何理由得到铅矿石。

2. 但教堂、住房、花园不受采矿区的这一习俗约束。

3. 所有矿工都应该在铅矿法院开始对矿石债务提起诉讼，否则就要失去债务同时还要支付花费。

4. 铅矿法院院长每年在法院大厅开庭两次，院长手下的干事每三周处理一次纠纷，惩罚矿工的违法行为。

5. 原告或被告收到三次不利的判决后，判决就具有永久约束力。

6. 偷窃矿石两次要罚款，第三次就会用一把刀穿透手，同时带着刀柄在一个加热的房间里站着直到死，或把手砍掉然后释放。

7. 分配份额的大人在他们的矿井里有第十三槽矿石，装载一次花六便士。

这种手工艺术（与其他文科一样）有自己的一套术语，没有他们自己行业的人解释谁也不懂。

我再补充几句。矿工们抱怨说，萨默塞特郡的铅（就像康沃尔的锡一样）日渐衰败，而这里却越来越好、越来越多。就像太阳神曾是他们的火与锻冶之神似的，在地球内部经常发现大块铅（最近我手里就有一块），它像是在地下就已经炼成，一开始就很纯净。

工业品

麦芽酒

虽然泛泛之物不受人待见，但刚发明的东西总是好的。我承认做大麦水很容易，这一发明是自然形成的，把各种原料混在一起就差不多了。但做可以喝的麦芽酒确实了不起。一开始杀死麦芽，这其中不知道有多少原理在同时起作用，在地板上翻动之前，在第一个发明者脑子里不知道摇晃了多少遍。

首先，让麦芽继续生长，这样比地里长出来的大，之后放在水里让它膨胀，持续更长的时间，再把它打碎，腐败之后尝起来更甜。其次，让它过火，大麦（通过发酵）就有了美味（本来没有这一味道），这样在水里煮过之后，水味就变醇了变甜了。

麦芽啤酒

谷神是我们英格兰的酒神，麦芽啤酒是我们祖先经常喝的饮料，很多人把他们步兵的力量（拉硬弓）归因于经常（但很有节制）喝麦芽啤酒。现在英格兰人开始喝麦芽啤酒，愿他们有朝一日能重振以前的雄风。在我们的记忆中，燕子飞来的时候麦芽啤酒就喝完了，复活节过后就很少再见到了，而现在希望（已经爬上了五月山）一年到头都有。

但现在防腐法失传了，不管是什么方法，（在发现啤酒花之前）在我们国家流传了大约二百年，酒酿出来之后至少可以保存半年，否则他们必须每天都酿酒，从酒桶里倒进杯子里，如果考虑到以前英国人的好客：连大批仆人和陌生人都款待。叙利亚人眼里的萨雷普塔酒再有名，希腊人眼里的希俄斯岛酒再有名，拉丁人眼里的法勒努姆酒再有名，都没有英格兰人眼里的德比酒有名。

奇　观

真正创造奇观的只有上帝，他在这个郡显示出的神力，比在英格兰任何一个郡都要大。这里奇观很多，其中我们特别关注：

伤残山，或母亲山。

这是个向上陡峭的山，像格拉斯顿伯里山一样。有人说，叫它伤残山是因为山顶断裂了。其他人按照粗俗的发音叫它母亲山，因为它老是生小孩，生下以后很快又怀上孩子：沙土不停地从山上掉落下来，一堆一堆的，令人不可思议。

但山并没有明显缩小，看起来（像一条不断流的小河一样）像泉水一样一直在补充着。这可以被看作是象征一个慷慨的人，一直慷慨解囊也不见他穷，花掉的钱上帝又悄悄地补给他了。

海　员

休·威洛比爵士出生于这个郡赖斯利的一个世家。国王爱德华六世统治的最后一年，他受雇向东北方航行，被国王和伦敦商人任命为舰队司令，让他去发现未知地区。

他们的舰队由三条船组成："博纳－埃斯佩兰萨号"，旗舰，一百二十吨；"爱德华－博纳旺蒂尔号"（理查德·钱塞勒为主领航员），一百六十吨；"信心号"，九十吨。他们得到了很大职权，其委任状上没有写公元我主的年号，而是写的世界年号 5515 年[①]，因为在他们漫长的航行中，可能有机会把它呈献给非基督徒的君主。

1553 年 5 月 10 日，他们从德特福德出发，经过很长一段时间的恶劣天气，向东北方向航行。但在 8 月 2 日遇到暴风雨，船只被大风吹得严重受损，"博纳旺蒂尔号"与其他两只船失散了，后来这两只船再也没有见到它。

休爵士继续航行，远远看见了陆地（有冰，他无法靠近），离西纳姆岛（属于丹麦国王）有一百六十里格，位于北纬 72°。这里当时叫作威洛比之地（它可以这样叫），因为无论是当时还是现在，一直没有居民或物主将其据为己有。

有人在旗舰上一个有身份人的口袋里找到一份遗嘱，上面说在 1554 年 1 月，休爵士及其大多数同伴当时还安然无恙，但很快就全部冻死在一条河里或港口里，那里位于拉普兰，人称阿齐纳。我们凭良心应该相信他们都做好了死亡准备，况且他们身边还有个牧师，名叫理查德·斯塔福德先生（十二个策划人之一），每天早晨和晚上都为旗舰上的人用英语主持礼拜仪式，并讲读《圣经》。所以，这可以说是第一支用英语进行祈祷和布道的新教舰队。

然而，由于失事船只残骸是其他船只的航海标志，这位骑士的失败也为别人指明了方向。至于"博纳旺蒂尔号"，正应了它的名字[②]，走失以后又安全返回了，后来又做出了最了不起的贡献，开辟了与莫斯科大公国的交通。

通常都是最后一条狗逮住野兔，在此之前其他狗已经把兔子追得疲惫不堪了。所以，那些在艰难的冒险活动中取得成功的人，往

---

① 从上帝创造世界那一年算起，是某些神学家推算出来的。——译者注
② "Bonaventure" 意思是"好冒险"。——译者注

往都收获了前人冒险所取得的成果。至于休爵士及其同伴，他们的发现解冻了，尽管他们的躯体冻死了。第二年夏天，英格兰人找到了他们对整个航程的详细记述，这些在他们死去的那条船里完好无损。

从此以后，拉普兰周围经常有英格兰人（人多得靠着海了），其西部属于瑞典国王，东部属于莫斯科大公国。他们都是异教徒，既贫穷也无知，贡奉毛皮，小房子只是大一点的洞穴，在里面过着对钱一无所知的日子。

我在这里插一段话（讲完这个又长又令人伤心的故事之后，让看官的精神振作起来），讲讲这个野蛮地区的一个习俗，这是从一些可靠的商人嘴里听说的，都是他们亲眼所见。

在拉普兰，娶一位姑娘而未经其父母或朋友同意是死罪。所以，一个人如果看中了一个年轻姑娘，在向她朋友表白的时候，其做法是指定一个日子让朋友们相聚，让他们看着两个年轻人在一起赛跑。起跑时，姑娘可以先跑出去三分之一的路程，这样小伙子是不可能追上她的，除非她本人愿意让他追上。如果姑娘超过了求婚者，婚事就拉倒了，他就永远也得不到她，再求婚就要受到惩罚。

但如果姑娘钟情于他，虽然她一开始跑得很卖力，为了试试他是否有真心，她就（没有捷足善走的美女亚特兰大的金球来妨碍她的速度）假装受了伤，在到达终点或结束比赛之前自愿停下来。这样谁也不会被迫违心地结婚。所以，在这个穷乡僻壤，已婚者日子过得很美满，比其他地方的人更富裕。其他地方有很多包办婚姻，夫妻假装恩爱，但实际上并不幸福。

告别辞

我听说冒险家在这个郡开矿的时候，时兴这样严肃地说：

　　凭借上帝的恩典，我能找到矿。

　　凭借上帝的恩典可以理解为好结果，否则就不会靠开矿来寻找好处，而是靠信仰和忏悔来寻求升天。这一说法我赞成，地球是我主的，地球上的一切（包括地下的和地上的）都属于他。

　　我在文献上看到，这个郡的牧师每十槽矿石抽取一槽作为报酬，所以有义务为矿工们衷心祈祷。我虽然没有这样的职务，也得不到这样的好处，但说到这个话题，我觉得自己出于礼节（如果不是出于良心的话）应该希望这些矿工成功，他们的努力是合法的，只开挖地球，不是凭欺诈来损害邻居的权利。愿他们挖到的矿成为对他们的奖赏，这样他们才有收获，至少不会有损失。尤其是希望上天保佑他们的人身安全，不会遭遇到瓦斯和其他祸害，而很多人都受到了伤害，地球很有礼貌（虽然很残忍）地凭借这些灾难把他们埋掉了。

德文郡

德文郡南临狭窄的海峡，北临塞文河，西临康沃尔，东临多塞特和萨默塞特郡。这是个优美的地方，其面积在英格兰位居第二，景色一览无余，其形状呈正方形，边长五十英里。

这个郡的一些地方，比如说南哈姆斯，物产非常丰富，不需要什么技能。而有些地方则非常贫瘠，如达特姆尔高原，有技能也难以改善。但总的来说（虽然不包括管理本身）与勤奋程度相符。没有一个郡有这么勤奋，或有这么多农夫，凭借泥灰（蓝色的和白色的）、白垩、石灰、海砂、堆肥、皂灰、破布之类的东西，使土壤适度肥沃并保持下去。

所以，如果维吉尔还活着，就会依据这个郡的耕作活动对他的《农事诗》做出补充。至于这里的本地人，无论做任何事都干净利落。女王伊丽莎白经常说到这个郡的绅士："他们是天生的侍臣，且很有自信。"

天然产品

银

以前，国王爱德华一世统治时期（依据可信赖者讲述的内容记录下来的），在库姆－马丁教区（从德比郡请矿工来开采）发现了大量的银，且获利甚多。

国王爱德华一世统治的第二十二年，威廉·怀门德姆开采银二百七十英镑，锻造以后送给了国王的女儿、巴勒迪克公爵夫人[①]埃莉诺公主，同时她在前一年结了婚。

国王爱德华一世统治的二十三年，提炼了五百二十一英镑十先令。

国王爱德华一世统治的第二十四年，提纯的白银约七百零四英镑三先令一便士运到了伦敦。

爱德华三世统治时期，专职会计师的记录显示，银子的利润巨大，对维持国王发动的法兰西战争的巨大花费贡献很大。

女王伊丽莎白统治时期，一位技师重新开采这些银矿（早就荒废了，我推测是由约克与兰开斯特之间的内战造成的），女王把这里出的银子做成的一个杯子送给了巴斯伯爵，杯子上刻着铭文：

> 我藏在库姆－马丁，
> 长期不见天日，
> 身上压着最粗劣的土。
> 和铅混在一起被贬值，

---

① 实际上是伯爵夫人。——译者注

直到布尔默来到此处，

他有技术，能吃苦，

把我提炼得极为纯净，

比我更值钱的无处可寻。

　　这些银矿还没有恢复以前的名誉，不过我获悉有人仍然在追求这一目标，我希望他们的努力会有回报。不是私人因为铅而受损失，而是公众因为银子而获利。

鲱　鱼

　　这个郡仍然可以捕到大量鲱鱼，而以前则更多。我在文献上看到，林茅斯连续六七年捕到大量鲱鱼，后来（据说）募捐人对合理而又适度的什一税感到不满，就用不同寻常的报酬来折磨可怜的渔夫。

　　是上帝为了谴责人的贪婪而把鱼收回了，还是渔夫因为对这样的勒索感到沮丧而不再勤奋了，我一无所知。我所知道的是，薄利才能赚大钱，其他所有产品都是一样，尤其是这样的什一税。但我们在谈到诺福克时再说鲱鱼更方便一些。

草　莓

　　（草莓的）拉丁语叫"fraga"，吃起来最可口（我的意思是配着红葡萄酒或奶油一起吃），在这个郡非常多，饥饿的旅行者在公路上骑着马也可以采摘到。

　　草莓喜欢生长在河岸北边，是清凉食品。草莓野生的时候（没有园丁，只有大自然照管）又小又酸，一旦移植到菜园里，很快就长得又大又甜，像萨默塞特郡波尔伯里的一样好。在萨默塞特郡，每年的草莓什一税是二十英镑（由于临近布里斯托尔）。

我并不希望这个郡多种草莓。俗话说得好：砍倒一棵栎树，种上一棵草莓。

蓝 莓

（蓝莓的）拉丁语叫"vaccinia"，对胃最有好处，但有收敛功能，这个郡非常多，对穷人来说是一季收成。阿克明斯特附近穷人家的孩子，采摘蓝莓一个月，每天可以挣八便士。蓝莓一开始是绿色，然后变红，最后呈深蓝色。罗马人之中最白的手对于深色的蓝莓也绝不嫌弃。

对于蓝莓我没有更多的话要说，只是还有这么一句：赫里福德郡的军人世家巴斯克维尔家族，其纹章是在三个天蓝色圆点之间有个人字形图记。

工业品

骨线轴花边

很大一部分骨线轴花边是在霍尼顿及其附近制作的，每一周都运到伦敦。有人称其为花边，用来为衣服镶边。有骨线轴花边这一名称是因为其最初是用骨线轴（后来是木线轴）制作的。所以这样的器具既有拉丁语名称，又有英语名称，让人心存感激地回想起它最初是用什么制作的。例如"cochleare"是"匙"（无论是木的还是金属的），因为它最初是用海扇壳（cockle-shells）制作的。

英格兰人现在使用骨线轴花边，其时间不会超过女王伊丽莎白统治中期。不要指责它是一种累赘，说它既不能掩盖什么，也不能起保暖作用，只能装饰。另外（虽然是私人出钱）它不能承担任何国事礼仪，不像其他花边那样花费昂贵，只用一点线，再加上一点技术和勤奋就行了。

　　凭借这一技术，很多儿童为父母带来了收益，否则他们只会成为教区的负担。甚至很多手脚有残疾的人，胳膊没有劲，但只要手指头能用，就能以此为生。至于以前每年花费数千英镑到佛兰德去买花边，而现在能把这笔钱省下来就更不用说了。

奇　观

　　利德福德镇附近有一条河，水深得一点也看不见，但眼睛看不见耳朵却能听见，水流的声音是那么大。这条河就不说了。

　　北汤顿教区（临近一座叫作巴斯的房子）有一个坑，但到了冬季就是一个水池，没有任何源泉，而是雨水形成的（夏季通常干旱）。据观察，凡是君主去世或更迭之前，或出现其他重大怪事，或有外敌入侵，或有暴动（即便是在炎热干旱的季节）之前，一点雨不下到这个水池里，它也会漫出水来，一直漫到它预感到的大事过去之后。这是真事，是附近邻居说的（他们的话最有说服力），我看到的那个作家（1648 年完成其著作）说，最近三十年来水漫出了四次。

　　我要是不提那块悬石，就会得罪一部分人。那是一块界石，将库姆·马丁与下一个教区划分开。这个名称来自一个窃贼，他偷了一只羊，把羊系在脖子上背在背后，坐在这块石头上休息了一会儿。石头大约有一英尺高，一会儿羊开始挣扎，从石头上滚落到另一侧，结果把人给勒死了。让律师判断一下，在这个案子中，羊是不是被国王的施赈员给没收了[①]。这倒像是天意，不像是事故，是对犯罪分子的公正处决。

---

① 依照中世纪法律，畜生杀了人要被国王没收。——原编者注

对这些奇观我再做些补充，可能会让看官感到不快——

下脚料

现在我敢叫他们了（相距遥远就安全了），而一个比我更胆大的人也不敢当面叫，害怕他们冲他发火。但可以对这一名称说出个理由来的人，我至今一个也没有见过。我们把从鱼身上刮下来的东西（没有多大价值）叫下脚料。他们肯定知道，这个字眼意味着羞耻、不光彩。

我在文献上看到，威尔士那边有个英格兰，但"下脚料之地"是英格兰之中的锡西厄，那里纯粹是不信上帝的野蛮人。它临近布伦特山，位于达特姆尔高原边缘。据说大约二百年前，两个妓女怀了孕之后逃到这里藏身，一些好色之徒就去找她们，被破了处男之身。他们与众不同，不与主教、大助祭接触，不与教俗两界的任何权威接触，像猪一样住在小屋里（更像是洞穴而不是房子），分享所有的东西，不结婚而繁衍了好几百人。他们的语言是粗俗的德文郡方言的下脚料，人越是有学问就越是听不懂。

内战期间，没有一个军人和他们住在一起，害怕被他们宰杀分尸。他们的财富都是别人的东西，靠偷沼泽地里的羊为生，任何人想搜查他们的家都不行，这差事郡长怕掉了身价不想干，治安官无权也不能干。他们身手敏捷，跑得比很多马都要快，他们长寿，比大多数人的寿命都要长，也对折寿的奢侈生活方式一无所知。他们像刺果一样黏附在一起，冒犯其中的一个，所有人都来报复。

但现在我听说他们开始开化了，他们让孩子接受洗礼，又回头成为人，甚至成了基督徒。我希望我们中间的文明人不要变成野蛮人，现在这些野蛮人已经开始变文明了。

俗　语

到德文郡土地上。

由嘲笑而成为俗语是悲哀的，由模仿而成为俗语是光荣的，德文郡就为整个英格兰树立了一个勤奋和智慧的榜样。

"到德文郡土地上"就是刮掉土地表皮或表层的草皮，然后堆成堆烧掉，烧剩下的灰对改良土壤非常有用，它让贫瘠的土壤变得肥沃。

这可以说是用自己的肉炖汤，在自己地里找肥料施肥。这样种庄稼的方式无论在哪里使用，都要保留其原产地的名字，不论是在多塞特郡还是其他郡，都说是德文郡的土地。

普利茅斯斗篷。

这是个杆或棍棒，其缘由如下。很多出身高贵的人远航归来，可能偶然在这里登陆，由于身体不适，一时找不到衣服穿。在这里（如果没有受到友好款待）他们就把附近的树林当成服装店，砍下一根棍来遮身。

他可以搬动死石。

这个郡有个海湾名叫"死湾"，但入口处的港口被一块巨石挡住了，这块巨石名叫"死石"，人们打趣说谁也搬不动它，除非是能管住老婆的人。如果真是这样，聪明的苏格拉底（还有其他怕老婆的人）绝对不会尝试着去搬动它。

> ……根据利德福德法律，
> 先把诉讼悬起来、拖下去，
> 然后再审理。

利德福德是这个郡一个又小又穷（但很古老）的团体，享有很大特权，以前有一个锡矿法庭。这个具有诽谤性的俗语向我们暗示，好像是那里的居民（通常是低贱的人）不能凭借必要的判断力来管理自己事务似的。

我大度地相信，一些锡矿工人说三道四，因为一些不法行为而理所当然地受到惩罚（罚款或其他形式），在无法证明自己无辜的时候，便无缘无故地诋毁法庭的诉讼程序。

政治家

亚瑟·奇切斯特爵士，骑士，出身于世家，住在这个郡的罗利。他年轻时先是上大学，然后参加了法兰西和爱尔兰战争，其勇敢在战争中帮了他大忙，首先征服了那个野蛮民族，然后又撒上文明的种子，国王詹姆斯任命他为爱尔兰总督。

他的前任确实制定了一些有效的法律和规定，但不幸的是，那就像是为一把跑调的鲁特琴上课一样，课上得再好，乐器没有调好是不行的。所以，为了驯化爱尔兰人，他在主政的第一年新成立了两个巡回法庭，一个在康诺特，一个在明斯特。以前，巡回法庭只

适用于英格兰辖区 ①，从此以后则把司法影响传播到英格兰辖区周边，就像好行星有不同的星相一样。在很短的时间内，爱尔兰就清除了窃贼和犯死罪的人，爱尔兰三十二个郡都找不到多少犯罪分子了，就像英格兰西部巡回审判庭所管辖的六个郡一样。

他把都柏林以南的山区和峡谷（以前英格兰辖区旁边的荆棘）都归并到威克洛郡。依照英格兰习俗，很多爱尔兰人把长斗篷都裁成短斗篷。他对可疑人物盯得非常紧。有人听见蒂龙抱怨说，他一口葡萄酒还没有下肚，政府则在几个小时之后就得到了禀报。

他担任多年总督之后，理所当然地被册封为贵族，国王詹姆斯把他召回国，派他（不愿意让他英雄无用武之地）到皇帝和其他德意志君主那里担任大使。他被伯爵蒂利围困在梅因奇恩市（这个地方多亏了他的谨慎，及时提供了食物）。他派人传话说，围困大使违反各国法律。蒂利回复说，他不知道奇切斯特大人是大使。奇切斯特大人对信使说："我的主人要是派给我几百人马，就像他送给我几百个没有结果的信息一样，你的将军就会知道我既是个军人又是个大使了。"

他回国以后，国王詹姆斯对他大加赞扬，说他圆满完成了交给他的任务。他死于 1625 年，像我们这个时代任何一个英格兰人一样享受到了极大的荣誉。

主要法官

威廉·汉克福德爵士出生于这个郡的安纳里（一座庄园，其主人的女儿和继承人传给了汉克福德家族），接受了法律教育，后来在

---

① 中世纪后期爱尔兰西部的一片地区，直接归英格兰政府管辖。——译者注

国王亨利五世统治的第一年当上了王座法院大法官。他担任这一职务时显示出渊博的学识和诚实的品质，尽管死得令人悲哀。具体情况如下。

他从伦敦回到家里时很不满，对看守人大发雷霆（有损于大法官的尊严），因为（据他说）他的鹿被偷走了，就命看守人射杀在猎园里能找到的任何人，如果对他说话他也不站起来，就把他射杀。第二天天黑以后，威廉爵士来了，他不愿意站着，看守人就遵照他的命令用箭把他射死了。

这件事发生在一棵栎树的树桩附近，有人就把这根树桩指给巡回法庭的一些著名律师看，这些律师还在世。

约翰·多德里奇爵士，骑士，出生于这个郡，在牛津埃克塞特学院上学，成为一个学识渊博的人，很难说他是个艺术家、神学家、民法律师还是个习惯法律师，尽管他担任的公职是习惯法律师，并成为王座法院第二法官。他的灵魂由两个要素组成：能力和诚实，稳稳地操纵着正义的天平，不论是爱还是钱财，畏惧还是奉承，都不能让他向任何一方倾斜。

大家都相信，在他那个时代，有人拿出巨款买法官职位，约翰爵士以这一说法而闻名：他虽然年老体弱，还是会步行到泰伯恩行刑场，亲眼看着那些花钱买法官的人被绞死。当然，那些批量买官的人肯定会通过零售出售正义，以便使自己成为储户。

大家都叫他"睡觉的法官"，因为他常常闭着眼睛坐在法官席上，而这只是一种全神贯注的姿态，免得眼睛看到的东西分散注意力，以便更专心地听取辩论。

军　人

托马斯·斯蒂克利。如果他还活着，要是不把他算作君主，他会大为恼火。我们把他归到军人之列，他的英灵现在肯定会感到满意和感激。

他是一个富裕世家的小兄弟，住在这个郡的伊尔弗勒科姆附近，是个有才华的人，但别人对他的评价却没有那么高，因为他自视过高。他把祖产挥霍一空，参与了好几项工程（通常都造成败家），先是选择往佛罗里达移民，佛罗里达是新近在西印度群岛发现的。

他信心满满，大言不惭地对女王伊丽莎白说，他宁愿在鼹鼠窝里当君主，也不愿在基督教世界最强大的国王手下当臣民。他还说，他坚信他会在死之前当上君主。

"我希望，"女王伊丽莎白说，"你在自己的领地里坐稳以后我能得到你的消息。"

"我会给您写信的。"斯蒂克利说。

"用什么语言写？"女王说。

他回答说："用君主的语气，写给我亲爱的姐姐。"

他宏大的佛罗里达工程由于没有钱而告吹，接着他又去了爱尔兰，在他飞黄腾达的希望受挫的地方，他遇到了如此严重的疾病，以致他的发烧变成了发狂。从此以后，凡是以诚实手段做不到的事，他就下决心以奸诈的手段来尝试，之后他又去了意大利。

他极为迅速地从受人关注到走红，从院子到客厅甚至密室，甚至是教皇庇护五世的怀抱，这令人难以置信。有些聪明人认为，一个吹牛皮的人，认为用三千人马就可以把所有英格兰人赶出爱尔兰，而圣座竟然相信这样一个人，这会让他丧失一部分绝对正确性[1]。

教皇觉得往斯蒂克利扬起帆的船上装几个空头衔，要比给他货真价实的礼物更划算，于是就册封他为罗斯男爵、默罗子爵、韦克斯福德伯爵、莱斯特侯爵，为他这个被头衔压得头重脚轻的将军提供八百名士兵，且由西班牙国王支付这次远征爱尔兰的费用。

途中斯蒂克利在葡萄牙登陆，正赶上葡萄牙国王塞巴斯蒂安和两个摩尔人的国王准备航行到非洲。斯蒂克利本不屑于到场，经人劝说就陪伴他们。

有人认为他完全放弃了爱尔兰计划，一是因为他不愿意被封闭在一座小岛上（非洲可以给予他取得成就所需要的更大空间），二是因为他的想法变幻无常，总是最喜爱最后一项工程（就像母亲最喜爱最小的孩子一样）。其他人认为，他利用这一非洲计划来实现爱尔兰计划，他对征服的信心，使他在土耳其人的早餐上吃得越好，他就越能在英格兰人的土地上吃饭。

抵达非洲以后，斯蒂克利提出一项安全、及时而又必要的建议，也就是用两三天的时间让登陆的士兵们恢复体力，一路上栉风沐雨，有些人病了，有些人虚弱了。他这话没有人听，塞巴斯蒂安阁下大发雷霆，像是不等象征胜利的月桂树长出来，就要把它连根拔起似的，结果在阿尔卡扎战役中全军覆没，斯蒂克利也因此丢了性命。

> 这是要命的一仗，
> 一天死了三个国王，
> 还有一个虽然不是，

---

[1] 天主教神学认为，由于耶稣对圣彼得的承诺，教皇不可能犯错，也就是这里说的"绝对正确性"。——译者注

但对国王朝思暮想。

这场战役发生在 1578 年,其中斯蒂克利及其八百壮士最为勇敢,但终因寡不敌众而阵亡。

在这个泡沫和可以炫耀一时的流星旁边,我再放一颗珍珠和一个藏宝盒,希望这样不会冒犯大家。以下就开始讲述。

乔治·蒙克。有人会说蒙克还活着(愿他长寿),根据你自己承诺的规则,不该由你这支笔来写他。但您要知道,他地位太高,我这套规则管不住他,他的功德足以制定法律让我遵守。另外,我宁愿受到指责,也不能不赞扬他。

我们略去不说他出身高贵(以及随后发生的事情),不说他在低地国家打拼,不是平步青云当上军官(我们的内战中很多人都是这样),而是在那个军事大学里,从普通士兵一步步晋升上来的。

我们也略去不说他在爱尔兰的所作所为,不说他在英格兰为国王而入狱,不说他在海上与荷兰人交战,而是讲讲他最后的业绩,这我先不说,但也是在那里明摆着的。

他被任命为苏格兰总督,因此奥利弗·克伦威尔的权力或政策既不能吓唬他,也不能奉承他。苏格兰就是他的城堡,他在城堡顶上对我们英格兰的事务看得真真切切。

他认为,自国王查理殉教以来,英格兰人经历了几种不同形式的政府(就像耶西叫他几个儿子从撒母耳面前走过一样),但无论是上帝还是我们英格兰人,都没有拣选它们①。所以,他决定派人去把遭到鄙视的戴维从外国叫来,并确信英格兰人的忠诚永远也不会消

_____

① "耶西叫他七个儿子都从撒母耳面前经过,撒母耳说:'这都不是耶和华所拣选的。'"参见《圣经·撒母耳记上》16:10。——译者注

失，直到处于中心位置。他把苏格兰交给可靠的人，把所有仇人都摆到面前，身后一个也不留。

他率领精锐步兵进入英格兰，但马非常瘦，好像刚出发就疲倦了似的。他军队最强大的力量在于其实力强大的声誉，在于其将领的英明指挥。忠诚的英格兰人只是袖手旁观，并不为他祈祷，因为不知道他有什么意图。使徒保罗说，用平民百姓听不懂的语言对他们说话，他们就不知道如何说"阿门"[①]。

现在鳞片开始从英格兰人眼上掉下来了（就像扫罗视力恢复的时候有鳞从他眼上掉下来一样）[②]，他们意识到受骗了，有人以宗教和自由为借口，引诱他们接受无神论和隶属身份。他们还从士兵们（他们长期为士兵们提供食宿）那里学会了异口同声地疾呼，每个郡都提出抗议表达不满，拒绝再缴税。

兰伯特来自伦敦，具有蒙克将军所缺乏的很多外在优势，像龙一样喷出来的只有火和暴怒，主要是针对教会和神职人员。但他遇到了圣乔治，圣乔治不是用剑或矛打他，而是让其军队在没有受伤的情况下受了致命伤。他的士兵逐渐减少，实际上一介平民（兰伯特到最后并不比平民强）靠一己之力控制住一支大军必须有强有力的手腕。

议会中仍有一部分议员坐在威斯敏斯特，他们不断向蒙克那里派信使，向他献殷勤。对于他们的要求，蒙克既不表示接受，也不表示拒绝，而是给予他们希望，但希望小得指望不上，同时又大得让人不能怀疑他。他完全是个谜，没有用他的母牛犊耕地就猜不透

---

① "那在座不通方言的人，既然不明白你的话，怎能在你感谢的时候说'阿门'呢？"参见《圣经·哥林多前书》14:16。——译者注
② "扫罗的眼睛上好像有鳞立刻掉下来，他就能看见，于是起来受了洗。"参见《圣经·使徒行传》9:18。——译者注

他的谜①。实际上他当时要是露出了本相，就绝对成不了现在这个样子，成不了国家的救星。但打算光明正大地做成事的人，必须在暗中运作。

然后他假装做了一件不受欢迎的事，把伦敦城门给拆毁了。不过按照上帝的意愿，背负这个恶名的不是他这个做事的人，而是那些雇他的人。从此以后他完全站到这个城市的一边。我说的是这个城市，如果它受到好的影响，就能够让我们成为一个幸运的民族，如果受到坏的影响，就能够让我们成为一个不幸的民族。

我们的时代马上就变了，全世界都惊奇地看到了。但我们不要老是看次要原因而疏忽了主要原因，也就是神意。基督在十字架上对他心爱的门徒说："看你的母亲。"又对他母亲说："看你的儿子。"②所以他会非常高兴地说出英格兰人的心里话：看你们的君主，君主激励他们忠诚，大家渴望有个君主。他也会对我们仁慈的君主说，看您的臣民，臣民使他回来的愿望更加迫切。而现在，感谢上帝，君主和臣民又相聚了，且双方都感到了安慰。

他是第一个应该享受荣誉的人，这一荣誉也给了他，包括阿尔比马尔公爵的头衔、陛下的马监等。另外不能忘记的是国王加冕时他举权杖，权杖上有一只鸽子（和平的象征）。但文笔更好的人能把这一简短的回忆录写成长篇故事。

---

① 犹太士师参孙出的谜语大家猜不出来，众人就暗中说服参孙的妻子套出了谜底。参孙明白过来后说："你们若非用我的母牛犊耕地，就猜不出我谜语的意思来。"意思是没有朋友背叛就不会走漏消息。参见《圣经·士师记》14:18。——译者注

② 参见《圣经·约翰福音》19:26—27。——译者注

海　员

　　威廉·威尔福德是这个郡普利茅斯附近的本地人，是一个勇敢而又成功的海员。国王亨利四世统治时期，法兰西人从布列塔尼突然入侵，在普利茅斯烧毁了一千六百座房屋，如果这个数字无误的话，我对这个数字表示强烈怀疑。这肯定是一场令人悲痛的破坏活动，在普利茅斯边境地区人们至今仍然记忆犹新。普利茅斯一部分叫作布列塔尼区，另一部分叫作老城。

　　游戏结束以后，就让这些法兰西人吹嘘其收获吧，而现在游戏刚刚开始。这把火激怒了整个英格兰，尤其是我们的威尔福德，他一心要报仇。没过多久，他就让法兰西人付出了代价，除了支付其各种费用之外，破坏的程度达到六倍以上，在布列塔尼海边缴获了四十条船，在佩纳克又烧毁了四十条，另外还有很多城镇和村庄，延伸了六里格长。我推测这位威廉·威尔福德死于国王亨利五世统治初期。

　　汉弗莱·吉尔伯特爵士，也叫吉斯里伯特，出生于这个郡的格林韦，他们家在这个宜人的地方住了很长时间。他以熟悉大海和陆地而著称。1569 年，他勇敢而又幸运地在爱尔兰服役，后来率领九个连去援助荷兰人。1583 年，他率领五条船到北美去发现新地盘，为英格兰君主占有了纽芬兰（以古老的隆重仪式割掉一块草皮）。

　　他返回时决定冒险乘坐一条四十吨的船和两条船（五条船仅剩下这几条）一起返回英格兰。就在他们要绕弯的时候（我可以有信心地转述国人普遍相信的事实），一头很大的狮子不是像一般的野兽那样用蹄子游泳，也不是有时候潜到水里然后再露出头来（像小鲸和海豚那样），而是整个身子在水面上滑行，除了腿之外都看得见。这头狮子既不回避船，也不回避船员，这些它都能看见，而是把头扭来扭去，张开大口打哈欠，发出一声可怕的怒吼。

据认为这不是什么特异景象，而是一条真正的鱼，我们在文献上看到，其整个面部轮廓都像狮子，1282 年在海里抓住过，奉献给了教皇马丁四世。

一场可怕的暴风雨突然袭来，汉弗莱爵士高兴地对同伴们说："我们在海里和在陆地上一样，离天堂也是这么近。"没过多久，他的船和船上的一切都沉到海里去了，其他回国的人就像约伯的信使一样，把同伴们遇难的消息带了回去。这一惨祸发生在 1583 年。

沃尔特·罗利爵士。赫特的几个儿子对亚伯拉罕说："你在我们中间是一位尊大的王子，只管在我们最好的坟地里埋葬你的死人，我们没有一人不容你在他的坟地里埋葬你的死人。"[①] 所以我们也可以这样来纪念这位杰出的骑士："请在我们的记录簿里安息吧，在哪一个标题下面都可以，政治家、海员、军人、博学的作家等等。"他的才华能打开我们最隐秘柜橱的锁，并为他提供空间和欢迎。

他出生于这个郡巴德利的一个世家，但其家道中落，他是弟兄中最小的。他在牛津奥里尔学院上学，然后进入宫廷，发现女王对他青睐的一些希望。这使他在一扇玻璃窗上写下这么几个字，显然是想让女王看见：

我愿意往上爬，但害怕跌下来。

女王陛下或是自己看到了，或是别人指给她看了，就在下面写道：

---

① 语出《圣经·创世记》23:6。——译者注

> 如果你的心辜负你，根本就不要爬。

　　不过他最后还是凭借自己的功绩爬了上去。但他入宫的日期还是比较早的。情况是这样的。罗利上尉穿着漂亮的衣服（他的衣服当时是他身份的重要组成部分），离开爱尔兰来到英格兰王宫，看见女王在散步，走到一片潮湿的地方，她好像有点犹豫，不想往那里走。罗利马上把他豪华的斗篷铺到地上，女王轻轻踩了上去，后来赏了他很多套服装，感谢他这么慷慨、这么及时地提供了一块如此漂亮的地毯。他以这么一个有利的晋见礼，第一次引起了君主的注意，这样离晋升就不远了。

　　据说巴利阿里群岛上的女人为了让儿子成为神箭手，在儿子小时候就规定，射不中目标不许吃早饭。女王对待这位骑士也是这样，让他自己去赢得荣誉，让他凭借艰苦努力和冒险来得到给予他的地位或好处。实际上说小加图的一番话也可以用在他身上：他像是生来就适合做他正在做的事，做任何事都是那么干净利落，不论在宫廷、在兵营、在海上、在陆地上，还是用剑、用笔（看看他最后写的《世界史》，其唯一的欠缺或瑕疵就是缺少了一半）。

　　不过他在宫里有很多仇人（有才华的人永远也不缺仇人），那些懦弱的贬低他的人，沃尔特爵士常常这样说他们："谁要是当面指责我，我会用嘴回答他，而谁要是在背后诋毁我，我用屁股回答他就足够了。"

值得纪念的人

　　蔡尔德（其教名不详）是个绅士，其家族的最后一个人，出生于这个郡普林姆斯托克的一个世家，而且非常富有。他在达特姆尔高原打猎的时候，在大雪中与同伴走散并迷了路。他把马杀了，爬到马肚子里取暖，用血写下这么几个字：

> 找到我并把我埋到坟墓里的人，
> 必死在普林姆斯托克。

那天夜里他冻死了，塔维斯托克的修士首先发现了他，并以最快的速度把他埋在他们的修道院里。普林姆斯托克的他自己教区的居民听说以后，就站在河滩上，要把他的遗体从修士们那里夺走。但如果想比修士们捞到更多的好处就必须早起，甚至是根本就不睡觉。他们在河上临时架了一座不太结实的桥，抬着遗体从桥上过去把他埋葬了。因此，这座桥（我相信一座规划更好的桥已经取代了原来临时搭建的桥）至今仍然叫"欺诈桥"。

看官，您要知道，凡是不承认或怀疑这一传说的人，附近所有的居民都会冲他发火。塔维斯托克修道院院长肯定把那座富裕的庄园据为己有了。但这位蔡尔德死亡的确切日期我不知道。

郡　长

威廉·尤。他家人仍然在这个郡，其身份令人尊敬，就像他们家纹章的标志一样：银白色，人字形黑色，围绕三只得意的火鸡。

对这一纹章不要无缘无故地过分挑剔，它只是个现代标志，因为火鸡直到国王亨利八世统治的第十年前后才进入英格兰，在此之前只是作为稀有动物来展示，直到这时才作为家禽摆上餐桌。另外，将外国产的动物（狮子、老虎等）用在纹章上，将仅仅存在于诗人和画家想象中的动物（如凤凰、鸟身女妖之类）用在纹章上，这些一直都是纹章官才能享有的特权。

理查德·埃奇库姆，骑士，是他那一代人中值得纪念的人物。国王理查德三世统治时期，他是里士满伯爵亨利（后来成为国王亨利七世）的狂热支持者，到处被人紧追不舍，被迫藏在他们家茂密的树林里，而他家在康沃尔的丘泰尔。极端恶劣的生存环境突然教会他一种策略：在帽子里放一块石头，将帽子扔到水里，紧跟在他后面的守林员听见了声音，再看看漂在水面上的帽子，就以为他在慌乱中淹死了，于是便（被他诚实的欺诈手段骗了）放弃了追赶，这让他自由自在地跑到布列塔尼。

他的感恩之心也不亚于其足智多谋。回国之后，忆起他的得救，他就在以前藏身的地方建了一座小礼拜堂（不久前还有），使他在君主和民众中都享有很高的声望。国王亨利七世为了报答他的忠诚，就把这个郡的托特尼斯城堡赠送给了他。

告别辞

我得到最可靠的消息，说一个汉堡人，他是个船长，最近发现了一块石头（时间太近，还没有起名字），最先报告给了（他自己发誓，他所有的同伴都发了誓）伦敦附近领港公会的海员协会，那块石头在离德文郡起点一里格的地方。

令人感到非常可疑的是，几百人在这里悄无声息地死去了，根本就没有机会登陆讲述他们死亡的原因。一条船行驶时吃水十一或十二英尺以上是很危险的，如果碰巧在浅水区撞上石头的话，大海是不在乎的。因为石头的形状是耸起来的，这就更危险了，所以如果你碰巧看见船抛起后撞上石头，下一次撞上就不会少于十四或十五英寻水。

　　发现石头的人如果没有得到应有的报酬我很遗憾，我相信他要是先报告给荷兰人，就会做成一笔更好的交易了（荷兰人在这类事情上最慷慨），虽然这件事与我国关系最大。让所有路过的船只都事先做好准备吧，因为这事先已有警告。这块石头只能躲开它，不能用其他办法与它对抗。

埃克塞特

埃克塞特呈圆形（所以容量最大），坐落在一个山顶上，从哪一侧上去都很容易。这在很大程度上使这座城很干净，大自然成了城里的主要清洁工，雨一下来垃圾就顺着斜坡流下去了。房子建得向一边侧着，从后面进入院子，只有房子两端的山墙对着大街。所以，这座城实际上比表面看起来更大，也比从城里走过的游客看起来更大。

工业品

这座城做服装，产量大，也有眼光。但很难让人相信一些值得信赖的人所证实的事：这座城每一星期仅仅是哔叽布料的收益都达到三千英镑（甚至现在生意虽说不是完全没有但也不景气时，也是这样），如果不是更高的话。

但对这座城最高的赞誉是它的忠诚，这里有三个最典型的例子，都发生在被围困的时候：

1. 国王亨利七世统治时期，被珀金·沃贝克围困。

2. 国王爱德华六世统治时期，被西部叛乱分子围困。

3.国王查理一世统治时期，被议会军围困。

在前两次围困中他们英勇无敌，在最后一次围困中他们一直保持忠诚，敌人用制作最好、保存最好的物品奖赏了他们。

建 筑

城里有座城堡，篡夺了王位的理查德[①]到那里去过，在里面休息了几天。他问居民们城堡叫什么名字，居民们回答说叫鲁日蒙。不过我承认，城里的城堡如果不叫城堡而有别的名称，那倒是一件稀罕事。篡位者一听惶恐不安，因为巫师对他说过，他要是碰见一个叫作鲁日蒙的东西，就再也兴旺不起来了。撒旦的这一预言好像说得声音低沉或是口齿不清，这样想掩饰他的谬误和无知，或是国王理查德（良心有愧的人犹如惊弓之鸟）误解了这个词，因为让篡位者害怕的后来被证明不是鲁日蒙，而是里士满（国王亨利七世的头衔）。

至于城里的教区教堂，今年我回到那里去的时候，发现比我十五年前离开的时候少了。但拆毁教堂的人可以解释得一清二楚，说拆教堂有助于建立信仰，而且我还听说十三座教堂被公告员叫卖，让虔诚的人买走了，然后把它们保护起来免遭破坏。

奇 观

埃克塞特城被议会军围困的时候，只有朝向大海的南侧可以通

---

① 指理查德三世。——译者注

行，那的空旷地里出现了数不清的云雀，多得像荒野里的鹌鹑（不过有上帝保佑），但在因果两方面上都不像鹌鹑，它们不想让人死，也不是上帝发怒派它们来的[①]，而是让人消化了以后安全地转化为营养。这我是亲眼所见。

我怕坏了名声，不想猜测到底有多少，我知道在这件事上我要是不说实话，就不会有人相信我：云雀又多又肥，一打卖两便士，或者更便宜，穷人（没有更便宜的食物了，富人也没有更好的食物了）常常炖汤喝。这有几个原因：

1. 云雀在地面上被射杀，吓得躲到海边避难。

2. 云雀经常在寒冷的冬季（那一年就冷）躲到最南边。

3. 这里不久前撒了一些种子，把它们吸引过来吃食。

然而，最主要的原因是天意，这为很多穷人提供了美食，要不然他们就没有吃的了。

告别辞

恶人眼里没有天国，他只知道害别人，尽管这对自己一点好处也没有。康沃尔的叛乱者出于恶意而围困埃克塞特，而为了害城里人，就把埃克斯河（靠近一个现在名叫韦尔的村庄）的水堵住了，堵得小船很难通过，大船根本就过不去。

---

① "有风从耶和华那里刮起，把鹌鹑由海面刮来，飞散在营边和营的四周。这边约有一天的路程，那边约有一天的路程，离地面约有二肘。百姓起来，终日终夜，并次日一整天，捕取鹌鹑，至少的也取了十贺梅珥，为自己摆列在营的四周。肉在他们牙齿之间，尚未嚼烂，耶和华的怒气就向他们发作，用最重的灾殃击杀了他们。"参见《圣经·民数记》11:31—33。——译者注

有些人知道西蒙·巴斯克维尔爵士（医生，本地人）钱包鼓，也关注公益，就希望他把这一工程接下来，清除这些障碍物。但这不是一个医生掺和的事，钢粉或镀金药丸都做不成这事，只有大量的金银才行，做这事得花很多钱。

实际上议会通过了好几项法案，命令清除这些障碍，但没有采取任何行动，障碍物还在那里纹丝不动。

有人反对亚里士多德，反对柏拉图女人共有、她们的孩子由公费来抚养的观点，认为这样就会忽视对孩子的教育，因为大家的事情没有一个人会动手干。这个道理也可以解释清除堵水障碍不力这件事。

我由衷地希望议会再通过一项法案（一个太监，但并非不能生育），说太监是让它不要再制定法案来阻止并拖延这一工程了，但并非不能生育是说它可以有效地纠正这一问题，对大家有好处的事不要再拖下去让个人得利了。

多塞特郡

　　多塞特郡西临德文郡，北临萨默塞特和威尔特郡，东临汉普郡，南面是一片狭窄的海，从东到西大约四十英里，不过最宽的地方也不超过二十六英里。

　　生活所必需的一切物品在这里都能自给自足，不需要到邻近的任何一个郡去寻求，因为这个郡：

　　1. 出产优质小麦、肥肉、美味的家禽、野禽、新鲜的海鱼和河鱼。为烹饪这些食物，这个郡还出产一种调味品，没有它其他一切都没有多大价值。这指的是盐，这里出产一部分，但在以前更多，在以后也可能更多。

　　2. 出产羊毛，还有用羊毛织成的细平布。据说这个郡多尔切斯特周围养的羊，比整个英格兰任何一个同样大小的地方养的羊都要多。羊毛可以保暖，亚麻布可以保持干净，而这里生长着很多优质亚麻。

　　3. 用布莱克莫尔森林里的优质木材、用波特兰的毛石（如果不是更好，我相信更多）建造房屋，也有在清洁程度上最接近诺曼底的房子（在位置上也是这样）。波倍克岛上也不缺大理石矿脉。除此之外还有最清新的空气，且有靠近大海的便利，这样，出口以赚取利润，进口以提供享受，这就像以前提供必需品一样。

天然产品

丁　鲷

斯陶尔河里盛产丁鲷。这种鱼更是能被看得见，因为它通常喜欢池塘甚于河流，喜欢洼坑又甚于河流与池塘。其味道非常可口，有人称之为鱼类的内科医生。不过在我看来，应该称其为外科医生更好些，因为它治好的是伤而不是病，它所提供的是膏药而不是内服药，其天生像油似的粘胶，能快速愈合鱼身上的新伤口。

但主要是狗鱼应该感谢丁鲷治愈其伤口。有人发现，这种霸道的狗鱼就是再饿，也不吃给它治病的丁鲷。这不是因为狗鱼懂得知恩图报（很多人不懂），而是因为狗鱼生来就有一种生存策略：不去毁掉任何说不定什么时候就会用得着的东西。

烟斗泥

烟斗泥是一种很细的黏土，烧过之后呈白色（其他黏土都变红），在英格兰好几个地方都能找到。但这些地方离海太远，除了两个地方之外，其他地方的烟斗泥要是运到伦敦还抵不住运费。

1. 这个郡的普尔。只有这里的黏土可以制作硬烟斗，但一副皱巴巴的样子，不好看。

2. 怀特岛。只有这里的黏土可以制作漂亮丰满的烟斗，但它易碎，也不好用。

把这两种黏土混合起来，可以做出又硬又漂亮的烟斗。把这种黏土装到船上作压舱物运到伦敦，每桶价值三十先令左右。

大 麻

生长于贝明斯特和布里德波特之间的大麻，比英格兰任何地方的都要好，制作绳索、衣服等物品绝对需要它。所以让人惊奇的是，大麻种子如此有利可图，我们的土地又是这么肥、这么深。虽然适合种植大麻，但结果种植得非常少。

这主要是因为大麻实际上首先能防范牛羊，也就是大麻自己来保卫自己，因为（除了鹿之外）没有动物会去吃大麻。也能防范窃贼，不是因为处死他们的工具不吉利[①]，而是因为靠大麻赚钱需要吃很多苦头（懒人打心眼里不愿吃苦）。而留在地里的小麦和大麦更容易让人犯罪，因为小麦和大麦一旦脱粒，就能马上赚钱。但有关大麻的更多情况，我们在谈到林肯郡时再说。

这里我们还可以再补充上野生的茜草，它生长在这个郡的霍德希尔，在河另一侧的斯陶尔佩恩（离布兰福德两英里）、沃勒姆还有其他一些地方都有，在临近查普尔一个名叫萨默维尔的地方，你从阿尔特费里到切瑟尔去的时候，在那个登陆的地方也非常多。这种植物对黄疸病肯定有效，它可以清除对脾等脏器的阻碍。

俗 语

像伦森山和菲尔森山一样亲近。

这说的根本不是亲戚，而是那些住得近的人，彼此没有一点血缘关系或姻亲关系。这是两座高山，第一座完全位于布罗德温苤教区，另一座部分位于布罗德温瑟教区，我曾经在这个教区担任过

---

① 绞索是用大麻制作的。——译者注

牧师。

　　然而，看官，我向您保证，海员们让这两座山关系最近，把一座叫作"母牛"，把另一座叫作"牛犊"。他们首先想到的就是这两个形象，它对沿海岸航行的船只来说是明显的标志。这两座山与大海之间还有很多山，这些山在陆地上旅行的人看起来好像更高，但实际上这两座比所有的山都要高。普通人测量这些地方的高度真是不够格，一看就走眼。

　　　　　被一把布里德波特短剑刺杀。

　　也就是被绞杀了，或者说是在绞刑架上被处决了。生长在布里德波特附近的大麻最好（土地质量的原因），如果不是最多的话，布里德波特是这个郡的一个集镇。所以古代就有一项法令（不过现在废弃了，也被忽略了），规定皇家海军的缆索要在这一带制作，因为这里出产最好的缆索。

　　　　　多塞特郡的箩筐。

　　放置在马背上的箩筐，由生意人骑着装载货物。这种看着不起眼但最为有用的器具最先出现在这个郡，或是在这个郡用得最普遍，这里的鱼贩子用这种器具装载鱼，从莱姆运一百多英里到伦敦。

圣　徒

　　爱德华，英格兰国王埃德加之子，从小就受到继母埃尔弗里达的严格管教，犯点小错就用蜡烛抽打他。据说打得他印象极为深刻，长大以后看见蜡烛就害怕。

后来爱德华长大了，不再受继母管教了，继承父亲登上了王位。但继母野心大，利用爱德华性情温和的特点，自己掌管大部分国务，留给继子的差不多就是个君主的空头衔。就这她仍然不满意，为了把王权交给她亲儿子埃塞雷德，她让人在这个郡的科夫城堡刺杀了爱德华，当时爱德华到这里来看望她。他的遗体被隐藏起来但之后又奇迹般地被人发现了，先是埋葬在沃勒姆，后来移葬到沙夫茨伯里，这个镇一度被称为圣爱德华镇，因为爱德华被埋在这里。他被谋杀于公元 978 年前后。

宗教改革以来的高级教士

托马斯·温尼夫出生于这个郡的舍伯恩，在牛津埃克塞特学院上学，与布莱克威尔博士同时代。在这两个显赫人物之间，我们可以看出三重相似。

首先，他们是同一个基金会的董事。其次，他们是同一个著名主人亨利王子的专职牧师。再次，两个人（最不济也不过是不小心，并没有恶意）撞到同一块石头上，不过受伤的程度不一样。

布莱克威尔博士由于反对与西班牙联姻而被免去专职牧师职务，从宫里被赶了出去。温尼夫博士在布道时提了几句贡多马尔（西班牙大使），并没有反对他，也被关进伦敦塔严加看管，在里面蹲了好几天。

在此期间，一个大贵族（不提名字了）胡搅蛮缠，想夺走温尼夫所有的圣职晋升权，由他自己随意处置。

"不行，"国王詹姆斯说，"我不打算这样放弃他。"

这个贵族一看要不来，就郑重发誓，说他只是想试探一下国王的决心，陛下所有的专职牧师中，没有一个比温尼夫更好的了。确实，据观察在美德竞赛上（只有见贤思齐，没有妒忌），他可以和任何一个神职人员相媲美，试图以勤奋超过他们，并不是与他们争荣誉，更不是要坏他们的名声。

军　人

约翰·拉塞尔出生于这个郡的金斯敦－拉塞尔，在海外长大成人，且成就斐然，大约在卡斯提尔国王菲利普（皇帝查理五世之父）遇到恶劣天气而到韦茅斯避难时回国。但恶劣天气并不是对人人都有害，这一事故成为拉塞尔先生晋升的基础。

托马斯·特伦查德爵士盛情款待这位贵为国王的宾客时，派人把拉塞尔先生叫来完成招待工作。国王菲利普非常喜爱与拉塞尔为伴，临走的时候向国王亨利七世推荐他，说他有才华，适合与君主为伴而不是与平民为伴。他确实是个气宇轩昂的人，满脸的浩然之气（这不是缺点，而是一种美），但在围攻蒙特勒伊时瞎了一只眼。

国王亨利八世很喜爱他，任命他为王室财务总管和枢密院大臣。1538年，国王册封他为拉塞尔勋爵，任命他为掌玺大臣。修道院土地换来的钱财有相当一部分落入他的囊中。还有两块修道院的土地也给了他，也就是德文郡的塔维斯托克和剑桥郡的索尼，现在为他后人所拥有。

国王爱德华六世（册封他为贝德福德伯爵）派他去镇压西部叛乱，解救被围困的埃克塞特城，他凭借智慧和勇敢，胜利完成了这一艰巨任务。最终，这位优秀的贵族死于1554年3月，埋葬在白金汉郡的切尼斯。

海　员

乔治·萨默斯（Summers），骑士，出生于莱姆或其附近，我虽然尽全力调查（有好几年我就住在离此地不到七英里的地方），但仍然拿不准。

他后来是位成功的航海家，航行到遥远的国度，首先发现了百慕大群岛，他以自己的名字将其命名为"萨默"[①]群岛，那是一个种植园，虽然最近受到冷落（是因为种植者不勤奋，还是因为缺乏主要产品，我不知道），但如果是在西班牙人手里的话（上帝保佑，但愿永远也不会落到他们手里），对我们来说就太值得考虑了。因为没有给我们喂食而发生的争吵，可能会堵住那些小看它的人的嘴，甚至会把他的牙打掉。

要我说，这位骑士称其为萨默群岛，我认为有必要说说。

我发现，虽然萨默塞特郡这一名称肯定是从"萨默顿"而来，萨默顿一度是这个郡的主要城镇，但因为这个镇现在默默无闻，有些人就强烈认为其名字来自"夏季"，而且为其辩护，说那里夏季看起来很富饶。也许随着时间的推移（更可能掩盖他们的错误），这些"夏季"群岛会名副其实，因为那里从来就没有冬季。

这位乔治·萨默斯爵士是地里的一只羔羊，非常能容忍，几乎没有人能让他生气。他又是海里的一头狮子（好像一上船就性情大变），性情暴躁，几乎没人能取悦他。最终，他死于（适度的推测胜于狂妄的虚假）公元 1610 年前后。

在与这个郡的海员最后告别之前，我认为不应该忘记下面记述

---

① Summer，即"夏季"。——译者注

的一件事。

　　1587 年，托马斯·卡文迪什先生环球航行时，他手下一些人于
8 月 1 日在金特罗海角上岸找淡水，这时二百个西班牙骑手下山向
他们冲过来。他们正忙着干活儿，没有准备好抵抗，遭到突然袭击，
又寡不敌众，结果共有十二个人被杀害，其中有三分之一是这个郡
的人，他们的名字是：

　　1. 多塞特郡的威廉·金曼，在旗舰上。

　　2. 韦茅斯的威廉·比耶特，在副旗舰上。

　　3. 韦茅斯的亨利·布莱克纳尔斯，在"休 – 加兰特号"上。

　　4. 舍伯恩的威廉·皮特，在"休 – 加兰特号"上。

　　但他们活下来的同胞（岸上只有十五个人有武器）很快就为他
们报了仇。这些人放下手里的活儿，不仅救下其余的人，而且还迫
使敌人在损失了二十五个人之后撤退，然后不顾敌人的抵抗在那里
浇了水。

值得纪念的人

　　托马斯·林德，这个郡的绅士，其家道殷实。他在布莱克莫尔
森林里杀了一头白雄鹿，国王亨利三世马上说那是他留着供自己猎
杀的。于是对他和整个郡（没有阻止他，因而都是同谋）处以罚金，
且钱都交给财政部，至今都叫"白雄鹿银"。

　　我自己也交了调味品钱，但我从来也没有尝过一点肉味。所
以，国王的鹿肉好像吃起来容易，但消化起来难。

　　亚瑟·格里高利，这个郡的莱姆人，有一项让人佩服的技术，
他能把封起来的信打开，即便是眼再尖的人，看起来也像是没有动

过一样。大臣沃尔辛厄姆重用他，让他开启从外国寄给苏格兰女王玛丽的信件。他提供的服务令人满意，可以从财政部领取津贴，最终大约在国王詹姆斯统治之初死于莱姆。

威廉·恩格尔伯特，出生于舍伯恩，是个无与伦比的技师，1588年派上了大用场。女王伊丽莎白（非常善于理财）每年给他一百马克的津贴，一直到他去世为止。他请求国王詹姆斯的枢密院允许他为外国君主和政府效力（长期和平，他在英格兰没有了用武之地），如果同意的话他就放弃津贴。但枢密院一口回绝了他的请求，不让他走。他一直住在威斯敏斯特，1634年前后死在这里。

郡　长

托马斯·莫尔，骑士。住在内瑟伯里教区的迈尔普莱什，据说是个非常幽默的人。年长者对我说（我在那里居住的时候），他们从父辈那里听说这位托马斯爵士当郡长的时候，有一次开玩笑时把监狱打开了，放走了很多罪犯。后来他觉得这样做太轻率、太可恶，经财政大臣威廉·波利特（后来成为温切斯特侯爵）调解，在法庭上及时获得了赦免，他女儿和共同继承人玛丽许配给了财政大臣的二儿子托马斯·波利特爵士，二人后来儿女众多。

告别辞

现在该与这个郡告别了，我依照惯例还是希望它幸福美满。这个郡完全可以满足本郡人的一切生活需求，凭借大海的便利也可以得到外国商品，所以我不知道还要为它乞求什么。

　　大量的财富可能会因为抢劫而减少，所以希望这里生长的大麻（通常处决犯人的工具）能经常监督那些热衷于小偷小摸的人，这毛病会让他们走向毁灭。希望他们改掉这坏习惯，走上一条更好的（勤奋的）人生之路。

达勒姆郡

达勒姆主教区北临诺森伯兰郡（以德文特河、泰恩河为界），南临约克郡，东临德意志海[①]，西面（用斯皮德先生的话说）触摸到坎伯兰郡和威斯特摩兰郡（触摸说得好，其边界只有一英里）。该郡呈三角形，三条边相差不大，不过靠海的一边最短，其长不超过二十三英里。

不过这个郡在英格兰各郡中居于中等。我还记得有若干年这个郡在议会里没有一名代表，也就是在主教被剥夺在上议院的投票权之后、众议院为其任命代表之前这一段时间。

君　主

塞西莉·内维尔。她的出生日期虽然无法确定（其父亲拥有巨额财产，可以在一年中的每个星期买一栋豪宅），但说她出生在这里还是最有可能的，雷比是内维尔家族最主要的居住地。她可以被看

---

① 现在叫"北海"。——译者注

作是人类命运无常的最明显例子。

她的幸运:

她是威斯特摩兰伯爵拉尔夫的最小女儿,也是最小的孩子(伯爵有二十一个孩子),比所有的姐姐都荣幸,嫁给了约克公爵理查德。

她有三个儿子(都已结婚生子),出生在三个不同的王国:爱德华出生于法兰西的波尔多,乔治出生于爱尔兰的都柏林,理查德出生于英格兰的福瑟陵格。

她看到长子爱德华成为英格兰国王[①],后来子孙满堂。

她的不幸:

她看到丈夫战死沙场,看到次子克拉伦斯公爵乔治被残忍地杀害,看到长子爱德华在风华正茂之年死于放纵,其两个儿子被叔叔理查德[②]杀害,而理查德本人也在不久之后死于博斯沃思战役。

她看到自己的名誉被公开毁于圣保罗十字布道坛,毁在她最小的儿子理查德手里,理查德指责其长兄为私生子。

但我们的编年史并没有指责她在好运时洋洋得意,也没有指责她在不幸时忧郁沮丧,这证明无论命运如何变化,她都保持心态平稳。她活着看到其孙女伊丽莎白嫁给国王亨利七世。但这一婚姻并没有给她带来多少安慰,约克家族一直受到亨利七世的压制。

她孀居三十五年,死于1495年,即国王亨利七世统治的第十年,葬在北安普敦郡福瑟陵格牧师会教堂的唱经楼,在她丈夫旁边,该唱经楼在国王亨利八世统治时期被拆毁,二人的遗体放在教堂庭院里,但连墓碑都没有。后来王后伊丽莎白巡幸到这里,下令将二老的遗体埋在教堂里,再立两通墓碑。

---

① 即爱德华四世。——译者注
② 即国王理查德三世。塞西莉生有八男五女,这位理查德是其最小的儿子。——译者注

于是用铅包裹住的两具遗体又被从普通墓穴里移走，棺材也打开了。公爵夫人塞西莉脖子上挂着一条银绶带，还有罗马的赦免令，上面用非常漂亮的罗马字体书写，清晰可读，像是昨天刚写好似的。但不幸的是其墓碑最为劣质，用的材料是灰泥，制作工具是泥刀，其上肯定有很多涂抹的印记，而王后为墓碑所支付的钱是与二老的身份相称的。

纪念这位塞西莉英灵最好有一个更好、更持久的墓碑，她慷慨解囊捐建了剑桥的王后学院。

圣　徒

比德，另外还有个附加名"值得尊敬的"（因为有些国家以名字的长短来衡量人的价值）。他出生在这个主教区的格尔威（现在叫亚罗），师从贝弗利的圣约翰，后来在他出生的那个镇上当了修士。

他是他那个时代知识最广博的学者。大学低年级生先学他的《格言》，文学学士接着学他的《形而上学》，硕士学他的《数学》，神学家最后学他的《论证》和《〈圣经〉注释》，他们会发现他超过了当时所有的基督徒作家，超过了这些学科之中所有的人。他解释了几乎整部《圣经》，将《诗篇》和《新约》翻译成英语，用其一生为使徒的话做了注释："在这弯曲悖谬的世代，好像明光照耀。"[①] 他从来都不在外面游荡。可靠的作者断言，他从来都没有走出过他的小修道院，尽管剑桥和罗马都声称是他的居住地。他死于 734 年，死后其遗体被运走了，或者说是被移葬到达勒姆，并在那里受到祀奉。

---

① 语出《圣经·腓立比书》2:15，这里的使徒指保罗。——译者注

受迫害的基督徒

约翰·威克利夫。这个小郡出了最后一个捍卫宗教的人（在教会全面腐败之前），也就是博学的比德，同时出了一个坚定地重建教会的人，我指的是这位威克利夫，这真是莫大的荣誉。威克利夫是我们现在要谈论的对象。

当然，我们无法证实他出生在这个主教区。但如果我们可以拥有一种不确定的中间状态的知识，但其又比推测更为可靠，我称其为信念，那么我们就可以说威克利夫出生在这里。

首先，大家都承认他在血统上是北方人。

其次，古文物研究者承认，这个郡有个古老的威克利夫家族，其法定继承人通过联姻，为塞拉比的布拉肯伯里家族带来很多财富和荣誉。

再次，直到现在，这一带姓威克利夫、与威克利夫家族联姻的人，仍然认为自己和威克利夫是亲戚。

他在牛津上学，有人说是在贝列尔学院，其他人更可靠的说法是在默顿学院，后来他发表了一些罗马教会不喜欢的观点，写下不少于二百卷著作，另外还把整部《圣经》翻译成英语[①]。

他受到罗马教会神职人员的严重迫害。流放在外很长时间之后，在上帝保佑之下，也在朋友们的帮助之下，他安全返回，并在平静中死去，1387 年 12 月 31 日死于他的圣职所在地莱斯特郡的拉

---

① 《圣经》的翻译工作是在威克利夫主持下完成的（并非他一人所为），主要是《新约》。《旧约》据说是他一些朋友翻译的。——译者注

特沃思。四十二年后，他的遗骨被挖出来烧掉了①。

　　看官，请不要不屑于从我的错误中长见识。我认为，福克斯先生在他的《行传和遗迹》中记载了我们英格兰的殉教者和受迫害的基督徒，在一览表中记下了他们死亡的确切日期。我发现他按照自己想出来的一种方法，把原因隐瞒了，细读他的目录就可以看出来。这样他把威克利夫死亡的 12 月 31 日写成 1 月 2 日，可能是为了点缀新年，让一年有个良好的开端。不过更真实的情况是（以我的愚见），威克利夫在旧年殿后与开启新年一样光荣。

民法律师

　　理查德·科辛，法学博士，出生于哈特尔普尔（港口，以安全而著称）。有人认为，在英格兰各郡之中，他偏偏出生在这个主教区，这是天意，他后来成为主教制的主要捍卫者。

　　他父亲是个有身份的人，在马瑟尔堡战场上担任上尉连长，凭借勇敢而赢得了胜利和财富，在过特威德河时淹死了（尘世间的幸福是多么变化无常啊），对他儿子理查德来说是重大损失。理查德当时还是摇篮里的婴儿，根本不知道父亲去世，其损失就更大了。

　　他母亲后来改嫁约克郡绅士迈多先生，迈多先生供这个继子在克雷文地区斯基普顿的一所学校上学。理查德学习好，不满十二岁（这么小的年纪，且在这么遥远的一个地方，在我看来简直就是奇

---

①　威克利夫死后，康斯坦茨宗教会议宣布他为异端分子，其著作成为禁书。会议决议经教皇马丁五世批准后，威克利夫的遗体被挖出来焚烧，骨灰撒入斯威夫特河。——译者注

迹）就被剑桥三一学院录取。剑桥大学王后学院的一些朋友想让他转到他们学院上学，但被博蒙特博士阻止了。他一达到年龄、学位和章程的要求，就让他成为奖学金获得者和特别研究生。

他是个博学的人，是几何学家、音乐家、医生及神学家，但主要是民法和教会法律师。经大主教惠特吉夫特提携，他先是担任伍斯特首席律师，然后担任圣公会坎特伯雷教省宗教法院院长，在这个职务上他没有得罪人，虽然很多人得罪过他。

其中有一个人写了本书攻击他，书名叫《分离》（作者说从一切智慧、学术和仁慈中分离出去），他在回复中捍卫了高级专员公署和就职宣誓，这让他的对手闭住了嘴。

其他人指责他发放很多空白许可证，造成了常见的非法婚姻，而这里的拉皮条者像贼一样坏，把很多父母的孩子给抢走了。但恶意总是透过放大镜看问题。浦劳塔斯喜剧中的尤克里欧抱怨说："你放进来了六百个厨师。"但实际上只让放进来两个（安斯拉克斯和康格里欧），所以这只是一个逃亡的仆人从登记员那里偷来为自己捞好处的人。

他在身体健康时渴望得到的东西，上帝在他生病时答应给了他，也就是让他免受痛苦，他的肥胖让他认为自己很可能会受苦，而上帝最后让他在平静中去世。

值得纪念的人

格雷勋爵安东尼，肯特第八任伯爵，出生于这个主教区的布兰斯珀斯。如果有人问是什么把他祖先吸引到北方去的，那就是他祖父应邀到那里，去陪伴其朋友和亲戚威斯特摩兰伯爵。

这位绅士致力于学习神学，成为莱斯特郡布尔巴赫教区牧师，经常在这里布道，按照其财力经营一家慈善机构救济穷人。他的亲戚、肯特第七任伯爵亨利·格雷死后，他于1639年继承了伯爵爵位。

我们在文献上看到，皇帝西吉斯蒙德将一位法律博士册封为骑士后，这位骑士兼博士就与其他博士隔离开了，他只与骑士为伍。皇帝笑了，说他愚蠢："我可以随意册封骑士，想封多少就封多少，但我一个博士也不能授予。"这位好心的伯爵获得爵位之后，丝毫也不鄙视其他牧师，而是继续与他们交往，同时也与贵族交谈。连他布道的次数也没有减少，只要他能够登上讲道坛……然而，钻石最好镶嵌在金子上，就像善良只有得到伟大的支持才能最为显赫。

他以贵族身份受到议会召唤，但他以有恙在身和年龄为由推辞了。他就是这样谦虚，荣誉也改变不了他的行为方式。一个有自制力的人获得了头衔也不为所动，就像一副好棺材也不能让死尸感动一样。

告别辞

我听说有人打算在达勒姆建一所大学，也取得了一些进展，我只能表示祝贺。我不听他们的反对意见，说一张脸上有三只眼睛是非常可怕的（一个国家有三所大学）[1]，我倒是希望它像希腊神话里的阿耳戈斯那样有一百只眼睛。

我承认我总是被他们的担心所影响，他们觉得这样方便了北方而伤害了南方，这所新大学将来会对两所老大学不利。这些疑神疑鬼的想法让我思来想去，我觉得并不符合主要创办人的设想和愿望。

但从此以后，这所新学校并没有录取学生，更没有人毕业（持

---

[1] 当时英格兰只有牛津、剑桥两所大学。——译者注

续不到七年），英明的上帝觉得这样更好。我希望这一汪新泉（如果
持续不断的话）最不济也是清水，虔诚、正宗的教授以其学识和宗
教信仰来教育学生 [①]。

---

① 　达勒姆大学直到 1832 年才创办，可以算是英格兰的第三所大学。——译者注

埃塞克斯

埃塞克斯南临肯特，以泰晤士河为界；北临萨福克，以斯陶尔河为界；西临剑桥、赫特福德郡、米德尔塞克斯郡，并与后面这两个郡以莱伊河为界；东面是德意志海。

这是个美丽的郡，足足有三十五英里见方，且物产丰富，能提供人生活的所有必需品，只是东部的空气不太有益于健康。

东部靠海的地区人称"埃塞克斯百区"，盛产牛羊。但在这个郡人称"百区"的地方，穷人家计算牲畜的方式让陌生人感到非常吃惊，他们所说的五百头母牛、九百只羊，实际上只是五头母牛和九只羊。

天然产品

藏红花

这个郡沃尔登附近盛产藏红花，沃尔登是个漂亮的集镇。藏红花顾名思义，其颜色是红的。阿拉伯人称其为 sahafaran，其英语名称肯定来自阿拉伯语。这是一种大补品，在上帝保佑之下，我患天花的时候，就是藏红花救了我一命。

在珍贵药品中，没有比藏红花掺假更多的了，有掺的红花属植物，有柳树里面剥下来的皮，而用大包买的时候通常都是黄花，小贩应该马上就给你包。

一句话，正宗藏红花的神效显然已经被鳄鱼的反感所证实。鳄鱼的眼泪从来都不是真的，除非在生长藏红花的地方把它的眼泪逼出来（鳄鱼的名称就是害怕藏红花的意思）。鳄鱼知道自己全身都是毒，而藏红花全身都是解毒剂。

牡　蛎

这里有英格兰最好的牡蛎，它们肥、咸且鳍嫩，生长于科尔切斯特附近，当地人有一妙招，把牡蛎放在专门的坑里喂养。国王詹姆斯常说，第一个冒险吃牡蛎的人是个非常勇敢的人，很可能是饥饿让人首先尝试着吃的。如此说来，常常为我们提供美味的是饥饿，它让人们找到一些后来证明不仅有益于健康，而且还美味可口的食物。牡蛎是唯一活着让人吃的食物，但不要认为这残忍。有时候又大又明亮的珍珠就是在牡蛎里面找到的。

啤酒花

拉丁语叫"小狼"，微醉的人抱怨说，这匹狼经常吃掉啤酒里面无辜的麦芽。杰勒德发现，在不长藤本植物的地方啤酒花长势最好，暗示大自然让人在这里利用啤酒花。

啤酒花并不像有人所说的那么苦，也有人指责啤酒花有毒，也可以保存啤酒，但害死喝啤酒的人。国王亨利六世统治期间，这些人向议会递交请愿书，谴责叫作啤酒花的毒草。支持他们的人也证实，自国王亨利八世统治初期以来，人们普遍接受和食用啤酒花，这造成胆结石在英格兰大肆流行。

但所有这些指责并没有挡住啤酒花，人们认为啤酒花有益于健康，只要合乎规定，没有掺杂粉末、灰尘、渣滓、沙子或其他任何泥土。而这些杂质占据以前外国进口啤酒花的三分之二。

在大多数情况下啤酒花让人兴奋。没有任何一种商品像啤酒花这样价格大起大落，所以有人就说，啤酒花没过多久就从高价位上跳下来了[①]。一句话，就像大象一样，有秩序就能赢得胜利，没有秩序就会失败。这种商品如此多，在价格危机时如果买得好就发财，买得不好就破产。

田　凫

有一座岛屿面积大约二百英亩，在小奥克利教区哈里奇附近的马修·吉利先生庄园里，被称作田凫岛，其名字来自田凫，实际上田凫是岛上仅有的居民。有人证实其拉丁名是"upulae"，而其他人认为罗马语并没有为它起名，岛上也没有鸟。在圣乔治节[②]这一天，田凫准时来到岛上，产下不少于四枚也不多于六枚的蛋。

田凫非常爱幼鸟。虽然田凫为了防范恶劣天气而飞回内陆（这是暴风雨的某种预兆），但在孵化幼鸟时总是留在岛上抵抗恶劣天气，孵蛋时也很少睡觉（好像是担心大潮）。这并不意味着保护鸟蛋免遭大水淹没，而是田凫有大爱的一个证据。

幼鸟只有骨头、羽毛和瘦肉，还有一股海腥味。但鸟贩子抓幼鸟，喂它们沙砾和凝乳（药和食物），喂沙砾是让它们泻，喂凝乳会让它们在两个星期之内催肥，这样长出来的肉最好吃。

在这里更别提生长在这个郡的海滨刺芹根，将其制成糖果以后成为科尔切斯特的主要产品。这种糖果对增强胆量最为有效。令人

---

① 在英语里"啤酒花"（hops）与"跳"（hop）发音接近。——译者注
② 指 4 月 23 日。——译者注

遗憾的是，这样增强了勇气之后竟然啥事都会干，但就是不为上帝增光。

工业品

这个郡的特点就像拔示巴所描述的好妻子一样："她手拿捻线竿，手把纺线车。"[①] 马衣、细哔叽、毛哔叽，还有几种物品我既叫不上来名字，也不想叫出名字，这些东西都是在科尔切斯特、科格索尔、戴德姆等地制作的。我不愿叫出名，是因为希望每天都会发明出新产品（有充足的理由），并且是由他们的发明者命名。

我不知道是应该希望他们销售的货物好，还是希望他们的货物好销售，但我相信货物和销售都是最好的。我这样祈祷是不错的：但愿犁子耕田、纺车转悠、耕田糊口、纺线穿衣，上帝也保佑我们没有饿肚子的危险。

火　药

为什么把火药放在这个郡而不是其他郡呢？因为由最近建造的磨粉机制出来的火药，比英格兰其他地方制造的火药加在一起还要多。这些磨粉机在莱伊河畔，位于沃尔瑟姆和伦敦之间。有些人认为火药和欧洲的阿基米德一样古老（在印度更为古老），但一般人都认为，大约三百年前，美因兹的行乞修士是第一个发明人。

---

① 语出《圣经·箴言》31:19，拔示巴为大卫王之妻，所罗门的母亲。——译者注

火药由三种基本原料制成：

1. 硫黄，其功能是迅速地把火引燃，然后点燃另外两种原料。

2. 木炭粉，功能是保持火种，将火焰熄灭，否则会把火力耗尽。

3. 硝石，它会引起空气喷发，将子弹发射出去。

火药是政治报复的象征，一般是先咬后叫，子弹射中目标以后才听到声音，所以它发出的声音不是警告，而是告捷。白火药据说没有一点爆炸声，但我从来没有碰见一个技师一本正经地对此承认过。也许声音小一些、低一些，但一点声音也没有并不符合硝石的本性，因为硝石是要膨胀的，这会引起弹药猛烈爆炸。

制造火药是更赚钱还是更危险，我对此大有疑问，我那个教区的磨粉机在七年之内爆炸了五次，但感谢上帝，没有一个人丢掉性命。

建　筑

这个郡没有大教堂，一般的教堂没有任何值得炫耀之处。至于私人住房，埃塞克斯不在任何一个郡之下，其中最值得关注的有三所：

1. 奥德利别墅，由萨福克伯爵、英格兰财政大臣托马斯·霍华德建造，在英伦三岛上的私人住宅中无与伦比。但其结构比房体更好，一侧低，所以可被当作谦虚或才华含而不露的象征。差一些的房子更夸张，其炫耀的派头过路人老远都能看见。

2. 新庄园，由苏塞克斯伯爵拉特克利夫家族建造，但让白金汉公爵乔治·维利尔斯买走了，以其宜人的林阴小道和四周附属的庭院而著称。

3. 科普特庄园（登记的名称是灌木林庄园，这源于其四周的树林），坐落在高高的山冈上，一个庭院里面，由沃尔瑟姆修道院院长建造，后来托马斯·赫尼奇爵士和其他人又将其扩建，并将很多奇思妙想融入了建筑之中。其中有一个画廊，布置得和大多数画廊一样，比英格兰任何一个画廊都更匀称，这也与一个故事有关。

1639年11月，这里刮起了一阵飓风或是狂风，从东面大窗户刮进来，把窗户刮掉了，其中一部分物品刮走了，考文垂勋爵的画像（从很多幅画像中偏偏选中了它，其他的挂在两侧的都没有动）沿着整个画廊（大约五十六码长）从西面的窗户刮出去了，窗户刮到了地上。风好像发现这个房间像个大箱子似的，就把里面的东西压在一起，将第一扇窗户的石头像小球一样刮走了。

我之所以提起这件事，是因为牛津圣体学院院长、虔诚的杰克森博士大约在同一时间也发现一场相似的风，并认为这是不祥之兆，这预示着国内要出现纷争。

奇　观

这个郡没有真正称得上奇观的东西，除非有人认为在这个郡哈里奇附近的海角挖出来的骨头可以算作奇观。这些骨头又大又长，让看到的人感到吃惊。

我不知道能在多大程度上证明它们是人骨头。必须承认的是，根据古代房门和屋顶的比例（或者是现存的房屋，或者是从书上看到的房屋），他们必须弯着腰才能进去，躺着就不说了。除非说这话的人对自己的声誉漠不关心，就像某个游客一样，此人声称看见的蜜蜂大如狗，而其蜂巢和我们平常看见的一样大。有人问他蜜蜂咋进去，他说："让蜜蜂自己想办法。"

更有可能的是大象骨头，由皇帝克劳狄带到英格兰来的。一些一知半解的人甚至吹嘘，可以依据孔的多少来区分兽骨与人骨，而博学的人嘲笑说，这是一种没有区分度的区分。如果能造出这么大的颅骨（从形状上来看只能是人的，不会有错），那才真正是奇观，在此之前我看到的这些胫骨和大腿骨，假装说是人骨，而实际上是大象的骨头。

俗　语

埃塞克斯里。

人们都说埃塞克斯里很长，应该是和附近米德尔塞克斯郡相比而言，否则北部地区就会给埃塞克斯机会，按他们的长度测量里数了。实际情况是，路好、马好，里数就少，路不好或马不好（尤其是路也不好、马也不好），里数就多了，这点无论在哪个地方都是一样。

埃塞克斯小牛。

一位博学的作者告诉我们，意大利被称为"像小牛一样"，因为意大利有最好的小牛。这肯定是个牵强附会的推论，应该受到指责。但如果真是这样，埃塞克斯可能比意大利更配得到这一称号，这里出产英格兰（所以也是整个欧洲）最肥、肉质最好且最美味的小牛，这可以问问东市场街的屠户，他们是最有发言权的裁判。可以肯定的是，今年初在坎伯兰郡买一头母牛的钱，在埃塞克斯只能买一头小牛。

我再补充一句，大家都说这个郡的肉好，以前卖肉也赚了很多钱。因为古代就在科吉歇尔、切姆斯福德和其他地方为屠户立了很多豪华的墓碑（墓志铭里刻着"屠夫"），它们用大理石制作，以铜镶饰，这显示这个郡的屠夫比其他地方的屠夫都要富有（至少是更自豪）。

科尔切斯特的织工牛肉。

这说的是在这附近捕获的鲱鱼，运到这里的数量多得令人难以置信，贫穷的织工（这座城市里多得很）用这些鱼来做饭，切成牛肉片、臀肉、腰肉、脊肉和各种大块牛肉，这可以吃将近一个季度。

鲱鱼在海里微不足道，其便宜的价格对鲱鱼来说最糟糕（被认为是最好）。鲱鱼价钱要是贵的话，就会像凤尾鱼一样美味可口（也同样有益于健康）了，因为这个价钱会让美食家觉得为鲱鱼增添了风味。当然，最近十六年来，在科尔切斯特市，比织工条件好的人喜欢上比鲱鱼还要糟糕的食物了（如果能得到就谢天谢地了）。

嘲弄人的科吉歇尔。

这样说有几分真实性，我既说不清，也不愿相信。我相信在女王玛丽统治时期，在英格兰和科吉歇尔同样大小的城市之中，没有一个地方的殉教者比科吉歇尔多。这些殉教者并不嘲笑火刑，而是虔诚地献出了生命，以证明自己良心清白。即便是生性好嘲弄人也该收敛了，他们站着受罪，站到两腿困乏，但这也比舒适地坐在嘲笑者的椅子上强。

他可以分一块邓莫的腌熏猪肋肉。

这个俗语来自邓莫修道院的一个习俗。据斯皮德说，这座修道院由一名贵妇人朱嘉创建于 1111 年，供黑衣修女修行。但后来好像变成了一座男修道院，在里面修行的人有时候很快乐，看看这一习俗就知道了。

任何人，无论来自英格兰哪一个地方，来到这里以后谦卑地跪在教堂门前的两块石头上（现在还能见到），他们面对着院长或修道院，庄严地发过以下誓言之后，都可以随意索要一块腌猪后腿肉或腌熏猪肋肉：

> 你要按照我们忏悔的习俗发誓，
> 自从你们结为夫妻以来，
> 在婚姻上从未犯过错：
> 从来没有争吵或发生过争执，
> 不论是就寝时还是就餐时，
> 都没用行动或语言伤害过对方；
> 或是在教区牧师说阿门，
> 希望你们还没有结婚，
> 在十二个月零一天以后，
> 从未后悔，
> 而是继续真诚和保持欲望，
> 就像曾在圣坛上牵手时那样。
> 如果你们自愿发誓，
> 能满足这些条件而没有任何惧怕，
> 就可以领到一条腌猪后腿肉，
> 从此以后，相互恩爱，
> 我们邓莫的这一习俗人人皆知，
> 快乐是我们的，但腌熏猪肋肉是你们的。

据一本旧书记载，亨利六世统治的第二十三年，约翰·卡农担任修道院院长时，有诺福克郡巴德斯诺思的理查德·赖特；爱德华四世统治的第七年，罗杰·鲁尔科特担任修道院院长时，有埃塞克斯郡小伊斯顿的斯蒂芬·塞缪尔；亨利八世统治的第二年，约翰·泰勒担任修道院院长时，有埃塞克斯郡科吉歇尔的托马斯·李，这几个人依据承诺索要腌熏猪肋肉，并如愿以偿。

圣　徒

圣奥西斯，东英吉利国王的女儿，东撒克逊最后一任国王苏斯雷德的妻子，经国王同意后出家当了修女，最后担任一座修道院的院长，这座修道院是她自己创建的，位于这个郡的奇克。后来丹麦人入侵这片沿海地区，因为憎恨宗教而砍下她的头。

但这颗头被砍下之后，圣奥西斯（奇迹啊，谎言啊！）带着它走了三弗隆[①]，然后才倒地而亡。这种在细节上做必要修改的情况，也出现在法兰西的圣丹尼斯、威尔士的圣温弗里思等人身上。这说明僧侣们缺乏想象力，没有办法为不同的圣徒虚构不同的故事，不得不把同一个奇迹用在不同的圣徒身上。

宗教改革以来的高级教士

约翰·吉冈出生于这个郡的科吉歇尔，先是在剑桥王后学院担任董事，然后在圣体学院担任院长，三次担任副校长。他是个最为

---

① 长度单位，相当于 0.2 千米。——编者注

严肃的人，是非常认真的管理者，但也是个最爱开玩笑的人。所以很难说是因为他的决策合理而更得人心，还是因为他与人为伴令人愉快而更受人欢迎。下面举一个例子来说明他的智谋。

他担任院长的时候，有一次所有本科生因为一般的冒犯而受到他的惩罚，他克扣了大家的伙食费。他不屑于把这笔钱私用，就将其用来把学院大厅粉刷了一遍。于是有个学生就在隔板上写下这两行诗：

吉冈博士，圣体学院院长，
克扣学生伙食费用来刷墙。

但老博士岁数大了，不能马上做出回应，就在读论文的时候即兴写下这么两句：

我知道写诗的小伙子很有勇气，
他有才华我称赞，但耍无赖要用鞭子抽。

女王伊丽莎白想让他担任诺威奇主教，后来国王詹姆斯批准了。他教区里要是有人说他的坏话，这也并不令人感到奇怪，因为他迫使大家服从时有些严厉。他死于1618年。

军　人

约翰·霍克伍德爵士，骑士，鞣革工人吉尔伯特·霍克伍德的儿子，出生于锡布尔赫·丁厄姆。

这位约翰一开始跟着伦敦市一个裁缝当学徒，但很快就把针换成了剑，把顶针换成了盾，被迫跟着国王爱德华三世与法兰西人打仗，由于勇敢而被国王册封为骑士。低贱的手工艺人也可以武艺高强，这位霍克伍德在英格兰虽然是个显著的例子，但并不是唯一的例子。

与法兰西人的战争缓和下来之后，他去了意大利，在佛罗伦萨城效力，当时佛罗伦萨还是个自由的国家。这样的共和国宁可提拔外国人为将领而不提拔本地人，因为服役结束以后只需要付给他们钱，队伍一解散、职务一撤销就行了。这些外国人没有继续保留指挥权以使自己不受制约，因为他们在这里没有盟友和亲戚。如果有了适当的机会，在地里埋下的一根桩子，要比一棵树拔起来更容易，树根上扎下去的须太多。

佛罗伦萨国非常感激这位霍克伍德将军，为他塑了一尊军人像，并立了一通豪华的墓碑，以纪念他非凡的勇气和忠心耿耿，其遗骨至今仍然埋葬在那里。其墓碑留在那里好，他在锡布尔赫丁厄姆教区的衣冠冢（上面有拱门，按照其名字的意思绘有鹰飞进树林的画谜）[①]，现在已经不见了踪影。

弗朗西斯·维尔爵士、霍勒斯·维尔爵士，杰弗里·维尔先生的两个儿子，是牛津第十五任伯爵约翰·维尔的两个孙子。兄弟二人都出生在这个郡，不过不同的人把不同的地方（科尔切斯特的赫丁翰城堡，克莱尔附近的蒂尔伯里）说成是其出生地。我们先分别说说两个人，然后再放在一起来比较。

弗朗西斯爵士性格暴躁、古板，不惧任何危险，不惜以性命来换取胜利。基督教世界哪里打仗，他就在哪里服役。充分展示他大无畏精神的一次战役是在纽波特，他的衣衫褴褛团（英军当时衣衫

---

① 其名字 Hawkwood 拆开就是"鹰""树林"。——译者注

褴褛，所以有这一称谓）力保全军，否则一切都完了。还有一次他守卫奥斯坦德达三年，抵挡一支强大的军队，最后把它交给西班牙国王时只有一片废墟。西班牙国王为了得到这座城所花费的时间，很可能是世人所无法忍受的。他死于国王詹姆斯统治初期。

霍勒斯爵士生性更温顺，但也和哥哥一样勇敢。他极为虔诚，先与上帝和解，然后再与人打仗。他性格极好，说里海的一番话用在他身上正合适：从不退潮，也从不涨潮，常年平稳，成功不会让他得意，失败也不会让他沮丧。要是有人看见他凯旋时默默无语，便会以为他打了败仗；看见他撤退时兴高采烈，便会以为他打了胜仗。

亨利·维尔是牛津第十七任伯爵爱德华·维尔及其夫人安妮·特伦特姆的儿子，主要居住在这个郡的赫丁翰城堡（其余的祖产已经被糟蹋完了）。他精力充沛、勇敢、果断，是这个家族最后一个担任宫务大臣的人。他性格刚毅，不理会宫廷里的怨言，总是说到做到、畅所欲言，常认为自己的见解正确、公正，虽然有时也有危险、令人不快。

有一次他进宫时，帽子上有一根乳白色大羽毛，这在当时颇不寻常，除非像他这样有身份的人能开风气之先。看官可以猜测一下，一个带着嘲笑语气的贵族对他说：

"大人，您戴着一根非常漂亮的羽毛。"

"不错，"伯爵说，"您仔细看看，上面一尘不染。"

他家族对君主确实忠心耿耿，配得上其座右铭：

　　　没有比真理更真的了。

他是到低地国家去的四个英格兰上校之一，试图为布雷达解围。行军、打仗、烦恼（计划没有实现）使他过于愤怒，几天以后就死了。

宗教改革以来的作家

托马斯·塔瑟出生于这个郡利文霍尔的一个世家（后来绝户了），如果他自己的描述可信的话。他小时候生活在好多个学校，沃灵福德、圣保罗、伊顿（从这里去了剑桥三一学院），成年以后在斯塔福德郡、萨福克、诺福克、剑桥郡、伦敦，还有哪里他没有去过？

所以，这个科林斯王的石头上是不长青苔的。他先后是音乐家、教师、仆人、农夫、放牧人、诗人，他行行能干，但哪一行也没有干好。他做牛、羊、乳制品和各种粮食生意，但没有赚上钱。无论是买还是卖，他都赔钱，当承租人的时候自己穷，从来也没有给东家带来过财富。

不过他在论述农业和家政的书中，制定过了不起的规则为自己辩护（读书人肯定是富人）。他把各种黄油涂在面包上，但哪一种也粘不上。然而我没有听到任何人说他有奢侈或明显漫不经心的行为，那么他的不成功只好归因于上帝的神秘意图。所以我们英格兰的农业专家可以说这位诗人：

我提出的建议我自己也做不到。

在农业理论上谁也比不上他，在实践上谁也没有他做的糟糕。我把他和托马斯·丘奇亚德相提并论，两个人都有同样的诗才，生活在同一个时代，身份也相当，都很低，这点我向你保证。但我找不到确切日期，我猜是在1580年前后。

值得纪念的人

玛蒂尔达·菲茨沃尔特，有人称她为"漂亮的"，有人称她为"贞洁的"（两种品质结合起来就令人钦佩了），她是精力充沛的骑士罗伯特·菲茨沃尔特爵士的女儿，是这个郡伍德姆－菲-茨沃尔特村的。

有人说，特洛伊战争是由海伦引起的，是对她放荡的报复。同样的道理，国王约翰统治时期的男爵战争①，就是对这位玛蒂尔达贞洁的报答，国王试图对她图谋不轨，但没有得逞。不过这件事肯定太过私密，不至于引起一场全国战争，尤其只是企图而已，并没有实施。

国王把她父亲流放到海外（先把他支走，以便更容易满足自己的愿望），又开始更加诚挚地追求她，同样不成功。玛蒂尔达仍然守身如玉，坚定地回绝了他。最后国王"因为她不同意，就毒杀了她"，让人用水煮蛋毒死她。蛋在蛋壳里的时候，淫荡的人摸过以后吃便安然无恙；要是剥了壳，恶人摸了以后再吃就麻烦了。

她没有被封为圣徒我感到非常惊奇（当时一些功德不如她的人都受封了），我觉得她要是出家当了修女肯定就被封圣了，不当修女、仅仅是个一般处女就不那么受青睐了。她被谋害于 1213 年，埋葬在小邓莫教堂唱经楼里两根柱子之间。

对于这个故事我没有什么要补充的，除了再说这么一句：投毒害她的那个人，后来也被人在饮料里下毒害死了。

---

① 史称"第一次男爵战争"，源于一些拥有领地的贵族联合起来打击国王约翰，不一定只是男爵。——译者注

评　论

这个郡的一部分离伦敦非常近，鲍教堂[①]的钟声（在风的帮助下）可以传到这里。这口钟是为老贵族敲丧钟用的，而那些离伦敦城更远的贵族则生活得更健康，寿命也更长。

战　役

这个郡（东部联盟的核心）[②]虽然没有经历过任何战役，但围攻科尔切斯特（1648 年）是不能忘记的。

要知道，王党的残余在肯特被打败之后，在议会军的追击之下，艰难地收复了这个郡。再往前他们就走不动了，师老兵疲，食宿都没有着落。与人数众多的敌人打仗他们又不敢，那是九死一生，所以他们决定在科尔切斯特暂避一时。

看官，原谅我说句题外话。按照议会长期的命令，温切斯特城堡要被改造得"不可防守"（untenable）。但执行这一命令的人多管闲事（故意误解这个词），把城堡改造的"不可居住"（untenantable）。把这一特点用在科尔切斯特：所有人都认为科尔切斯特可居住，到处都是漂亮的房子，抵挡一支大军再长的时间也能防守。

但看看勤奋能带来什么：几天以后，他们就把城池加固得甚至超过想象。实际上城墙里面比外面好，外面的石头倒塌了，但里面

---

① 　即圣玛丽勒鲍教堂（St Mary-le-Bow）。——译者注
② 　1642 年内战期间，议会派成立了东部五郡联盟。——译者注

堆满了土，被他们勇敢地守卫着。费尔法克斯将军①他们并不怕，而饥饿将军（很多城市的伟大征服者）他们倒是有点怕。他们有太多最好的调味汁，而最糟糕的食物则少之又少，不得不把那些杀羊的动物当羊肉吃，把头上从来不长角的牛当牛肉吃，直到最后面对最糟糕的局面便被迫放弃（这已是最好的结果）。

在这里，两位杰出的骑士查尔斯·卢卡斯爵士和乔治·莱尔爵士（一个是卓越的骑兵队长，一个是步兵连长）被判决并被残忍地处死，其遗体后来以公民的名义"复活"了，给了他们所有可能得到的荣誉，并为他们公开举行了隆重的葬礼。

告别辞

早些年这个郡发生过两次令人悲痛的灾难，我希望这类灾难永不再发生。一次是1581年，在登吉百户邑，另一次是1648年，在罗奇福德百户邑和福内斯岛（其中一部分租给了两位值得信赖的教区居民，他们证实了这件事，并为此付出了高昂的代价）。一支老鼠大军在蚁丘上筑巢，就像兔子挖洞穴一样，把草一直啃到根，但草根枯萎成粪土，便感染了牲畜。到了三月，数不清的猫头鹰从四面八方成群结队地飞到这里，把老鼠消灭了，否则再延续一年的话，老鼠非把整个地区毁了不可。

所以，人鼠虽然相距甚远，但最低级的动物凭借其数量上的优势，会让最强大的生物感到畏惧。如此说来，惩罚市井小人会更明显地让我们感到担忧，一方面谷仓里鼠满为患，一方面受到体内痔疮的折磨。

---

① 指议会军总司令托马斯·费尔法克斯。——译者注

格洛斯特郡

格洛斯特郡北临伍斯特郡和沃里克郡，东临牛津郡和威尔特郡，南临萨默塞特郡，西临赫里福德郡和瓦伊河，从南部到北部的埃文四十八英里，但从东到西最宽的地方只有二十八英里。塞文河从中流过，进入这个郡时是一条河，然后扩大为河口，出去的时候差不多变成了海。

有人断言，说这个郡像是古代的基拉耳，以撒在那里播种之后有百倍的收成①（寓言中肥沃土地的最好收成）。但这些人像是在含沙射影，暗示这个郡以前太富饶了，后来变得贫瘠起来。当然，据说一直观看狮子而不让它睡觉，这样可以将其驯化。最慷慨、最肥沃的土地也是这样，老是把它犁过来犁过去，一点也不让它休养生息，不让它休耕足够的时间，到头来就会变得贫瘠。而这个郡的一部分耕地经过适度的休耕和施肥，就会像其他任何地方的良田一样丰产。

至于牧场，我听可靠的人说，斯林布里奇附近的土地非常肥沃，春天即便是把草吃得只剩下根，过一夜光景，第二天早上就会

---

① 参见《圣经·创世记》26:12。——译者注

长出嫩草来。

天然产品

烟　叶

不久前这个郡还种植烟叶，但现在可能不种了。一开始种植在温什科姆附近，尽管操心大、花费高，需要栽培、补栽、移植、浇水、除蜗牛、整枝、打尖、修剪、发酵、风干、加工成卷等，但很多人因此而发了大财。

但是最近议会通过法案禁止种植烟叶，认为这会影响英格兰在西印度群岛的种植园，减少国家在关税和进口方面的收入，且毁坏很多良田，这些良田本可以用来种植谷物或放牧。至于对烟叶的赞美，烟叶对人有那么多益处，那些抽过烟的作家可以描述得更好一些。

栎　树

英格兰有世界上最好的栎树。这不是说英格兰的栎树好看，而是说它结实。实际上外国的栎树纹理更细，所以更适合做护墙板，是最好的衬料，而我们英格兰的栎树可以做坚固的外表。

英格兰最好的栎树在这个郡的迪恩森林，非常结实，据说干了以后坚硬如铁最适合造船。我在文献上看到，女王伊丽莎白统治时期，西班牙人派来一位使节，故意毁坏这种木材（凭借私下的运作和阴谋诡计）。这位使节如果能完成这一使命，回国之后应该受到重奖。如果没有及时阻止，可以相信粗心大意、浪费会使这个西班牙人满足于他无法完成的事情。

钢

钢是铁的兄长，其是从同一种矿石中提炼出来，与铁的区别不在种类而在纯度，因为它是先流出来的铁水。钢更硬、更脆（铁更软、更坚韧），可用于制作英格兰刀、镰、剪、大剪等器具，但不能做利刃，比如放血的柳叶刀、雕刻刀、解剖刀、剃刀等。

我听说巴兹尔·布鲁克爵士（这个郡的大钢铁制造商）禁止进口外国钢的特权被取消了，因为没有一个工匠能用我们英格兰的钢制作前面提到的器具，必须用从大马士革、西班牙、佛兰德等地进口的钢才行。铁在这个郡虽然很丰富，但放在另外一个郡谈论更方便。

工业品

服　装

这个郡生产的服装，在工艺和颜色上可以和英格兰任何地方的服装相媲美，其服装商有两个有利条件。首先，科茨沃尔德丘陵盛产最好的羊毛。其他一些郡的服装商要花很多钱从非常远的地方买羊毛，而这里只需要把羊毛从羊身上剪下来拿到作坊里就行了。其次，他们有非常好的水来染布，来自斯特劳德河的甜水，发源于克兰菲尔德附近，流经这个郡注入塞文河。

现在凡是明事理的人，没有一个会否认其超自然的完美品质，这比用其他水染的好（西班牙用好水炼出的钢就比我们英格兰的钢更坚韧），总之，用斯特劳德河的水染成的红色（这种颜色总是带有一些威严）是最好的。所以，这个郡成就了很多富裕的服装商，有一些服装商甚至把自己的名字织进布里，叫作网布和克拉特巴克布，意思是最先织这种布的人就叫此名，这在多年以后仍然被用。

芥　末

英格兰最好的芥末（更大的范围就不说了）出产于这个郡的图克斯伯里。芥末对于祛除不太严重的头痛很有效，我相信没有几个人吃过量了，这不是因为时间不允许，而是因为吃得过多立马就会受到惩罚。

吃芥末在英格兰很普遍。有个笑话很有名，说两个仆人看谁比谁强。一个说："我的主子买芥末花的钱，比你的主子买牛肉花的钱都要多。"另一个回答说："那他的随从就更鲁莽。"

但说句正经话，这样会让我们更加感恩，祂为我们提供了这么多的肉和鱼让我们消费，芥末只是肉和鱼的调味品，但每年花在芥末上的钱，比我们想象的还要多数千英镑。

葡萄酒

这个郡以前出产葡萄酒，但现在不出产了。这里很多地方仍然叫葡萄园，其中最著名的一个在格洛斯特主教邸宅附近。古代记录显示，这个郡的一些镇交的租金中葡萄酒占很大比例，所以英格兰（尤其在炎热的夏季）可以生产完美的葡萄酒。但后来葡萄酒不再生产了，一个原因是从海外可以得到更好、更便宜的葡萄酒，另一个原因是经验证明其他国产酒更有益于英国人的健康。

苹果酒

我们不应该忘记苹果酒，这里自古就有，一个自由出入各郡的外籍居民用灌木树篱（既可用作篱笆，也可提供食物）中结的苹果制作了大量苹果酒。葡萄牙人称其为"假葡萄酒"，英格兰销售的很多红酒和白酒都是用苹果做的，而不是用葡萄做的。

有些人认为，寒冷和多风（用香料很容易校正过来）可以由适度的放松来补偿，就是说适当喝些苹果酒就能放松。但苹果酒主要用在海上，苹果酒比其他任何酒都更解渴。如果在炎热的国家喝了腐败的苹果酒，很快就能通便，并让身体得到净化。

奇　观

　　人们经常发现（在这个郡的奥尔德利）牡蛎、鸟蛤和海螺石。有人认为在以前这都是真正的贝类水生动物，由于某种偶然因素被带到这么远的陆地上来，这让他们百思不得其解。其他人认为这更可能是大自然开的玩笑。

　　这样的难题是故意提出来让那些才疏学浅的学者来解答的。这些学者自认为已登堂入室，但实际上稀松平常，所以解答不出这些难题，也不知道其中的奥妙。

涌　潮

　　人们对涌潮这一名称的由来知之甚少，对这一现象也知之甚少。有人宣称这是怒潮，因为它猛烈、凶猛。其实这是咸水和淡水在塞文河汇合或相遇（应该是这样）造成的，其飞溅的水花和响声对观者和听者来说同样可怕，对试水的人来说就更加可怕。

　　如果有人问，为什么泰晤士河没有涌潮，其与塞文河不一样？原因一样的话，为什么看不到同样的结果？那我就会反问他，为什么只有埃维厄岛有一个潮汐往复运动的尤里普斯海峡，而基克拉迪群岛却没有？像这样的情况，提十个问题容易，而得到一个令人满意的回答则很难。

　　我们以这段话来结束这一部分。某个人一开始好奇心强，后来逐渐减弱。有一种鸟至今还没有正式名称，来的时候成群结队，但很少到这个郡，即便如此也不受欢迎了。其体型上不比麻雀大多少，嘴里像是长有锯齿，更确切地说是镰刀，用这种横着长的嘴，一口就能把一个苹果切成两半，但它只吃苹果里面的核，糟蹋的比吃下去的还要多。

这些鸟大约在收获季节来到这里，那正是苹果开始成熟的时候，所以它们可以说是喝下了很多桶苹果酒，也糟蹋了很多，这让人没法酿造苹果酒了。类似的鸟有人在康沃尔见过，一开始被认为是一种预兆，那被认为是一种不祥之兆。

俗　语

像上帝在格洛斯特郡一样确定无疑。

使用这个俗语，并不比说吃癞蛤蟆有益于健康。其仍然含有剧毒，江湖郎中绝对不会让人吃，吃了他也绝对治不好。我知道有人想限定这个俗语，让上帝显而易见地在这个郡，但并非完全不在其他郡。这里以前是个富饶的地方，播种之后据说有百倍的收成。其他人发现这个俗语有迷信的成分，即认为上帝特别固定地留在这个郡，其修道院又多又富裕，英格兰的任何两个郡加起来也比不上这个郡。

但该做的事情都做过之后，使用这个俗语最好的方式，就是完全禁止任何人把这个俗语说出口，也不能有这一想法。

你是个德斯利人。

这句话说的是一个言而无信的人，没有信守承诺。德斯利是这个郡的一个集市和服装市场，其居民试图驳斥这个俗语，证明其有误，即无论它一开始是怎么回事，但现在是假的。

另外，即便是最坏的地方，在普遍的堕落之中，总有一些没有沾染邪恶的例外。不过德斯利人没有理由因为我插入这个俗语而生气。如果这个俗语是错误的，就让他们冲始作俑者发火，也就是第一个使用这个俗语的人。如果是真实的，就让他们冲那个没有信守承诺的人发火，甚至是他们自己，因为他们罪有应得。

像科茨沃尔德大麦一样来得晚。

这个俗语用于虽然缓慢但必定要发生的事情。这个郡寒冷的丘陵上生长的谷物容易遭到风吹，上面荒凉且无遮蔽，一开始非常落后，但后来却超过了这个郡里最先进的地区，不论是在产量上还是在质量上，也不管是在谷仓还是在蒲式耳上，都是如此。

看他那副样子，像是天天吃图克斯伯里的芥末似的。

这个俗语一部分是说那种老是带着哀伤、严肃、阴郁神情的人，一部分是说那种暴躁、吹毛求疵、和自己不沾边也爱表示不以为然的人，这样的人会皱起鼻子嘲笑、轻慢那些自己不屑一顾的人。

特雷西家的人往哪走都顶风。

这个俗语来自一个不实的说法。据说威廉·特雷西爵士在杀害托马斯·贝克特的四个骑士中表现最积极，他家的人被强制以一种不可思议的方式来赎罪：无论是在陆上走还是在海上航行，风一直要冲着他们的脸吹过来。如果真是这样，在炎热的夏季对他们家的女眷来说还是个福分，因为这省得她们扇扇子。

但日常经验证明这是假的。这个郡现在有两个家族，一个值得尊敬，一个值得崇拜，他们都是同一个祖先。这样我们知道现在不是这样，所以认为这绝对不是真的。如果有人说，经过了这么多世代，这一诅咒该废弃了。要知道，依据天主教的原则，近来这一诅咒倒是应该加倍，因为自宗教改革以来，英格兰的异教徒[①]家庭没有一个凭借其苦难经历和作品来表明对罗马天主教不满，这点将来可以看出来。

高级教士

蒂德曼·温奇科姆出生于这个郡的一个集镇，该镇以前以一个富裕的修道院而闻名，但现在则以很多穷人而闻名。他先是晋升为比尤利修道院院长，然后是兰达夫主教，最后被国王理查德二世晋升为伍斯特主教。国王对教皇强行提出要求，根本不顾一个名叫约翰·格林的人已经当选为伍斯特主教。这位蒂德曼是国王的医生，其医术精湛。

据我观察，我越来越相信，二百年以前，英格兰的医学作为一种职业和神学区别不大，君主的医生和其忏悔神父是同一批人。不要说二者的职能有矛盾，医生通常是离开垂死的人而去，忏悔神父常常是冲着垂死的人而来，这两种职业并不相互排斥，而是一个接替另一个：药一旦停用了，涂油礼就开始了。英格兰有一个习俗由天主教神父沿袭至今，一人兼任多个圣职而捞取好处并获取秘密，从其病人那里了解到最多、最好和最后的隐私。最后，这位蒂德曼死于 1400 年。

---

① 指罗马天主教徒。——译者注

海　员

这个郡很难说是临着海，它临近的是塞文河而不是海，那没有像样的港口，布里斯托尔被认为是个完全孤立的城市，不能指望那里有著名的海员。但有一个家族非常幸运地多次出海，其主要居住地是利德尼，位于迪恩森林，出的人物有：

威廉·温特，骑士，英格兰舰队副司令，因几项业绩而在他那一代人中闻名。

1. 1559 年，当时他还是个舰队军械官，在爱丁堡湾让法兰西人感到惊恐，攻击了他们在因奇基斯岛的堡垒。

2. 1567 年，他与托马斯·史密斯爵士一起接受派遣，吹着喇叭、开着大炮，要求归还法兰西国王加莱。

3. 1568 年，他不顾法兰西人的反对，护送一批优秀的热那亚商人安全到达荷兰。

4. 1576 年，他和枢密院文书罗伯特·比尔一起被雇到泽兰，要求归还我们的船只，船是被他们夺走或扣留的。

5. 1588 年，他被委派到一个基地，工作得非常出色。在天气凉爽的时候去的（不是天热的时候），当时西班牙舰队向泽兰海岸发起进攻，知道他的勇敢后很难受。

我认为他在此之后没活多久，因为他要是活着就会参加战斗，要是参加战斗的话，我就能在卡姆登的《伊丽莎白编年史》里看到。所以，没有提到就是没有行动，也就是说他大约是在这个时候去世的。

这一家族的其他人我就不知道了，这个郡就是他们的主要居住地。如果说人适合航海就像鱼适合在海里游一样，我就会说利德尼的这一家族出了很多海员，他们非常喜欢出海航行。

有人感到奇怪，说英格兰人咋这么胆大，出海风雨无阻，答案是他们已准备好全天候出海，"冬季"[①] 和 "夏季"[②] 都站在他们一边。

于是更加令人惋惜的是，这个杰出的温特家族后来离开了水去玩火了，尤其是以一种危害国王和国家的方式来玩火[③]。

宗教改革以来的作家

理查德·特雷西先生继承了父亲的热情，为了捍卫父亲的信仰，他用英语写了好几部专著，其中最有名的是《准备好上十字架》。他以自己的经验为基础写成的这本书，因为其父亲据说有声名狼藉的异端意志，这让他在财产上受到很大损失；这也是他在1550年凭借自己的预见而写成的，那是女王玛丽登基的前几年，其有益的尝试让很多人预先得到了警告。

不应该忘记的是，1626年剑桥仲夏游乐会时我正住在剑桥，在一条鳕鱼（拿到市场上卖的）肚子里发现了三本书，其中第一本也是最大的一本就叫《准备好上十字架》。书用帆布包着，很可能是这条贪吃的鱼从某个遇难船员的口袋里抢走的。剑桥大学的才子们拿它开玩笑，其中一个人抄了一首长诗，我记得其中有这么两句：

> 如果鱼像这样给我们带来书，
> 我们希望比得上牛津大学图书馆。

---

① Winters，即这位"温特"。——译者注
② Summers，即前面提到的海员"萨默斯"。——译者注
③ 指温特家族参与了1605年的火药阴谋案，试图炸死国王和全体议会议员。——译者注

为公共事业捐助的人

凯瑟琳·克利夫登，更广为人知的名字是凯瑟琳·伯克利夫人，是约翰·克利夫登爵士的女儿，在这个地区有大量的土地。她先嫁给了彼得·勒维尔爵士，后来又嫁给了伯克利男爵托马斯三世，男爵死后又孀居了二十四年。她继承了很多遗产，又得到一大笔寡妇所得遗产，但她把这些财产的利润都花在殷勤好客和宗教事业上，其中最有名的是创建了漂亮的沃顿－安德埃奇学校。

有时候我自己都感到惊奇，伯克利家族为修道院捐了那么多钱，在他们家城堡周围的二十英里之内，没有一家修道院没有得到过他们家的慷慨捐助（另外还有一些距离更远的修道院）。所有这些修道院现在都没有了，而捐建的沃顿学校还在。

我自己分析了一下原因，这是因为修士不是上帝安置的，而教育年轻人则是上帝的律法明确规定的。儿童小时候教他学习技艺，他到老都能记住。我看沃顿学校资格老，在名望上次于温切斯特，但高于伊顿。最近尼布利的约翰·史密斯先生在归还学校土地上起了很大作用，从此以后学校就很幸运，既有了好老师，也有了好学生。

爱德华·帕尔默先生出生于这个郡的利明顿，其先人自诺曼征服以来就一直住在这里。其成长过程我说不准，就像蔬菜是在不知不觉中长成的一样，（没有详细信息）我也无法追踪他的人生轨迹，只是在最后见到了他，与卡姆登先生对他的角色定位相一致：

一个好奇、勤奋的古文物收藏家。

他收藏了很多古币，希腊、罗马的都有，有金币、银币、铜币，对古币更是了如指掌。

他家资雄厚，这使他有机会将其天赋才能用在公益事业上，他决定在弗吉尼亚建一所学校。为此他买下一座岛，至今仍然叫帕尔默岛，在此过程中他花了数千英镑（雇来办理此事的一些人辜负了对他们的信任），之后他去了另一个世界，后世记住了他的好意，可惜没有完成。

郡　长

威廉·金斯顿。据一位勤奋的作家记载，威廉·金斯顿爵士被国王亨利八世册封为嘉德勋位骑士，窃以为这是个错误。我有好几份嘉德勋位骑士的准确名单，其中都没有他。但他是伦敦塔副官，也是国王亨利八世的卫队长，得到国王的信任和重用。

有人劝枢机主教沃尔西当心金斯顿，沃尔西误以为是萨里郡那个著名的集镇金斯顿，所以拒绝从那里走，虽然从那里到宫廷要近好几英里的路程。但最后沃尔西发现这个金斯顿就是我们的威廉爵士，他的可怕的、要命的金斯顿，奉命带领一些卫兵到北方把沃尔西叫走。金斯顿虽然最为谦恭有礼（向他下跪行礼）地对待沃尔西，但沃尔西看见金斯顿以后还是耿耿于怀，几天以后就死了。

安东尼·金斯顿，骑士。这就是那位可怕的王室宪兵司令，他处决了西部的叛乱分子，我发现约翰·海伍德爵士指责他残忍，但卡鲁先生却为他辩护。这位安东尼爵士让所有犯了罪的人为之胆寒，在女王玛丽统治时期他自己也陷入了同样的恐惧之中。当时情况是这样的。

据说有些人打算发动战争打击女王，决定提供战争物资，为参战者提供金钱。为此他们打算抢国库，便得到了五万英镑。这一阴谋败露了，很多人被指控为阴谋分子，更多的人被指控为知情者，其中就有安东尼·金斯顿爵士，于是他们派人把他叫来，结果他死在了到伦敦的路上（有人认为是怕死的）。

告别辞

我祝贺这个郡有幸让其主教教座回到主要的城市，而不是让有些人质疑其章程，让主教教座不在城市里，是因为内战期间没有主教，这虽然是经过英格兰同意的，以前在城市以后永远都在城市。但愿以后一直都是这样，消除此类的疑虑。

汉普郡

汉普郡北临伯克郡，东临萨里郡和苏塞克斯郡，南临大海，西临多塞特郡和威尔特郡，从北到南五十四英里，从东到西不到三十英里。

一个幸运的地方，拥有四大要素①，如果习惯上把烧饭的火也算作一个的话，另外还有很多极好的柴禾，最纯洁的空气、清澈的溪流在英格兰任何一个地方都没有这里多，友好的海洋就更不说了，它离伦敦也有一段适当的距离。这里土壤则又纯净又肥沃，既能给人带来愉悦，也能给人带来利益，双方相互适应、协调一致。

但这里的很多可耕地都有一些石头，虽然和福音书里所说的浅石头地不一样，福音书里说，那里的庄稼长出来之后很快就枯干了，因为土壤不深②，而这里的很多谷物都能成熟。实际上从这个寓言里可以推测，它所说的石头上面覆盖的土壤很浅薄，而这里的土壤很厚实，但上面散落着很多小石头，据认为这可以为庄稼保暖。所以有些种庄稼的好把式认为，清除这些石头弊大于利。

---

① 古代西方人认为土、风、火、水是构成万物的四大要素。——译者注
② 参见《马太福音》13:5—6;《马可福音》4:5—6;《路加福音》8:5—6。——译者注

这个郡的西南部叫作新森林，这个"新"和牛津新学院的"新"不是一个意思，新学院创建时是最新的，后来又增添了很多东西。而叫新森林是因为它在英格兰的所有森林中出现得最晚，自诺曼征服以来很多森林都被砍伐了，也没有再造。

当然，国王亨利八世在米德尔塞克斯的自己的汉普顿宫附近造了一片树林，取名叫汉普顿森林，但从来也没有公开宣布和平拥有它（如果在利益问题上他们不会口不应心，不要因此而责怪他们），就像新森林那样。这一问题下面再说。

天然产品

马　鹿

不久之前，新森林里有很多马鹿。新森林是征服者威廉新造的林，所以叫新森林，再过十年就有六百年了。据说奥古斯都·恺撒这样说朱迪亚国王希律：做他的牡鹿比做他的臣民还要好，牡鹿他留下了，但臣民他灭掉了。这个郡的城镇就是这样被威廉摧毁的，为他狩猎腾地方……

这个郡的西南部确实成了一片森林。一位古文物研究者说，这片森林叫作外森林，因为它是对外开放的。森林里的牡鹿是高贵的动物，好妒忌、充满仇恨。我听可靠的人说，一头牡鹿一时不能制服另一头把它的雌鹿夺走的牡鹿，就会等待时机，待它的情敌淫乱之后没有劲了，就把它杀死。

鹿肉很好吃，鹿角被认为是补品。另外，绿头鹿的脖子上有个凹，第一个横沟里有很多蠕虫，约有两英寸长，医学上很有用，所以西奥多·迈耶尼爵士和其他医术精湛的医生都用它来配药。但我相信现在新森林里已经没有几头鹿了，牡鹿更少，高贵的牡鹿（躲过国王的追杀）一头也没有了，但也许以后会有一些。

蜂　蜜

有些作家说，莫斯科大公国的树洞里发现的蜂蜜成池。普林尼说，他在德意志见到的蜂巢有八英尺长。这个郡出产的蜂蜜虽然没有这么多，蜂巢也没有这么长，但这种必需而又有利可图的产品还是非常多。

汉普郡实际上拥有英格兰最坏的蜂蜜，也拥有英格兰最好的蜂蜜。最坏的蜂蜜在荒野里，每桶基本上不值五英镑。而最好的蜂蜜在平原地区，一桶差不多可以卖到十英镑。大家普遍认为，一个地方的小麦和羊毛越好，其蜂蜜就越纯正，而这个郡的小麦和羊毛都很好。

蜂蜜有多种用途，尤其是最靠近容器底部的蜂蜜。有一句老话说得好：最好的油在上面，最好的酒在中间，最好的蜂蜜在底部。蜂蜜可以打通梗阻，清除从头上流到胸腔和肺里的体液，使肠胃通畅，另外还有很多特效，多得一个冬日都算不完。

但我们发现，蜂蜜可以分为三等或三类：

最纯净的蜂蜜，是由从来没有繁殖过蜜蜂的蜂群酿造的。

纯净的蜂蜜，指其他任何没有掺假的蜂蜜。

劣等蜂蜜，掺有面粉或其他粗劣东西的蜂蜜。

蜂　蜡

蜂蜜是桶里的酒，蜂蜡就是桶，天然的呈黄色，加工后呈白色、红色、绿色，我认为是最可爱的颜色，尤其是附加到羊皮纸上以后。蜂蜡在白天好，夜里也好，夜里可以发光，看得最清楚，味道也最香，摸着最洁净，在法律事务上可用来封文书，药用可以减轻肌肉疲劳，使溃疡成熟后将其祛除等。就连所有裹尸布的底子都是用蜂蜡做的。

猪

汉普郡猪被公认为可以做成最好的熏咸肉，是我们英格兰的威斯特伐利亚熏腿，如果处理得好，可以骗过口味最挑剔的吃货。这里的猪吃森林里的橡树果实（黄金时代人的食物，这个铁器时代的猪食），它们出去的时候瘦，回来的时候肥，其主人既不用操心也不用花钱。吃那些从树上掉下来的果实，只有吃饱它们才住嘴，睡就随便睡在树林里（不像其他地方的猪会被关在豌豆杆堆里）。有人认为这就是这里的猪肉好吃的原因，虽然并不是那么有光泽（在那里，没有一堆瘦肉可以用来应对大量的脂肪），但吃起来同样好吃，对胃也更有好处。

顺便说说，因为它容易吸收，猪肉被认为对人体最有营养。但犹太人被禁止吃猪肉，其原因可以这样解释（除了立法者的绝对意志之外）：在炎热的地方，以猪肉为主食的人容易出麻疹，也容易得麻风病。迦南的气候一年四季都像英格兰的五月到米迦勒节①之间，在此期间我们的屠户在公共肉铺里杀猪是要受到惩罚的。

至于这个郡的服装加工（遍布于全郡各地），那些不承认汉普郡布好的人，一旦有了机会穿着它，看到要支付的价钱就会相信其真正价值了。

奇　观

这个郡有一棵栎树，据最值得信赖的人说，在每年圣诞节或圣

_____

① 指 9 月 29 日。——译者注

诞节前后都会长出绿叶。这棵树生长在新森林的林德赫斯特附近。
也许我可以指出其更确切的位置，但我不想让某个无知的狂热分子
知道，免得他受迷信观念的驱使，将这棵栎树砍倒用作木料。不久
前，有些人就把格拉斯顿伯里的山楂树砍倒当柴烧了。

俗　语

坎特伯雷是更高的拉肢刑架，
而温切斯特是更好的马槽。

　　温切斯特主教威廉·埃丁顿是这句话的作者，把这作为他拒绝
调到坎特伯雷的理由，虽然他被选到那里去。实际上坎特伯雷虽然
享有更高的荣誉，但温切斯特的收益更大，更容易在这里捞钱。这
个俗语指那些宁可隐居起来过富裕日子，也不愿意到穷地方享受尊
严的人。
　　但要知道的是，这个马槽曾经为供养那个拉肢刑架做出过一份
贡献，当时温切斯特主教约翰·怀特遵照女王玛丽的旨意，每年为
坎特伯雷大主教普尔枢机主教支付一千英镑，以便更好地维护他的
身份。

怀特岛没有修士、律师或狐狸。

　　这句话开玩笑的成分大于实情。我知道他们有修士，黑衣修士
在卡里斯布鲁克，白衣修士在这个岛上的夸尔。有律师他们知道，
在支付律师费用的时候。他们有狐狸，他们的羔羊知道。
　　然而，也许因为与面积相似的地方相比，所占的比例较少一些

（在日常交谈中很少甚至没有人经常联系起来），所以一句玩笑话就不要当真了，就让它原封不动地传给后世吧。

宗教改革以来的作家

托马斯·斯滕霍尔德出生于这个郡，后来成为国王亨利八世的仆人。

他后来成为（我看到的作家说）国王爱德华六世内室里的仆人，但我不知道他的意思是国王密室里的侍从还是寝室里的贴身男仆。

他是将《诗篇》翻译成英文诗歌的主要人物，前面二十六篇（一共三十七篇）是他完成的。但他在这项工程中还得到了别人的协助。一些有才华的人大肆嘲笑他们所做的努力，说他们本来可以做得更好一些。有些人骂他们的翻译为"日内瓦荡妇"，这是最糟糕的，这发明了表达我们童贞女王的方式，就像对她的其他指控一样虚假。有些人忍不住说，大卫王所受到的拙劣翻译的伤害，和扫罗本人对他的伤害一样多。有些人写诗诽谤辱骂他们。有人作歌嘲笑《诗篇》的译者并不奇怪，因为醉鬼也作歌嘲笑《诗篇》的作者大卫。

还是让不偏不倚的人看看这些翻译吧，它们可以跻身当时最优秀的诗歌之列。但希望其中一些单调的押韵能加以改进，在此之前吟唱赞美诗的人必须努力改善它，以宽容的头脑和怜悯的心来吟唱，这样尘世间的蹩脚诗就会成为天堂里优美的音乐。

查尔斯·巴特勒在牛津莫德林学院被培养成文学硕士，后来在这个郡获得有俸圣职。他是个优秀音乐家，著有一部《音乐原理》，供演唱和谱曲两用（教会音乐和民间音乐）。他还是个有判断力的英格兰人，写了一本讲英语语法的书。他还写了一本有关蜜蜂的书，他像是蜜蜂的秘书似的，似乎最熟悉蜜蜂共同体的奥秘，所以有人不无慷慨地评论这本书：

巴特勒，看到你作品的人会说，

是蜜蜂给你出主意，还是你给蜜蜂出主意？

我认为，他这些书都是他研究漏下来和剩余下来的东西，在大自然的田野里漫步并转上一圈无伤大雅。他还是个虔诚的人，是一个勤恳的讲道者，也是一个真正的神学家。

值得纪念的人

我们不应该忘记这样一个人（我知道他是因为其发明而不是其名字），他住在这个郡的斯托克布里奇，制作了一把非常精巧的犁子，在器械和一些工具的帮助下，可以由狗来拉动，一个人就可以操作，一天可以犁这个郡将近一英亩的沙土地。这把犁子我在前面提到的斯托克布里奇见过（在大约三十年前）。

但这一计划没有实施，被认为中看不中用，虽然聪明人认为这一基础可以进一步利用，其发明可由懂数学的人来改进。我听说一些政客暗中反对（是否正当我不知道）这样的计划，这些计划（如果完成的话）会造成土地损失，工作的穷人也会减少，最好的耕作方式就是雇用最多的人，防止他们偷窃和挨饿。所以，假如犁子可以由蝴蝶来拉，这对国家没有好处，并会给公众带来更大负担，这样的话，要想其他办法来供养穷人。

提起来狗拉犁，让我想起（一件稀罕事让人联想起另一件）这个郡的其他一些狗，这些狗对公众更有用，我在一个当代作家的作品里看到这样一段话：

> 据说朴次茅斯周围有一种小狗，像小猎犬一样，被用来搜寻鼹鼠，鼹鼠就是这些狗名副其实的天然猎物。

> 如果真有此事，我希望维护并增加这个品种的猎狗。虽然没有猎捕兔子的乐趣大，但对消灭那些恶意挖掘土地的家伙更有好处。鼹鼠挖地对草有害，对庄稼更有害，对花园最有害。

告别辞

大约五年前，我走访温切斯特的时候，看到大教堂毁坏严重，感到非常伤心，觉得令人悲哀的派系分裂会导致其彻底垮塌，并认为自己发现了一片废墟的墙面。

但让我感到高兴的是，去年我到那里发现它修复得很好，用的是特效药金银，由好心的主教慷慨解囊。我希望英格兰所有患上同一种病的大教堂都能这样迅速、幸运地康复。

赫特福德郡

赫特福德郡（Hartfordshire）这一名称来自其主要城市赫特福德（Hartford），而赫特福德这一名称来自"公鹿的渡口"（the Ford of Harts），其盾徽上是一头抬头蹲伏的公鹿在水里，这使我相信这个郡的正确拼写方式是"Hartfordshire"，不是"Hertfordshire"[①]。

这个郡东临埃塞克斯，南临米德尔塞克斯，西临白金汉郡，北临贝德福德和剑桥郡，大概有二十英里见方，只是其他郡曲曲弯弯的边界损害了它的完整性。我听这里一个年长的法官说，让一个人站在这个郡的任何一个地方，骑行不到五英里，就会抵达另一个郡。这是英格兰讨人喜爱的花园。大家都说，在赫特福德郡买房的人，用两年的收益买房子的空气。

这个郡没有其近邻埃塞克斯郡物产丰富，它也被埃塞克斯吞并过，在一个郡长（还有一个管理充公产业的官员）的领导之下，直到国王爱德华三世登基后才分开。

这一片林地只愿意长树木。但由于习惯也会是另一回事，在勤奋的农夫的规劝之下，多年来也长好庄稼。肯定没有一个郡有这么

---

① 富勒所说的正确拼写方式早已废弃不用。——译者注

多漂亮的宅第，这是著名绅士住所的称谓，其他郡称之为邸宅、宫苑、城堡、庄园等。

这个郡没有独特的农产品或工业品，我们可以稳妥地转谈其他方面，先适当地夸一夸这个郡的马。

他们的马队（经常理所当然地从两轮马车晋升到四轮马车）装备豪华，其颜色和身高相差无几，又肥又漂亮，装饰和喂养都非常讲究。我可以说出地点和人名（看官，我说几句题外话并无恶意，请不要生气），此人和一个见证人一起把他的仆人带到治安官面前，说仆人偷了他的粮食。仆人带来了他的五匹马，尾巴都缠在了一起，声称他要是贼，这些马就是窝赃者，这样才逃过一劫。

建　筑

西奥博尔兹宫确实赢得了荣誉，其建造者是威廉爵士，装饰美化者是其儿子罗伯特·塞西尔爵士，其父子都是英格兰财政大臣。罗伯特·塞西尔爵士用它和国王詹姆斯换了哈特菲尔德宫（罗伯特·塞西尔爵士太聪明，不会吃亏），1625 年 3 月 27 日，国王詹姆斯就死在这座宫里。这座王宫甚至可以说是死于它的大关口[①]，从建成算起大约六十三年后，也就是在 1651 年被夷为平地（为了让士兵们分配得更合理），从一座王宫变成了现在大家共享的财产。很多完

---

① 据西方占星学家的说法，人的年龄如果是 7 或其倍数 21、49、56、63，身体会出现明显变化，死亡的危险就会增加，所以这几个年龄就被称为人的"关口"。其中 63 是 7 与 9 的乘积，危险最大，被称为"大关口"。从古代的柏拉图、西塞罗，到后来的基督徒奥古斯丁、安布罗斯、比德等人，都相信这一说法。在希伯来文化里，7 是最神秘的数字，后来又为基督教文化所推崇。——译者注

好的房屋被拆得七零八落，所以我们的先人看到房屋建成，我们又看到房屋被拆毁，我们的子孙是否会看到房屋重建，只有说这句话的人知道：抛掷石头有时，堆聚石头有时[1]。

哈特菲尔德宫最先是伊利主教拥有的，然后是国王的，后来通过交换成了索尔兹伯里伯爵的，就其位置、建造工艺、设计、景色、空气和各种便利设施来说，在英格兰不逊于任何建筑。

离这座宫不到一英里有个地方叫"葡萄园"，在这里艺术帮助大自然为人类带来很多乐趣，所以看官必须先去看看才能领略它的完美。希腊、罗马诗人想象力丰富，紧扣主题，能把一棵树变成树林，把树林变成森林，把小溪变成河，把池塘变成湖泊。这个葡萄园如果是在希腊或罗马附近，我敢说它会让坦佩谷失色，诗人们就会记下他们的喜悦之情，把它描绘成小天堂，成为他们享受尘世间乐趣最主要的地方。

药用水

最近有人在巴尼特附近的公地里发现了一处泉水，有益于健康的泉水一般都是在这些地方发现的，像是大自然在那里暗示了它的意图，打算让泉水为大众带来好处，而不是供个人享用似的。据说泉水流经明矾矿脉，因为那里有明矾的味道。它可以让牛奶凝固，凝固成的凝乳是极好的膏药，可以治疗任何新伤口，此外还有一些其他用途。

---

[1] 语出《圣经·传道书》3:5。——译者注

俗　语

赫特福德郡的棍棒和补过的鞋。

有人会觉得奇怪，说这个郡离英格兰文明的中心伦敦这么近，竟然这么土气。但最精细的布也有布边，这个郡地道的农民也和其他地方一样，是织成这个布边的一根粗线。你可以嘲笑他们滑稽，但绝对不要嘲笑他们勤劳，况且穿高帮鞋的佃户为地主的西班牙皮靴付了钱。

赫特福德郡的刺猬。

这个高林地郡有很多刺猬，这些刺猬经常吮吸母牛的奶，不过挤牛奶的女工对刺猬并没有多少感激之情，虽然这省去了她们挤奶的麻烦。刺猬总是摆出一副防守的架势，背上背着一个长矛架，如果加上充足的食物供应，足以抵挡任何强敌的围攻。

如果这个俗语另外还含有对这个郡居民的看法，如指责他们贪婪，老是在地里瞎拨弄，我就不大明白了，我希望并相信这是误用。

韦尔和韦兹－米尔的价值抵得上整个伦敦。

我敢保证，这是此郡粗俗之人的杰作，用这句话来逗旅客们一笑，好像大集市韦尔和韦兹－米尔（一个村庄的一部分，位于韦尔北部两英里）富得流油，足以抵得上伦敦的财富似的。

问题出在"韦尔"（Ware）这个同音异义词身上，在这里指的不是韦尔镇，而是泛指所有可以销售的商品。我们并不吹毛求疵，说这个俗语不高妙，而是说这个镇实际上应叫"Weir"（其名称来自以前的拦河坝）[①]。但我们在这里存而不论，接着往下说。

    赫特福德郡的好意。

这个俗语我们一般从好意上去理解，表示投桃报李、礼尚往来。据说（或许是这样）这个郡的人在宴请客人时，别人敬了酒之后就回敬别人。

然而，赫特福德郡的好意有时候会变成赫特福德郡的恶意，简直成了独占，他们自己人礼尚往来时，把其他人完全排除在外了。

教　皇

尼古拉·布雷克斯皮尔，罗伯特·布雷克斯皮尔（圣奥尔本斯修道院的庶务修士）的儿子，其姓氏来自米德尔塞克斯一个名叫布雷克斯皮尔的地方，但他出生于这个郡的阿伯茨－兰利镇。年轻时他在圣奥尔本斯修道院当奴仆，才华完全被埋没。

他请求修道院录取他，但遭到拒绝，后来证明这不是祸而是福。他去了法兰西，在巴黎努力而又愉快地学习，凭借其才华而被晋升为巴伦西亚附近的圣鲁弗斯修道院院长，后来被教皇尤金三世任命为罗马附近的阿尔巴主教。他在英格兰没有当上圣奥尔本斯修道院的修士，竟然在意大利当上了阿尔巴主教。他被教皇派去说服挪威人改变信仰，在基本信条上把他们从异教徒转变成基督教徒，

---

① "weir"的意思就是"坝"。——译者注

这一有价值的工作真是值得赞扬。

他后来当选为罗马教皇，称阿德里安四世。他改名字的奥秘我看不透，因为他的洗礼名是教皇的名字①。但他宁愿叫阿德里安四世，不愿叫尼古拉三世。他担任教皇四年八个月零二十八天，1158年喝酒时被一只苍蝇噎死了②。圣彼得遗留下来的地盘那么大，而这只苍蝇竟然不往其他地方去，偏偏从他的喉咙里进去。毕竟是苍蝇把他噎死了，出了这样的事故我心里害怕，不厚道的话就不说了。

高级教士

理查德·韦尔，这是他的真名，其墓志铭里就是这个名，不过有人（假装尊敬他，实际上歪曲了真相）称呼他为沃伦。1260年，他被任命为威斯敏斯特修道院院长，二十年以后在国王爱德华一世手下担任英格兰财政大臣。这位理查德去了罗马，从罗马带回来一些工匠和很多斑岩，其余的听我看到的作者说：

> 他让这些工匠用斑岩铺成了人行道，这在威斯敏斯特非常罕见，它位于圣餐台前面，成了所有人谈论的话题。那至今仍然是最漂亮的、独一无二的、制作精巧的和极为罕见的，此后英格兰再也没有见过类似的人行道。

各位看官，看看无知是如何成为艺术之敌的！我经常在这条人

---

① 在他之前有两位教皇名叫尼古拉。——译者注
② 实际上阿德里安四世死于1159年，被苍蝇噎死的说法是一种传言。——译者注

行道上行走，根本就没有赞赏过它，甚至没有留意过。后来，经过认真观察，我觉得它仍然没有满足我的好奇心。我虽然无知，但绝没有恶意（这两种品质经常相伴），也不会贬低我不懂的东西，只会让更懂行的人把它当成是艺术杰作。

这位理查德死于 1283 年 12 月 2 日，那是爱德华一世统治的第十二年，他被埋葬在前面提到的人行道下面。

军　人

亨利·卡里爵士，是威廉·卡里爵士与其妻子玛丽·博伦的儿子，他被女王伊丽莎白任命为宫务大臣和这个郡的汉斯顿男爵（无论出生在哪里），是一个勇敢的、喜爱有技术的、性情暴躁但没有恶意的人。

有一次，柯尔特先生碰见亨利爵士跟随当时的一个贵族从汉斯顿到伦敦。这个贵族以前和柯尔特先生有过节，就打了他一耳光，柯尔特加倍地回击了他，于是贵族的仆人拔出剑并围住了柯尔特。"你们这些无赖，"贵族说，"我和邻居过了一招，你们就要插手？"争斗在这样一开始便结束了。

亨利爵士在宫里不仰仗任何人，而是自食其力，直到去世。他有一片相当大的庄园，是女王在她统治的第一年赏给他的，也就是这个郡的汉斯顿宫，每年四千英镑（以当时的估价），其周围有漂亮的领地、庭园和田地。然而，这只是女王陛下的赔偿而不是慷慨馈赠，父亲留给他的庄园也有这么大，在伊丽莎白遭受女王玛丽迫害期间，他都将其卖掉并为伊丽莎白效力了，更确切地说是救济她了。

这位贵族三次当选为威尔特伯爵，凭借其母亲玛丽的权利，这一头衔可以说是属于他，但受阻于某个偶然事故。他临死时女王屈尊去看望他，这才让人为他起草了上述伯爵领地的特权证书，又为他做好了制服，证书和制服都放在了他床上。但这位贵族（不会装模作样，无论是健康时还是生病时）说："陛下，既然我活着时您认为我不配得到这一荣誉，现在我就要死了，我同样认为自己不配得到这一荣誉。"

宗教改革以来为公共事业捐献的人

爱德华·巴什，骑士，出生于这个郡奥尔德纳姆贵族凯里家族的庄园主宅第（他母亲弗朗西丝就是这一家族的，后来嫁给了乔治，生下拉特兰伯爵）。他是个健壮的绅士，也是一个好管家，那有满桌子丰盛的菜肴，欢迎宾客来品尝。有人把他称为勇敢的人，在那危险的岁月里他也热情好客……

告别辞

理查德·利爵士从苏格兰带回来赠送给圣奥尔本斯修道院教堂的实心黄铜圣水盆最近被抢走了，我听说以后很难过。我简直希望抢夺者感到这个盆烫手，就像它刚锻造出来时一样，让这些贼因为自己的过错而受到应有的惩罚。

要是将这个盆物归原处，还让它发挥原来的作用，那问题还不算大。但借助于普通的炼金术，这个铜盆后来变成了银盆。但我们先不要为最近丢失这个盆而悲痛，而是庆贺我们仍然可以洗礼。有些人要是一意孤行，就会拒绝让所有的婴儿受洗①。我希望这个郡和其他地方一样，婴儿都可以受洗，虽然不是在这么漂亮的盆里、在这么好的水里。原来那个盆是最好的，圣灵完全同意为他们完成洗礼。

---

① 这是浸礼会教派的信条。这一派只给公开表明信仰的信徒施洗，不给婴儿施洗，属于比较激进的新教徒。——译者注

赫里福德郡

赫里福德郡北临伍斯特郡和什罗普郡，东临格洛斯特郡，南临蒙茅斯郡，西临布雷克诺克郡和拉德诺郡，其形状几乎是圆的，从北到南（用最好的方法来测量）三十五英里，不过从东到西没有这么长。

这个郡的空气有益健康，其最有效的证据就是其居民生命力强。其他地方的很多老年人已经离不开壁炉，或是下不了床，而这里的老人还能（如果愿意的话）下地干活。有才华的警卫官霍斯金招待国王詹姆斯，让十个老人为国王跳莫里斯舞，他们的年龄加起来有一千多岁了。所以，这里缺的可以在那里补出来，这么多长者在其他地方是找不到的。

在英格兰产品字母表上，这个郡占的和其他郡一样多，不过在W打头的产品上占优势，例如：wood、wheat、wool、water。另外，这个郡比那个德意志公爵领地波美拉尼亚更像（在发音上）波美拉尼亚，这里有连绵不断的苹果园，出产很多苹果酒，其用途我们在前面提到过。

这个郡有个地方叫"金谷"。如果有人问，在这里能找到多少黄金，那就是和大马士革的那条"金河"一样，只是因为河水呈黄色，所以叫金河。这个谷之所以叫金谷，是因为春天遍地是黄花，或是因为它是最好的河谷，就像黄金是最好的金属一样。

天然产品

羊　毛

不懂羊毛质量的人，可以从俗语里知晓一二。

1. 纯净如羊毛。这是《圣经》里的说法[①]，虽然也有黑羊毛。

2. 软如羊毛。因此我们的法官以前在议会里就坐在羊毛垫上，一是因为他们年龄大了，这样休息更舒适，二是提醒他们维护这一主要产品的法律特权。

3. 暖如羊毛。有人打趣说，羊毛肯定暖和，因为它的字母都是双写的[②]。

以前我们英格兰人的服装从头到脚都是羊毛做的。一直到国王亨利八世统治初期，天鹅绒帽子在上层人士中开始流行，"如果他的帽子是羊毛做的"这一俗语就不管用了，无论多么高贵，以前所有身份的人都戴羊毛帽子。

这个郡的羊毛多，上帝更仁慈，整个北方都有大量的羊毛……至于这个郡的羊毛，以"莱姆斯特黄金"[③]的称谓最为人知，其在这个郡甚至在整个英格兰也是最好的，也可以和意大利南部的阿普利

---

① "他的衣服洁白如雪，头发如纯净的羊毛……"参见《圣经·但以理书》7:9。——译者注

② "羊毛"当时也拼写为"wooll"。中古英语为"wolle"，古英语为"wull"，都是双写"L"。——译者注

③ 莱姆斯特是这个郡的一个集镇，盛产雷兰羊。——译者注

亚羊毛或塔兰托羊毛相媲美，虽然饲养羊时花费不是那么高，也不必那么细心。优秀作家告诉我们，那里的牧羊人实际上在羊毛外面又盖了一层羊毛，以保护羊毛不会受到土、灌木丛和恶劣天气的伤害。这样做要花多少钱我不知道，但我相信我们这里养羊不会这么麻烦。

鲑　鱼

　　一种味美、有益于健康的鱼，也是自然界的一个双重之谜：一个是看不见它吃食，世上没有一个人在它肚子里发现过食物；二是它奇怪的跳跃（更像是飞），所以有人要称其为跳鱼。这样，它既是弓又是箭，从水里跳出来的高度和距离令人难以置信。

　　我还要再补充一句：鲑鱼的生长速度令人惊奇，如果有人确信是真的，它在一年内就从一枚鱼卵长成一条大鱼。这个郡的鲑鱼很多，不过没有苏格兰多。据说苏格兰的仆人与其主子签订合同，一个星期吃鲑鱼不得超过三次。

　　有人会说，鲑鱼在其他郡很普通，为什么把它放在赫里福德郡？答案是在其他适合公鹿生长的郡，鲑鱼只在夏天应季，而这里适合公鹿和母鹿生长，鲑鱼一年四季都应季。这个郡可以说：

　　　　鲑鱼在夏季不稀奇，
　　　　在冬季我也分享。

　　瓦伊河里冬季有鲑鱼，它们又肥又健壮，而这时其他地方的鲑鱼都病了，也产过卵了。

奇 观

这个郡理查兹城堡附近有一汪泉水名叫骨泉，泉水里总有个小鱼骨头，有些人认为是小蛙骨头，因为骨头太小，很难分清是鱼骨还是蛙骨。更令人惊奇的是，这些骨头永远也无法从泉水里捞干净，刚捞出来又有了。

除了这个永久奇观之外，让我们再凭借一些优秀作家的信誉，说说两个短暂的奇观。1461 年，在这个郡打了一仗，彭布罗克伯爵贾斯珀与奥蒙德伯爵詹姆斯·巴特勒为一方，国王爱德华四世为另一方，打仗时天上一共出现了三个太阳。

这种三个太阳（一个是真的，两个是表象）在天上出现的事，发生在三个人争夺罗马帝国前不久，也就是伽尔巴、奥托、维特里乌斯。另外也发生在总督约翰、后来当上皇帝的斐迪南和土耳其皇帝争夺匈牙利王国的时候。这样的天象有时候预示着几个人同时争夺同一个最高统治权。

关于这一天象产生的原因，我们认为这只不过是太阳的形象映在了一片均匀、平稳、密集、水汽大的云里而已，这片云并没有对着太阳（对着太阳就会形成彩虹），也不在太阳下面（在太阳下面就会形成光环），而是在太阳一侧或两侧，且离太阳有一段适当的距离。如果离太阳太远，阳光就会太弱，无法反射回来。如果太近，太阳就会把云驱散。而在不远不近的地方，就会出现好几个太阳，就像一个人的脸显示在一面破碎镜子的所有碎片上一样。

除了这一奇观之外，还有一个马克雷山，其在 1575 年从睡梦中惊醒了，甚至有点像分娩似的持续了三天，一直不停地摇动并发出轰鸣声，所有听到或看到的人都惊恐不已。它把所有阻挡的东西都扔了下来，并把自己抬得更高了。

俗　语

> 塞文河与瓦伊河，
> 这两条河之间的眼睛有福了。

有人合理地质疑这个俗语的真实性。当然，面对宜人的景色，这些居民饱了眼福，但其他地方的人也同样可以饱眼福。但这个俗语像是一种预言式的承诺，可以确保这两条大河之间居民的安全，免受战争的伤害。但不幸的是内战飘忽不定，"踪迹"遍布每一个角落，除非你被盖吉斯的隐身戒指护卫着。

当然，塞文河与瓦伊河虽然是淡水河，但自打内战以来，住在河边的人也尝到过咸水的滋味。

枢机主教

亚当·伊斯顿。自称擅长看手相的人会告诉我们，手掌下窄上宽的人年轻的时候穷，到老年就富了。

我不敢说这个亚当的手掌就是这个样子，但我相信他的命运就是这个样子。他出身寒微、家境一般、时运不济，后来凭借勤奋成为牛津的神学博士，是一位大学者，且精通希腊语和希伯来语（这在当时是罕见的才能），在所有的民事协商中游刃有余。

他后来被教皇乌尔班册封为枢机主教，称圣塞西莉亚枢机主教，同时，反对教皇乌尔班的人另立克雷芒七世为教皇 [①]。

熊与野猪的打斗激烈，但两个敌对教皇的打斗要更激烈得多，其中一个一旦掌权就不给对手留一点情面。乌尔班怀疑一些枢机主教背叛了他，就立即囚禁了七名枢机主教，并把其中五人装进麻袋沉到了海里。最野蛮的乌尔班啊！我们的亚当是第六个，总算是捡回一条命，从某种意义上说也被装进了麻袋（不过型号大一些），我指的是地牢，在里面一共关了五年，过着半饥半饱的日子，直到教皇乌尔班死去。

但乌尔班的继任者、教皇博尼法斯恢复了他所有的名誉和职位，把他送回英格兰，交给了对他赞扬有加的国王理查德二世。

军 人

罗伯特·德弗罗，埃塞克斯伯爵沃尔特·德弗罗的儿子，1567年11月10日出生于这个郡的奈斯伍德，当时他父亲还只是赫里福德子爵。

他是宫廷和军营里的骄子，一颗耀眼的明星，我们依次考察一下他的早晨、上午、正午、下午和夜晚。

他的早晨始于其刚进宫的时候，进入宫廷大门时有四大有利条件：同情、亲属关系、宠爱、优点（美德）。同情是由于他父亲刚死不久（不再说了），大家都感到悲痛。亲属关系来自他母亲莱蒂斯·诺尔斯，她与女王是近亲。宠爱是因为他是莱斯特 [②] 的女婿，

---

① 这位教皇并非美第奇家的克雷芒七世，而是"敌对教皇"克雷芒七世，即日内瓦的罗伯特，由反对乌尔班六世的一帮法兰西枢机主教将其推选为教皇，常驻阿维尼翁。——译者注

② 即莱斯特伯爵罗伯特·达德利，女王伊丽莎白的大红人。——译者注

所以从第一天起就是红人中的红人，不过他很快就完全自立了。优点（美德）是长相漂亮、彬彬有礼、出身高贵且运气好（不过也受到很大伤害）。

上午，也就是女王开始对他青眼有加的时候，这就像祖母对孙子一样，把他当成溺爱的对象，这从她的一封亲笔信里可以看出来。

这封信生气是第一级，慈爱是第四级，写给他（由托马斯·戈吉斯爵士送给他）时的情况如下。伯爵生性尚武，就偷偷离开王宫到法兰西服役。女王非常喜爱他，对他离开颇有怨言，经常说："这个年轻人这么鲁莽，我要打他的头，就像打愚蠢的西德尼那样。"并在他返回之前一直烦躁不安。

我看见他在正午从加的斯凯旋的时候，当时军队对他的尊重达到了顶点，可以说是因为其深得人心而引起了女王对他的妒忌。

接着是他的下午，也就是他参加爱尔兰的战斗，这对他温和的性格来说太棘手了，他更适合个人表现，不太适合指挥和管理军事事务。现在在他的敌人的任务完成一半了，这让他和女王之间产生了如此大的隔阂。据说大力士安泰只要一接触他的大地之母就会恢复力量，这位伯爵也是这样，在和敌人搏斗时凭借每天接触女王而制服他们，现在和女王拉开了距离就不行了。

他未经允许擅自回来，被女王禁闭在家来挽救他而不是毁掉他，这时他的夜晚来到了。形形色色的剑客聚集到这里，想请他为他们效力，有的是这个教派，有的是那个教派，有的是所有教派，有的没有教派。他们声称是要清君侧，把不怀好意的顾问从女王身边赶走，不过先把他们从伯爵身边赶走就好了。这帮人说要做什么伯爵知道，但做了什么上帝知道。伯爵起来造反了，他期待的伦敦市没有援助他，最终在1600年得罪了女王。

他勇敢，对学者和军人慷慨，从不怀疑别人的忠诚，如果不是太相信别人忠诚的话。报复不是学会的，而是他的本性。很难说对他伤害更大的是敌人还是朋友。有人当面奉承他有勇气，"不对，"他说，"我的罪孽让我成了懦夫。"总而言之，他的过失既不严重也不算多，留在人们记忆中的是一个非常杰出的人，这样说是最公正的。

宗教改革以来的作家

赫里福德的约翰·戴维斯（他经常这样自称）是他那个时代英格兰最了不起的笔杆子，因为他：

1. 下笔如有神，其速度令人难以置信。

2. 字体漂亮，他的字是写出来的还是印刷出来的，人们需要用几分钟的时间来交换意见。

3. 字写得密密麻麻，简直不可思议，黑乎乎的一片，我眼神不好根本看不清楚。

4. 写各种字体，草书体、罗马体、宫廷体、黑体。

像神话中的百手巨人布里亚柔斯，在他身上可以发现一个真谛：他可以巧妙地掩饰他固有的手，凭借混淆的方式让两只手看上去像是一百只，如果说不能写出一百种字体，也能写出一百种不同样式的字。

他要是活得更长一些，就会谦虚地承认吉辛斯先生（他的学生，也出生在这个郡）在书法上超过他。但吉辛斯先生不愿这么招摇，而是会心存感激地把荣誉归还给老师。我相信，如果再有两个这样出类拔萃的书法家出生在同一个郡，简直就会为即将死广的宇宙写遗嘱了。

戴维斯对诗歌也有涉猎，他不但会用笔写字，也会用想象力来创作。

值得纪念的人

罗莎蒙德在很多方面都引人注目。首先是她父亲克利福德勋爵沃尔特，在这个郡的克利福德城堡周围有大量的土地。其次是她本人，是她那个时代的大美人。又其次是她的情夫国王亨利二世，她是国王的情妇。最后是她儿子威廉·朗斯皮，他是有才华的索尔兹伯里伯爵。

据说国王亨利在伍德斯托克建了一座迷宫（后来时间一长消失了），用来隐藏他这位情妇，也不让爱吃醋的王后埃莉诺发现。但埃莉诺还是设法找到了她，把她弄死了。罗莎蒙德被埋葬在牛津附近歌德斯托一座不大的女修道院，其墓志铭是：

> 这座墓里埋着世上最美的玫瑰，
> 如此芬芳，如此美味，
> 现在她再也发不出最芬芳的美味，
> 请您猜一猜这是何故。

据说她死后已悔罪。林肯主教休来参观这座女修道院的时候，看见罗莎蒙德的遗体躺在唱经楼里，上面覆盖着丝绸棺罩，周围点着蜡烛。他想，一个荡妇的棺材不宜让处女观看，于是就让人把她的遗骨撒到外面去了。

但林肯主教走了以后，修女们又把她的遗骨收集起来，装进一个喷了香水的袋子里，然后用铅封住，直到国王亨利八世统治时期又被再次扔了出去。

告别辞

我听可靠的人说，这个郡与其他同样规模的郡相比，其副郡长职务比其他郡的副郡长更有油水，副郡长的封地好像是随着乡绅财产的减少而增加。但愿以后担任这一职务的人少捞一点外快。上帝赐予这个郡那么多以 W 打头的恩惠，我们希望其居民保持下去，然后再增加一个智慧（Wisdom），既积极参与精神活动，又谨慎地管理好世俗财产。

亨廷登郡

亨廷登郡周围是北安普敦郡、贝德福德郡、剑桥郡，其面积不大，即便以最有利的方式来测量，每一侧也不超过二十英里。

这里的土地普遍很好，从圣诺特、欣钦布鲁克、亨廷登等地建立的那么多修道院就是明证。所以，起码这个郡的第四只脚属于修士的修道院土地，我们所知道的杂草只长在这样肥沃的土壤里。

如果有人说，修士不能选择自己的住所，只能服从创建人的意愿。您要知道，创建人在建修道院之前，几乎都要先征求某位教会人士的意见，而这位教会人士肯定会为自己的同行选择最好的地方。我相信，整个英格兰很难找到这样一个地方，在这么近的距离之内有韦布里奇这样宜人的庭院，有波茨舒尔姆这样漂亮的草地，有戈德曼彻斯特这样丰饶、适合耕种的镇子，这三个地方都在这个郡，相距也不过几英里。

建　筑

我们不应该忘记小吉丁的那座房子和小礼拜堂（费勒先生继承

的遗产），它们最近在整个英格兰引起了轰动。这里住着三个女性家庭（三个人有同一个祖母），严格遵守教规。她们在午夜起来祈祷，让其他人叫苦不迭，我料想她们从来没有因为缺乏睡眠而头疼过。我相信陌生人受到她们的款待，穷人得到她们的救济，她们的孩子奉命读书，她们自己则飞针走线装订书籍，做这些文雅而又虔诚的事，而其中有一本装订最好的敬献给了国王查理。

她们的小团体被有些人看作是一个萌芽状态的女修道院，说不定有个女教皇琼①在里面。这种无端的指责后来不攻自破，其中所有的少女都遵循圣保罗的教诲，她们结婚、生子、持家。

俗　语

这条路通向乞丐的灌木。

这句话说的是那些因放荡、挥霍而走向贫穷的人。"乞丐的灌木"是一棵很有名的树，位于伦敦路左边，在从亨廷登到卡克斯顿这一段。

我听说国王詹姆斯在这一带巡幸时，大法官弗朗西斯·培根爵士和他在一起。国王听说那天上午弗朗西斯爵士莫名其妙地因一件小礼物而奖赏了一个低贱的人。"弗朗西斯爵士，"国王说，"你很快就会走到乞丐的灌木，我甚至可以和你一起去，如果我们两个人都慷慨的话。"

---

① 中世纪传说中的女教皇。——译者注

圣　徒

　　埃尔费德，是东英吉利伯爵埃塞沃尔德（这个郡拉姆齐修道院的创建人）的女儿，被提升为拉姆齐女修道院长，得到国王埃德加的批准。

　　据说她以生活的简朴、圣洁而著称。管家向她抱怨，说她乐善好施，把钱柜里的钱都花完了。她一祈祷，钱柜里马上就装满了钱。她读日课的时候，蜡烛突然熄灭了，她的右手指就发出光照亮了整个唱经楼。

　　这件事千真万确，就像我们现在的秘书所宣称的新光一样，一个是创造奇迹，一个是指尖的启示。她死于992年，以隆重的仪式被埋葬在拉姆齐圣母堂。

宗教改革以来的作家

　　罗伯特·科顿爵士，骑士，从男爵，约翰·科顿先生的儿子，出生于这个郡的坎宁顿，是苏格兰国王布鲁斯家族的后裔。他年轻时在剑桥三一学院上学，发现自己喜欢研究古文物（在这方面学习进步迅速的人肯定很早就崭露头角），后来声名显赫，我相信在这方面没有人能超过他，如果说有人可以与他比肩的话。

　　但这配得上现在和未来对他的赞美、让我们本国人和外国人对他感到惊奇的是他在威斯敏斯特的藏书①，其著名是因为：

①　现存大英图书馆。——原编者注

1. 珍贵。有那么多原始手稿，或是高质量的抄本。我必须承认，看官，他肯定比我技艺高超，能把它们区别清楚。

2. 种类繁多。看到书的品种多的人会赞叹其珍贵，知道书珍贵的人会赞叹其品种多。

3. 有条理。有些图书馆就是迷宫，不是因为书多，而是因为乱放，陌生人要找一本书很快就会蒙头转向。而这里的书摆放得井井有条（以十二个罗马皇帝的头像为标记），要找到某位作家的书轻而易举，找不到倒有些难。

除此之外还有一个亮点，那就是所有懂行的人看到这些书都很容易，看过之后心存感激。有些收藏古文物的人士护书护得很紧，好像每一只摸书的手都会把书抢走似的，而这里对文人才子没有一点戒心。我在这里承蒙托马斯·科顿爵士（既继承了其父亲罗伯特爵士的财产，也继承了他的好心肠）的好意的最卑微的人中，得到允许进去看了这些珍品。

我听说罗伯特爵士死后，教皇在秘密会议上打算把他的藏书并入罗马图书馆。如果真是这样，梵蒂冈图书馆得到这些书之后，就会又有一个梵蒂冈图书馆。但多亏上帝保佑，这一图谋没有得逞，这是我们民族的福分，这样也对新教有好处。

这些藏书里有很多君主的隐私和原始译本，有人告诉我说，喷泉要从小溪里取水。国务大臣、枢密院文书乐于到这里把很多原作借回去，这些书由于一些官员的意外或疏忽而弄丢了，到了这里就能找到。

他是个热心公益的人，在每一届议会（他经常担任议会议员）都积极努力，让君权和议会特权都按照规定的程序来行使，实际上他沟通了君主与臣民。他常说，他的东西自己占的份额最少，而国家和朋友对他最为重要。

斯蒂芬·马歇尔出生于这个郡的戈德曼彻斯特，并在剑桥伊曼纽尔学院获得文学学士学位。然后他早早地去收割上帝的庄稼，但那是在他把镰刀磨快之后的事。他成为埃塞克斯芬兴菲尔德教堂的牧师，在离校多年之后又回到剑桥去攻读神学学士学位，答辩时受到普遍赞扬。

在不久前的长期议会里，没有任何人像他那样受到主要议员的眷顾。他是主要议员的传声筒，由他来宣布斋戒，而在这种场合布道更多，超过了其他四项职责。他们生病时他是忏悔牧师，他们聚会时他是议员，他们谈判时他是专职牧师，他们辩论时他是最优秀的辩手。

他的柔韧性极强，无论风云如何变幻，他从来没有折断过一个关节，甚至连一根筋也没有扭伤过。朋友们不是将其归因于他随波逐流，而是归因于他谨慎。他在实践中（朋友们这样认为）调和了圣保罗的各种教诲，"为主效力，为时代效力"。

虽然有人严厉指责他放弃了原则，但据说他临死时，让那些以前怀疑他信奉长老派教规的人感到完全满意。他死于1655年，被隆重安葬在威斯敏斯特大教堂。

告别辞

这个郡的收益在很大程度上依赖从北部穿过的一条路，从戈德曼彻斯特直到旺斯福德桥。这条路在冬季是一条便道，不仅会引起麻烦，还会引起危险，以至于"大路没人走，旅行者走小道"。而古代的驿站现在受到歧视，将来则全毁了。虽然"硬黏土"只是其中一个或两个村的名字，但整个郡都是这个样子，黏土很深，给旅行者带来很多烦恼。

能听听一个无名之辈的建议吗？由这个郡出资来维修那条大路（现在是教区的），这样就减轻了负担（由更多人来分担），同时路修好以后会让更多人受益。

肯特郡

肯特在七国时代是个完全独立的王国，这一荣誉其他任何一个郡都没有享受过。肯特北临泰晤士河，东面和南面是大海，西面是苏塞克斯和萨里，从东到西延伸五十三英里，而从北到南不超过二十六英里。

肯特与其他郡的差别小，它自己内部之间的差别大，一个郡内部就各有千秋。有些地方的健康与财富天差地远，在另外一些地方则像同居一室一样和谐，我是说一直住在一个地方。

如果这个郡里相距很远的地方差别很大，这也不会让人大惊小怪。我在文献上看到，离格雷夫森德不到一英里的地方有个农庄，牛总是在院子里的一个公共池塘里饮水，如果它们在房子的一侧吃草，奶油便是黄的，且香甜可口。但如果在另一侧吃草，奶油颜色就是白的，味道发酸，非常难吃。不过不需要俄狄浦斯来解这个谜，因为一侧是石灰石，上面长有很多三叶草；另一侧是沙砾，上面只长着大量的茅草。

然而这里的土壤总的来说很肥沃，这从肯特的丰富物产上可以看出来，其牛羊和家禽允许拥有全国最大的土地。罗姆尼湿地上养了一头大牛，是过去六年来在伦敦见到的最大的牛，个头很高，一个中等身材的人很难达到牛背的顶端。

天然产品

樱　桃

　　樱桃是从佛兰德引进的，首先由国王亨利八世在这个郡种植，在他那个时代就传播到三十二个教区，并以昂贵的价格销售。我在文献上看到，某一个早期的樱桃园只有三十英亩，一年产的樱桃卖了一千英镑。这个果园里的樱桃好像很多，弥补了其他地方的不足。

　　英格兰任何一种水果，一开始都没有樱桃贵，到最后也没有樱桃便宜，自始至终都没有樱桃好吃。除了味道鲜美之外，樱桃同样有益于健康。那么多人随意吃，但没听说有几个人吃腻过，这一点很重要。几个不同的品种相继成熟，所以一年中约有三个月应季。在一个丰收年，这个郡的一棵树上结的樱桃之多令人难以置信。我不是说结的樱桃重达多少磅（其他水果都是称重，这是乡下人对这个词的误解），而是说树上天然长出了多少。

　　樱桃有益于健康，既可以当食物，也可以当药，至今没有见到任何人贬损它，这些好处我们留给别人去赞美。接着说一个外国俗语：和贵族一起吃樱桃的人，该用石头把他的眼睛砸出来。这句话不是说樱桃有缺点，这只不过是个比喻，指责有些人愚蠢，和比他们更尊贵、更有钱的人比消费，到头来输得精光，成为别人的笑柄。

红豆草

　　红豆草也叫圣草。这个名字好像有迷信成分，但我向您保证，播种红豆草是种庄稼的好办法，因为这种草是贫瘠土地的好肥料。红豆草也叫乳草，意思是有很多乳，可以让牛多产奶。也有人把它叫作小三叶草，其在最贫瘠的地里长势最好。

红豆草最初从法兰西的巴黎附近引进，后来种植在英格兰的各个地方，尤其是种植在这个郡的科巴姆庭园，在干旱的白垩埂上长得特别茂盛，而其他任何植物都不能在那里生长。如果在其他干旱地区长不成这个样子，那只能归咎于管理不善，如地整得不好或不精细，种子撒得不够或陈旧、腐烂，第一年被牛羊啃食等。红豆草只能长七年，届时如果不再种一遍的话，英格兰本地的草就会长得压住这一外来物种。

鳟　鱼

我们在前面谈到过这种鱼，如果不再补充的话就是重复，这就破坏了本书定下的规矩。肯特的鳟鱼产自坎特伯雷附近的福迪奇镇，在很多重要特征上与其他地方的鱼都不一样：

1. 大，很多都与鲑鱼大小差不多。

2. 颜色，最应季的时候切开是白的（其他鱼都是红的）。

3. 狡猾，至今只有一条被鱼钩钓住，而其他地方的鳟鱼则很容易抓住，被逗得乐呵呵地死去。

4. 生活场所，九个月在海里，三个月在淡水里。

他们发现鳟鱼到来的时间几乎一天不差，福迪奇人也发现鳟鱼同样准时，就用渔网或其他器具去捕捞。

黄木犀草

看官，您要知道，这个词的写法（如果是这样拼写的话）我是从染色工那里借鉴过来的。这种植物的小种子是大约四十年前（当时刚被引进英格兰）和大麦一起撒在这个郡的，它一点也不妨碍大麦生长。大麦收割的时候，黄木犀草刚刚破土而出，然后长到来年的五月收割。这样，农夫撒一次种可收获两季作物，但占地要两年。

黄木犀草可以染成最好的黄色。有时候价格非常低，一车只有四英镑，有时候又贵到十五英镑，并经常在这两个价格之间浮动。现在的价格在这两个之间：七英镑十先令。

黄木犀草先种在这个郡，后来又种在诺福克和其他地方。

亚　麻

我听一些知情人说，在英格兰，没有一个郡比这个郡送到伦敦的亚麻好，也没有这个郡送去的多。但整个英格兰生产的亚麻，也不到其消费量的十分之一。所以我们不得不到佛兰德、法兰西去购买，甚至远至埃及。

令人感到奇怪的是，我们的土地非常适合种植亚麻，亚麻需求量又很大，靠亚麻获得的利润也很高，但没有多少人想种植，如果种得好，富人就有了亚麻布，穷人也有了生计。很多人即便真是纺织工，也绝对不想让人说是纺织工，也不想受到公开的不体面的处罚，如果被雇来干这一行赚钱的话。

我们常说，在别人衣服上发现蜘蛛，我们就会有钱了。这句话的寓意是，凡是像蜘蛛这号一样勤奋的人，都会得到上帝的祝福，赚到钱发大财。

奇　观

1585年8月4日，在莫廷厄姆村（这个郡的埃尔瑟姆附近）的一块地里发生了一件怪事，这块地属于珀西瓦尔·哈特爵士。一大早地面开始下沉，三棵大榆树突然被一个窟窿吞没，不到十点就什么都看不见了，凹陷处突然聚满了水。这个窟窿的范围大约有八码，深不可测，一根五十英寻长的测深索都探不到底。

离这个窟窿有十码的地方也发生过类似的地面塌陷，这个地方靠近大路，非常接近一座住房，住在里面的人惊恐不已。

皇家海军

这完全可以被看作艺术奇观。要知道，船只在这里管理得当，因为最多、最好、最大的船（建造于伍尔维奇）诞生于这个郡梅德韦河畔的查塔姆附近，冬季也停泊在这里。

实际上女王伊丽莎白统治之前，皇家海军的船只非常少，称不上是一支舰队，当时的君主只好从汉堡、吕贝克甚至热那亚租船。但那些在家里不使唤仆人而使唤老爷的人，会发现活儿干得更糟，付出的代价更大。

女王伊丽莎白意识到这一危害，就用欧洲有史以来最好的船只组建了皇家海军（其继任者又不断扩大规模）。实际上造船材料很重要，我们英格兰的栎树非常好；建造工艺也更重要，我们的造船工人技艺高超；同时，人员配备最重要，我们的船员很勇敢。

如果一个多才多艺的人具有掌握自己命运的有利条件，我们那些机动灵活、可以随意转弯并迂回前进的船只，肯定比西班牙大帆船更有用。西班牙大帆船笨重，几乎只能有一种姿态，这就成为敌人更固定的靶子。

至于佛兰德船，虽然建造得更好，但就像瘦长的巴巴利马不适合冲锋陷阵一样，佛兰德船也不太适合打仗。在达利奇建造的"君主号"大船是国家的总舵船，是我们这个岛上所见到的最大的船。但就像大奖章用于正式场合，而小硬币则在支付时用得更多。

我听可靠的人说，一些造船世家的秘诀在一些家族那里成功保存下来，其中查塔姆附近的佩茨家族尤其重要。他们凭借技术取得了成功，小心翼翼地守护着这个宝贝，免得很多朋友中的一些仇人得到它。他们把秘诀藏起来不让敌人发现绝不是为了垄断，隐藏秘诀是为了公共利益。但愿英格兰的造船秘诀永远不会失传，直到世界末日那一天，那时这个漂浮的世界到达它自己的港口。

我知道外国人反对的是什么，他们想剥夺皇家海军的荣誉，虽然最初大船样式是我们自己的，但我们的快速帆船样式起先是从敦刻尔克人那里引进的，当时是白金汉公爵（时任舰队司令）时期，我们从敦刻尔克人那里引进一些快速帆船，其中有两艘仍然在皇家海军服役，也就是"普罗维登斯号"和"探险号"。

所有这些我们都承认，诚实的人可以名正言顺地从贼那里学两招，以便更好地自卫。但需要补充的是，我们改进了引进的样式，现在副本超过了原件。看看一些速度最快的敦刻尔克船和奥斯坦德船，其两翼在快速行驶时不争气，被我们的快速帆船超过了，这些快速帆船仍然是我们海军的典范。

这不是羞辱邻邦，而是为我们自己辩护。在以下九个细节上，皇家海军超过欧洲所有的王国和国家。

1.航行速度快

比较一下所有的国家就可以看出来。

先看葡萄牙人，他们的小型帆船和大型武装商船现在已所剩无几（这些船的维护费用远远超过其赢得的利润），绝对是海上嗡嗡叫的雄蜂，尤其是以前他们的舭板底板上抹有一种灰浆来消除开炮的声音，这种方式现在他们不用了。

法兰西人（凡是陆战都是用右手）海战时却用左手，其最好的船是荷兰人造的。

荷兰人造的船轻快，和我们的船相比吃水浅，我们的船能更好地利用风，所以比他们的船航行得快。

西班牙人高傲，惹得他们的船也高傲，这只能使它们成为好靶子，让我们的大炮打得更准。

另外，天气恶劣时，风对他们的船影响很大，能把它们吹到我们的船背风处两海里的地方，但在背风海岸上是很危险的。

实际上土耳其人的快速帆船，尤其是阿尔及尔的大约三十六条船，这些船建造得和英格兰的样式差不多，配备的人员都是叛徒，其中很多都是英格兰人，对荷兰人来说已经是手脚太麻利了，这些船只如果不及时防范，以后会对我们造成危害。

2.坚固

我这里只说造船所用的木料，我们英格兰的栎木是世界上最好的。当然（把这些写出来让大家看是我们的耻辱，让我们感到伤心），最近荷兰人用英格兰的栎木造了一些船，由于一些大人物的疏忽或贪心，他们从这里买走运回了荷兰。但就像主教拉蒂默有一次对一个布道的人所说的那样，他顶多是得到了琴弓，但没有得到松香①。荷兰人也是这样，虽然买走了我们的木料，但没有买走我们的造船术。

现在其他国家造船普遍用冷杉木和与其类似的不结实的木料。这样一来，就像在以法莲树林里打的那一仗②一样（押沙龙战死），死于树林的比死于刀剑的更多③。海战也是这样，木料碎片杀的人比枪炮打死的还要多。

---

① 琴弓上如果不涂上松香，拉琴时就没有声音。——译者注
② 指大卫王和反叛他的三儿子押沙龙之间的一场战斗。参见《圣经·撒母耳记下》18:6。——译者注
③ 参见《圣经·撒母耳记下》18:8。——译者注

3.美观

我们的快速帆船造得非常匀称，装备完善，又长又低。这就像有些妇女，有孕在身或腆着大肚子别人也看不出来，她们会想办法巧妙地掩盖而不让人起疑心。敌人以为船上的大炮不到三十门，付出代价之后才发现有六十门。

我们的桅杆一般都很直，而西班牙人的桅杆悬在船尾上方，好像随时都会从船侧落下来似的。他们的甲板不匀称，很多地方高低不平，而我们的是平坦的。他们的左舷在一层上的有些地方比其他地方高，而我们的则拉成一条等线。他们的缆绳差，在这些国家容易腐朽，因为他们买的是二手货。而我们创造了最好的市场，直接到生产源头购买。

4.火力

除了船体（前面提到过）固有的坚固之外，这是补充信息，涉及大炮的重量和数量：

> 六等船配备 10、12、14、16、18、20 门炮，
> 五等船配备 22、26、28、30 门炮，
> 四等船配备 38、40、44、48、50 门炮，
> 三等船配备 50、54、56、60 门炮，
> 二等船配备 60、64、70 门炮。

"君主号"配备好可以下海的时候是一等船，装有 104 门大炮。

5.船员

勇敢，技术娴熟。说到勇敢，我们想起所罗门的一句名言："要

别人夸奖你，不可用口自夸，等外人称赞你，不可用嘴自称。"① 对此西班牙人伤心地耸耸肩，荷兰人难过地摇摇头，都默默地表示赞同。

技术娴熟。尤其是自圣保罗时代以来，航海术有了很大提高。一个人在船上笨手笨脚地干活的时候，我听见我们英格兰人说："这号人是圣保罗的船员。"在那个时代他们肯定可以抵挡暴风雨，其手段不亚于任何人，但现在防范坏天气的办法更好了。

6.武器先进

除了不同品种、不同大小的武器之外，从手枪到整座大炮他们都有，他们还有双圆头棍 – 尖钉 – 撬杠 – 链条。我把这些东西连在一起是因为（虽然是不同的致命工具）在杀人时它们能同时派上用场。如果驶到另一条船的上风位置，他们就搭弓射箭，同时箭尾带有焰火，如果射中敌船的帆，箭就扎进去了，会将帆和整条船一起点燃。如果是两条船并排，他们就往船里面扔恶臭弹，其恶臭味迫使敌人打开舱口盖，探出脑袋来换气。

7.食物供应

首先是有益于健康。我们英格兰的牛肉和猪肉，比任何国家的肉保鲜时间都要长，甚至可以保鲜一直到达东印度群岛和西印度群岛的二十六个月。

其次是更丰富，比整个欧洲任何君主或国家所提供的都要多。船员们两天吃一次牛肉、两天吃一次猪肉、三天吃一次鱼。另外，每个船员都储备有鱼钩用来钓鱼，我们的海里鱼很多。这样一来，在很多情况下，六个人吃四个人的分配额就够了，这样就可以把剩余的钱省下来，这样上岸以后用来买鲜肉，这些在岸上可以买到。

---

① 语出《圣经·箴言》27:2。——译者注

我提起这一点不是说以后国王应该减少分配给他们的额度，而是说他们会更忠于国王、更感谢上帝。

8.住宿条件

皇家船只上的每一个高级船员都有一个独立的客舱，为此惹得荷兰人、法兰西人和葡萄牙人妒忌他们，这些外国人基本上都是睡在甲板下面。

9.管理

与其他国家的舰队相比，我们的舰队犯罪率低，犯罪后能逃避惩罚的更少。犯罪者如果罪行不大，就由军事法庭来审理，法庭由船上的高级船员来组成。如果罪行严重，就由一个战争委员会来审理，只有指挥官和法官才能参与其中。值班的时候睡觉必是死罪。八点以后，除了船长、副官和技师之外，任何人不得擅自点燃蜡烛。任何时候都不得抽烟（除了前面提到的享有特权者之外），但在船上一个特定的地方可以，也就是在一个水桶上面。

近期他们每星期布道两次，每天祈祷两次。但给我报信的人好几年都没有听到任何一艘船上主持过圣餐礼，我希望这一疏漏以后能弥补上。

但皇家海军最得意的时刻，莫过于去年五月在几乎没有风浪的情况下，把我们仁慈的君主接了回来（担心风大会让君主不舒服），这预示着陛下的统治会风平浪静。

告别辞

与这些木墙告别的时候，我首先希望他们不动一刀一枪，只用桅杆和风帆就能获胜，一露面就把敌人吓得乖乖投降。

但如果就荣誉或安全来说他们不得不打仗时，希望他们总是占据敌人的上风位置，发射出去的炮弹威力更大，向敌人发射过去的火药冒出的烟迫使敌人胡乱开火。愿炮手遍布船上各个地方，看看在哪个地方开炮最有利。愿木匠和全体船员总是在船舱里，马上钉进去一个木塞子（钉在炮弹打进来的地方，在风与水之间），并迅速用一块涂有焦油和骆驼毛的木板堵在上面，一直到战斗的结束。愿外科医生及其助手在同一个地方（没有炮弹打进来的危险）为伤员敷裹伤口。愿船长在最高处，副官在船上每一个地方鼓舞船员。如果时间允许，愿随军牧师祈祷，祈求上天让他们打胜仗，并以其好主意鼓励全体船员。

俗　语

　　肯特自由民。

　　这说的是一个有钱的平民。在英格兰所有的自由民中，这个郡的自由民赢得了财富第一的名声。

　　一个古文物研究大家说，Yeomen（自由民）这个词来自Gemein，这个词在古荷兰语里意思是"普通的"，所以 Yeoman 就是平民的意思，即一个没有任何贵族头衔的人。

　　这种身份的人差不多仅仅存在于英格兰，因为在法兰西、意大利、西班牙（就像个有缺陷的骰子，在二点和五点之间没有点），绅士和农民之间没有中间阶层。而在我们的自由民中，生来就自由的人或有合法身份的人实际上是整个国家的基础，以前在和平时期拿着钱包去登记补助，在战争时期则前往登记处报名参军。如前所述，肯特的自由民最富有，所以有歌谣说：

> 加的斯骑士，威尔士绅士，
>
> 北方领主，
>
> 一个肯特自由民用一年的租金，
>
> 就可以买下这三个人的全部财产。

加的斯骑士是 1596 年在一次航行中，由埃塞克斯伯爵罗伯特册封的，共有六十人，其中（虽然很多人出身高贵，也很富有）有些人家境贫寒，所以女王伊丽莎白不大高兴，嫌伯爵让骑士身份变得这么平庸。至于为数众多的威尔士绅士，我们有理由放在后面再说。北方领主是那些在苏格兰主要拥有国王土地的人，其中有些人收入不多，所以肯特自由民（借助于夸张）可以与他们比肩。

但这些自由民不愿意接受先生这一称呼语，没有任何尊贵的标志也心安理得。这让我想起一段话。有个人大言不惭地吹嘘，说和他同姓的人在整个英格兰没有一个不是绅士。他旁边的一个人回答说："很遗憾，先生，和你同姓的连一个可以称'君'（Goodman）的都没有。"[①]

我相信肯特有很多热情好客而又有才华的自由民，这些人虽然不是绅士出身，没有头衔，但有财力，也有地位，另外还行为勇敢，虽然只是常被人称为"君"，他回应这一称呼时仍然毕恭毕敬。

> 肯特人。

这一说法是指这个郡的人自由或勇敢，这里根本没有任何人拥有农奴身份（其他地方经常有），所有肯特人都享有人身自由。　个人要是想避免当农奴，说一声他父亲出生于肯特就足够了。现在农

---

① 当时"君"的身份低于绅士。——译者注

奴不算人，因为他自己不能做主，而肯特人为了自由，已经获得了
人的称号。

其他人认为这是说他们勇敢。从国王卡纽特时代以来，肯特人
就因其勇敢而在英格兰军队中充当先锋。

　　　　　既不在肯特，也不在基督教世界。

这似乎是个傲慢无礼的说法，分割也不均衡。第一个说这句
话的人肯定不懂平均分配，用英寸去度量厄尔，甚至用格令①去度
量磅。

但您要知道，看官，这个本土俗语被认为是在抬举我们这个国
家，应该是限制在英格兰教会，而肯特在英格兰是第一个皈依基督
教的王国②。于是肯特和基督教世界（类似于罗马和意大利）的关系，
就相当于从整条面包上切下来的一块和那整条面包的关系。

我听到一种传言，说法兰西国王亨利四世召集士兵围攻一座城
时，发现城里的肯特人比整个基督教世界里的所有外国人还要多，
有人就把这一传言（这只是七十年以前的事）当成这一俗语的来源，
而这一俗语的时间更早。所以我相信前一种解释，这一解释一直
都有。

　　　　　肯特人的长尾巴。

有些人依据修士奥古斯丁的一个奇迹衍生出这一俗语，我认为

---

① 英国最小的重量单位，1 格令约等于 0.0648 克。——译者注
② 6 世纪初，在圣奥古斯丁的影响下，肯特国王皈依基督教，随后整个王国也
　 都皈依了。——译者注

这是错误的。据说这件事发生在英格兰的一个村庄，圣奥古斯丁正在那里布道，那些不信教的人对他和他的助手又打又骂，无礼地把鱼尾巴系在他们背后。作为报复，一个无耻的作者说（看官，你我应该为他感到脸红，他自己没脸没皮，不会为自己感到脸红），那一代人屁股后面都长着这样的尾巴。我说他们大错特错，这一假奇迹的地点在肯特任何地方都找不到，据说是在很多英里之外，在多塞特郡的瑟尼附近。

这个俗语更确切的意思，我认为它最初来自外国，是外国人用来羞辱所有英格兰人的，虽然现在只用在肯特人身上。

有些人这样称呼英格兰人是因为英格兰人背后有一个袋子（行李袋），而那些高傲的外国绅士很可能让仆人来背行李。为了证明这一说法，他们拿出古代人画的英格兰人的服装和盔甲，上面确实有这样的袋子。如果真是这样，普通老百姓携带自己的必需品既不是罪过，也不丢人，行李袋放在哪一边，或是完全放在背后，这都没有多大关系。

如果有人问，这个外号怎么一直让肯特人背着（把肯特与英格兰其他地方切割开）？最有可能的推测是这个郡离法兰西最近，而法兰西人被认为是最先这样诽谤他们的。

但谁要是因为肯特人在身后拖着树枝而这样叫他们，他们后来又把树枝举过头顶，对征服者威廉连欺骗带威胁，要延续他们古代的习俗，谁要是说这就是此俗语的来源，我相信自己不会反对。

肯特人的均分继承制。

这个郡有个习俗，土地由所有的儿子均分，如果没有儿子就由女儿均分，也就是给所有的子女。在塔西佗看来，这一习俗是从古代日耳曼人流传到我们撒克逊人这里的……

国王亨利六世统治的第十八年，肯特只有不超过四十个人的土地不是以这一条件占有的。但经过很多绅士请愿，在国王亨利八世统治的第三十一年，议会通过法案修改了这一习俗，肯特大部分土地的分配方式都与英格兰其他地方的分配方式一样了[①]。

多佛考特，只有人说话没有人听。

埃塞克斯郡离哈里奇不远的地方有个村庄叫多佛考特，从前以一个十字架而闻名，在国王亨利八世统治时期被烧掉了。但我认为这里指的是多佛一个喧闹的院子，很多海员聚集在这里大吵大闹，很难让他们注意听讲。这个俗语用来指一些非正式的会议，与会者说起来没完但没有人倾听。

父亲吊在树上，
儿子去耕地。

也就是说，父亲虽然因为犯罪而被处决，儿子还是要继承他的财产。

在这个郡，一个实行均分继承制而且有绝对处理土地权利的佃户，如果因为犯重罪而被判处死刑，君主可以没收他的全部动产。但就土地来说，君主尽管是直接占有者也不能将其充公。如果占有者是其他人，君主也不能占有一天或是一年，也不能使其荒芜。因

---

① 当时英格兰实行的是长子继承制，即长子享有绝对继承权，幼子和女儿一无所有。在这种体制下，长子一般碌碌无为，坐享其成。而其弟弟妹妹则从小就刻苦努力，一旦被扫地出门，因其学有所长便可以自立。所以，这一继承制虽然不公平，但基本上可以确保一个家庭只出一个白痴。——译者注

为在这种情况下，虽然长辈犯了罪，其继承人可以按照以前的习俗和土地使用方式立即继承土地。为了确立这一习俗，这个俗语就在这个郡流传开了。

但这一规则只在重罪和谋杀的情况下有效，对于叛逆罪则无效，海盗行为（可能）也无效，后来的法令规定的其他重罪也无效，因为习俗无法掌握当时还不存在的情况。另外，如果犯罪者受到法律制裁，不在犯罪之后逃脱，就不会遭到审讯。

滕特登的尖塔是古德温沙滩出现裂缝的原因。

这句话常用来嘲笑一些人，这些人被要求为某个重大事故找原因时，却找了个荒谬的根本不可能的原因。这样说是因为有个典故。

肯特附近的居民在一起聚会，商讨古德温沙滩上洪水泛滥的问题，看看是什么原因。一位老人将其归咎于这个郡的滕特登建了一座尖塔。他说，建造尖塔之前沙滩很稳固，建造以后沙滩就被海水淹没了。所有人都大笑起来，笑话他这个不合逻辑的原因，海水淹没只是在时间上出现在建塔之后，但不是建塔造成的海水淹没。

但后来还有更合理的说法。这个故事虽然被普遍认为是这个俗语的来源，我后来又听到对这个故事的补充。

我是这样听说的。很久以前，这个郡经常募捐，用来修筑东面的堤岸防范海水侵袭，这些钱都交到了罗切斯特主教手里。但由于多年来海水一直波澜不惊，一点也没有被侵袭，主教就用这笔钱在滕特登建了一座尖塔，并捐助了一座教堂。后来由于维护堤岸的这笔钱挪作他用，海水就冲溃了古德温沙滩。

那个老人讲的故事是合乎情理的，如果他能得到应有的赞赏把故事讲完的话。因此,有时候人们不问青红皂白就指责说话者无知,实际上是听众没有耐心,不愿意把话听完。

　　　多佛的杰克。[1]

　　我发现第一个提到这个俗语的是我们的大诗人乔叟,在他讲的厨师的故事里:

　　　他已卖过很多肉饼,
　　　凉了又热已有两次。[2]

　　在家里这并不算过错,而是好办法,可以延长食物供应的时间,虽然不太可口了,但益于健康还是没有问题的。然而在家里不算不合理的事情,到客栈里或小餐馆里就不符合职业道德了,比如让受到伤害的客人付了新鲜饭菜的价钱而吃到回锅一次或两次的食物。

殉教者

　　威廉·怀特出生于这个郡,担任圣职以后成了坚决支持威克利夫观点的人。自教皇严厉禁止神职人员结婚以来,他是英格兰第一个结婚的神职人员。我发现他妻子琼由于正派、有耐心而受到赞扬。实际上她陪着丈夫受了不少罪,最后差点丢了性命。

————————————

[1]　即肉饼。——译者注
[2]　参见乔叟《坎特伯雷故事集》4347—4348。——译者注

他虽然离开了供职的地方（坚守职位不安全），但还是没有放弃圣职，在英格兰东部各地布道。他在和平时期要求大家遵守教规，"不要走家串户，免得被人指责为不安分"，这时他也劝大家，"如果在这座城市受到迫害，就逃到另一座城市去"，这样来保护自身安全。这位威廉·怀特就这样一直尽职，就像个每天都在飞翔的山鹬，从一个地方到另一个地方。

最后他在诺威奇被捕，逮捕他的是残忍的诺威奇主教威廉·阿尼克，指控他有三十条罪状，因此判处他死刑，1428年9月在诺威奇将他烧死。他是出生于这个郡的第一个殉教者，在整个英格兰早于他的也不超过五个。这些人只是因为宗教信仰而死，不牵涉任何政治因素。

政治家

菲利普·西德尼爵士。这位骑士在我这本书里可以说是个无所不在的人，在政治家、军人、律师、作家甚至君主中都有他的身影，在选王中，他是波兰国王（不过没有选上），但他谢绝了。他宁可在女王伊丽莎白手下为臣，也不愿到海外为君。

他出生于这个郡的彭斯赫斯特，是亨利·西德尼爵士的儿子，莱斯特伯爵罗伯特的外甥，并在牛津基督堂学院上学。他求知欲极强，向他灌输知识的速度再快也不能满足他，消化能力又快又强，马上就把知识转化为有益于健康的营养，因此茁壮成长。

他在国内学习本领，也到国外旅行增长见识，其和蔼可亲的性格又为这两方面增光添彩。他对英格兰宫廷极为重要，他不在场，王宫就像是残缺不全似的。他是处理重大事务的大师，也是语言大师，他的《阿卡迪亚》就是证据。

我承认我听到一些现代所谓的才子对他的《阿卡迪亚》吹毛求疵，只不过是因为这首诗不是他们自己写的。有人说，如果不看他的书，很多宝贵时间就会花得不值。这些人必须承认，看他的书，很多无聊时光就会过得不那么糟糕。

他最后离开宫廷到了军营，在舅舅莱斯特伯爵麾下担任弗拉辛总督。但弗拉辛的城墙（虽然又高又坚固）禁锢不住他活跃的思想，那就是一定要上战场，但不幸的是他在聚特芬前面中弹身亡。这是一次小冲突，但我们可以伤心地称其为一场大战役，因为我们伤亡惨重。

　

弗朗西斯·沃尔辛厄姆爵士，骑士，出生于这个郡，其家族在奇斯尔赫斯特兴旺发达。不过我在文献上看到，他们家族的姓来自诺福克的沃尔辛厄姆。他在剑桥国王学院上学，把西班牙国王的《圣经》送给了学院图书馆。他在海外旅行多年，积累了经验，在那里担任特工，回国后担任国务大臣，同时训练过手下的很多间谍。

在世的人谁都没有他熟悉秘书的技巧，即征求别人的高见，然后埋藏在心底。审讯嫌疑人他有妙招，或是让他们坦白交代实情，或是否认实情，让他们摸不着头脑。他手巧，能打开教皇选举密室的橱柜；耳朵也尖，在伦敦能听到罗马的窃窃私语；到处有这个百眼巨人的间谍和耳目。

他用耶稣会士的弓射箭，但比耶稣会士射得还要准。这些耶稣会士抱怨说，他们说话模棱两可，而他更胜他们一筹，把自己的意见隐藏得比他们还要深。他们指责他让天堂过分屈服于尘世，经常借用良心，但根本就不打算归还。其他人以国家和形势危急为理由为他开脱。甚至他的伪装（都承认是合法的）就像掩饰（所有正直的人都谴责）一样，而伪装和掩饰并不是一码事。

他认为，黄金有价情报无价，所以这么一个大政治家只留下那么一点财产，这么一个公众人物被悄无声息地埋葬在圣保罗教堂。

医　生

罗伯特·弗洛伊德出生于这个郡，我听说其出身于一个骑士之家，在牛津和海外上学（我认为是这样）。他是一个思想深邃的哲学家，一位了不起的医生，最后定居在伦敦的芬丘奇街。他是玫瑰十字会 ① 的会员，其创始人、誓约必须承认我不知道，也许谁都不知道，只有其会员知道。我相信玫瑰是最香的花朵，十字被认为是最神圣的图形，所以其创立意义重大。

他的拉丁语著作很了不起，数量多、深奥难懂。他最后的著作归功于他的仁慈，用晦涩的语言使他的高级内容有点模糊，使其光芒让读者眼花缭乱。同样的话语他还用在病人身上，因为自负有助于药物发挥作用，高尚的语言能极大地丰富病人的想象，增强他们的信心。

他的著作供英格兰人欣赏，让法兰西人和外国人理解并加以应用。我不是说老外比我们自己的同胞更精明，而是更爱探索这样难懂的问题。实际情况是，他的著作在国内与其说是被认为好，不如说是被认为晶莹透亮，有人说其在海外被当成了珍珠。

作　家

西蒙·斯托克出生于这个郡，十二岁时就跑到森林（这个郡有

---

① 创立于德意志的一个秘密会社。——译者注

很多森林）里当了隐士。这个信奉基督教的第欧根尼^①把一根中空的树干当作浴盆，他的名字就是由此而来^②，像叫作"树精"的林中仙女一样（为了减弱性欲），这是栎树的特性。他在这里（利兰说）以水代酒，以野果为食。有人会对他获得知识的方式感到惊叹，除了靠神灵感应，除了靠写在树皮上的书（和最初的书一样），他与这些书交流。但牛津大学强行授予他神学学士学位，他留给后世的很多都是有迷信内容的作品。

看官，看看这头怒吼的狮子如何变成了一只爱模仿的猴子，这个西蒙努力模仿福音书里的西缅^③。老西缅得到启示，他不见到救世主本人就不会死。

这位西蒙八十岁时也得到启示，他要看到加尔默罗修会的修士走出叙利亚才会死，后来这些修士真的来了。

修士们来到英格兰，西蒙离开了栎树，走上前来迎接他们。这些人他虽然没有亲眼见过，但以前在幻象里见过，这可能是真的，就像他在迦密山吃过七年吗哪似的。他当选为这一教派在整个欧洲的总督，1265 年一百岁时去世，埋葬在法兰西的波尔多。

托马斯·查诺克出生于这个郡的萨尼特岛，他自己是这样说的。他在自己身上发现了一种适度的骄傲，谦虚地自称是个不识字的学者（真是够了）。说他骄傲是因为他不知天高地厚，吹嘘自己的著作发现了点金石的奥秘：

　　只要满足这一行研究者的愿望，

_____

① 古希腊哲学家。——译者注
② Stock 就是"树干"的意思。——译者注
③ 参见《路加福音》2:25。——译者注

你的价值就相当于一车书。

　　不过他还应该受到赞扬，他明智地承认自己受惠于别人（即巴斯修道院院长威廉·伯德，索尔兹伯里教士詹姆斯爵士），这些人把技术传授给了他。

　　这位查诺克在寻找点金石（很多人触摸过，很少有人抓住过，没有一个人保存过）的过程中，两次不幸遇到灾难。一次是在1555年元旦（其兆头比事故本身还要糟糕），他的工作场所不幸着了火。另一次是在三年以后，早就对他怀恨在心的一位绅士报复他，迫使他当兵去解救加莱。

　　我们在这里发现两点。首先，这位查诺克不是个有身份的人，因为领津贴的人被迫当兵，即使有也非常少。其次，他虽然开业行医，但还没有加入依照法规可以免服兵役的群体。

　　但不幸之中的不幸是，这件事离他肯定成为珍宝的主人还不到一个月（这是他自己推算的，谁都无法辩驳）。这样的不幸时常发生。这门艺术的朋友将其归咎于恶魔的妒忌，不让人类得到那么多满足。这门艺术的敌人认为，炼金术士以这样的灾难为借口（有时候甚至故意造成灾难）来挽回他们的声誉。

值得纪念的人

　　玛丽·沃特斯出生于这个郡的莱纳姆，是个非常值得纪念的人。以下是埃塞克斯郡马克歇尔教堂里的墓志铭，足以显示这一点：

　　　这里埋葬着玛丽·沃特斯的遗体，她是肯特郡莱纳姆的罗伯特·沃特斯先生的女儿和共同继承人，肯特郡查令的罗伯特·

霍尼伍德先生的妻子。霍尼伍德先生是她唯一的丈夫，她死时为他合法传下来三百六十七个后裔，十六个由她自己亲生，一百一十四个孙子女，二百二十八个曾孙，九个玄孙。她一生过着最圣洁的生活，1620 年 5 月 11 日以基督徒的方式死于马克歇尔，享年九十三岁，孀居了四十四年。

如此说来，她一年（即使是闰年）之中每一天都有一个子孙，另外还多出来一个。在这里我们可以发现，（一般来说）享有最高荣誉的人其子孙不是在后世中传播最广的。当时英格兰所有的伯爵（共有十七个）加在一起，也没有其中一个伯爵的儿女多，即伍斯特伯爵爱德华·萨默塞特。但儿女都算上，伍斯特伯爵也只有十三个。

回头还说沃特斯女士，后来在生育能力上她被一个人超过了，这个人还健在 ①。所以，这个杰出的妇女（在我看来）在另一方面更加值得纪念，也就是平静地挺过良心所经受的磨难，与此有关的一件事值得关注。

她思想上非常痛苦的时候，很多牧师来找她，其中有约翰·福克斯先生，来安慰一颗破碎的心灵，没有比他更合适的人选了。他所有的忠告都不起作用。万般痛苦之中，她手拿一面威尼斯镜子，突然冒出这么一句："我真该死，就像这面镜子必碎一样。"说时迟那时快，她猛地把镜子摔到地上。

这时，奇迹出现了。镜子又弹了回来，且完好无损。我承认，边缘着地也许能保住不碎。但在这个节骨眼上摔下去，简直就是奇迹。

但这位夫人并没有因此而感到安慰（有些人这样说，更多的人信以为真），而是仍然像以前一样长期（对精神痛苦的人来说，短期

---

① 即赫丝特·坦普尔夫人。参见本书"白金汉郡"。——译者注

也是长期）郁郁不乐，也没有任何好转。

女王玛丽统治时期，她经常探监，安慰悔罪者。布拉德福德先生在史密斯菲尔德被火刑处死时，她就在现场，想看看他受罪到最后是个什么样子。但人太拥挤，她的鞋被踩掉了，不得不光着脚从史密斯菲尔德走到圣马丁，然后自掏腰包买了一双新鞋。如前所述，她死于 1620 年。

尼古拉·伍德出生于这个郡的哈林伯恩，家里有地，是个真正的土地拥有者。他患了一种病叫暴食症，一顿吃下去的饭够二十个人吃，一口气吃完了一整头猪，还有一次吃完了三百六十只鸽子。

别人笑话他的病时，我们还是感谢仁慈的上帝吧，尤其是上帝给了我们足够的食欲，同时给的食物多得吃不完。但这个痛苦的人却把钱都花完去找食儿来填饱肚子。他死于 1630 年前后，死的时候贫困潦倒。

我们在结束值得纪念的人这个题目时再提一个人，其名字我记不准了，他是这个郡一个心灵手巧的自耕农，将两张犁子巧妙地绑在一起，一次可以犁两个犁沟，一上一下，这样可以把地翻起十二或十四英寸深，翻这么深的地确实很好……这种经过改进的双犁对后世有多大好处，这让种庄稼的好把式去考虑吧。

告别辞

肯特人勇敢，以前由于豪爽而让他们充当先锋，说完这些之后我们就结束对这个郡的描写，希望他们能把忠诚与勇敢结合起来（这不是说肯特人没有其他郡的人忠诚），因为勇敢不允许他们懒散，

而忠诚会引导他们施展才能为上帝增光、捍卫国王陛下、维护真正
的宗教信仰。

坎特伯雷

坎特伯雷是一座古城，撒克逊七大王国兴盛时期，这里是肯特国王的都城。托马斯·贝克特死在了这里，黑太子爱德华和国王亨利四世埋葬在这里。教皇格里高利一世一开始给予伦敦大主教辖区的地位，后来为了纪念奥古斯丁而给予了这座城市[①]。马姆斯伯里的威廉盛赞其宜人的地理位置，四周是肥沃的土地，森林茂密，得斯陶尔河的水利便捷，据说凯尔特语的杜沃恩河就是由此而来，是一条水流湍急的河。幸运的是它临近大海，海里有很多好鱼。

建　筑

基督堂一开始是奉献给救世主的（然后中断了三百年，奉献给了圣托马斯·贝克特），后来又重新奉献给救世主，是一座宏伟的建筑，由连续几任大主教来完成，装饰有很多玻璃窗。在这里他们会

[①] 6世纪末，奥古斯丁来到英格兰传教之后，在坎特伯雷建造了第一座教堂。——译者注

告诉你，说一个外国使节出巨资，要把唱经楼的东窗户运到海外去。艺术家夸赞教堂的颜色，却指责里面的塑像不太合比例。

格言说："图画就是书。"罗马天主教时期，绘有图画的窗户就是平信徒的图书馆，诺曼征服之后在英格兰得到普遍应用。不少人怀疑，给玻璃上釉的技术（与染布工艺一样）在我们这个时代失传了，尤其是染成黄色的技术，不知如何完成了。以前，颜色被完全吸收进窗户里，颜色与窗户同时存续，颜色褪去了，窗户也烂掉了。而现在的颜色（在玻璃上面而不是里面）涂得很肤浅，经常变色，有时候还褪色。现在，有些人只用单纯的白色，这同样是为窗户上色的大敌。这两种人一种是迷信的帮凶，另一种是轻浮的帮凶。但还有人既有热情也更懂行，仍然将古代工艺用于教堂。

俗　语

坎特伯雷故事集。

乔叟为他的书取了这个名，是很多故事的合集，据称是一些朝圣者在去坎特伯雷祭拜圣托马斯陵墓的路上所讲的故事。但从那以后，"坎特伯雷故事集"就与"米利都故事"[①]齐名，这些故事既不真实也没有根据，讲出来只是为了消磨宝贵的时间，满足一些人的幻想而已。

托马斯·贝克特有很多奇迹，有的对人有益（不过很有限，只对个人提供便利），比如他发现他在奥特福德的旧邸宅缺水，就把其权杖插到干地里（现在仍然叫圣托马斯井），大量的水就流了出来，

---

① 古希腊时期的一些寓言故事。——译者注

供奥特福德宫（最近重建了）使用至今。也有一些有恶意，如（因为住在城里的一个铁匠妨碍了他的马）他下令以后不允许这个教区铁匠兴旺。但谁要是一本正经地去批驳这些故事，那就是个十足的大傻瓜，和第一个厚颜无耻地编造和传播这些故事的人同样愚蠢。

告别辞

　　我感到非常遗憾，为疏通、扩大斯陶尔河（对这座城很有好处）所做的很多值得赞赏的努力经常以失败而告终，乐于助人的捐助者（其中一度担任坎特伯雷高级市政官的罗斯先生捐了三百英镑）所捐的钱没有达到目的，希望将来此类计划能够取得成功。

　　其余的我请读者参阅我的好朋友威廉·萨姆纳先生的大作，他写过这座城市的古代风俗。看到他受到题材的限制（被他自己的谦虚误导了）我很遗憾，他更能胜任的不是写这座城，而是写坎特伯雷教区。我希望其他人以他为楷模，承担起自己那个郡的写作任务。

　　这是我们这个时代第三次和最后一次预告，无论我们是否善于舞文弄墨，因为你必须拿起笔来，否则就永远封笔。能够透露这类情况的碑文正日益遭到毁坏，再也无法挽回了。

兰开夏郡

兰开夏郡西临爱尔兰海，东临约克郡，南临柴郡（以默西河为界），北临坎伯兰郡和威斯特摩兰郡，其长度从默西河到温德米尔湖足有五十五英里，最宽的地方不到三十一英里。

这里的空气淡雅、沁人心脾（除了沼泽地之外没有雾），其效果可以从当地人白皙的肤色和健壮的体格上显现出来，他们的身体和头脑一样发达，愿意从事任何繁重的工作。

这里的土地还算肥沃，出产人类生活所需要的所有物品。年轻无知也不能算是蠢材，因为其无知是没有教师造成的。同理，贫瘠不能特意归咎于这个郡的某些地方，那里很少有庄稼会生长，因为如果它能得到相应的管理是可以长庄稼的（生活经验可以证明）。

这个郡虽然人口足够稠密，但教区却极为稀少，看看下面这两句话，就能清楚地看出来：

拉特兰郡有四十八个教区，
兰开夏郡有三十六个教区。

拉特兰郡面积只有兰开夏郡的五分之一，但教区却比兰开夏郡多四分之一。

托马斯·莫尔爵士担任英格兰大法官的时候，开庭期间每天上午在威斯敏斯特大厅都谦恭地请他父亲约翰·莫尔爵士赐福，当时他父亲是助理法官。看到这一景象真是让人感到温馨。所以，在这个郡看到一些小礼拜堂建得比其母堂还要漂亮，人比母堂还要多，但仍然保持子堂的姿态，并继续依赖母堂。

但要说到小礼拜堂之多，曼彻斯特教堂肯定超过其他教堂，这座教堂（不过以前叫作"曼彻斯特别墅"）在财富和规模上可以和英格兰的一些城市相媲美，它拥有不少于九座小礼拜堂，据说在内战之前每一座都有五百人领受圣餐。

一些用自己的信誉和收益来维护上帝荣誉的神职人员，其最大的愿望莫过于拥有一座建得最好的林肯郡教堂、一个管辖范围最大的兰开夏教区和一群最聪明的伦敦听众。

天然产品

燕　麦

如果有人问，燕麦遍布整个英格兰，为什么作为兰开夏的著名作物出现在这里？那我就告诉他，这里的燕麦在英格兰最多、最好，甚至小麦和大麦都有可能是引进的，而燕麦是这个郡天然长出的，所以其保护神愿意让它生长在这里。

不要说燕麦是马料，其更适合供应马厩而不是供应餐桌。且不说用燕麦做的饭明显像粥或汤，同时它还可以做成最可口、最有益于健康的面包。以前，在亨伯河以北，最高贵的人甚至什么都不吃，只吃燕麦。

我们在文献上看到，征服者威廉将林肯郡的比泰姆城堡庄园赠送给阿尔比马尔和霍尔德内斯伯爵斯蒂芬，主要就是想让他的幼子吃上燕麦面包，当时燕麦面包是霍尔德内斯及其以北各郡的家常饭。

牛

英格兰最漂亮的牛就是这个郡饲养的（如果你同意的话，也可以说是造就的），它有好看的头，两个牛角尖有时候相距五英尺。牛角这种物品不可小看，我想不起来还有其他什么东西硬得折不断，结实得可以盛酒，但又那么清澈透明，光线也可以穿过去。

没有一个手工艺人不用牛角器具的，连我写字用的墨水都是放在牛角容器里。人甚至从头到脚都能用上牛角，例如从梳子到鞋拔。还有很多花箱是用牛角做的，可以装饰房间（我指的是各种颜色的假花）。除了英格兰人使用之外，每天还削下来数千磅叶片用来做提灯，然后运到法兰西。总之，连牛角削下来的碎屑都能赚钱，论麻袋卖，从伦敦运出去很多英里，当肥料施到地里。

怪不得牛角商在古代就是个社团，不过以前他们为什么和瓶子制造商联合成一个行会我还猜不透。英格兰最好的角和最自由的无瑕疵的工作是从这个郡运到伦敦的，而伦敦是英格兰工业品的总店。

工业品

棉毛布

以前，英格兰棉毛布衣是受人夸赞的，最高贵的人才穿，乔叟诗里的那个骑士就是这样穿的：

他穿一件棉毛布紧身上衣，

全被他的甲胄蹭脏了。[①]

但这些布料似乎全是外国货，这从它们现在的名称上可以看出来：

1. 耶拿棉毛布，我认为这一名称来自萨克森的一座城市耶拿。

2. 奥格斯堡棉毛布，产自斯瓦比亚的一座名城。

3. 米兰棉毛布，从伦巴第运到这里的。

这些布料到现在仍然保留着原来的名称，不过这几种都产自这个郡。这里的居民从海外购买棉花、羊毛或纱线，在这里织成布，这既给穷人找到一份好差事，也大大改善了富人的条件，穷人穿在外面，富人做衣服衬里。博尔顿是这一货物的主要集散地，从全郡各个地方集中到这里。

至于曼彻斯特，其棉花在我们国家赢得了声誉，这是在一百五十年前。博学的利兰得到国王亨利八世的资助，由向导带领到兰开夏郡旅行，说曼彻斯特是这个郡最漂亮、最有活力的镇，我相信从那以后它既没有失去其整洁，也没有失去其气魄。

曼彻斯特制造的其他产品小而且种类繁多，可以填满一个小商品杂货店，那里东西多得不胜枚举，甚至记也记不住名称。最可靠的办法是用曼彻斯特棉布把它们全都包裹起来，再用别针别住（防止掉出来撒落一地）或用布带系住，另外（因为系得牢容易找）再用系带和饰带扎住，而这些东西全是这同一个地方制造的。

奇　观

这个郡的威根周围和其他一些地方，男人出去捕鱼时拿着铲子

---

① 　参见乔叟《坎特伯雷故事集》75—76。——译者注

　　和鹤嘴锄，他们带着这些工具让人家以为是去捕鼹鼠而不是去捕鱼。他们先是刨开草皮覆盖的地面，下面是一种黑乎乎的浑浊的水，水里游动着小鱼。

　　这种地下鱼肯定对身体有害，尤其是鱼身上有一种油乎乎的东西。让他们先感谢上帝吧，他们不需要吃这样的东西，然后再让那些需要时吃这些东西的人感谢他们。

俗　语

　　罗马的一面墙上写着：
　　里切斯特和基督教世界的任何一个镇一样富裕。

　　为什么写在墙上？实际上意大利有个俗语："墙是傻瓜的一张纸，疯言疯语随便写。"但对此不必过于好奇。我们猜想，罗马某一面有重要意义的墙像个登记簿似的，上面刻有主要的地名，然后呈交给罗马帝国。

　　这个里切斯特以前很可能是个著名的外国侨民区（每天在这里挖出来的硬币和圆柱可以证明）。然而现在它已经不大像个集镇了。那是岁月使它衰落的，还是意外摧毁的？对此我们并不知晓。

高级教士

　　理查德·班克罗夫特出生于这个郡，在剑桥耶稣学院上学，后来被女王伊丽莎白任命为伦敦主教，被国王詹姆斯任命为坎特伯雷大主教。他在担任主教时就是事实上的大主教了，惠特吉夫特博士① 在垂暮之年把教会事务都交给他处理，所以他是高级专员公署的灵魂人物。

他是个了不起的政治家，教规的主要维护者，手腕也非常强硬，这对于他这样一个干预棘手问题的人来说再必要不过了，很多人与他作对。怪不得在教会里被他堵住嘴的人，在其他地方大呼小叫地反对他。

大卫说人嘴里有毒②，这位主教就多次领教过敌人的恶嘴毒舌。到最后（就像万能解毒剂一样）他对毒药已经习以为常，成了他的食物。有一次一个绅士来拜访他，送给他一份控诉书并贴在他的门上，他看了以后无动于衷，说："扔到我屋里的纸堆上，那里有一百多份。"

很多人写关于他的控诉书。虽然有人诽谤他贪婪，但他并不放在心上，他留下的遗产已经驳斥了这些诽谤，这与他的巨大荣誉相比少得可怜。

他废除了第一份遗嘱，在这份遗嘱里他把很多财产留给了教会，这导致一些人写诗无礼地攻击他：

> 有人做了错事从不悔悟，
> 却后悔立了一份好遗嘱。

而实际情况是，他料想民众会暴力攻击大教堂，担心他留给大教堂的财产会被转让，觉得还是废除这份遗嘱为好，以防止其他人废除他的遗嘱。

---

① 当时的坎特伯雷大主教。——译者注
② "他们使舌头尖利如蛇，嘴里有虺蛇的毒气。"参见《圣经·诗篇》140:3。
　　——译者注

这从他的第二份遗嘱里可以看出一些端倪。依据这份遗嘱，万一这个大主教辖区被废除，他就把兰贝斯图书馆（由他自己和三位前任的藏书所组建成）留给剑桥大学（现在为剑桥大学所拥有）。

他怎么会有这样的猜疑呢？阳光灿烂，天空晴朗，万里无云，他怎么担心会有暴风雨呢？把握国家的局势，他肯定比普通人技高一筹，他确实预料到了后来（持续了一段时间）发生的事情。他依照天意插入这一条款，在大主教辖区出现空缺时，确保这座图书馆留给剑桥。在最近的内战中，这样做也防止了侵吞，至少防止了瓜分。最后他死于1610年，埋葬在兰贝斯教堂[①]。

宗教改革以来的作家

亚历山大·诺埃尔1510年出生于里德的一个骑士之家，十三岁时被录取到牛津布雷齐诺斯学院，在这里学习了十三年。然后他成为威斯敏斯特校长。

女王玛丽统治的第一年，有一次他在泰晤士河里钓鱼，这是他非常喜爱的一项活动。布雷齐诺斯学院里保存有他一幅画像，画的就是他的钓线、鱼钩和其他钓鱼用具摆成一个圆圈放在一边，好几种钓具在另一边。但诺埃尔在钓鱼的时候，邦纳在钓诺埃尔。邦纳知道诺埃尔是谁，便谋划将诺埃尔送到屠宰场。要不是弗朗西斯·鲍耶先生（当时是商人，后来是伦敦郡长）把诺埃尔安全送到海外，邦纳肯定把诺埃尔送到屠宰场了。

他没有过错，这是需要记住的。他把一瓶麦芽酒（钓鱼的时候）

---

① 全称为兰贝斯圣玛丽教堂，2016年在这里发现了班克罗夫特的棺材。——译者注

忘在了草地里，几天以后找到了，不是瓶子而是一把枪，打开的时候声音很大。据说（勤奋孕育发明，而意外孕育更多的发明）这就是英格兰瓶装麦芽酒的来源。

　　女王伊丽莎白统治的第一年他回国了，被任命为圣保罗大教堂教长。他性情温顺、学识渊博、审慎虔诚，当时的议会和教士会议一致推选、责令和委托他为公众编写一本教理问答手册，将来能成为教规，并成为后世的信条和行为规范。

　　教理问答（顺便提一下）是一种古老的教会条例，西奥菲勒斯和阿波罗斯①都从事这种问答活动。在早期教会这是一种正式活动，直到罗马教会兴起才停止。如果教理问答继续下去，平信徒就会在宗教上更明白，就不会维护罗马教会的利益了。所以，教理问答被经院神学终止了，这样就砍倒了一棵果实累累的橄榄树，栽上了一棵刺藤。

　　第一次宗教改革②时，新教徒恢复了这一教会条例，这样宗教就战胜并取代了迷信。耶稣会知道以后，在这方面比我们做得还要好，用这种方式认真地教授他们的新会员，而英格兰新教徒（外国的教会我就不说了）在这方面却越来越漫不经心。这么多神职人员那么快就变了色，这到底是什么原因？那是因为他们从来都没有染上颜色。而人为什么经常改变观点？那是因为他们从来都没有经历过教理问答的训练。

　　劳伦斯·查德顿出生于这个郡的查德顿，家世悠久富有，但深受罗马教会迷信的影响。家里打算让他当律师，为此让他到律师学

---

① 　均为古代的基督徒。——译者注
② 　指1547年国王爱德华六世登基后，首次确立新教为英格兰国教。1553年爱德华死后，女王玛丽登基，很快就废除新教，重新确立天主教的国教地位。所以这次改革只维持了六年。——译者注

院学了一段时间，后来他改了行，到剑桥基督学院去学习。父亲听
说他换了地方，改变了专业和信仰，就送给他一个乞丐包，里面装
了一枚硬币，让他拿着去乞讨，并剥夺了他的继承权，否则一大笔
财产就会遗赠给他了。

　　但父母抛弃的孩子上帝会接收的。之后他当选为学院董事，过
上了舒适的生活。他多年在剑桥圣克莱门茨教堂担任布道师，听众
受益匪浅，后来被伊曼纽尔学院创办人任命为首任院长。他被不服
从国教者推选为四位代表之一，到汉普顿宫参加会议，后来被聘为
《圣经》翻译者之一[1]。

　　他布道浅显易懂，且效果很好。有一次他去访友，在他家乡布
道，上帝的话在这里很受重视（就像撒母耳时代一样）。他的布道至
少持续了两个小时，结束时他这样说："我不再占用大家过多的时间
了。"话音刚落，所有的听众都高喊道（不知道有没有人饿了想吃
饭）："看在上帝份上，先生，讲下去。"于是查德顿先生出乎意料地
讲了更长时间，他自己都没有想到，这满足了大家的要求，（虽然事
出突然）讲得听众满意，他本人受到赞扬。

　　所以，经常布道的人就像好主妇一样，从来都不会感到措手不
及，（虽然做不出丰盛的宴席）但稍微提前说一声，就能做出像样的
饭菜。

　　巴拉丁选帝侯腓特烈（娶了国王詹姆斯的女儿伊丽莎白公主）
来到剑桥的时候，劳伦斯·查德顿开始攻读神学博士学位。有人说，
高加索山顶上从来都没有断过雪，这句话也可以用到这位牧师身上。
他在头发白之前，我们的父辈在大学里根本就不知道他，但他到死
也没有戴过眼镜，享年九十四岁。

---

[1]　由国王詹姆斯一世主持的《圣经》翻译，史称钦定本《圣经》，在 17 和 18
　　世纪一直都是最好的英文版《圣经》。——译者注

俗话说，死前辞去官职的人把自己活埋了，这一说法并没有让他沮丧，而是在上床之前早早地就脱掉衣服，辞去了伊曼纽尔学院院长职务，以便他在世时就能见到一个称职的继承人。

战　役

1648 年 8 月 17 日，在安德内斯的普雷斯顿，汉密尔顿公爵决定亡羊补牢，表现一下自己的忠诚，就率领一支军队进入英格兰。这支队伍人数众多，不过军纪不是那么好。

大部分人认为他的狡猾超过聪明、聪明又超过勇敢。然而，他麾下的军官深谙作战谋略，不亚于我们这个时代的任何人。他不接受英格兰的任何援助，人力物力也全包了。有人怀疑他的军官靠不住（更确切地说是太有钱了），而其他人则信心十足，认为谁也骗不了他们，除非他们的自身安全受到威胁。实际上普通士兵们认为战胜敌人轻而易举，会鬼迷心窍也不会被收买。

他们的先头部队和后卫部队相隔很多英里，出乎意料地遇到少将兰伯特的抵抗。兰伯特在普雷斯顿把苏格兰军队打得蒙头转向，不过还是向南跑了好几英里，进入斯塔福德郡，公爵在阿尔塞特当了俘虏，一败涂地。

1651 年 8 月底，德比伯爵詹姆斯在这个郡被打败，这算不上一场战役，只是两个编队之间的遭遇战，伯爵的队伍还没有完全集合整齐就被打散了。但要不是利尔伯恩上校等人警惕性高而加以阻止，这就演变成一场战役了。利尔伯恩上校及时为议会效力，这件事本身没有什么了不起，但其意义极为重大。

告别辞

我听说泥炭藓是这个郡燃料（泥炭）的来源，被这一带的人认为取之不尽。但愿如此。可万一枯竭了，愿上帝的恩典不会枯竭，（民众说些渎神的话，这是不公平的），我是说愿上帝的恩典对那些需要泥炭的人来说永远也不会枯竭。

这个郡被称为良心的战场，宗教信仰与迷信经常在这里搏斗。但愿它们的搏斗像晨曦一样，（经过一番势均力敌的打斗）光明最终战胜黑暗。

对这个郡我再说几句就结束。我提醒一下，国王爱德华一世统治期间，这个郡曼彻斯特的休写过一本书名叫《昏聩的狂热分子》。在此期间，一个骗子讲述太后埃莉诺的丈夫、国王亨利三世死后的奇迹，这几乎将太后吓疯，后来是这位休才让她的神智恢复正常。我希望某个有才华的神学家（兰开夏郡有很多）继续关注这一课题，证明古代和现代的狂热分子尽管在胡思乱想和观点上有很大差别，但有一点是相同的，那就是他们的疯狂、精神错乱。

莱斯特郡

这个郡呈圆形（虽然不完美），其郡府莱斯特镇差不多位于该郡正中心，索尔河像直径一样，把整个郡分成相等的两半。

莱斯特郡东临林肯和拉特兰郡，北临德比和诺丁汉郡，西临沃里克郡，南临北安普敦郡，从北到南长三十三英里（从最远的角开始测量），但宽不足二十七英里。

天然产品

黄　豆

黄豆这个郡很多，尤其是在"黄豆地里的巴顿"附近和斯帕肯霍百户邑，到了收获季节看上去就像树林一样。所以，勃艮第公爵查理的侦查员把巴黎附近地里长的高蓟误认为是法兰西国王举着长矛的军队，这些侦察员在此处更可能犯类似的错误。黄豆一般被认为是马饲料和猪饲料，但也是人吃的食物，甚至在物产丰富的迦南也是这样。有关黄豆的详情后面再说。

煤

在西格斯科特百户邑的科尔奥尔顿挖出很多煤。我说的是科尔奥尔顿，这个郡还有个村庄叫科德奥尔顿。另外，这个郡的大多数镇在冬季如果不用这种地下的燃料来取暖，地面以上很多东西都会衰败。这是实际情况，也同样令人难过。

我承认，在希腊罗马谚语里，煤的宝藏被认为是失望。一个找金子的人，情绪非常低落，他或是找金币，或是找金矿石，结果只找到一堆煤，古代人常把煤埋在地里作为边界或地界。而这样的煤矿，没有点金术的任何帮助，很快就变成了金银，并以很高的价格卖给周边各郡。

不要指望这个郡有制造业。在一个农夫棍和牧羊杖大行其道的地方（就像这个郡），一切都自给自足，而制造业就被晾到一边了。

奇　观

这个郡有个村庄名叫查尔顿，也叫科里，所有出生在这里的人说话都是嘎嘎的非常难听，他们吐字很困难，小舌在喉咙里打颤，字母 R 发音不清楚。

这肯定不是娘胎里带来的缺陷，因为这里的父母要是把孩子生在其他地方，这些孩子就没有此种毛病。这倒是可以归咎于这里的自然环境，其中有某种神秘的特质。因此一个博学的作家告诉我们，法兰西吉耶纳的拉布鲁昂有些人家，天生说话结结巴巴，他认为这是水质有问题。

至于字母 R 发音不清楚，这是从其他郡染上的毛病。我认识一个埃塞克斯人，他是一个了不起的学者，不亚于当代任何人，此人一辈子在说"Carolus Rex Britanniae"[①]这几个词时都是结结巴巴的。最好是他由衷地祈祷时发音清晰,国王从中得到了想要的东西。

我父亲对我说,他那个时候三一学院有个董事,原籍很可能是这个郡查尔顿的,知道自己发音不清楚,就发表了一次足够长的演讲,所选择的词既适合他的口音,又适合演讲内容,没有一个带 R 的词,以此显示不必在意那个狗叫似的卷舌音 R,他也可以讲话。

俗 话

> 莱斯特,黄豆肚。

这样说是因为此地种的黄豆多。连附近几个郡的人也打趣说:"抓住领子晃一晃莱斯特的一个农民,就能听见他肚子里的黄豆哗哗响。"听到别人说自己肚子里有黄豆响,这些农民只是付之一笑,因为他们知道自己口袋里的银子也在响。

我甚至见到一个拉丁谚语:"禁止黄豆。"有人根据民法将其解释为莫问国事,这因为古代人在公开选举时会投黄豆。还有人根据自然规律来解释,因为黄豆会造成胃肠胀气,让人心烦意乱。据说出于这一原因,毕达哥拉斯禁止其学生吃黄豆。但一位优秀作家对我说,毕达哥拉斯吃黄豆比吃任何豆子都多。

然而,谁也无法改变莱斯特人对黄豆的喜爱,况且黄豆多证明了他们的地肥。因为,虽然贫瘠的土地只能种可怜的豌豆,但它必须是一片结实的土壤,也就是生产有阳刚之气的黄豆的地方。

---

① 意思是"不列颠国王查理"。——译者注

如果贝尔沃戴上一顶帽子，

你们河谷里的人要当心了。

也就是说，如果云彩笼罩住贝尔沃城堡的塔楼，这预示着有很多雨和湿气，也会对那个富饶的河谷造成很大危害，这个河谷位于莱斯特、林肯、诺丁汉三个郡。

但不幸的是，帽子可能还在那里，头（或皇冠）肯定不在了，我指的是贝尔沃城堡，不久前在内战中被摧毁了，不过我听说其中的一部分正在重建。我希望工匠们取得成功，不过我担心这座城堡的第二版（借用一位学者的比喻）没有第一版那么完美、漂亮。

君　主

简·格雷，萨福克公爵亨利·格雷的长女，由国王亨利八世的妹妹玛丽的长女弗朗西丝·布兰登所生，出生于莱斯特附近的布罗德盖茨。

没有一个如此虔诚的妇女度过那么少愉快的日子，她的灵魂从来也没有摆脱青年时期的苦恼，直到死亡让她永享幸福，她受过严格的教育。

她小时候，父亲对她来说就是教养院，她刚会写女人这个词就署名妻子了。按照父母的意愿，她很不幸地被许配给了吉尔福德·达德利大人。不过他是个漂亮的绅士，也是个虔诚的绅士（我还找不到相反的证据），其最大的问题是有一个野心勃勃的父亲。

她被宣布为女王，但从来没有加冕，并一直住在伦敦塔。伦敦塔这个地方虽然具有双重功能，既是宫殿也是监狱，但对她来说好像主要是第二种功能。

她当俘虏的时间比当女王的时间还要长，一直也都不开心，只有在上帝那里找得到安慰，只有良心清白。

她的家族想抓住一个并不存在的王冠，结果丢掉了一个本来是他们自己的小冠冕，这样，在等级上降了很多，财富上少得更多。我本想给他们当时所拥有的巨额财富算个细账，但不想让他们还在世的亲属感到伤心，她父亲由于被剥夺财产和公民权利而失去的土地就不再一一陈述。1555 年 2 月 12 日，她在塔丘[①] 被处决。

凯瑟琳·格雷是萨福克公爵亨利的二女儿。把她们姐妹俩分开很遗憾，愿她们的英灵相互安慰彼此。她和姐姐出生在同一个地方，（父亲春风得意时）嫁给了彭布罗克伯爵的儿子和继承人亨利·赫伯特大人。但精明的老伯爵看出势头不对，通向荣誉的大路变成了走向毁灭的捷径[②]，就向女王玛丽求饶，并废除了儿子的婚约。

这位悲伤的女士就这样被遗弃了，有好几年眼泪几乎没有干过，为自己的悲惨状况而哀叹。她面颊上的玫瑰虽然极为苍白，但不是因为没浇水。后来，赫特福德伯爵爱德华·西摩未经女王同意私下里娶了她，一直隐瞒到她怀孕才对外公开。

连我们英格兰的俗语"亲近土地好"也要求我们安于个人遗产，而不奢求君王头衔，这样与君王联姻为很多人带来了痛苦。女王伊丽莎白以妒忌的眼光看着她，既不想让她嫁给外国君主，也不想让她嫁给英格兰贵族，而是让她一直守身如玉。

由于这样的推定，这位伯爵被罚款一万五千英镑，并和夫人一

---

① 位于伦敦塔西北的一处高地，历史上英格兰公开处决囚犯的地方。——译者注

② 伯爵本以为简·格雷能当上女王，但形势很快发生逆转，更多的人转而支持玛丽·都铎，格雷家族便凶多吉少了。——译者注

起被囚禁在伦敦塔，但严格禁止夫人陪伴。然而爱和钱能找到或打
通一条路。他贿赂看守人，买到（本来就是他自己的）妻子的拥抱，
并生下一个儿子爱德华，这个儿子活了下来，成为萨默塞特公爵大
人的祖先。

凯瑟琳·格雷死于1568年1月26日，那是她在伦敦塔被监禁
了九年之后。

玛丽·格雷，是最小的女儿，被两个姐姐简和凯瑟琳的不幸遭
遇吓坏了，之后她忘记了自己的荣誉和安全，嫁给了一个她能够爱
的人，一个任何人都不必畏惧的人，即肯特的马丁·凯斯先生，他
是法院的一名法官（身为庭吏，这不过是难以预料的赌博）。她死于
1578年4月20日，没有留下子女。

政治家

乔治·维利尔斯出生于这个郡的布鲁克斯比，是他父亲乔治·维
利尔斯爵士的四儿子，母亲玛丽·博蒙特的二儿子。他被剥夺了继
承父亲土地的权利（出生晚），但幸运地得到母亲的爱，母亲供养他
在法兰西，直到他回国后成为基督教世界最完美的廷臣之一，其身
材和举止也相得益彰。

可以说是托马斯·莱克爵士把他领进英格兰宫廷的，贝德福德
伯爵夫人露西拉着他一只手，彭布罗克伯爵威廉拉着另一只手，给
予他的资助远远超过其世袭财产。实际情况是，萨默塞特日益令人
厌烦，维利尔斯则日益受到国王詹姆斯的欢迎。

不久之后，他被册封为骑士，然后依次被册封为男爵维利尔
斯、子爵维利尔斯、白金汉伯爵、白金汉侯爵、白金汉公爵。为所

有这些荣誉锦上添花的是，他又获得了高贵的嘉德勋章。伍斯特伯爵被说服放弃了掌马官职务，诺丁汉伯爵被说服放弃了舰队司令职务，这两个职务都给了白金汉公爵。

他有很多漂亮的女亲属，所以英格兰贵族几乎没有一个不与他家的女眷联姻。他大多数侄女和外甥女出嫁时，其嫁妆基本上就是他这个叔叔和舅舅的莞尔一笑，这就预示着她们的丈夫将来必定飞黄腾达。他就这样借助和贵族联姻，既满足了亲属，又巩固了自己的地位。

两任国王（父与子）相继青睐同一个人非常少见，但国王查理像国王詹姆斯一样，也非常喜爱白金汉公爵。从此以后，他成为英格兰宫廷的全权大臣。一些苏格兰贵族也很有眼色，及时离开这个世界，为他腾出位置。布里斯托尔伯爵被挤了出去，林肯主教被放倒在地，彭布罗克伯爵和卡莱尔伯爵心甘情愿地屈居于他之下，霍兰德在他身后，没有人与他平起平坐，更没有人在他之前。

但大家普遍认为，他在宫里是小上帝，在郡里是大恶魔。百姓恨他恨得无以复加，凡是教会、政府、国内、国外、海上及陆地上出现的一切失误都归罪于他缺乏智慧、勇气或忠诚。

约翰·费尔顿，一个忧郁而又心怀不满的绅士，一个愁眉不展的士兵，对自己受过伤耿耿于怀，而找不到其他办法来报仇雪恨，便用刀尖在公爵心脏上写下他自己所谓的冤屈，1620 年 ① 将公爵刺杀于朴次茅斯。这个国家有多少人应对此谋杀担责很难说，对此既有公开的赞颂，也有私下的赞许。

他的长相从头到脚毫无瑕疵，除了有些吹毛求疵的人说他的眉毛有点过于下垂，在其他人看来这只是一片阴云，他眼睛里放射出

---

① 原文有误，应为 1628 年。——译者注

的光芒足以将其驱散。除此之外他的特征，读者可以参看他宏伟的墓碑上近乎完美的墓志铭，那在亨利七世的小礼拜堂里。

值得纪念的人

约翰·哈德威克先生出生于这个郡的林德利，他个子非常矮（身高不是衡量勇敢的标准），但非常勇敢、强壮。据传说，由于他的良好表现，里士满伯爵亨利（博斯沃思战役后成为国王亨利七世）在地形、风向和太阳方面占据优势，其中每一个因素都很重要，加在一起不亚于一支军队。另外，他还为亨利提供了很多人员和高头大马的援助。

约翰·波尔特尼，他出生于小谢佩，有一个特征与众不同。他在睡梦中通常会从床上起来，穿上衣服，把门打开，到田野里转一转，然后回到床上就这样仍然不醒。有时候他从睡梦中起床，拿起一根棍、叉或手头的任何一件武器，一会儿击打，一会儿自卫，像是遇见一个敌人或与敌人搏斗似的，苏醒之后他并不知道所发生的事情。他后来去了海上，和那位著名而又不幸的骑士休·威洛比爵士一起，在新地岛附近（和船队一起）冻死在东北航道上。

告别辞

和这个郡告别的时候，不需要祝愿它有个星期五集市（那里的闰日，奇怪的是这么大的一个郡竟然一个也没有），假定附近其他地方会弥补这一不足。我倒是希望麻风病永远不会再来到这个郡，而万一来了（我们的灵魂里有各种罪孽的种子，身体里有疾病），我希望土地也回到（对任何人都不会造成伤害）这个郡的伯顿麻风病医院。即便是不完全回到那里，也要回去一部分，让它足以养活里面的麻风病人。

林肯郡

这个郡在形状上像个弯弓，大海形成弓背，韦兰河与亨伯河是两个弓角，而特伦托河从亨伯河上垂下来，像一根断了的弓弦，是最短的那一段。有些人把威瑟姆河（其流向是弯曲的）比作从中间穿过的一支箭，但这样比喻太牵强了。

林肯郡从南到北延伸六十英里，其中部和最宽的地方不超过四十英里。其面积太大不便管理，于是就分成了三个区（每个区都与较小的郡相当）：东南部的霍兰德区，西南部的凯斯蒂文区，北部的林齐区。

霍兰德的意思是干草之地，源于那里干草多，这也许反映出它与对面荷兰的那个霍兰德很相像：物产丰富、地势低、潮湿。这里的水是半咸的，空气也恶劣，但土地肥沃，盛产乳制品，牧场多。

天然产品

狗　鱼

这个郡有很多狗鱼。狗鱼是淡水里的狼，所以一条池塘里的老狗鱼做成的一盘菜，对其主人来说与其说是利润，不如说是身份的表达。狗鱼的肚子就是一个小鱼塘，里面有各种小鱼。

弗朗西斯·培根爵士认为，狗鱼在所有淡水鱼中寿命最长（虽然恶霸一般都短命），可以达到四十年，而海外一些狗鱼的寿命是这一期限的三倍。狗鱼肉肯定好吃而且有益于健康，如果这一断言是真实的。狗鱼在某种程度上是反刍的，小型和中等大小的狗鱼比大一些的味道更好。

狗鱼每年只繁殖一次（其他鱼繁殖多次），大自然这样安排是防止它们增长过快，免得河里没有足够的生物供它们屠宰。要是没有其他鱼，狗鱼就会自相残杀，你吃我、我吃你。连四条腿的动物对它们来说也是鱼，只要进到它们嘴里（用嘴咬既是为了填饱肚子，有时候也是为了显示残忍和报复）。

我们已经公开宣称，写这本书既是为了传授知识，也是为了给人快乐，希望下面这个故事（虽然没有引用一个作家的话）读者能够接受。

一只小狐狸在意大利的阿诺河里喝水，头被一条大狗鱼咬住了，双方谁也挣脱不开，而是扭打在一起。正在打斗中，一个年轻人跑到水里，把狐狸和狗鱼一起活捉了，拿到佛罗伦萨公爵那里，公爵的邸宅就在附近。

但是门卫不让他进去，除非他答应把公爵给他的东西二人平分。他只好答应了（否则进不去）。这件稀罕事让公爵深受触动，公爵要好好酬谢他，他谢绝了，只是希望公爵阁下派一个卫兵用鞭子抽他一百下，这样根据约定，门卫可以分享五十下。这个笑话我就听到这里，我很想知道按下来会发生什么。

回头继续说我们英格兰的狗鱼，这个郡产的很有名，尤其是在林肯附近流经的那条河里，这里有个俗语：

　　威瑟姆河里的狗鱼，

　　在英格兰无与伦比。

野　禽

　　林肯郡可以被称为英格兰的鸟类饲养场，野禽众多，在这几个方面引人注目：

　　1. 多。有时候在 8 月，一网下去就能逮住三千只野鸭之类的鸟，他们的网又大又结实，这类的说法读者应该相信。

　　2. 品种多样。任谁也叫不出它们的名字来（连格斯纳也不行）[①]，除非找到为动物命名的亚当。

　　3. 味道鲜美。野禽比同类家禽味道更好，也更容易消化，因为野禽活动量大，经常飞翔，把不洁的体液消耗完了。

　　鹰被称为朱庇特的鸟，这里也有一种鸟被称为国王的鸟，也就是卡纽特的鸟，它从丹麦被派到这里，为英格兰国王卡纽特效力，听命于卡纽特。如果这个郡沼泽地里的水被排干，那么多鸟也随之被赶走，林肯郡所缺少的以前的野禽就由肉（更多的羊肉和牛肉）来弥补，就像由第一道丰盛的菜补偿量少的第二道菜。但在所有的鸟里，我们不应该忘记——

小嘴鸦

　　这是一种给人带来快乐的鸟，它非常可笑地模仿，由于模仿得太积极而很容易被捉住（更确切地说是作茧自缚）。印度有一种猴子，当地人就是这样把它们捉住的。他们在猴子面前给一个小孩穿衣服，再把衣服脱下来，把小孩的衣服全都留在原地，然后走到足够远的地方。猴子很快就把这些衣服穿在身上，衣服就变成了猴子的枷锁，穿

---

① 格斯纳是 16 世纪瑞士著名的博物学家。——译者注

上的鞋把脚困住，便再也跑不动了，这样很快就被捉住了。

同样的脾气，用不同的方式也能让小嘴鸻上当。捕鸟者把胳膊、腿伸展开朝着鸟走过去，鸟就把自己的腿和翅膀伸展开朝着捕鸟者走过来，然后就突然被网罩住。据观察，飞禽或鱼（丘鹬、小嘴鸻、鳕鱼等）越是愚蠢，肉越是好吃。

羽　毛

把兰开夏郡的布（前文谈到过）和林肯郡的羽毛分开是一件憾事，如果一起拿来做被褥该有多好。我不知道做羽毛被褥是从什么时候开始的，拉丁词 Pulvinar 表示褥垫、枕头或靠垫，证明罗马人床上用品的填充物只是废旧杂物，而我们英格兰的俗语（生孩子的母亲）"坐蓐"表明，我们国家的平民百姓用羽毛被褥的历史并不悠久，羽绒（羽毛的精华）被褥的历史更晚。这个郡的羽毛非常好（不过没有从法兰西波尔多进口的柔软）。虽然羽毛被当作轻的象征，但对购买者来说价钱却很贵，而且越来越贵。

苹　果

我们可以用苹果堵住读者的胃，苹果被医生认为是最好的补品。有人认为苹果在英格兰不超过一百年，但在这个郡苹果长势最好，也长得最大（不排除肯特），尤其是在霍兰德区和柯顿附近，从此以后他们又有了柯顿苹果，其有益于健康，味道也好。我听说嫁接到苹果砧木上的苹果叫 renates，提取双方的精华后品质更好。

奇　观

在这个郡的菲什托夫特，根本找不到老鼠，所以建谷仓时在中

　　间分隔开这个教区和临近的教区，那里一边有鼠害，另一边（菲什托夫特一侧）则没有鼠害。肯定没有一个吹笛手（在威斯特伐利亚著名的哈默尔恩镇）是用音乐把老鼠赶走的①。

　　虚构很多的困难容易，消除一个困难就不那么容易了。英格兰其他地方也有类似的事。在埃塞克斯的一个罗丁村②，猪都不用鼻子拱地。在另一个社区，鼹鼠都不换毛。在莱斯特郡的林利，根本见不到蛇。我相信把这当成奇观的人是射箭射过头了，把这当成魔法的人是没有射到靶子，把这归因于超自然力的人最接近真理。

　　如果有些人见到某种食物就晕厥，甚至在看不见的时候一闻见就反感，那动物的某个物种为什么就不能对某个地方感到厌恶，尽管其原因还不清楚？

　　这也算是一个奇观吧（只算这一次）。大约一百四十年前，在这个郡的哈莱科斯顿附近，人们发现一个（一个人犁地的时候翻上来的）古代样式的金头盔，不是镀金的，而是纯金的，点缀着宝石，这很可能是罗马某个大将的。

　　由此我发现，首先，虽然杀人利器不会用金银制作，但防御武器是可以的。其次，诗歌里描写的格劳库斯，其金盔是有历史依据的③。这是因为（所罗门的金盾就不说了）④大将用黄金制作武器如果不是为了显示力量，也是为了显示身份，为了装饰。最后，这顶金头盔敬献给了国王亨利八世的第一个妻子凯瑟琳，她虽然不知道用它当头盔，却知道它是用黄金和宝石制作的。

---

① 相传哈默尔恩镇的花衣魔笛手一吹笛子就能把老鼠引走。歌德的《浮士德》《格林童话》等作品里都提到这一传说。——译者注
② 当地有好几个村庄叫罗丁，是从早期英格兰一个部落分出来的。——译者注
③ 荷马史诗《伊利亚特》第六卷提到，格劳库斯把他价值一百头牛的金盔送给了朋友。——译者注
④ 参见《圣经·列王纪上》10:16。——译者注

俗　语

林肯郡的风笛。

我见到的这些风笛是最古老的，因为它是一种非常简陋的乐器，这比燕麦秆制作的笛子好不了多少，只是外加了一个袋子，憋在里面的空气以旋律的形式请求袋子增大。风笛演奏出来的音乐，竟然让那些粗鲁笨拙、脚后跟沉重、头发如杂草一般的乡下人敏捷无比，这真是令人难以置信。诗歌里跳舞的半人半兽萨提尔，很可能就是以此为原型刻画出来的吧。

在乡村富翁看来，这种风笛比阿波罗本人的竖琴还要风光。大多数人认为，简陋的风笛比内战中的利器——鼓和喇叭还要好。

像林肯的汤姆一样响亮。

这个郡赢得了整个英格兰钟声最响亮的名声，虽然其他地方在花样上超过了这个郡，是因其钟声富有变化也更悦耳。事实可以证明，十二口钟翻出来的花样，比创世以来的小时数还要多。"林肯的汤姆"可以说是这个郡最响亮的钟（用这口钟可以制作五十口小钟）。

不要指望我谈论罗马教会为钟洗礼和命名，很多人说这是亵渎神灵，他们也坦率承认这是迷信行为。

所有到克罗兰的马车，马都钉着银掌。

威尼斯和克罗兰认为他们的马车很像。威尼斯坐落在海里，克罗兰坐落在沼泽地里，马很难进去。但自从沼泽地排水以来，克罗兰是不是比以前更稳固了，我还不得而知。

是高度让格兰瑟姆尖塔倾斜了。

这座尖塔像是朝观看者倾斜的样子（我相信一直都是这样，除非我们这个时代在旁边再建一座在高度和工艺上和它一样的尖塔），不过有人认为，在这么远的位置看过去它显得细长，因此就被当成是倾斜了。显赫使最正直的人遭到嫌弃，挑不出毛病就吹毛求疵，并妒忌其出类拔萃。

像斯坦福德的斗牛一样疯狂。

这一俗语来源于沃伦伯爵威廉，他是国王约翰时期沃伦镇的领主。有一次，威廉站在斯坦福德城堡墙垒上，看见牧场上有两头公牛争夺一头母牛，到最后所有屠夫的狗，无论大小，全都一起追赶其中一头公牛（由于人多声势大而疯了）在镇里跑。伯爵大喜，将一开始公牛争斗的那一大片牧场（人称城堡牧场）作为公地赠送给镇里的屠夫（第一茬草吃过之后），条件是在离圣诞节六个星期的那一天找到一头疯牛，然后每年都可以从事这一娱乐。

有人认为人和牛一样，肯定是疯了，以这么危险的方式浪费时间取乐。这样也就没有人制造祸端了，该赞美的不是人的关怀，而是天意。

他看起来像是笼罩着林肯的魔鬼。

林肯大教堂是基督教世界最宏伟的建筑之一。大教堂南侧游客在二十英里开外就能看见，所以其眼睛比脚先到达那里好几个小时。

魔鬼是怨恨的面孔，他的妒忌（像上帝的仁慈一样）表现在所有行动上。无论把什么东西奉献给上帝，魔鬼都会悲伤，对那个肉体的恶魔喊道："谁要这废物？"出于这一原因，教堂刚建成的时候，他应该是用狠毒的眼光看着这座教堂，阴沉着脸，对人们不惜花费奉献给上帝的礼物极为不满，他们竟然花那么多钱来侍奉上帝。

但让人怀疑的是，那些自认为是圣徒的人看到这座建筑，其脸色也好不到哪里去。

格兰瑟姆的粥：九粒粗面粉加一加仑水。

粥（虽然是家常便饭）是用勺子吃的，有益于健康，是病人的药，是健康人的食物。水是实质，粗面粉是外形，放在一起熬成了粥。现在熬粥比例不对，更像是泔水，让人看了没有胃口，吃了以后也不开心。

这一俗语用来指有些人说话或办事时增加一些多余的东西，或是（充其量）必要性不大的东西，而其要点或是完全遗漏，或是不太重视。

军　人

佩里格林·贝尔蒂，威洛比勋爵，理查德·贝尔蒂和萨福克公爵夫人凯瑟琳的儿子。看官，我请求宽恕，请您允许我违反本书定下的规矩，他的名字显示他是外国人，出生在巴拉丁领地的海德堡附近。实际上我不愿意漏掉这个有才华的人。我们的史书上完整地记述了他在法兰西与荷兰的英勇事迹，他最后被任命为贝里克总督。

他不能容忍宫廷里的阿谀奉承和献殷勤，常说他绝不是那种卑躬屈膝的小爬虫，这种人可以在地上爬，军营才是他能适应的生活环境。他是个伟大的军人，有宽广的胸怀。

有人向他发出无礼的挑战，当时他正患痛风，回复说他虽然手脚僵痛，但会用牙咬着剑去迎战。

有一次，他买了一匹西班牙小马，想训练以后用于打仗。有人打算把它作为礼物送给西班牙国王，一个将军的号手想让他交还这匹马，并自愿提出给这位大人一千英镑现金，或是在他有生之年每年给他一百英镑，让他自己从这两种中选。这位大人回答说，如果它是个指挥官，他就会免费把它送回去，但它是一匹马，他像西班牙国王本人一样爱它，所以他会留着它。

爱德华·哈伍德爵士出生于这个郡的布恩附近，是一个勇敢的军人和仁慈的人。有人提出不同意见，说他年轻时野得出奇，这让我想起了一个人的回答。那是行会里一个坏心眼、说话尖酸刻薄的人，激怒了一个年轻时堕落而到老年时变得虔诚的神学家。这位神学家回答说："你费了半天的劲只是证明了大家都知道的事情，保罗在皈依基督教之前迫害过很多基督徒。"

我在文献上看到有一只鸟长着一张人脸，会捕食人。这只鸟到水边去喝水，从倒影中看到它杀了一个和自己一样的人，然后就日益憔悴，再也没有了快乐。

爱德华爵士的情况与此有几分相似。有一次，他在和人争吵时杀了一个人，这一事故终结了他寻欢作乐的生活，也把他的眼睛蒙蔽了一辈子。无论遇到什么挑衅，他再也不与人决斗了，难怪人都厌恶自己玩腻烦的东西。他拒绝一切挑战，比别人接受挑战还要感到有面子。

众所周知，他以前常用脚踩在对手脸上，在这方面不亚于世上的任何人。他是低地国家四个固定的上校之一，1632年在围攻马斯特里赫特时中弹身亡。死神对他很有礼貌，让他站起身来高喊："愿主怜悯我。"所以，短暂的虔诚之后长时间的死亡祈祷，不如长时间的虔诚谈话之后短暂的祈祷。

海　员

　　乔布·哈托普出生于（他自己证实的）这个郡的布恩，1568年（我向您保证，这是英格兰人在那些地区的早期）和他的统帅约翰·霍金斯爵士一起，到新西班牙[①]去探索。这位乔布是女王"吕贝克的耶稣号"船上的主要炮手，在女王手下没有其他头衔，只是受雇挣钱的。女王在其统治初期还没有创建皇家海军，她的船都来自汉萨同盟城市。

　　旅程又长又危险，他的人在佛得角有八个遇害，统帅本人也中了毒箭受了伤，但一个黑人救了他，用一瓣大蒜把毒排了出来，足以让挑剔的鼻子不再闻到那种有疗效的凶猛味道。

　　他写了一篇游记，是我所见到的第一篇。他提到一种怪树，可以称之为"食物树"，能提供一种液体，既是食物，也是饮料。也是"衣服树"，树上长针线，可以用来做斗篷。也是"藏身树"，树上长盖房用的瓦片，所以一棵树足以维持人的生存。

　　乔布[②]是他的名字，能忍耐，可以算作这个郡受到迫害的基督徒之一。由于食物匮乏，他和另一个人被统帅留在了陆地上，历尽千辛万苦来到墨西哥。他当了二十三年囚犯：在墨西哥两年，塞维

[①]　当时西班牙在美洲的殖民地。——译者注
[②]　"乔布"即《圣经》里提到的"约伯"。——译者注

利亚缩写宫（Contractation-house）一年，特里亚纳宗教裁判所一年，大木船上划桨十二年，永久监狱四年（背着圣安德鲁十字架），为赫南多·索里亚当苦力三年，他受罪竟然这么长时间。

他的忍耐就说到这里，再来看看他的结局。他在为前面提到的赫南多当苦力期间，有一次被派到一条佛兰德船上，后来被一条英格兰的船捕获了，这条船名叫"达德利大帆船"，于是在1590年12月2日安全抵达朴次茅斯。

作　家

劳伦斯·霍尔贝克出生于沼泽地。我承认，沼泽地里的人踩着高跷跨过很多地方，包括好几个郡的部分地区，有诺福克、萨福克、剑桥、亨廷登、北安普敦、林肯郡。但我把他确定在这个郡，霍尔贝克离霍兰德的克罗兰不远。

他被培养为拉姆齐修道院的修士，根据他那个时代的价值观，非常熟练地掌握了希伯来语。而英格兰人对希伯来语非常陌生，在亨利八世统治时期，按照伊拉斯谟的说法，甚至神父也"把所有不懂的东西称为希伯来语"。所以他们认为，沃尔辛厄姆的一块匾牌就是他用很大的罗马字母写的，在路边作为公共标志。

霍尔贝克编撰了一本希伯来语词典，按当时的标准来说被认为是非常准确的。约翰·皮茨对罗伯特·韦克菲尔德（剑桥第一个希伯来语教授）十分不满，说他把这本词典偷走自己用了。

而我对这件事的看法是，按法律规定，偷别人的羊是重罪，而夺走放羊的牧场只是非法侵入，当事人声称有这样的权利。所以我知道有很多人凭良心办事，绝对不会引用其他作家二十行的文字而不在页边注明，并认为这种不注明就是剽窃。然而这些批评家却认为，拿走一整部书稿不是大问题，而对此任何人也不能为他们开脱，尽管这种事以前太多了。

郡　长

*杰维斯·斯克罗普爵士。*他与陛下一起在伊奇希尔打仗，身上二十六处受伤，倒在战场上的死人堆里。第二天，他儿子艾德里安得到国王允许，去寻找并运回父亲的遗体，觉得能给他个体面的葬礼就不错了。

认真的寻找有了幸运的发现。实际上一些人更赞赏这位年轻人的孝心而不是他的判断力，觉得这样的搜寻是白费力气，那么多赤裸裸的尸体，受了伤以后弄得面目全非，惨死后再也分不清谁是谁了。

但他隐约记得父亲倒下去的大致位置，偶然发现了父亲的身体，身上还有一点余温。这点温度再加上按摩，他父亲几分钟以后就有了动静，几个小时后便有了知觉，一天以后就能说话了，几个星期之后就完全康复了，以后又活了十几年，此事堪称上帝的仁慈和儿子孝心的典范。

此后他一直用一块布吊着一只胳膊，由于失血过多而面色苍白，像是从坟墓里走出来的信使，劝活人做好死亡准备似的。这个故事的大意我是在林肯学院听他亲口说的。

告别辞

大约一百四十年前，在这个郡的哈莱科斯顿，一个农夫在犁地

　　的时候发现了一个金盔。而指望这个郡的每一个农夫都像他一样找
到个金盔，这连门儿都没有。

　　另外，对于偶然发现的宝藏，最先发现的人得到的份额最少。
但我不仅衷心希望人们去发现，而且还一定向这个郡（或其他地方）
所有辛勤耕耘的人保证，他们在耕耘时发现的虽然不是金币，却有
金币的价值，而且可以很快换成金币，收获那么多好的粮食，就像
所罗门预言的那样。辛勤耕作的人，必定穰穰满家。

米德尔塞克斯

米德尔塞克斯实际上只是大伦敦的郊区，布满了伦敦绅士和市民的隐居之所，另外还有很多贵族的邸宅，三处（不久前）皇家官邸。就像精美器物不能指望它有多大尺寸，所以这个郡就这么小，从东到西只有十八英里长，从北到南也不超过十二英里宽。

米德尔塞克斯北临赫特福德郡，西临白金汉郡，东面与埃塞克斯以莱伊河为界，南面是肯特和萨里（以泰晤士河为界）。空气普遍最益健康，尤其是海格特周围，这里有经验的居民说，很多人长期患病，吃药也治不好，但很快就被这里有益于健康的空气治好了。

天然产品

小　麦

英格兰最好的小麦生长在海森附近山上的哈罗（依照天意，我现在就住在这里）南面的河谷中，以前国王的面包就是用这里出的细面粉做的。

所以，女王伊丽莎白不收附近几个村子交的年租金，而是收小麦，以便用来为她制作点心和面包。

附近有个偏僻的村庄名叫佩里韦尔，我看到的作家真诚地称其为"普雷韦尔"①（我向您保证，这一荣誉当地的居民都不知道），因为这里生长的小麦纯净，尽管其纯净后来容易受到霉病的影响。

柽　柳

柽柳（Tamarisk）与罗望子（tamarind）在发音上的相似程度，并不比其亲缘关系（这两种植物的原产地都是阿拉伯）的接近程度高，二者在叶子和生长方式上都很相似，只是在英格兰，罗望子是一年生（冬季来临时死亡），而柽柳可以生长多年。

柽柳是主教格林德尔最先从瑞士引进的（女王玛丽统治时期他流亡到瑞士），种植在这个郡富勒姆他家的花园里。这里的土地潮湿且多沼泽，非常符合这种植物的生长习性。后来被移走了，在其他很多地方茁壮成长。但柽柳长不成材，与在阿拉伯不一样，不过长得可以做成大杯子。

工业品

皮　革

虽然每个郡都有皮革，但还是要把它列在米德尔塞克斯的工业品名下，因为伦敦是主要屠宰地，在伦敦买的兽皮都在这个郡的恩菲尔德附近鞣制。

简单说两句这种产品的古老身世和用途。亚当的第一身衣服是用树叶做的，第二身就是皮的。用皮革制成了腰带、鞋和很多器具

---

① 即"Purevale"，意为"纯洁的河谷"。——译者注

（用皮革做的整座房子就不说了，我指的是大马车）。我甚至在文献
上看到，德意志皇帝腓特烈二世没有钱支付军饷，便用皮革制成了
硬币，然后发布公告使其流通。后来他的士兵把这种皮硬币还给了
财政部，换回了等量的银子。

为了制作这种有销路的产品，人们制定了很多合理的法律（还
缺少一项强制大家遵守的法律），但仍有很多卖不掉的皮革制品在市
场上销售。

财政大臣伯利（总是向各行各业的能工巧匠请教）从一个鞋匠
那里学到了鞣制皮革的真谛。这个鞋匠拿着一块面包，放在离火有
一定距离的地方慢慢烤，来回翻转了很多次，直到两面焦黄为止。
"大人，"他说，"我们这些伙计们把这叫作煨烤，这样烤非常好吃，
可以就着很多晨酒。皮革也是这样慢慢鞣制，在油脂里翻转很多次，
然后就能用了，否则很快就会破碎。"

这个大政治家虽然促使有关方面根据他的指示制定了法规，这
一类的抱怨仍然一如既往地存在且与日俱增。当然，这一行当的人
如果都像硝皮匠西门（在约帕款待西门彼得的人）① 那样诚实，就会
更讲究职业道德了。我再补充一句，小麦贵的时候皮革总是便宜，
皮革贵的时候小麦就便宜，经验证明确实如此，尽管很难找到其中
的原因。

建　筑

奥斯特利宫（现在属于威廉·沃勒爵士）是不应该被忘记的，
由托马斯·格雷沙姆爵士建在一个庭院里，他曾在这里隆重款待过

---

① 参见《圣经·使徒行传》10:6；10:32。——译者注

女王伊丽莎白，并留她在这里下榻。陛下挑这座宫的毛病，说院子太大，如果中间垒一道墙将其分开的话，看上去肯定更漂亮。

托马斯爵士二话不说，连夜派人到伦敦去找工匠（钱能支配一切），工匠们悄悄地迅速施工，第二天早上院子就一分为二，而在夜里还是一个。第二天，女王是对满足她的想法更满意，还是对施工速度快更满意，这很难说得清楚。廷臣们七嘴八舌地说着笑话，有人断言这一点也不奇怪，一个能建造伦敦交易所的人，这么快就改造一座建筑还不是小菜一碟[①]。还有人（考虑到这个骑士家里一些众所周知的分歧）断言，任何建筑都是分开容易合并难。

俗　语

> 米德尔塞克斯的乡巴佬。

有些英语词在其早期的概念中本来清白无辜，没有一点不光彩的意思，用得时间长了却被歪曲，具有了贬义。比如说"villain"，本来是指一个住在村子里的人，在附近耕种土地；"churl"在撒克逊语里是指身强力壮的农夫；"clown"指犁地的人（没有这种人，无论是国王还是王国，都维持不下去），这种人米德尔塞克斯有很多，而且都很富裕。

但有些人试图赋予这些词某种贬义，好像这些词描述的是坏透的乡巴佬一样。部分原因是尊重贵族和绅士（依据其等级）的人离伦敦都很远，而米德尔塞克斯人对他们却不太尊重，因为见得多了

---

① 原文是："He could so soon change a building, who could build a change"。原文是一种文字游戏。——译者注

就不稀奇了，也因为伦敦附近贵族和绅士非常多。另一个原因是这里的很多绅士（对立的双方相互挑刺）觉得其他人都是乡巴佬，这就使得这一说法更引人注目了。然而据我所知，这个郡的一些农民和任何英格兰人一样彬彬有礼。

> 在纽盖特^①沉下去的人，很快就会在泰伯恩^②浮上来。

我并不认为这一挖苦人的俗语是取笑那些不幸者的，普通人会可怜他受罪，善良的人则应该说他罪有应得。泰伯恩（Tyburn），有人认为这个词来自"绑住"（tie）和"烧死"（burn），因为这一刑具最初是为那些可怜的罗拉德派^③准备的（不过对于罪犯来说是公正的），把他们的头绑在粗棍上，下半身放在火里烧。还有人认为来自Twy与Burn，这是两条小河，就在这个地方附近汇合。

但无论为什么叫这个名，但愿大家都离它远一点。不过我们可以确信，从这个地方升天的灵魂，比从英格兰所有教堂和教堂墓地升天的都要多。

> 托特纳姆森林一着火，
> 托特纳姆街就成沼泽。

我发现威廉·贝德韦尔先生用这句话来描述托特纳姆，贝德韦尔先生是最博学的《圣经》翻译者之一。这么重要的一位神学家，竟然说出这么低俗的话，我希望允许我跟随他一探究竟。

---

① 伦敦西门的一座监狱。——译者注
② 伦敦附近处决犯人的刑场。——译者注
③ 14世纪后期追随约翰·威克利夫的一批人。——译者注

对这句话他是这样解释的。托特纳姆森林有几百英亩，位于这个教区西端一座高山顶上，一旦森林上方烟雾缭绕，一般来说就会有恶劣天气，这样就能为居民们预报天气。我相信现在的沼泽和以前托特纳姆街上一样多，但问题是托特纳姆山上的森林有以前多吗？

托特纳姆成为法兰西的了。

这一说法我是在同一个作家的同一个地方看到的，不过引自海伍德先生。大约在亨利八世统治初期，法兰西手艺人一窝蜂似的来到英格兰，对英格兰手艺人非常不利，导致1517年"倒霉的五朔节"那天伦敦发生暴动[①]。

不仅是伦敦城，其方圆四英里之内的村庄到处都是法兰西样式的东西。这句俗语用来指那些看不起自己的习俗、受外国风尚影响而让自己显得可笑的人。

军　人

富尔克·布伦特其出生地是米德尔塞克斯，其家族以前兴旺发达（现在已家道中落）。一个古文物研究者甚至认为，布伦特河（布伦特福德因这条河而得名）的名称就是源自他们家族的姓。这在我看来是本末倒置了，我倒是认为他们家族的姓来自河名。

这位富尔克是国王约翰的宠臣。国王拥有权力，所以武士们都喜爱他。为了让富尔克更忠诚，国王又把宫廷大臣韦林·菲茨杰拉

---

① 一些民众洗劫了在伦敦的外国人，尤其是技工、商人和银行家。——译者注

德的女儿玛格丽特许配给他，玛格丽特是鲍德温·里弗斯的前妻。他不住地抱怨，他的女人（似乎）也对自己屈尊下嫁不太满意。

富尔克是国王亨利三世的大红人，国王凭借这位将领的勇敢，在林肯取得大捷。

但后来恢复了和平，富尔克觉得自己受到了冷落，就像一把砍倒了所有硬木的斧子一样被挂在墙上，再也没有人理睬了。于是他试图兴风作浪，使国家陷入一场新的战争，这像个无耻的外科医生一样，故意让好肉上长出疮来，然后通过治疮而获利。这一招没有成功（所有人都对内战感到厌倦了），他又利用国王对他的仁慈，仰仗自己的功绩（认为自己高居于任何法律之上）犯下很多严重罪行，杀了很多人。

他被认为太坏了，太胆大妄为了，不能让他活在世上。但他以前功勋卓著，又不忍心处死他，所以（作为折中方案）判处他永久流放。他去了罗马（没有人比他更需要忏悔罪过的了），过着默默无闻的日子，1226 年惨死，很不光彩地被埋葬在那里。

为公共事业捐助的人

一个无名隐士（其居住的修道院现在是一所学校）自己出资，让人在海格特山顶（现在是一个漂亮的池塘）上挖沙砾，用这些沙砾铺了一条路，从海格特铺到伊斯灵顿。

这是个双重慈善活动，可以往山上供水，山上缺水，同时河谷也洁净了，以前里面非常乱（尤其是在冬季）。

宗教改革以来

　　爱丽丝，托马斯·威尔克斯的女儿，出生于伊斯灵顿，是个贫穷的姑娘。有一次，她的帽子被一支箭偶然射穿，但她毫发无损。后来她三次嫁给富有的丈夫（法官欧文是最后一任），在伊斯灵顿她的出生地附近建了一座济贫院，她捐赠了很多钱。

　　朱利叶斯·恺撒爵士，骑士，出生于这个郡，他父亲在托特纳姆附近有一所房子。父亲是女王伊丽莎白的御医，出身于意大利古老的达尔马利家族。他这个儿子在牛津上学，中间经过几次晋升之后，升任兰开斯特公爵郡大臣，1607年7月6日宣誓成为枢密院大臣，后来晋升为大法官法院的案卷主事官。
　　他是个极为慷慨大方的人，对任何有才华或有困难的人都很慷慨，所以他就像是全国的总施赈长。一个绅士的故事广为流传。有一次，这个绅士借他的马车（穷人都知道，就像英格兰的任何一家慈善机构一样），车上坐满了伦敦的乞丐，结果他花完了钱包里所有的钱来满足他们的要求，这些钱够他租二十辆马车了。

战　役

布伦特福德战役，1642年11月12日
　　战斗在镇西南部塞昂宫附近打响，大炮炸死了一些人，泰晤士河上有一条船被击沉，船上载有很多人，船长夸尔斯（一个很活跃的市民，属于议会派）还没来得及上岸就淹死了。

这幅悲惨的景象很快就转移到镇北部阿克顿附近，国王的军队向登齐尔·霍利斯上校率领的军团发起猛烈进攻，霍利斯上校当时在议会，被逼入了绝境。

威尔士人在这里验证了一句希腊谚语：逃跑的人会重新投入战斗。在伊奇希尔战役中溜之大吉的人，在这次战斗中像任何人一样勇敢。以前他们身上几乎毫无遮蔽，后来穿上了盔甲来护身，思想上也坚定了。

第二天是星期日，民兵走出伦敦，但两支军队可以说都守安息日，相互对峙而没有实质性的战斗。从伦敦运出来好多马车的食物，本来只够士兵们吃一些日子，却让他们吃了好几个星期，真是令人难以置信。晚上，国王的队伍向金斯顿撤退。

双方阵亡的人数不到一千，国王的胜利主要是名义上的，不是实际上的，当时保王派险胜人口众多的伦敦城，勇敢地与他们对抗。实际上市民们加入国王一边是不理性的期望，财富（虽然也忠诚）总是令人畏惧，但他们不愿意冒失去财富的危险。

更可信的是，被国王抓获的上百个俘虏又被释放了，没有收取任何赎金，只是让他们郑重发誓以后再也不反对国王了。现在什么誓言要在伦敦遵守我不知道，谁有能力免除如此神圣的义务我也不知道。但这些人碰见了一些听取忏悔的牧师，这些牧师好像允许他们违背誓言，所以几个星期之后，他们又出现在同一个阵营里，还像以前一样凶猛。

告别辞

这个郡感染了严重的霉病。我是花了钱才知道的，但还不知道到底是怎么回事，更不知道如何以同样的代价加以防范，尽管我煞费苦心了解其名称和特性。

霉病有人称其为蜜露，因其收敛性而且很甜，导致萎缩，这是粮食的一种消耗性疾病。有人称这种病为"mildew"，这是他自己起的名，因为它事先就把粮食磨碎了，缩小得几乎没有了。

粮食在即将成熟快要收割的时候起雾或下露水，这不是不受农夫欢迎，而是农夫不希望这个时候下，这样粮食会枯萎而不是成熟。如果下了雾之后又下大雨、刮大风，就把露水冲刷掉了，这样就不会造成危害。否则，骄阳一升起，霉病就"封闭"（这是农夫所用的字眼）在麦秆上，这样就能截取根与穗之间的养分，尤其是不下到鞘（这只不过是另一个壳，其下面还有一个被膜）上，而是下到靠近顶端被剥光的秸秆上。

生长在篱笆下面（这里风力最弱）的粮食最容易感染霉病，尽管粮食之中小麦最多，只有有芒的麦子才最不容易感染。这不是因为茎像矛一样能把霉病吓跑，而是有益的沟槽能让霉病更快地"溜走"，因为霉病是依附在多节或无梢的小麦上。

我对自己的希望更有信心了，因为已经找到一种办法来防范小麦得黑穗病，至少在很大程度上可以防范。我说小麦的黑穗病让麦子变成黑人，就像霉病让麦子成为侏儒一样。将种子与石灰混合在一起就可以防范，农夫会这样告诉你。

与这个郡告辞时，我衷心希望上帝大发慈悲，不让大地的果实受到这样的伤害，或是让人想办法（如果人服从上帝的意志）找到某种防范措施，以减轻其受害的程度。

伦　敦

　　伦敦是基督教世界的第二大城市，是治理最好的城市。文明世界的任何一个角落都听说过伦敦，尽管很多人误以为伦敦是个国家，英格兰只是这个国家的城市。

　　有些人怀疑伦敦城失去了光彩，因为近年来它向西扩展了很多，考文特花园等处增加了建筑。但借助这些建筑的魅力（没有必要担心），随着新建筑与日俱增，伦敦四周的每一个角落必定光彩熠熠。

　　依照天意，伦敦这么大得益于状况良好的泰晤士河，河水从不（像欧洲一些凶猛的河流那样）滥发淫威造成破坏，而是以其充足的河水造福沿岸，凭借潮起潮落为贸易带来好处。所以，国王詹姆斯对伦敦城感到不满，威胁要把王宫搬到另外一个地方时，伦敦市长大人回答说（胆子够大的），王宫您可以随便搬走，但泰晤士河您是搬不走的。

工业品

　　天然产品不能指望生长在这个地方的，这里只是个艺术园地，是英格兰的百货总店。齐普赛街被称为最美的花园只是个比喻，实际上那里除了石头之外一无所有。至于伦敦的工业品，可以说是琳琅满目，如果我要进入这座迷宫，肯定会找不到北。我把其中所有的发明物都留给别人去描述，此外只说说针和器械，这是最微不足道且最伟大的发明。

针

　　针的使用非常古老，尽管缝纫又早于针。我们在文献上看到，我们最早的祖先将无花果叶缝在一起做成围裙，用有黏性的东西把树叶粘在一起，或是用某种尖物把树叶连缀起来。

　　大头针是没有眼的针，针是有眼的大头针。钉把硬物连接在一起，针把软物连接在一起。针只把线留在后面，而针本身则不会待在原处。针是女人的笔，绣制品是这支笔的杰作。我说的绣制品以前很常用，现在则受到了冷落。现代的时髦男子（爱穿多种服装）希望凭借他们来认识其衣服，而不是像我们的祖先那样，凭借其衣服来认识他们，一身奢华服装够他们参加好几场庄严仪式。

　　针——这种辛勤的工具养活了数百万人。甚至谁希望为犁子和针（包括罗经刻度盘上的针）祝福，谁就理解国内和国外、陆上与海上的大多数事务。

　　我所补充的只有一点。英格兰第一批精美的西班牙针，是女王玛丽统治期间由一个黑人在奇普盖特制作的。但他妒忌心强，这门手艺他谁都不教，所以后来人死艺亡。德意志人埃利亚斯·克鲁斯更仁慈，女王伊丽莎白统治的第八年左右来到英格兰，第一个教我们制作西班牙针，从此以后我们便会教自己人用了。

器　械

　　这是个笼统的词，可以表示所有的机械和工具，在这座城只限于表示灭火器具。琼斯先生是位商人（住在奥古斯丁修道院），从纽伦堡引进了最初形式的灭火器，从国王詹姆斯手里获得了专利证书，未经他许可谁都不能制造。

他在世时开始制作两个，但没有完成，他在国王查理统治的第一年死于瘟疫。从此以后，城市缔造者威廉·伯勒斯（现在住在罗斯柏瑞街）完成了这一器具的制作，他的这一增加相当于新发明，使其更安全不容易破裂，并且容易清洗，把一个楔子打出来就能自动清洗，四分钟以后又可以起用。

后来，前面提到的参与人为伦敦城和乡下制作了大约六十台这种灭火器。桶匠、木匠、铁匠、铸造工、铜匠、旋工等都为完善灭火器贡献出了自己的技术。但愿其价格限定在三十五英镑。

灭火器获利了，因为它节省了许多英镑，同时，挽救了多条人命（人命无价）。最突出的一次（虽然不是最大的）是最近的圣詹姆斯·克拉肯韦尔教堂，因为已经尝试多次了。好音乐家制作好乐器，一个可怜的仆人（做的活儿比名字更广为人知）才能演奏得好，（虽然不能像左撇子基遍人①那样毫发不爽地射中目标）偏离目标不超过一个先令。因为圣布里奇特教堂一个较新的更好一些，怪不得年轻的比年老的更活跃。

大家都希望这个灭火器一个季度拿出来清洗一次，加上油，修整一遍，但不用。而一旦到了该用的时候，愿它能有效地发挥应有的作用。

---

① 参见《圣经·约书亚记》9。——译者注

建 筑

圣保罗大教堂

这是基督教世界单独奉献给圣保罗的唯一大教堂。柱子大（小腿会在这么大的身躯下面弯曲），窗户小，昏暗在当时被认为能让人更加虔诚，另外使用人工照明让其显得更加庄严。

圣保罗大教堂确实可以被称为母教堂，躯体内有一个婴儿（圣保罗大教堂附属圣菲斯教区），还有一个在它怀里（圣格里高利教堂）[①]。当然，到圣菲斯去礼拜的人，会想起他们必死的命运，身为活人而被死人的逆向力[②]所包围，他们上面和下面都是死人。

现在我看圣保罗大教堂一侧完全瘫痪，东侧和唱经楼充满生机，维护得很好，而西侧严重毁坏，随时都会倒塌。以前毁坏的部分再维修基本上没有希望了，新维修的地方现在又坏了，以前的装饰物现在成了伦敦城碍眼的东西，更不用说对广大市民了，有些人认为真糟糕，还有些人认为不可能更糟糕了。

维修这座教堂是虔诚、仁慈的大主教劳德立下的一座丰碑，不仅得到了其他人的慷慨捐助，而且还耗尽了他自己的财产。国王陛下把这一工程托付给他们，将来定会得到市民们的慷慨支持，对此我们并没有丧失信心。希望那些抢劫了圣保罗大教堂覆盖物的人（不是扔下不要了，而是强行夺走了）迫于压力而自费做一个新的，

---

① 1666 年，圣格里高利教堂与圣保罗大教堂一起毁于伦敦大火，后来圣保罗大教堂重建时，圣格里高利教堂并没有被重建。——译者注

② 逆向力（antiperistasis），是古代哲学术语，指一种特性使另一种与其相反的特性得到增强的过程。这句话的意思是说，周围的环境让活人想到了死。——译者注

伦敦交易所

伦敦桥

起码要比一般人捐助的钱多，这样的希望并无过错。

伦敦桥

桥中部不属于任何郡，而两端分属两个郡（米德尔塞克斯和萨里）。那些只看下面有桥的人不会相信它竟然是一条街，而只看上面有街的人不会相信它是一座桥。建这座桥花费昂贵，每天都要收取维护费来防范潮水的袭击。那个令人伤心的难解之谜人人皆知，它发生在大约二十年前，那一场不幸的大火扑不灭，因为那存有很多水，谁也进不去。

伦敦交易所

1571 年由骑士托马斯·格雷沙姆爵士建造，是仿照安特卫普交易所建造的，但复制品超过了原型，由伊丽莎白女王将其命名为"皇家交易所"，但大家都叫它"交易所"或"交换所"，因为都是去那里做交易的，以货易货、以货卖钱、以钱换钱。

但交换就意味着很大的不确定性，所以要提醒到那里去的商人，不要把永久的希望寄托在变幻无常的东西上。所以这个地方叫"交换所"①好，穷人凭借成功很快就会变富，而富人由于失败和意外事故很快就会变穷。

俗 语

傻瓜喜欢小玩意儿，给伦敦塔也不换。

---

① Change 也有"变化"之意。——译者注

伦敦塔以前是（其一部分现在仍然是）英格兰财富的仓库。那里有银子，有铸币厂，有铜和铁来保卫铸币厂，有兵工厂和军火库。而傻瓜对自己中意的小玩意儿爱不释手，认为比所有的珍宝都宝贵。

但不幸的是，我们嘲笑别人如此，我们自己正是如此。每个人都痴迷某种没有价值的东西，无论何种条件都不愿意出手，我们生性就是这样意志薄弱，就是这样固执。谁要是不坦率、不痛心地承认自己在很大程度上是个傻瓜，那就是个彻头彻尾的傻瓜。

伦敦是吸金之地。

到这里来的乡下人凭经验，很容易就能解释清楚这句话的意思。最好的情况是，对于那些生活在这里并恪尽职守的人来说，伦敦也是得金之地。

伦敦佬（London Cockneys）。

让我们先看看这句话的历史，再看看其意义，最后看看为何用到伦敦人身上。这句话有四百多年的历史了，当时休·比戈德加固其位于萨福克的邦吉城堡，编了这首歌谣，吹嘘其城堡固若金汤：

> 我要是在韦弗尼河畔，
> 在邦吉城堡里面，
> 根本不在乎伦敦佬之王（the king of Cockney）的颜面。

这首歌谣的意思是，国王亨利二世当时占据着伦敦平安无事，而其他地方则抵制他。不过后来国王羞辱了休，休不得不出一大笔钱来保住这座城堡，免得被夷为平地，并保证效忠于国王。

我见到 Cockney 这个词有双重含义：

1. 哄骗或溺爱，让某人放荡起来，娇生惯养，这样一来，长大成人之后就不能经受困难，吃不了苦。

2. 完全不懂乡下的农业和家政，别人对他讲有关农产品、农产品的来源，讲市民的儿子误把鸡叫当马叫一类的任何事情，他都会信以为真，但这些都是众所周知的事。

Cockney 这个名称一般用于那些出生在鲍钟①附近能听到其声音的人，这些人非常幼稚，对乡下事物几乎一无所知。有人乐呵呵地对一位女市民说，麦芽不生长，乡下的好主妇就把它纺成线。

"我也知道，"伦敦佬说，"你可以看见线从麦芽端头垂下来。"

然而，希望大家都知道，乡下有精明和愚蠢的人，城里也有能吃苦耐劳的男人和灵巧的主妇。不要看不起任何人，无论他是哪个地方的。

> 恶言碰见恶语，那就是在伦敦桥。

这是一句苏格兰俗语，苏格兰话就需要苏格兰人来解释。然而，我可以这样猜测它的意思。众所周知，伦敦桥的通道很窄，行人却很多，所以人们在那里相遇很容易吵起来，如果有人没脑子或是没耐心，步行者没有走进一家店铺，骑马者没有停在无人之处，这样很快就会引起分歧，除非一方钳口不言、让步或离开。

> 比林斯门话。

比林斯以前是一扇门，不过现在更像是港而不像是门，是主要

---

① 圣玛丽勒鲍教堂里的一口钟。——译者注

的登陆地，也是个海产品市场。现在虽然上流社会人士住在那里，就像住在城里其他地方一样，然而很多粗鲁人也到那里去，所以这里也可以叫作伦敦的埃斯奎林门①，卑贱的人在那里聚集。在这里可以听到人吵架，然而刻薄的话语有时候会演变成拳脚相加。

我相信，罗马、威尼斯、巴黎等所有人口众多的城市，在那些粗鲁人聚集的地方，都有其比林斯门话。

> 卡比的城堡，梅格的名誉，
>
> 斯皮诺拉的快乐，费希尔的蠢事。

这是城里市民建的四所房子，又宽敞又豪华，但超过了他们的身份。比起他们豪华的房子来，这首顺口溜可能使他们的名字流传得更为久远。

第一家被人从城堡里赶了出来，第二家默默无闻，几乎没有人知道（不需要告诉他们）他们的房子在哪里。

至于斯皮诺拉（一个归化的热那亚人），剑桥一所学院的院长和董事对他太了解了，他们花费昂贵的诉讼被后世称为莫德林学院讼案。如果他自己国家（我指的是意大利）的诅咒降临到他头上，如果建造的灾祸落到他身上，我相信没有几个人会可怜他。

最后一个是由贾斯珀·费希尔建造的，没有用铁匠。他是大法官法庭的六名书记员之一，是一个和平的治安官，一个没有多少财富的人（欠很多人的债），在这里建了一所漂亮的房子，有游乐园，有保龄球馆，现在叫作德文郡宫。

> 像圣安东尼的猪一样跟着他。

---

① 罗马塞维安城墙上的一扇大门。——译者注

圣安东尼以猪的保护神而闻名，在所有绘画作品里都有一头猪做他的侍从，不过原因并不清楚。只知道他是个隐士，在地里挖了一个小室或洞，平常以根茎为食，他在食宿方面和猪确有一些相似之处。

为纪念圣安东尼建了一所漂亮的慈善机构，位于这座城市的圣贝尼特－芬克教区，其保护者和代理人为自己争取到一项特权：在城里的市场上筛选活猪。他们觉得挨饿的猪，或是不利于人体健康的猪，就在猪耳朵上割个口子，在猪脖子上系个铃铛，然后把猪放到城里四处走动。

谁也不敢伤害这些猪或把它们逮住（猪身上有圣安东尼的标记），很多人都给猪喂面包，在猪路过的时候喂它，人们通常跟在猪后面，嘴里不停地嘟囔着。但如果这些猪长肥了，圣安东尼慈善机构的官员也喜欢（通常都是这样），他们就会把猪逮住自己享用。

这句俗话用于那些卑躬屈膝、愿意出卖灵魂的人，为了一点报酬就屁颠屁颠地跟着保护人好几里，死乞白赖地纠缠保护人。

他出生在能听到鲍钟的地方。

这是拐弯抹角地说自己是个伦敦人，其出生地不超过郊区，这口钟的声音超出了市长大人的管辖范围。叫鲍钟是因为它悬挂在鲍教堂的尖塔上，叫鲍（Bow）教堂是因为它建在弓（bow）或拱上。

1472 年，绸布商约翰·邓恩拿出两所房子，以维持这口钟在夜里九点敲响，让仆人收工回去吃晚饭、上床睡觉。所以，有些主人觉得钟敲得太早，而大多数学徒认为敲得太晚。

1520 年前后，国王的商人威廉·科普兰捐出一口更大的钟用于同一目的，他自己先享用了这份礼物，第一次鸣响就是为他的葬礼敲丧钟。

　　圣彼得教堂穷，

　　没有客栈、酒馆，门上没有标志。

　　不一定对，我认为是穷，因为奥古斯丁修士故意选择贫穷，数百年来大部分时间都拥有这座教堂。这个教区曾经（不说现在）是伦敦最富有的教区之一，他们没有标志的机构都承认，那是居民显赫的标志，他们自己都这样说。

　　这座城市私家使用标志的历史有多久我不清楚，但我相信在国王爱德华四世统治时期已普遍使用。看看一个好心人的笑话就知道了，他在那个局势险恶的时代丢了性命，就是因为说了句他要把"王冠"（他家的标志）留给儿子。

　　与公爵汉弗莱一起吃饭。

　　这句俗话原来的意思改变了。它最初的意思指由别人请客吃饭。格洛斯特公爵汉弗莱（人称好公爵）非常好客，凡是上流社会人士，只要没有其他生活来源，都欢迎和他一起吃饭，而当时陌生人与一家之主一起吃饭是不合体统的。这位公爵非常慷慨，他的银质施舍盘空的时候非常大（满的时候是什么样子？），这个盘子后来落到萨默塞特公爵手里，萨默塞特公爵又把他卖给了里弗斯大人，这样卖了盘子筹集去海上航行的费用。

　　但是好公爵汉弗莱死了以后（很多以前受他施舍的人不知道到哪里找饭吃），这句俗语就变了味，即与汉弗莱公爵一起吃饭就成了没有饭吃的意思。

　　一个普遍的错误就把这个意思固定下来了，也就是公爵汉弗莱被埋葬在圣保罗大教堂的中殿，很多人在那里用脚咀嚼食物，没有吃饭就走了。实际上埋在圣保罗大教堂的高贵人物是约翰·比彻姆爵士，他是多佛治安官、五港同盟①主管、嘉德骑士、沃里克伯爵盖伊的儿子以及沃里克伯爵托马斯的弟弟，而公爵汉弗莱则被隆重地埋葬在圣奥尔本斯。

我会把你当成犹太人来虐待。

我相信我把这个孩子送回了家，放在他父亲家里，从英格兰一路追踪这个俗语到伦敦，然后又追到老犹太街，这里是它的第一个老家。这个可怜的民族（尤其是在忏悔节）住在英格兰的时候，受到英格兰人无法容忍的虐待②。

我希望犹太人无论住在哪里，都不要容许他们坚持自己的伪宗教，但也不要对他们太残忍，阻止他们信奉真宗教。在此之前，我只能对他们的不幸遭遇表示惋惜，谴责基督徒的残暴行为，赞美上帝对双方的公正。

我吃得和伦敦市长大人一样好。

这个俗语不会和前面的那个相左。要知道，那个俗语并非靠不住或过于考究。在各种昂贵的菜肴上，市长大人的豪华无与伦比。（他正式的邀请就不说了，如1357年市长大人亨利·皮卡德在一天

---

① 中世纪时英格兰为加强海防而成立的五港联防组织，分别是黑斯廷斯、新罗姆尼、海斯、多佛和桑威奇。——译者注
② 诺曼征服初期，一些犹太商人就开始在英格兰定居，但12世纪之后越来越受到虐待，不少犹太人被杀或被逼自杀。1290年，国王爱德华一世颁布敕令，将所有的犹太人驱逐出英格兰。17世纪中期，克伦威尔执政后改变了这一政策，允许犹太人重返英格兰。——译者注

之内就款待了好几个国王：英格兰国王爱德华、法兰西国王约翰、苏格兰国王戴维、塞浦路斯国王，另外还有威尔士亲王爱德华，还有国内很多重要的贵族。）他每天的饭菜都是丰盛的宴席，那里客人多、侍从多。

但这句俗话意思朴实，即我也吃过饭了，也就是依照习惯吃得惬意，吃得心满意足。"足食便是盛宴"，比吃撑了好。实际上吃一点就能满足自然需求，而吃得再少一点就是美德。

> 他只配到无赖会堂。

暴徒是傲慢者的名字，这样叫是因为试图让一侧倾斜或下垂，他就干这种事。流氓也是这个意思。

西史密斯菲尔德（现在是马市）以前叫作"无赖会堂"，是无赖们不定期聚会的地方，在那里比试剑和盾等，吓唬多于伤害，伤害多于杀死，击打膝盖以下被认为不够男人，那相当于披盔戴甲的人去打一个没有武装的人。

但自从那个胆大妄为的逆贼罗兰·约克首先用双刃剑刺，剑和盾就不用了，这个俗语只用于爱吵架的人（不是慢声细语地吵，而是发疯似的吵），而这号人喜欢动手动脚。

> 忠诚的人可以在叛徒桥下面上岸。

这是一座桥，下面是通向伦敦塔的走道（正对着粉红门），以前对于在这里上岸的人来说是要命的，有人小声说，这样的人绝对不会活着出来，未经任何司法审判就死在里面了（更严重的话就不说了）。

这句俗话的意思是，忍让的无辜者如果被对手压倒，可以无缘无故地受到控告，由别人任意摆布。所有的囚徒都是这样，我们的救世主对圣彼得说，别人要"带你到不愿意去的地方"①。

女王伊丽莎白可以证明这一点，她在其姐姐女王玛丽统治期间先是停在那里，不愿意上岸登上台阶，那是所有叛徒和罪犯通常上岸的地方。后来一个贵族（我看到的作者不愿提他的名字，我也说不上来）对她说别无选择，于是她就不得不登上了台阶。

　　把水倒进泰晤士河。

也就是说，把东西给一个本来就有很多的人，然而这就是世界上的普遍现象。不过泰晤士河也犯不着为自己水量充足而又漂亮感到自豪，因为河里可能缺水，像1158年那样，当时人可以从河里走过去而不湿鞋。1582年时也是这样，猛烈的西风和南风把淡水刮走，也刮得咸水进不来。

　　他必须在"再转身巷"买一所房子。

这个巷在以前的档案里叫"再刮风巷"，位于圣墓教区，往舰队堤去的时候，你就要再转身回到原来的路上去，因为路在那里被堵住了。

这个俗语用于那些意识到走错路的人，必须及时改邪归正，这样做一点也不会为自己带来耻辱。沿着"再转身巷"（尽管又窄又暗）走回来，也比不知回头（像中了邪似的）而沿着旁边一条漂亮的街道走下去强，那条路向西一直通向刑场。

---

① 语出《圣经·约翰福音》21:18。——译者注

> 他可以在弗利特河畔监狱门槛上磨刀。

弗利特①河畔监狱非常有名，很多人因为藐视法庭罪而入狱，更多的人是因为欠债而入狱。这一名称来自从旁边流过的一条小河，以前流得很快，现在慢得厉害，不是因为老了，而是城里排泄出来的东西把河道阻塞住了。

这句俗语用于那些从来都一无所有的人，或是欠了债以后又慢慢脱身的人，所以这些人现在不怕危险，不怕逮捕，甚至敢当面嘲笑法警。当然，弗利特河畔监狱的门槛可以把刀刃磨得飞快，佩带刀的人也可以有一把更快的刀，只要他有一副不欠一点债的派头。

> 瘸得像圣吉尔斯跛子门一样。

圣吉尔斯按血统上讲是雅典人，也是贵族出身，非常富有，但他抛下一切去过隐居生活。他不幸是个跛子（不知道是天生的还是意外事故造成的），但据传说他不想医治，免得受到更大的屈辱。

如果真是这样，圣吉尔斯的看法就和福音书里提到的所有好心的跛子都不一样，那些人是迫切要求把病治好。他被认为是跛子的保护圣徒。其他教堂则奉献给了腿脚灵便的圣徒，这些教堂比他跑得快，来到了城里，而瘸腿的圣吉尔斯落在了后面，他只能在郊区，如伦敦、剑桥、索尔兹伯里等。

这句俗语似乎犯有虚假预告的错误，动不动就说人家是瘸子。在日常谈话中，说起受点轻伤而落在后面的人都是轻松愉快而不是悲伤。有时候用来指那些由于懒惰（谁都没有不想走路的人瘸得厉害）而装瘸的人。

---

① 弗利特（Fleet），英文有"飞速流过"的意思。——译者注

宗教改革以来的高级教士

约翰·戴夫南特，神学博士，出生于华特灵大道，是富裕市民约翰·戴夫南特的儿子，祖父在埃塞克斯拥有戴夫南特家的地产。他小时候刚会走时，从一段很高的台阶上摔了下来，滚到台阶脚下之后站了起来笑了笑，但没有受到一点伤害，这是因为上帝和守护他的天使留着他在以后为教会效力。

他小时候宁可自己倔强也不要别人奉承。仆人过来哄他，说约翰没有哭，而是他某个兄弟哭的时候，他还是那副面孔，不会装模作样，说他兄弟没有哭，只有约翰哭了。

他上学时，一开始是与研究生一起吃饭的学生（fellow-commoner），后来自己便成了研究生，然后成了玛格丽特教授，之后是剑桥王后学院院长。有一次公开选举，他发言反对一位近亲，一个最优秀的学者，"兄弟，"他说，"我会让你父亲相信，你有才华，但还不足以成为我们团体的一员。"

从多特宗教会议回来之后，他于1621年当选为塞勒姆主教。

就职仪式结束之后，他要到纽马克特为国王詹姆斯主持个人祈祷仪式，但他拒绝在礼拜日骑马，到了之后（不过进宫的时间晚了一天）同样受到国王的欢迎，国王不但接受了他的歉意，而且还赞扬了他合乎时令的节制精神。

向学院告别的时候，他向一个名叫约翰·罗尔夫的老仆人告辞，希望老仆人为他祈祷。老仆人谦恭地回答说，他倒是需要主教大人为他祈祷。"约翰，"戴夫南特说，"我也需要您的祈祷，我现在担任这一职务会遇到很多大的诱惑。"

他自己谦恭，（其结果就是）对别人仁慈。有一次，他受到主教菲尔德的邀请，对在场的一些乱糟糟的同伴不太满意，宴会之后就找了个机会离开了。主教菲尔德提出为他点燃（light）一支蜡烛送他下楼梯，"大人，我的大人，"戴夫南特说，"我们还是用无可指责的谈话开导（lighten）别人吧。"

为这句话后来有人严厉指责他，这是否公正我不插话。还是让那些与他没有关系的人写他的人品吧，这样就没有谄媚之嫌①。他活着的时候就讨厌阿谀奉承，死了以后也不需要阿谀奉承了。

作 家

朱莉安娜·巴恩斯出生于一个显赫的世家。不要从谈到某个教皇的意义上来理解这句话，说她出生在一个破败的村舍里，那里阳光能穿过倒塌的墙壁和屋顶照射到屋内来。但她确实出生在一个值得尊敬的家庭，我虽然找不到这个地方，也会利用旁注对她的出生地标出最大的不确定。

在狩猎和带鹰出猎这点，她是她那个时代的狩猎女神狄安娜，钓鱼也很熟练，写过三本有关这些运动的书，向英格兰绅士阶层推荐这些活动。

莱顿市位于低地国家的最低处，如果不用器械把积水排出来很快就会变臭，必须经常让水流动以免腐败。贵族懒惰，也会带来同样的危害，必须想出妙法让他们活动。

朱莉安娜还写了一本有关纹章学的书。不要说最适合女人用的笔是针，她不应该掺和制作纹章的事，除了为寡妇做衣服的多加②

---

① 戴夫南特是富勒的舅舅，所以为了避嫌，在这里不宜替他说好话。——译者注
② 参见《圣经·使徒行传》9:36—41。——译者注

之外，因为女人做这些合法的事不仅可以得到宽恕，而且还应该受到赞扬。

宗教改革以来

　　埃德蒙·斯宾塞，出生于这座城市，在剑桥彭布罗克学院上学，在那他成为一名优等生，尤其最喜爱英语诗歌，这从他的作品里可以看出来。他在作品里用了很多乔叟式的表达方式（我不说他受到乔叟的影响），无知的人认为那是瑕疵，博学的人认为那是妙语。不过如果更符合现代语言的表达方式，书就会更畅销一些。

　　有一个故事大家都在讲，都信以为真，说斯宾塞把他的诗呈献给女王伊丽莎白，女王很受感动，就命财政大臣塞西尔大人给他一百英镑。财政大臣（女王钱财的好管家）说太多，女王说："那就给他个合理的数目。"财政大臣同意了，但他可能忙于重要事务，结果斯宾塞没有得到任何报酬。于是斯宾塞就用一张小纸条写了一份申诉书，在女王巡幸时呈交给她：

> 有一次我得到许下的诺言，
> 为我的诗而听从良言相劝。
> 从那时直到现在这个时候，
> 没有给我诗或是任何理由。

　　于是女王下了严厉的命令（不是没有和财政大臣核实）：马上支付一开始她就打算给的一百英镑。

　　斯宾塞后来去了爱尔兰，担任爱尔兰总督格雷大人的秘书。在大人手下担任这一职务虽然很有油水，但他没有发财。所以，他比德意志人威廉·西兰德（最优秀的语言学家、古文物研究者、哲学家、数学家）的遭遇好不了多少，西兰德非常穷，据说他是由于不挨饿而写作，不是为了出名。

斯宾塞回到英格兰时，身上仅有的一点钱也被反叛者抢走了，1598年在极度贫困中悲伤而死，被隆重安葬在威斯敏斯特大教堂乔叟旁边，其墓碑上的墓志铭以这两个对句结束：

> 只要您活着，英语诗就活着，
> 您一死，英语诗就担心自己要死了。

另外不应该忘记的是，他的葬礼和墓碑的花费，全是由埃塞克斯伯爵罗伯特一世独自一人支付的。

吉尔斯·弗莱彻出生于这座城市，是法学博士、驻俄罗斯大使吉尔斯·弗莱彻的儿子，他父亲以前在肯特。他从威斯敏斯特学校被推选到剑桥三一学院学习，先是本科生，然后是研究生。他同时受到缪斯和美惠三女神的喜爱，具有圣洁的才智，创作完成杰出的诗篇《基督的胜利》时才是个文学学士，这显示出圣徒的虔诚和博士的优秀程度。

他后来致力于经院神学（有人认为与他的本性格格不入），并达到了很高的水平。他在圣玛丽布道时，布道之前的祈祷通常包括一个完整的寓言，不是硬性插入，而是慢慢导入，在所有细节上都最为得体。

他最后（通过交换圣职）定居于萨福克，这里有英格兰最好的和最坏的空气，最好的在伯里周围，最坏的在海边，而弗莱彻先生任职的地方就在海边（奥尔德顿）。他那个教区的居民粗俗、素质低（除了穿的鞋高之外其他都不高），评价其牧师不是看才华，这让他患上了忧郁症，也加速了他的死亡。

我看这位博学诗人的生命，就像维吉尔《埃涅阿斯纪》里的半个诗行一样，在中间就折断了。按照人的正常寿命，他本可以再活那么多日子[①]。他死于 162× 年[②]。

他还有个兄弟叫菲尼亚斯·弗莱彻，是剑桥国王学院的研究生，也在诺福克任圣职，也是一个最优秀的诗人，看看他的《紫色的岛屿》和其他一些杰作就知道了。

为公共事业捐助的人

托马斯·柯森出生于万圣节伦巴底街，是兵器制造工，住在主教门外。有一次，一个演员从他这里借了一杆生锈的火绳枪，这杆枪放在柯森作坊里很长时间没有用过了。这个演员虽然演的是喜剧角色，却用这杆枪突然制造了一出悲剧，把一个旁观者打死了，枪在舞台上意外走了火，因为他以为枪里没有装子弹。

人类良心的敏感程度是多么不一样啊！有些人受了伤几乎无动于衷，有些人稍微一动就受了伤。这个可怜的兵器制造工为此而极为痛苦，虽然违背他的意愿，甚至他并不知情，那枪是他不在场的时候由另一个人借了出去，纯属意外。于是他决定捐出全部财产用于敬神。他一得到大笔钱，就装进围裙里骑着驿马来到市政委员会，终于费尽一番周折之后按照委员会的指示，将这笔钱用于救济他自己的教区和其他教区的穷人，一共赠送了好几百英镑。

---

① 《圣经·诗篇》90:10："我们一生的年日是七十岁，若是强壮可到八十岁。"
  依此七十岁被认为是人的正常寿命，而弗莱彻只活了三十多岁。——译者注
② 应为 1623 年。——译者注

　　我是听当时该教区里一些俗界委员说的这件事，这些人很可靠。就这样，他自以为意外（虽然相距很远）造成一个人的死亡，却直接促成很多人过上了舒适的生活。

　　爱德华·阿莱恩出生于德文郡宫附近前面提到的那个教区，现在那里有"馅饼"招牌。他被培养成舞台演员，这一职业很多人看不起，更多的人质疑，少数人为之辩解，更少的有良心的人夸赞。他是我们这个时代的罗西乌斯①，演得活灵活现，演什么像什么（尤其是演威严高贵的角色）。他积累了一大笔财富，晚年遵从基督的忠告（有什么强烈动机不该由我过问），"藉着那不义的钱财结交朋友"②，用这笔钱在肯特的达利奇建了一所漂亮的学校，用于救济穷人。

　　我承认，有人认为这所学校建在了一个不稳固的根基上，因为从宗教意义上说，除了凭借诚实和勤奋挣的钱之外，其他都是不义之财。但那些谴责阿莱恩先生的人，如果查一查他们的家底，也许他们自己口袋里装的也是不义之财。我相信没有任何一个慈善机构受到更为严格的法律约束了，这所学校不会违背其创办人的意图。他那个教区（圣博托尔夫，主教门）的穷人上学比其他地方的人享有优先权。所以，一个人在世时胜过别人，临死时就胜过自己。

告别辞

　　现在和这座伟大的城市告别时，我不会忘记一句诗，这是我在卡姆登先生的伦敦赞词里见到的：

---

① 罗马最著名的喜剧演员，后来成为大演员的同义词。——译者注
② 语出《圣经·路加福音》16:9。——译者注

倾力于虔诚行为，因民众而自豪。

看看罗马教会的仁慈吧，他们只效忠于教皇。1612 年，刘易斯·桑切斯在马德里刊印了《禁书目录》，要求将这句诗里与虔诚有关的前半部分删除，与自豪有关的后半部分可以保留。

我在这里特意谦恭地提醒这座城（没有丝毫强占别人位置的意思，人家忠实地履行着职责），把这份刚愎自用、带有偏见的《禁书目录》注销并毁掉。让他们心甘情愿地将其删除，他们为自己的人口稠密而感到骄傲，在谈话中表达了感恩和善意。

伦敦市永远也不要忘记，最大的城市和一无所有之间在不久前是多么接近，如果大门和围栏（大家普遍认为）是一座城市的本质区别的话。但上帝能从黑暗中造出光来，也就能把拆毁大门变成建立城市。所以，虽然 3 月 11 日被普遍认为是春季的第一天，伦敦的春季也可以从 1660 年 2 月 11 日算起。在经过漫长冬季的灾难和不幸之后，伦敦实际上已经感受到春天的温暖。

我衷心希望这座光荣的城市好运长久并与日俱增，尤其是伦敦的生命泰晤士河（泰晤士河调节、装饰、充实、养育、加固着伦敦）长流不息。米勒的谜语：

如果我有水，我就喝酒；
如果我没有水，我必须喝水。

这可以用于此座城市。只要泰晤士河不断水，伦敦人就可以喝酒。但如果断了水，他们确实必须喝水了，或许有点咸，因为那是他们的眼泪。

我不会过于好奇，窥探我们的诗人 ① 在想什么，他谈到罗马老城毁坏时这样说：

> 除了台伯河加速它的倒塌，
>
> 变幻无常的世界啊！留下的只有：
>
> 稳固的东西飞逝消散，
>
> 飞逝的东西稳如磐石。

但如果他允许的话，比台伯河更大的河，随着时间的推移，由于灾害或疏忽，其河水也会部分流失或完全干涸，或是改道流向别处。所以，我谦恭地请求伦敦城的官员切实有效地关注泰晤士河，清除河里的暗礁、沙砾和其他阻塞河道的障碍物，这样才能在把它留给后世的时候，就像从前人手里接过来的时候一样。

----

① 指法兰西诗人约阿希姆·杜贝莱。——译者注

威斯敏斯特

　　除了伦敦之外，威斯敏斯特是英格兰最大的城市，不但在地位上，而且在规模上。如果兰开斯特允许，将威斯敏斯特从坦普尔栅门处全都移走（确实应该这样），它的占地面积（通情达理的人更多就不说了）也要超过英格兰的任何一座城市。就像一个正常人站在一个巨人旁边成了个侏儒似的，威斯敏斯特也是这样不幸。由于临近伦敦，威斯敏斯特再大，旁观者看着就像没有看见似的。

　　威斯敏斯特以前叫索尼，后来叫威斯敏斯特，为了和圣保罗大教堂相区分，圣保罗大教堂以前叫伊斯敏斯特[①]。

俗　语

　　像国库支付一样可靠。

[①]　伊斯敏斯特（Eastminster），即"东大教堂"，"Westminster"即"西大教堂"。——译者注

众所周知，国库以前就是英格兰国王的财政部，位于这座城市，申诉部分在威斯敏斯特大厅一侧，支付部分在另一侧。

这个俗语出现在财政部初期，即女王伊丽莎白时期，女王将财政部维持在巅峰状态，财政部也可以维持她的花费。财政部的支付肯定对内，属于女王的钱一点也汇不出去；也肯定对外，应收女王的钱一点也不能扣留，马上就要全额支付。

这一俗语大约在国王詹姆斯统治末期开始遭到反对，当时财政部的存款开始下降。怪不得如果流出来的水变浅，供应给他们喂食的喷泉如此之低，君主的收入就大为减少。

地狱里是得不到救赎的。

有个地方一部分位于财政大臣法院下面，一部分位于财政大臣法院旁边，通常叫作"地狱"。我希望它有另一个名字，因为拿利器开玩笑可不是好玩的，尤其是拿用《圣经》磨快的利器。

我听说以前这个地方被确定为监狱，关押国王的债务人，没有任何人从那里获得释放，直到最大限度地还完被索要的钱。如果真是这样，那就不是地狱了，根据罗马教会的错误信条，可以称之为炼狱。但从那以后，这个俗语就被用来指交到财政部的钱，交了以后要不回来了，无论如何恳求、无论用任何借口都没有用。

像威斯敏斯特的长腿梅格一样高。

这个俗语用于个头很高的人，尤其是高得像一根棍但宽度不合比例的人。

据说以前在威斯敏斯特有这么一个高个子女人，但无法得到任何可靠的目击证人的证实（不要把我当成个说假话的小册子），不过一些提供证据的人出示修道院南侧为她立的一通墓碑，这块墓碑（我承认）是用一整块我所见到的最大、最长的大理石做的。

但要知道，在那个时代，没有一个女人埋葬在修道院里，修道院是专门埋葬其院长和修士的。另外，我看过那个修道院有一年感染疾病的档案，那年有很多修士死于瘟疫，全都埋在一个墓穴里，很可能就在这块大理石墓碑下面。

如果这个俗语有几分真实，它说的倒是一杆大枪，放在伦敦塔里，大家都称它为"长腿梅格"，在动荡不安的时候（或许是在国王亨利八世时期那个"倒霉的五朔节"）被拿到威斯敏斯特，在那里存放了很长时间。但这个难题（或许）不值得破解。

君　　主

爱德华，爱德华四世和伊丽莎白王后的长子，1471 年 11 月 4 日出生于威斯敏斯特的避难所。他幼年时太软弱，没有形成坚强的性格。我们没有发现他伤害过别人，他倒是经常受到别人的伤害，被他的护国公叔叔谋杀于伦敦塔。这样他出生在一个宗教监狱，死于一个世俗监狱。

他通常被称为爱德华五世，有人想让他戴上英格兰王冠，但他从来也没有戴上。所以，在他所有的画像上，他与王冠之间都有一段距离，不许他将王冠戴在头上。

伊丽莎白，国王爱德华四世和王后伊丽莎白的长女，1466 年 2 月 11 日出生于威斯敏斯特。她后来嫁给了国王亨利七世，这样约克和兰开斯特两个王室就第一次有望在他们的婚床上联合起来，后来又更幸运地在他们的子女身上联合起来。

她除了对丈夫恪守本分、生育子女多之外，对她的个性没有什么可说的。她死在婴儿床上（不过不是死于分娩），1503年圣烛节①顺利产下凯瑟琳公主，随后就病了，熬到2月11日去世，死在她生日那天，享年三十七岁。她与丈夫合葬在他建的小礼拜堂里，与他一起分享他那通最宏伟的墓碑。

塞西莉，国王爱德华四世和王后伊丽莎白的二女儿②，取的是她祖母和教母、约克公爵夫人塞西莉的名字，1469年她出生于威斯敏斯特。

她童年时，有人提议让她嫁给苏格兰王子詹姆斯（詹姆斯三世之子），但她父亲一死就不提这事了，上天（婚姻是在这里缔结的）把这一位置留给了她姐姐的长女玛格丽特。

她过着单身生活，但基本上得不到她姐夫、国王亨利七世的尊重。精明的国王知道，如果他的王后没有生下子女，或生下的子女没有存活下来，王位就要由这位塞西莉来继承，于是就设法阻止她赢得名望，甚至不让她抛头露面。他既不把她介绍给任何外国君主，也不让她下嫁给英格兰的任何主要贵族，直到最后这位公主嫁给了一个林肯郡贵族约翰·巴伦·威尔斯，国王亨利晋升他为子爵，然后就不再晋升了。

威尔斯死后，我看到的作家说她又嫁人了，但没有提她丈夫的名字③，由此我判断他是个无名之辈。这位公主只是结婚而不是匹配良缘，二者天差地远。很可能这位塞西莉考虑得更多的是舒适而不是名誉，这是心里盘算好的，以免惹得国王亨利七世妒忌。她没有

① 指2月2日。——译者注
② 实际上是三女儿，其二姐不幸夭折，可以算是第二个存活下来的女儿。——译者注
③ 此人名叫托马斯·吉姆。——译者注

留下子女，其死亡日期也不确定①。

　　查理二世（先王查理一世和法兰西国王亨利四世的幺女玛丽的
儿子）1630 年 5 月 29 日出生于圣詹姆斯区，大家普遍兴高采烈。
牛津大学刊印诗歌祝贺他降生，但剑桥没有这样做，这让有些人见
了怪，不过这不是正当理由。当时剑桥大学的才子们伤心地分散到
好几个郡，因为剑桥正流行瘟疫。我记得第二年玛丽公主出生的时
候，剑桥作了诗谦虚地为自己辩解，把其中四行翻译过来插在这里
并无不妥，作者是我一位有才华的朋友：

　　　　查理王子，原谅我将笔束之高阁，
　　　　没有为您庆生，感到极为悲伤。
　　　　现在有了希望，我若依然沉默，
　　　　我就既应该悲伤，也应该死亡。

　　王子出生时伴随着两个值得关注的天象变化。金星一整天都能
看见，有时候落到靠近其最大距角的地方。两天以后出现了日食，
据最伟大的数学家观察，大约有十一个食分。

作　家

　　威斯敏斯特的马修被培养为那里的修士，是个有才华的学者，
不亚于他那个时代的任何一个人。他见证的英格兰历史，与他留下
的英格兰历史差别巨大，这一点显而易见。

────────

① 死于 1507 年 8 月 24 日。——译者注

他见证的英格兰史像独眼巨人波吕斐摩斯一样，一只眼睛被挖出来了，身躯高大，但是瞎了。描述值得纪念的事件或是没有标注任何日期，或是日期太多，这让读者更加困惑。马修将这些混乱的声音变得清晰易懂，整理成一份双重时间表，也就是英格兰所有国王和坎特伯雷大主教的生卒年表。

他撰写了一部史书，第一卷从创世记到基督，第二卷从基督降生到诺曼征服，第三卷从诺曼征服到国王爱德华二世治之初，后来又增补了爱德华二世、爱德华三世的生平。他把这部史书命名为《历史之花》，如果有时候（这种情况极少）他所呈献的花朵不太香，或是枯萎的花蕾，有见识的读者也不会照单全收，而是自己随便从最精美的花朵中选出一束来。

宗教改革以来

本杰明·琼森出生于这座城市。我虽然历尽艰辛也找不到他的摇篮，但能找到他穿的长大衣。他小时候住在查林十字街附近的鹿角巷，他母亲嫁给了那里的一个泥水匠，那是她的第二任丈夫。

他最初在圣马丁教堂的一家私立学校上学，然后在威斯敏斯特学校上学，依照规定被录取到剑桥圣约翰学院（多年后被吸收为牛津基督堂学院的名誉成员），他由于没钱在那里只上了几个星期，不得不回去从事他继父的职业。这些人不要脸红，让那些没有合法职业的人脸红吧。他帮助建造了新的林肯律师学院，当手里拿着泥刀的时候，口袋里装着书。

有些绅士觉得他可怜，干这么下贱的活儿埋没了才华，就出钱把他解放出来，让他做自己喜欢的事情。实际上他的才能还没有做好准备，不能马上发挥出来，可以说其才华是由他自己的勤奋挖掘出来的。他默默地和博学的人在一起，吮吸（除了酒之外）别人的思想，汇入自己的知识之中。别人的矿石，他能自己加以提炼。

他在诗歌的戏剧性上无与伦比，教导演员完全遵从喜剧规律。他的喜剧超脱于平民（平民只是用赤裸裸的淫秽话语来挑逗），（就像）第一次拍打不如反弹回来的效果好，看第二遍才有味道，是的，它们将经得住阅读，并有适当的赞扬，只要精妙的才思或学问在我们国家还流行。如果他晚年的剧作不如早期的作品生气勃勃，那所有的老人都是这样，所有希望老的人都应该原谅他。

他对子女并不太满意，对先死的几个最满意，不过没有一个比他活得时间长。下面是他给长子的墓志铭的一部分，长子死于襁褓之中：

> 安息吧，如果有人问，我就这样说：
> 这里躺着的，是本·琼森最好的一首诗。

他死于 1638 年，埋葬在威斯敏斯特修道院教堂的钟楼附近。

音乐大师

约翰·道兰出生于（我有理由相信）这座城市，我相信他在这里住得最长，日子过得最好，是女王伊丽莎白和国王詹姆斯小礼拜堂的仆人。他是他那个时代所见到的最杰出的音乐家。他到海外旅行过，将英格兰与外国的音乐技术融为一体，他是擅长声乐还是擅长器乐尚不清楚。他是个快乐的人，在法律允许的娱乐活动中过着日子。

丹麦国王克里斯蒂安四世来到英格兰，向国王詹姆斯要他，詹姆斯很不情愿地和他分开了。他在丹麦王宫住了很多年（我听可靠的人这样说），非常受青睐，也非常富有，通常为英格兰来的要人表演娱乐节目。我不敢断言他死在丹麦，也有人说他回到了英格兰，1615年前后死在这里，但我相信他死在丹麦的可能性更大[①]。

值得纪念的人

埃德蒙·道布尔迪先生，高个子，一表人才，住在这个城市。这个大盒子里装的不是一枚小宝石，高大的身躯里也不是一颗懒惰的灵魂，其所作所为和勇气配得上他的力量和魁伟，下面这件事提供了足够的证明。

1605年11月4日，托马斯·内维特爵士受国王詹姆斯派遣，到议会大厦下面的地窖里去搜查，为了保密起见跟随他的人非常少，他把道布尔迪先生带去了。

他们在地窖里发现盖伊·福克斯提着一盏昏暗的灯笼，三更半夜准备在次日上午要很多人的命[②]。他刚从魔鬼的密室（我可以这样描述存放火药的内室，导火线还没有放好）里出来，来到地窖的外室。福克斯开始忙乎起来，道布尔迪先生马上让他自便，随后跟上这个逆贼把他摔倒在地板上，凭借上帝的仁慈发现并挫败了他的叛国行为。

福克斯发誓说（他虽然是个假逆贼，但我相信他这一番话），他要是在内室，就会把他自己和在场的所有人都炸死。解除了武装的

---

① 1626年初道兰死于伦敦。——译者注
② 这就是著名的"火药阴谋"，由一批天主教徒密谋策划，他们打算11月5日炸死出席议会的国王和全体议员，但阴谋提前败露而没有得逞。——译者注

恶人在不能伤人的时候放狠话，这听起来就是美妙的音乐。

　　道布尔迪先生后来又活了很多年，应该受到爱戴和尊重，死于1618 年前后。

告别辞

　　这座城市的福祉（甚至生存）依赖于王宫和法院，我祝贺王宫愉快地返回，希望法院得以延续，也希望威斯敏斯特大厅的律师们再也不要身穿盔甲为案件辩护（处理怀亚特叛乱一案时就是这身打扮），而是穿着和平时期的长袍，遵守法律程式。

　　这一希望也不仅限于威斯敏斯特地区，而是寄予整个英格兰。只要司法不"干旱"，地里就不会闹饥荒。"惟愿公平如大水滚滚，使公义如江河滔滔！"[①] 否则非正义的大水就会把所有人都淹死。

----

① 　语出《圣经·阿摩司书》5:24。——译者注

蒙茅斯郡①

我可以名正言顺地把这个郡叫作英格兰－威尔士郡。它虽然位于塞文河西面，甚至在瓦伊河西面，虽然通用威尔士语，但仍然佩戴着刻有英格兰的双面徽章。首先，以前威尔士每个郡只选派一名骑士进议会，而这个郡享有选派两名的特权，这符合英格兰各郡情况。其次，它在司法上不属于威尔士管辖，而是由牛津巡行区的巡回法官把这个郡纳入其管辖范围。

工业品

帽　子

帽子是英伦三岛男人头上戴的最古老、最普遍、最暖和、最有益的东西。我们值得花工夫考察一下，看看我们的国王是多么小心地保护着帽子制造业，为此我们国家进行了长期和有力的斗争，全国有数千人以制帽为生。尤其是在缩绒机发明之前，所有帽子都是

---

① 这一部分译自此书 1952 年版（George Alien & Unwin Ltd .）。——译者注

用人的手脚缝、踩及加厚的，后来缩绒机减轻了很多人的劳动强度，让更多人失去了生计。

这样一来，灵巧的发明有助于简化产品的制造，虽然对个人有利，但对公众不一定有利。对公众来说，雇用的人越多越好。以前，制帽业促进了十五种不同行业的发展，法规里是这样列举的：1. 梳毛工，2. 纺纱工，3. 针织工，4. 羊毛分拣工，5. 压榨工，6. 增厚工，7. 浆纱工，8. 缩绒工，9. 染色工，10. Batlelers，[①]11. 剪切工，12. 熨衣工，13. 镶边工，14. 衬里工，15. 帽圈工和其他工种。

以前，最好的帽子是蒙茅斯出产的，制帽商的小礼拜堂还在那里，比教堂其他部分的雕刻和镀金都好。但后来镇里爆发了大瘟疫，制帽业从这里搬到伍斯特郡的比尤德利好几年，但至今仍然叫蒙茅斯帽。所以，这个郡虽然没有保住制帽业的利润，但保住了制帽业的名声。由于孩子仍然随母亲的名，制帽业将来还有希望回到这里来。

我再补充这么一句：如果现在"戴蒙茅斯帽子"这个说法人们不愿意接受，我希望这个镇的居民会想办法加以反驳。

名　人

蒙茅斯的杰弗里出生于（约 1100 年）蒙茅斯，以蒙茅斯为姓。我认为他也随父亲叫亚瑟，不过有人说，那是因为他写了很多有关亚瑟王的作品。照此说来，荷马可以叫阿喀琉斯，维吉尔可以叫埃涅阿斯的儿子。凭借更古老的头衔，这位杰弗里甚至可以叫作布鲁伊特，他讲过布鲁伊特的故事。他把很多不列颠作家的作品翻译汇

---

① 意思不详。——译者注

编成一卷。

有人说，他赞美自己的国家太夸张。这是一种传染病，因为李维把意大利吹捧到了天上，其他所有作家也都是这样。那为什么其他人吹捧可以原谅，而我们的蒙茅斯人吹捧就那么严重？如果说他对一些事件的记述在时间上有误，也不是只有他一个历史学家犯这种错误。

然而，在陈述这些事情的时候，他的书由于圣洁而遭到禁止，而胡说八道的传奇文学却大行其道。这样，罗马喜爱盈利的故事，不喜欢不盈利的故事，可以凭借虚假的东西赚钱。有人认为他最大的错误是盛赞古代不列颠教会，使其在修士奥古斯丁来到这里之前独立于罗马教会[①]。

有人说他是枢机主教，这是不可能的。更能确定的是他担任过圣阿萨夫主教，其盛年是 1152 年（卒于 1154 年）。

理查德·克雷尔出生于（从各种可能性上可以这样推测）这个郡的斯特里吉尔城堡，拥有彭布罗克和斯特里吉尔伯爵头衔。他还有个外号叫"强弓"，源于他能拉开强弓，我看到的作家说他有开弓的胳膊。不过另一个作家描写的雷彻我不大相信，说雷彻"垂直站立时能用手掌摸到膝盖"。西塞罗的说法对他更适用：胳膊没劲什么也做不成。他是个实干的人。

1166 年，爱尔兰的伦斯特领主麦克默罗，由于几种残暴行为被米斯郡和康诺特的领主赶出了他的领地。他去找我们的国王亨利二世，请他入侵爱尔兰。但这位精明的国王有些担心，万一失败就会

---

① 古代不列颠教会可以追溯到圣帕特里克在爱尔兰创建的以修道院为基础的教会，后来传到苏格兰的爱奥那岛，又从爱奥那岛逐渐传遍不列颠，一度游离于罗马教会之外，惠特比宗教会议后逐渐式微，罗马教会逐渐一统全岛。——译者注

丧失他谨慎行事的名声，所以不愿意参与这一计划，但允许他那些好战的臣民参与，让他们去冒险。

这些人中，这位"强弓"理查德是主要人物，率领一千二百人（作为伯爵的随从太多，而作为将军的士兵又太少）入侵爱尔兰。没想到他大获成功，在短时间内就占领了伦斯特和芒斯特的港口，还有属于这两个省的大片土地。国王亨利竟然开始妒忌他的成功，把他召回国，命他把夺得的财产交到国王手里。上交之后，他又得到国王同意，把财产从国王手里接过来，但国王把都柏林市留在了自己手里。

这位"强弓"人称"爱尔兰征服者"，不过当地人在当时和数百年之后，对我们英格兰国王只是口头上臣服，实际上并不服从。他们的一些大领主甚至在各自的领地拥有国王的权力和头衔。看看国王亨利二世在委任威廉·菲茨奥尔德赫姆为爱尔兰总督的委任状的前言吧：大主教、主教、国王、伯爵、男爵，向爱尔兰所有忠诚的臣民致敬。国王放在了主教后面，这表明他们自己就是小国王，他们有这个志向，（只是）没有经过正式的就职典礼。

这位理查德伯爵 1176 年死于都柏林，埋葬在三一教堂里。

沃尔特·坎特鲁普是坎特鲁普勋爵（大）威廉的儿子，主要住在这个郡的阿伯加文尼，出身高贵，晋升得更高（被国王亨利三世任命为伍斯特主教），斗志也最高。当时教皇特使来到英格兰，指责很多神职人员违规保留圣职，打算迫使那些不合法的领圣俸者把职位空出来（以便留给教皇的红人），或是达成妥协，交出他任意要的价钱后继续任职。但沃尔特不愿意向这样的勒索屈服。实际上他是个生性刚烈的人，其双刃剑确实在两面都被割伤了：

一面是教皇。他告诉 1255 年来到这里的教皇特使拉斯坦德，说他宁愿在绞刑架上吊死，也不会同意教会这样掠夺。

另一面是国王。他站在贵族一边，鼓励他们参与内战，答应给他们天大的报酬，不过这一信条导致教皇将他逐出教会。

临死前躺在床上，他对自己的不忠诚真心悔恨，根据其要求得到了赦免。他死于1266年2月12日，我把他看作是被追封为圣徒的赫里福德主教托马斯·坎特鲁普的叔叔。

亨利（兰开斯特的），兰开斯特首任公爵，出生于蒙茅斯城堡（约1299年），他男爵领地的主要邸宅。他通常被称为"歪脖"，也有人叫他好心的兰开斯特公爵，我们就这样称呼他。称呼人时，用表示赞扬的名称比表示同情的名称更合适，不能用表示自然缺陷的名称，但表示美德的可以。

我们在这里提到他是因为他的慷慨，他是剑桥圣体行会的首领，是剑桥大学第一个创建一所学院的市民。实际上他给的地只有一点，但这么一个著名人物给予的支持很大，获得并解决了他们的永久占有权。他死于1361年，埋葬在莱斯特他创办的由教堂参事会管理的教堂。他唯有的女儿布兰奇嫁给了冈特的约翰，其是兰开斯特公爵。

蒙茅斯的亨利（亨利五世，生于1387年），这个名字来自他所出生的名镇……他是国王亨利四世之子（母亲是玛丽，赫里福德伯爵汉弗莱·博恩的女儿和继承人之一），继承了父亲的王位，是第五个名叫亨利的国王，于1413年3月20日开始了他的统治。

他年轻时挥霍无度是不可原谅的，其父王为此而把他逐出了枢密院（代替其弟弟克拉伦斯公爵担任院长）。身体最健康的人在年轻时崭露头角，心灵更健全的人在小时候就表现出来了。他父亲一死，他就改过自新，为国家赢得了荣誉，也令敌人闻风丧胆。他甚至把无所事事的同伴全都从宫里赶了出去，给了他们一笔足以过舒适生活的财产。

　　大法官大人（亨利还是王子时大法官抓捕过他，因为其同伴的淫荡行为而打过他）祈求他宽恕时，亨利不仅宽恕了大法官大人，还奖赏了他的公正，让他执法时不必担心，也不要偏袒。

　　他统治期间提出请求，将俗界的土地用于教会，但如果滥用就会被国王没收。这被坎特伯雷大主教奇切利明智地避开了，大主教让国王谋划收复法兰西。勇敢的国王甚至把法兰西国王查理六世逼入窘境，在某种程度上法王把他的王国交给了亨利。

　　法兰西人发现亨利兑现了他对法兰西王太子的承诺（王太子送给他一桶巴黎网球），但送给他的英格兰球让他们输得很惨。

　　1422 年 8 月的最后一天，他死在法兰西的万塞讷森林，以非常隆重的仪式运回来，埋葬在威斯敏斯特大教堂。

　　威廉·赫伯特爵士，彭布罗克伯爵，他和其兄弟理查德·赫伯特爵士一样，肯定都出生在这个郡，但是不是出生在拉格伦城堡很难确定。他们兄弟俩都很勇敢，都是国王爱德华四世的好朋友，也都是沃里克伯爵理查德·内维尔的死敌。他们在班伯里战役中提供了最后和最清楚的证据，据说两兄弟率领着威尔士士兵，手拿长柄战斧，两次冲进北方人（支持国王亨利六世）的军营里，没有一个人受重伤。

　　切尔伯里的赫伯特家族有一个传说，说他们这位祖先理查德爵士那天亲手杀死了一百四十个人。有人认为，如果是在冲锋陷阵时杀这么多，这是不可能的；如果是在敌人溃败后开杀戒，这是很残忍的。但其他人为他辩护，说这既真实，又表现了他的勇敢，是在敌人中间来回穿梭时杀死的。

　　实际上枪在那个时代既盛行也不盛行，有时候用于围攻，但从来不用于野战。另外长柄战斧仅次于枪，也是一种能致命的武器，尤其是在这位索命骑士的手里，砍几个死几个。

据说他身材高大。蒙哥马利城堡里现在还有一根钉，当年他吃饭时用来挂帽子，直到现在中等身材的人伸出手来没有一个人能够得着。

然而，这两兄弟这么勇敢，却中了狡猾的敌人的圈套（任何时候都可以赌叛逆者要伤害勇敢者），被押送到班伯里斩首，伯爵被埋在廷特恩，理查德爵士被埋在阿伯加文尼，都在这个郡（卒于1469年）。

罗杰·威廉姆斯爵士，出生于（约1540年）这个郡彭罗斯的一个世家，他先是公爵达尔瓦麾下的雇佣兵，后来成功地为女王伊丽莎白效力，没有缺陷，只是有点过于随意，急于打仗。

一个西班牙上尉向约翰·诺里斯爵士挑战，要与他单独决斗（接受挑战有失约翰爵士的身份，因为他是将军），这位罗杰接受了西班牙人的挑战。两个人打了一阵子之后（双方的队伍都在观战）都毫发无伤，就相互祝酒，每人喝了一大口葡萄酒，然后就友好地分手了。

还有一次，他半夜里在温鲁附近向帕尔马君主的军营发起攻击，杀死了一些敌人，冲进了将军的帐篷里。有些人严厉地指责他鲁莽，还有人赞扬他勇敢。他在没有希望得到任何援助的情况下，勇敢地守卫斯鲁伊斯（卒于1595年）。

威廉·琼斯是蒙茅斯镇本地人，有大笔财产，这表现在几个方面：

1. 囊中羞涩。由于付不起十个格罗特①而被赶出了蒙茅斯，这

---

① 当时的四便士银币。——译者注

是那个公司已故的记录员告诉我的。他是怎么败落的呢，如果他没有败落！

2. 钱包渐鼓。他逃到伦敦，先是当行李搬运工，然后（他脑子比背强）当管家，又去了汉堡，凭借勤奋和聪明才智为威尔士棉花找到了出路，这样国内的滞销货成了海外的珍品。

3. 重新提供资金。在他的出生地创办了一所漂亮的校舍，每年给校长五十英镑，给助理教员三十英镑，给讲师一百马克的工资。另外还创办了一座贫民院，供养了二十个穷人，每个人有两间房、一个花园，每个星期半个五先令硬币，另外还有其他便利的设施。

他所有的捐赠物，还有其他更多的东西，他都在遗嘱里托付给伦敦声誉卓著的日用杂品商行会监管，现在他们正出色地履行托付给他们的职责（全盛时期是在 1614 年）。

威廉·埃文斯出生于这个郡，可以被看作我们这个时代的巨人，身高足有两码半。他是国王查理一世的门卫，接替的是沃尔特·珀森斯的职务，身高超过他两英寸，但在身材匀称上比他差得多。他不仅两个膝盖碰在一起，走路时脚响，而且还有点瘸。不过他能将就着在宫里假面舞会的幕间节目里跳舞，将小侏儒杰弗里从口袋里掏出来，先是让观众吃惊，随后就让他们大笑。他死于 17 世纪 30 年代。

告别辞

我知道 1607 年 1 月，这个郡被称为沼泽的地方，由于塞文海①

①　现在叫作布里斯托尔海峡。——译者注

泛滥而遭受巨大损失。海水泛滥是由猛烈的西南风造成的,一直刮了三天。我衷心希望这里的居民将来得到上帝保佑,免于这些洪水的威胁(水是好仆人,但又是坏主子)。上帝用一条沙腰带把大海捆住,对海浪说:就到这里吧,不要再往前走了。

诺福克

诺福克北面和东面是德意志海，南面由韦弗尼河与萨福克分开，由乌斯河与剑桥郡分开，西面是林肯郡的一小部分，从北到南延伸不超过三十英里。

整个英格兰都可以与诺福克切割开来，诺福克就可以代表英格兰，不仅在种类上，而且在程度上。这里有沼泽地和荒地，有的浅有的深，有沙土地和黏土地，有草地和牧场，有可耕地和林地，有无林地，这个郡的土地类型就是这样种类繁多，令人舒适。这就像很多人那样，这里或那里也许可以找出一点毛病，但各个部位合起来就是一个正常的人。诺福克也是这样，整体上来看足以给人带来乐趣和好处，这个地方缺少什么东西，另一个地方可以提供。

这个郡在整个英格兰中教堂最多（六百六十座），虽然封地最穷，但（凭借其发达的农业的某种神秘特性，再加上上帝的祝福）神职人员最富。最能显示这个郡富有和人口众多的地方，莫过于最近对英格兰的一项评估，按每个月六万英镑算，评估了三个月，诺福克算上诺威奇市的三千二百六十六英镑十三先令四便士，占有英格兰各郡中最高的比例①。诺福克以高昂的代价换来了这样的荣誉，虽然没有理由高兴，更没有理由骄傲，但不能不说这是一项荣誉，没有人可以低估它。

天然产品

英格兰所有的产品这个郡都有很多，其中最好且最多的是：

兔　子

兔子是一支天然的拓荒大军，所以人从兔子那里学会了破坏。兔子在不毛之地最为兴旺发达，在天气最严寒的时候长得最肥。兔子肉鲜美，有益于健康。如果苏格兰人指责我们语言不得体，嘲笑我们的兔子有翅膀，我们也会嘲笑他们的阉鸡有肩膀。

以前毛皮流行的时候，兔子皮是有用的，直到后来我们的罗马公民变成了希腊人，把庄重的长袍放到一边，披上了轻便的斗篷。人们普遍讨厌各种制服，尽管制服是荣誉的象征，如果说这也是时代标记的话。

兔子华丽或银色的毛皮以前价格昂贵，现在降到和其他颜色同样的价位，甚至估价低于黑色，因为兔毛主要用于制作帽子，一般叫作（听起来更有面子）半海狸皮帽，尽管很多达不到半海狸皮帽的比例。

鲱　鱼

雅茅斯附近捕到的鲱鱼又多又好，那里每年的圣米迦勒节都有

---

① 原文这句话的意思有点含糊不清。——译者注

一个集市来卖鱼，经常有很多鲱鱼，赚的钱多得惊人。实际上捕鲱鱼是最赚钱的行当。这种鱼虽然小得不值一提，但聚集在一起就可观了，成群结队地在一起游动。鲸鱼以块头大取胜，鲱鱼以数量多见长（那些力气大而又有勇气的人要记住，不要吹嘘，也不要以此为骄傲，在敌众我寡的时候，勇气再大也会很快送命）。熏鲱鱼在英格兰是作为调味品来开胃的，在荷兰和其他地方却是用来充饥的食物。

我在一位现代作家那里看到一段值得铭记的话，我就以这段话来结束天然产品这一部分的叙述：

> F.W.勋爵对我说，诺福克的一位绅士有一块地不到四十平方码，却卖了一万多英镑，但地里既没有矿物，也没有金属。后来他对我说，那只是一种细黏土，可用来制作精美的陶器。知道内情的人看见他把地挖开，发现了这种土的价值，就把它运到荷兰，得到了很多钱。

读到这个故事的上栏我起了疑心，怀疑加了密码。如果真是这样，那些仿中国瓷盘要是在英格兰制造，它会给我们带来多少财富。

工业品

沃斯迪德精纺毛线

这种毛线的名称来自此郡的一个叫沃斯迪德的村庄，它一开始不过是纺很细的毛线，为了更结实而将其捻在一起。但很遗憾，用这种毛线做成的几种东西（是毛线织成的，染上了颜色）我叫不上名字来。

有人证明这种产品（在英格兰广为人知始于国王亨利六世统治后期）有用，能让公众受益，说至少有十四项法令现在仍然有效，对其进行规范管理以确保销路，规定哪一种可以运输，哪一种不可以运输。每年从诺威奇市选出四个毛线织工监察员，从诺福克郡再选出四个，他们庄严宣誓，有职有权，这些就不再说了。

至于毛线长袜，那是 1564 年由威廉·赖德首先在英格兰制作的。威廉是个心灵手巧的学徒，住在伦敦桥下面圣马格努斯教堂对面。有一次，威廉碰巧在一个意大利商人的住所里看见一双编织的毛线长袜，是这位商人从曼图亚带来的。威廉将其借走，按着样子做了一双送给了彭布罗克伯爵威廉，伯爵是第一个在英格兰穿这种袜子的人。

俗　语

诺福克水果布丁。[①]

这样说一点也不能证明这个郡的人身材矮小。我向你保证，这里的人和英格兰任何地方的人一样高大，胳膊也一样长。但这句话和他们日常吃的食物有关，大家都这样说。我希望这会给他们带来好处，这样他们的身体就可以活动自如，做各种本能的、世俗的和宗教的事情。

诺福克式欺诈。

------

① 常用来形容人身材矮胖。——译者注

这里的民众对我们的习惯法了如指掌，我要是打官司，我希望他们是我的律师而不是对手。这里（据说这里的人学习法律就像学犁地一样）的有些人会让我们相信，他们会为了邻居的一匹马而打官司，却会仔细观察他们的树篱。

雅茅斯阉鸡。

也就是熏鲱鱼。这样用其他名称来伪装动物的做法并不新鲜。评论家会把一只利比亚熊当成是狮子，因为利比亚这个地方没有熊。我相信雅茅斯这个地方没有几个人喂养阉鸡（翅比羽毛多的除外）。但我同意这一说法，我知道意大利修士（星期五想吃肉的时候）就把阉鸡叫作"鸡笼子里逮的鱼"[①]。

他被沼泽地区的长官逮捕了。

这个郡沼泽地区的空气根本不是最有益于健康的，四周全被海洋和沼泽地所包围。所以，来到这里的外地人会被人在背上拍一下让他感染上疟疾，这种病有时候比一身毛料衣服穿的时间还要久。最好的情况是这些囚犯给长官一些小费和打点费，耐心挺过疾病的打击，习惯了这个地方的空气，直到老年恢复健康。

---

① 修士不得在星期五吃肉，但可以吃鱼，这样把阉鸡叫作鱼，吃肉就合法了。——译者注

主要的法官和法律作家

爱德华·科克爵士，骑士，是罗伯特·科克先生及其妻子威妮弗蕾德·奈特利的儿子，他出生于这个郡的米尔汉姆，十岁时在诺威奇学校上学，从那里转到剑桥三一学院。在剑桥连续学习四年之后，他被录取到伦敦的克利福德律师公会，次年进入内殿律师学院，学习国内法。他在这里学习成绩优异，六年之后（在那个要求严格的时代比预定时间提早很多）取得律师资格，不久之后连续三年当选为里昂律师学院的讲师。

他博学的讲座使他名声远扬，成群的诉讼委托人请他当辩护人。他本人向布丽奇特求婚很快就得到同意，布丽奇特是约翰·帕斯顿先生的女儿和共同继承人。

布丽奇特后来成为他无与伦比的妻子，其嫁妆保守估计也达到了三万英镑，其美德也没有被低估，还为他生下十个孩子。

随后的升迁接踵而至。诺威奇市选他当首席法官，诺福克郡选他为骑士进入议会，女王任命他为下议院议长，并先后担任副检察长和首席检察官。国王詹姆斯册封他为骑士，任命他为首席大法官，一开始担任民事法院首席大法官，然后担任王座法院首席大法官。

父亲给他打下稳固的根基，他以此为基础，娶了一个非常富有的妻子，一开始付出了艰辛的努力，后来担任了很多肥缺，而他购物时选择便宜货，过着节俭的生活，活到了耄耋之年。在和平富足的年月（出生于女王玛丽的宗教迫害之后，死于内战之前）[①]，难怪

[①] 原文不太准确。爱德华出生于1552年，而女王玛丽1553年才登基，所以他应该是出生于玛丽的宗教迫害之前而不是之后。——译者注

他能晋升高位，并为几个儿子留下大笔遗产，使他的众子都能像哥哥一样。

他预计有五类人会倒霉和受穷：炼金术士、垄断者、枢密院大臣、检察官、诗人。他会因为三件事而真诚地感谢上帝：从来没有接受过治疗，从未有过残忍之心，从来没有贪污腐败过。他在三件事上为自己的成功而喝彩：非常幸运地娶到一位贤妻，有幸学习了法律，所有职务都是免费得到的，既没有祈求，也没有行贿。

他的才华令人赞叹。他有深邃的判断力，可靠的记忆力，活跃的想象力。他思想的宝石放进了一个漂亮的盒子，有漂亮的身躯，标致的面容。他擦盒子，让盒子保持干净，他喜欢好衣服，也穿得漂亮。他常说，身体的外表干净可以提醒灵魂保持纯洁。

他在辩护、交谈和发表意见时绝不拐弯抹角。他常说："这件事没有回旋的余地。"无论在何种地方，无论从事何种职业，无论在何人的管辖范围，他都推崇适度的谦虚和节制，他常说："河水要是漫过堤岸，就找不到自己的河道了。"

如果有对立派反对他，他都耐心回答说："如果有人惩罚我，我就不惩罚自己了。"最重大的事务他自己在办公桌上处理，任何人也无法在私下说服他撤销公开做出的判决。他说："我是法庭上的法官，不是客厅里的法官。"他常说："春风得意时这样做，倒霉以后就会后悔，聪明人不会做这种事。"他的座右铭是"谨慎的人是有耐心的"，他在实践中也是这样做的，尤其是失宠于国王詹姆斯之后。

他失宠的原因可以在我们英格兰的编年史里查到，我们注意到他在隐退之后是如何行事的，如何变不利为有利。他为自己的清白而自豪，没有做任何违法的事，一直记得他当法官时在戒指上刻的格言："法律是最安全的头盔。"

军　人

约翰·法斯托尔夫，骑士，这个郡的本地人。我有正当的理由这样认为，虽然有人认为他是法兰西人，只是因为他是法兰西的西利吉扬男爵，这样他们就把很多英格兰名人给夺走了。他是贝德福德公爵约翰保护的人（也是最后一个人），时间和地点足以证明他是英格兰血统。有很多证据证明他勇敢，就像证明太阳明亮一样，只是在舞台上他过于夸张，让他成为一个吹牛大王，成了假勇敢的象征。

当然，约翰·奥尔德卡斯尔爵士首当其冲，在所有戏剧中都被嘲笑为懦夫。这枚黑便士出自哪个钱包很容易找到，罗马天主教徒骂他是异端分子，所以他必定也是懦夫，不过他也确实是个军人，从头到尾都是，像他那个时代的任何人一样勇敢。

现在约翰·奥尔德卡斯尔爵士退场了，我很高兴。而约翰·法斯托尔夫爵士又上场了，以淡化他低贱的名声，让他成为每一个愚钝人击打的铁砧，这点我很遗憾。我们的喜剧演员也有不可原谅之处，把他的名字改为约翰·福斯塔夫爵士 ① （使自己成为国王亨利五世取乐的对象），发音的接近伤害了这位杰出的骑士，没有几个人注意到二人姓氏在拼写上的细微差别。他由国王亨利六世册封为嘉德骑士，大约死于亨利六世统治的第二年。

克莱门特·帕斯顿爵士，骑十，威廉·帕斯顿爵士的四子，约翰·帕斯顿爵士的孙子，著名的军人，国王爱德华四世的红人（受

---

① 莎士比亚历史剧《亨利四世》中有个喜剧人物叫福斯塔夫。——译者注

国王派遣，和斯凯尔斯勋爵一起，把御妹玛格丽特公主护送到她丈夫勃艮第公爵夏尔那里）。他是法官威廉·帕斯顿的儿子，出生于这个郡的帕斯顿。

他年轻时参与烧毁了法兰西的孔克村，后来被国王亨利八世任命为一艘军舰的舰长，在一次海战中俘获了一条法兰西舰艇，捕获了舰上的法兰西舰队司令布朗卡尔男爵，把他押送回英格兰，关在雅茅斯附近的凯斯托，直到付了七千克朗的赎金才获释。另外还有舰艇上的战利品，其中有一个金杯和两条金蛇，都是舰队司令的，克莱门特爵士在有生之年每逢节日使用，临死前作为纪念物遗赠给家人。

克莱门特爵士多处受伤，曾被当作死人遗弃在苏格兰的马瑟尔堡战场上。女王玛丽统治时期，托马斯·怀亚特爵士在鲁德门被打败。他希望对他更有礼貌一些，把他交给一位绅士，就向（历史学家这样说）克莱门特·帕斯顿爵士投降。

克莱门特爵士在纽黑文服役，指挥过女王伊丽莎白的一些舰船，先后从两位国王、两位女王那里领取抚恤金。他过着少有的幸福生活，晚年在这个郡过着体面、安静的日子，家务管理得井井有条。他在奥克斯尼德建了一所漂亮的房子用来招待客人，附近还建有一家慈善机构，供养着他们家六个贫穷的仆人，让他们过着便利的生活。

海 员

林恩的尼古拉，出生于林恩镇，在牛津上学，通常被认为是方济各会修士。但我读到的那个作家是加尔默罗会修士，说尼古拉也是加尔默罗会修士。大家都认为他是个优秀的音乐家、数学家和占星家。

1330 年，也就是国王爱德华三世统治的第三年，据说他和其他人一起航行到世界最北端的岛屿。然后他离开同伴，带着他的星盘，在魔术（这是愚昧无知的人给数学家起的外号）的帮助下，一直到达北极，在那里发现了海洋的四个入水口，从世界的四个相对的地区流进去，很多人认为这就是洋流和风的源头。如果这些都是真的，如果古人也知道，哲学家就会省去很多麻烦，不再争论是不是月亮造成了海潮，维吉尔的想象力也就不会遭到破坏，将埃俄利亚[①]当成唯一的风源。

我相信赫拉尔杜斯·墨卡托[②]丰富了这位修士的想象力，让他把北极周围地区描写得与他想象中的发现相一致，宁可用虚构的东西来绘制地图也不让它空着。但他书中的其他内容有更可靠、更真实的依据，否则他那阿特拉斯的肩膀就太弱，支撑不住这个世界了。

现在继续讲述修士尼古拉。有人对我说，尼古拉写了一本有关他发现的书，书名叫《发现幸运岛》[③]。当然，博学的乔叟非常尊重他，看看乔叟对他的认可，称他为"自由的尼古拉·林恩，可敬的教士"。但他所有的学问也不能保护他不死。他死于 1360 年前后，埋葬在他出生的林恩镇。

作　家

林恩的阿伦出生于这个郡那个著名的集镇林恩，他在剑桥大学接受教育，获得了神学博士学位，后来成为他的出生地林恩镇加尔

---

① 荷马史诗《奥德赛》中提到的一个漂浮的岛屿。——译者注
② 荷兰地图学家，1569 年首次采用正轴等角圆柱投影编制航海图。——译者注
③ 2011 年，美国媒体评出"原本可能流传千古的十本书"，其中就有这一本。——译者注

默罗修会的修士。他非常勤奋，博览群书，也希望别人收获他辛勤劳动的果实，为此他为很多读过的作家制作了索引。

索引是必要的工具，不是书的累赘，除非把军队的运输车辆也叫作累赘。没有索引，一位大作家不过是一座迷宫，没有指引读者进去的线索。我承认有一种懒惰的学问，只是指引性的。学生（就像专咬马后脚的蝰蛇一样）只是啃食目录，忽略了书的正文。虽然懒散的人不配得到拐杖（不要让他们使用拐杖，而是用拐杖打他们），但遗憾的是疲倦者得不到好处，勤奋的学生被禁止得到索引的便利，用得最多的是那些假装谴责索引最厉害的人。

为公共事业捐助的人

安德鲁·佩尔内出生于比尔尼，在剑桥大学彼得学院上学，是院里的董事和院长，也是剑桥的学监和副校长、伊利大教堂教长。他对其学院非常慷慨，在院里设立了研究生奖学金和本科生奖学金，另外还把他得到的很多珍贵书稿送给了他们的图书馆。

但他最值得纪念的（挽救上帝活着的住宿之所[1]胜过建造无生命的学院）是这件事。女王玛丽统治时期，他是阻挡迫害之火[2]的一道"屏障"，挽救了很多可怜新教徒的尊严和生命，所以剑桥大学里没有一个好友殉教。

我知道他在十二年里（从亨利八世统治的最后一年到女王伊丽莎白统治的第一年）因四次改宗而大受谴责，依次是罗马天主教徒、新教徒、罗马天主教徒、新教徒，但他还是安德鲁·佩尔内。但需

---

[1] "temples"，当时的基督徒常以此指称自己的躯体。——译者注
[2] 指玛丽女王以火刑烧死新教徒。——译者注

要知道的是，他虽然是一棵弯曲的柳树，但绝不是让人受苦的柳树，罪在顺从而不是残忍，他甚至保护了很多本来会遭到迫害的人。

他生性诙谐，善于说些不拐弯抹角、辛辣的玩笑话，有时候也许是过于尖刻地说真话。这里举一个例子。有一次，这位教长骂一位神职人员为傻瓜（此人实际上比傻瓜强不了多少），这位神职人员回答说，他要到伊利主教大人那里去投诉。

"随你的便，"教长说，"你一投诉，主教大人就会证实你就是个傻瓜。"

然而，佩尔内博士本人最后被一个笑话伤透了心（我是从优秀作家那里看到的信息，最为可靠），情况是这样的。一天下午，天下着雨，他和他的学生惠特吉夫特大主教一起在宫里，女王（我不敢说是任性）竟然要骑马外出，侍女们不乐意，（因为）她们也要骑马陪着她（四轮大马车当时还不常见）。这时，女王的弄臣克劳德受廷臣们指使，让他用笑话打消了女王出游的念头，（因为）出游太不方便了。

"陛下，"克劳德说，"天劝您不要出去，又冷又湿；地劝您不要出去，又潮又脏。天劝您不要出去，这位向往天国的大主教惠特吉夫特；地劝您不要出去，您的傻瓜克劳德，我就是一摊泥[①]。如果我们二人都劝不住您，这里还有一个人既不是天，也不是地，而是在天地之间，也就是佩尔内博士，他也劝您不要出去。"

听到这番话，女王和廷臣们开怀大笑，而佩尔内博士却是一副难受的样子，和大主教阁下一起回到兰贝斯宫，很快就咽了气。

---

① "克劳德"（Clod）既有"泥土"的意思，也有"傻瓜"的意思。——译者注

郡　长

菲利普·卡尔思罗普，骑士。他是个很严肃的绅士（活到很大岁数），但也有令人愉快的自负性格，下面一例可以证明。

他要做一件长袍，就把足够的法兰西茶色精纺布送到诺威奇的一个裁缝那里。碰巧一个鞋匠约翰·德雷克斯来到裁缝铺，看到那块精纺布后非常喜欢，就去买了同样多的布料，吩咐裁缝给他做一件同样款式的衣服。骑士听说以后，命裁缝在他的长袍上剪洞，能剪多少剪多少，就这样煞了约翰·德雷克斯的傲气，以后再也不把自己打扮成绅士了。

告别辞

现在要与这个郡告别了，我希望这个郡的居民能充分利用那么多的教堂，以此来反驳那句危害社会的俗语：离教堂越近，离上帝越远；要用另一句话（这是个令人满意的改变）来取而代之：教堂越多，信仰就越虔诚。

诺威奇

诺威奇或是（你怎么认为都可以）果园里的一座城，或是城里的一个果园，房屋和树木均匀地混在一起，这样乡村的快乐和城里的稠密人口就交织在一起了。然而，在这一混合物中，居民们也参与了，丝毫没有乡村的粗俗，全是都市风格的文雅。

天然产品

鲜　花

荷兰人带到这里的不仅有可以获利的手艺，也有令人赏心悦目的珍玩。他们是这座城市里最早推广鲜花、提高鲜花声誉的人。珍珠是颜色最好看的泥土，鲜花是外观最好看的草，每天都穿着上帝的制服，而上帝为地里的草穿衣。所罗门本人就比不过鲜花，因为他的仪表只是从外部接受过来的，而鲜花的仪表是本身固有的[①]。早上（长大的时候）鲜花讲授的是神意，晚上（砍倒凋谢以后）讲授

[①]　参见《圣经·马太福音》6:29。——译者注

的是人必死的命运。

据观察，单株花比双株花香得多（上帝闻着穷人可能比富人香）[1]。让花匠去找找原因吧，是不是因为双株花成对，枝叶繁杂，太阳晒得也不是那么透？

鲜花改良是一门了不起的艺术，最美的玫瑰最早出现在这座城市。雅各用一种精巧的发明使拉班的羊长出斑点或环纹来[2]，让郁金香长出丛毛和各种颜色的条纹来也需要高超的技术。

在我看来，这些花显然是要诉诸两种感觉：视觉和嗅觉。有些东西虽然是"味道最少的最好"，但对鲜花来说（除了不幸的对立面之外）当然还需要好味道。

工业品

毛　料

刮得人人都不舒服的风是邪风，暴风雨连舰队司令的船也刮沉了。残忍的阿尔瓦大公将荷兰人刮到这座城市[3]，把他们制造的产品也刮来了，英格兰人很快就学会了制造，诺威奇最终成为这些产品在整个英格兰的贸易中心。对于敏捷的纬线来说，以不同的姿势围绕着固定的经线跳舞，产生出无穷的花样来。

不要指望我列举出它们的名称来，这些产品与日俱增，其中很多都有两种名称，一旦销售开始疲软，马上就换一种新名称。我小

---

[1]　参见《马太福音》19:24；《马可福音》10:25；《路加福音》18:25。——译者注

[2]　参见《圣经·创世记》30:31—43。——译者注

[3]　阿尔瓦大公担任荷兰总督期间残酷镇压荷兰新教徒的叛乱，迫使很多人逃到英格兰避难。——译者注

时候有一种产品叫作"站在远处"（虚伪的象征），在很远的地方看着似乎很漂亮，但从近处看就能发现其粗糙。还有"不朽"，因为它结实耐穿，有"里子缎""斜纹布""意大利布"等。夸美纽斯说，喜爱的人必须有个好名字，这样君主无论在任何时候随口就能叫出来。所以一个好听的名字让买主喜欢，对销售也大有好处。

　　借助于这些手段，诺威奇在销售竞赛上从远处战胜了萨德伯里。实际上在一开始（南方好于北方，"伯里"就是城市，"里奇"就是个村庄）萨德伯里占优势，而现在诺威奇独占鳌头。

建　筑

　　在私人住宅中，诺福克公爵邸宅是我在伦敦之外的城市里所见过的最宏伟的建筑。它有个带屋顶的保龄球馆（我相信在英格兰是第一个）。因此，上一任诺福克公爵托马斯因为想（凭借与苏格兰女王的婚姻）当苏格兰国王而受到谴责时，他向女王伊丽莎白表示，他在诺威奇他的保龄球馆里的时候，就把自己当成是苏格兰国王了。

　　至于主教邸宅，以前是一座非常漂亮的建筑，但最近屋顶的铅板被购买者去掉了，又铺上了瓦片。于是有人打趣说：

> 邸宅就这样被改变了，以前我们看到，
> 约翰·莱顿，现在是沃特·泰勒，下一个是杰克·斯特劳。[①]

城市里确实有很多房子是茅草屋顶，这样马丁·路德（假如被

[①]　这里有三个双关语无法传译。"莱顿"（Leyden）是"铅屋顶"，"泰勒"（Tyler）是"瓦屋顶"，"斯特劳"（Straw）是"草屋顶"。——译者注

皇帝召到这个地方）就会改变说法，不说"屋顶的瓦"了，而是说"即便是屋顶的每一根稻草都是个魔鬼，我也要去"。[①] 然而这些草铺得很有艺术性（有时候甚至铺到高坛上），对城市来说一点也不碍观瞻。

告别辞

我由衷地希望这座城市永远繁荣昌盛。愿所有屋顶上的茅草得到上帝保佑，免得被无情的大火烧掉（因为火不是国王，肯定是恶魔），火一旦肆虐起来就漫无边际，一直烧到没有燃料的地方。我也希望他们的茅草到适当的时候升级换代为瓦片，这样将来就能更好地防范另一种自然灾害，我指的是风雨造成的伤害。

---

① 1521年，神圣罗马帝国皇帝查理五世在沃姆斯召开议会，传马丁·路德出席。路德接到传唤后说："即便是屋顶的每一片瓦都是个魔鬼，我也要去。"——译者注

北安普敦郡

　　北安普敦郡是个又长又窄的内陆郡，东北到西南走向，与周边接壤的郡比英格兰任何一个郡都要多，一共有九个。

　　这个郡和英格兰任何一个郡一样富饶、一样人口众多。我曾在一个地方放眼望去，可以看见十六个镇及其教堂，我承认没有一个是最好的。但愿以后上帝让那些比我眼尖的人看到的不比我少。

　　我相信这个郡的荒地和英格兰任何一个郡的一样少（没有藓沼、沼泽、荒野、石楠丛生地，而在其他很多郡则造成大片荒凉的空地）。北安普敦郡是个苹果，没有需要切掉的果核，也没有需要剥去的外壳。

　　北安普敦郡敢于这样说：凡是从这个郡或其附近流过的所有河流，都是发源于这个郡，在这个郡形成的（这证明其海拔高）。这样的话我相信英格兰的其他任何一个郡都不敢这么说。另外，这个郡还提供了两条大河，把埃文河给了沃里克郡，把查韦尔河给了牛津郡。

　　这里普通人的语言一般来说是英格兰各郡最好的。一个证据是我小时候从这里的一个工匠那里得到的，从此以后我就相信了自己的判断。"我相信，"他说，"我们讲的英语和英格兰任何一个郡讲得一样好。虽然唱圣歌时有些词（凑韵律的）我们不认识，但最新的

《圣经》译本肯定是博学者用最好的英语翻译的，与我们郡普通人所说的语言完全一致。"

天然产品

这个郡的草、谷物、牛羊等获得的收益，和英格兰的任何一个郡一样多，但它最著名的产品是以下几种：

硝　石

有人认为古人对硝石一无所知，博学的霍夫曼则不以为然，认为硝石不过是以伪装的面目出现在古人面前，当时叫盐碱。不过我们现在的用法古人不知道，也就是用硝石做火药。这是一种很容易着火的东西，能否容易着火是检验硝石好坏的最好办法。

为什么要把硝石放置在北安普敦郡来强调呢（每个郡都有硝石）？因为大部分硝石都在鸽舍里，而大部分鸽舍都在这个盛产谷物的郡。但这些天真无邪的象征对那些破坏就没有一点责任吗？也就是硝石制造的东西造成的破坏。

我对硝石只补充一点，我读过一个博学的作家写的作品，说硝石工从地里采硝石，用了一年、三年或四年之后发现地里又长出了更多的硝石，然后就再采一遍。

家　鸽

在所有家禽中，家鸽是群居性最强的，因为家鸽不实行君主统治，与蜜蜂不一样。大家都说家鸽没有苦胆。要知道，家鸽与其他动物不一样，其苦胆不是长在一个单独的脉管里。看看鸽子之间的敌意，就知道苦胆的效果了（鸽子嘴既可以啄食，也可以亲吻），另外（如果鸽子嗉囊没有完全取出来）鸽子肉也是苦的。

鸽子飞得最快，操纵着尾巴保持垂直攀升。有一个人妒忌心强，发现邻居家的几只鸽子在他家谷垛上吃食，就用网把它们逮住，拔光鸽子尾巴后放走了。鸽子虽然还能飞回家，但很快就死在了鸽舍里，由于不能垂直飞起找食吃而饿死了，死在了气窗旁边。

鸽子每年很不情愿地过七个星期的大斋节，也就是从陈粮吃完到新粮长成这一段时间。我们英格兰的家鸽可能也是可以调教的，也很机灵，就像土耳其鸽子一样，如果加以训练，可以把信从阿勒坡送到巴比伦。但这样由带翅膀的信使送信，会让很多用脚送信的人丢了生计，这些人老老实实地靠这种吃苦受累的职业为生。

我发现有人起草了一份惨无人道的起诉书，指控这些可怜的鸽子犯了重罪，是这里掠夺粮食的大盗。据我看到的那个作家计算，英格兰和威尔士有两万六千个鸽舍，按每个鸽舍养五百对鸽子，每对鸽子每年吃四蒲式耳粮食算，每年糟蹋粮食之多简直令人难以置信。如果他计算的比例份额是正确的，就可以把鸽子当成饥馑的罪魁祸首，正符合鸽子在希伯来语里的词源——Jonah，这个词来自一个表示糟蹋或破坏的词根。

为鸽子辩护的人说，鸽子吃的都是散落在地里的粮食，不吃也是丢掉了，被人踩进泥土里，一点用处也没有。喂这些家禽的可能是神意，鸽子凭借自然本能去吃这些本来就是无用的粮食，而且用鸽子粪施肥会使土地非常肥沃，足以弥补造成的破坏，没有鸽子粪也许就会颗粒无收。

然而，如果鸽子犯了这么大的偷窃罪，它们也为此而伏了法，通常都是被人杀掉吃肉，一只受到惩罚的鸽子（从两只翅膀下面把血放出来）味道鲜美，而且还营养丰富。

工业品

这个郡没有任何值得夸耀的工业品，其原因是有足够的谷物和草（还有其他各种生活必需的天然产品），维持生计绰绰有余。长兄继承了遗产可以养活自己，就没有必要去立约当学徒，那就让弟弟去经商，凭借勤奋去扩充那点微薄的财产吧。

北安普敦郡卖羊毛就足够了，其他郡就用这些羊毛去织布。我这样说不是夸赞北安普敦郡（虽然这个郡就是我的家乡）人不用工业品，而是说北安普敦郡人应该感谢上帝让他们不需要工业品。但北安普敦市可以说主要是依靠别人的腿来站立的，在这里可以买到英格兰最多、最便宜的靴子和袜子（如果说不是最好的话）。

我从一个好朋友那里得到可靠消息，说这个郡的服装制造业是由审慎能干的人经营的，产生了预期效果（我认为在设计上并不成功），但他们的布却很粗糙（虽然他们的羊毛很好），销售起来不可能不赔钱。这样，上帝就让每个郡都产生一个独特的守护天使，在艺术和自然发生冲突时不是让双方都不成功，而是让双方合作共赢。

俗　语

北安普敦市长用匕首撬开牡蛎。

北安普敦市离大海八十英里，海鱼运到这里可能就不新鲜了。但我听说牡蛎（小心贮藏，天凉时运输）一个星期以后运到斯宾塞勋爵家奥尔索普时还是新鲜的，其距离也是八十英里。肯定比通常运到阿尔卑斯山那边的牡蛎新鲜，从威尼斯到维也纳将近三百英里，据说还为大人物运送珍馐美馔（距离远，价格贵），尽管有时候味道非常冲。

同样不让人感到奇怪的是，普林尼告诉我们，英格兰的牡蛎曾经供应到罗马的厨房里。有人认为用盐腌过，也有人认为是用一种妙法保存的（美食家的大脑都长在肚子里），还有人认为是带壳运来的。但他们的一位皇帝的座右铭是："敌人的味道好，但罗马公民杀死以后味道更好。"我对长着这样一个鼻子的罗马人说：恶臭的牡蛎可能比美味的牡蛎更好，就让他慢慢品尝吧。

　　　　想吃加奶油的肉丸，就去北安普敦。

北安普敦是英格兰燃料最贵的城市，因为煤不能从水路运进去，而地里长的树木也非常少。

人们的看法和习俗最近有什么变化我不知道，但我相信树和木材的砍伐倒是厉害。我坚信，以前长有很多树木的黑暗之处被清理，就是这个时代带来的新亮光。

令人遗憾的是，没有采取更好的措施来保护树林，我们的火最先感受到缺少树木，但我们的水最可悲，海军舰船就要衰败了。不要说缺少树木会促使后世想办法供应，因为一个把遗产耗尽，要以此促使其儿子尽快勤奋和聪明起来的人，一定是个既不虔诚也不审慎的父亲。

君　主

理查德·金雀花，约克公爵理查德·金雀花之子，出生于这个郡的福泽林盖城堡。他在娘胎里就有点瘪巴巴的（这导致他驼背），在其他方面倒是蛮英俊的，是个像样的军人。他集埃阿斯的勇猛和尤利西斯的雄辩于一身，既有阿谀奉承的巧舌，又有能打仗的膂力。

他以残忍的手段得到了王冠，杀害了两个侄子，也就是国王爱德华四世的两个儿子。登上王位以后他制定了良法，但再也没有得到民众的爱戴，因为邪恶是其本性，美德是其伪装，其所做都是试图赢得民心。

他在博斯沃思战役中丢掉了王冠和性命。李维说汉尼拔的一番话，可以用到理查德身上：汉尼拔败在了西庇阿手下，他在战斗中充分履行了一个聪明将领和勇敢军人的职责，只是命运对他不友好。

如果有人反对说，国王理查德在这次战役中太奋不顾身了，对于一个将领来说做得太过分了，他的状况并没有为他开脱。对于他来说，战死沙场和活到胜利之后是一回事。后来，他的亡灵遇到了一位现代作家，这位作家不仅洗刷了他的罪名，而且还把他捧得很高[①]。令人遗憾的是，这么能干的一个辩护律师，竟然没有一个更值得赞扬的人做他的客户。理查德死于1485年。

政治家

克里斯托弗·哈顿爵士，据我推测出生于这个郡的霍尔登比，家世悠久而不太富裕，但也绝不贫寒。他在律师学院学法律的时候，是在吞食鱼饵而不是吃饭。他后来戴着假面具进了王宫，女王一开始就注意到他，喜欢他跳舞跳得好，更喜欢他人长得帅，最喜欢他

[①]　指乔治·巴克爵士留下的遗稿《理查德三世传》，几经辗转后于1979年出版。——译者注

能力强。他的才能远远超过学问，才能与学问相得益彰，没有出现明显冲突，最后女王晋升他为英格兰大法官。

穿长袍的律师们对此感到不满，认为他的晋升对他们造成了伤害，一个连法律都没有学好的人，竟然晋升到这一高位。一个连病因都不知道的人，怎么能治病呢？他很可能误认为公正的习惯法严厉，对其真正的原因一无所知。于是一些高等律师一开始就绷着脸不愿找他陈述案情，后来凭借他的影响，更凭借他的审慎，他让这些人认识到自己的错误，也领教了他的能力。有一位民法（有人说民法足以决定公平）博士理查德·斯韦尔爵士，也是他的仆人和朋友，他在一切重大事务上都听从此人的意见。

有传言说他有罗马天主教倾向。这么重要的一个人物，如果他愿意支持天主教信仰，我也不能将其归罪于天主教徒。然而最真实的情况是，大家对他最早的说法是其热情支持圣公会的教规。

有人说，他只是宫里的一棵植物，夜里长出来，中午又缩下去，虽然他停留的时间确实更长。但让他伤心的是，女王（很少恩赐，从来不免除到期应还的债）严厉命令他马上支付欠款，这笔钱克里斯托弗爵士并不指望得到豁免，只是想再拖延一段时间。这一愿望没有实现，他非常伤心，一病不起。女王后来尽力使他康复，据说亲手给他端去具有滋补作用的肉汤，但毫无作用。一颗心一旦沉了下去，任何滑轮也拉不起来，就是女王亲自操作也不行。

主要法官和法律作家

威廉·凯茨比爵士出生于这个郡，其家族很早以前就在阿什比－圣莱杰兴旺发达。他一开始得到黑斯廷斯勋爵威廉的提携，在黑斯廷斯勋爵的支持下引起了理查德三世的注意，后来又得到理查德三世的青睐，不过他没有回报，背叛了晋升他的人。看看一位无可非议的作家对他性格的描写（这样抄写比指控更稳妥）：

> 这位凯茨比在本国法律方面非常博学，但非常令人遗憾的是，他竟然不是更诚实，而且也少些才智。

如果有人反对，说他既不是大法官和主要贵族，也不是法律作家，按照我的分类法不该在这里写他。但要知道，虽然以前不是，但后来他权倾一时，在每一个法庭，他的不愉快令所有的法官都要发抖。看看科林博恩对他的控告，他为此而丢了性命：

> 耗子、猫、狗洛弗尔，
> 在猪的领导下统治整个英格兰。①

他死亡的日期无法确定，但我们发现他在国王亨利七世统治时期没有受到骚扰（他要是活到这个时候，肯定会不得安宁），所以他很可能死在其保护人和提携人国王理查德三世之前。

理查德·恩普森爵士。把恩普森与凯茨比分开是一件遗憾的事，因为恩普森可以说是国王亨利七世的凯茨比，凯茨比可以说是国王理查德三世的恩普森。两个人是老乡，因滥用法律而臭名昭著，常在君主左右溜须，危害百姓。这位理查德爵士是兰开斯特公爵领地大臣，从一个筛子匠的儿子（他出生于这个郡的托斯特）进入英格

---

① "耗子"指理查德三世的红人拉特克利夫（Ratcliffe），"猫"指凯茨比（Catesby），洛弗尔是理查德三世的支持者，"猪"是理查德三世的饰章，象征理查德三世。——译者注

兰最富有者的等级。

国王亨利七世对拒绝哥伦布的建议很懊恼（幸运发现的西印度群岛因此而落到了西班牙国王斐迪南手里），就决定去发现英格兰的印度群岛，为此他任命恩普森为总发起人，在全国各地竭力推行刑法。

这位骑士得到授权之后四处搜刮，既压榨穷人也压榨富人，把压榨的钱财送给国王，同时从中抽取一部分留给自己，因而积累了巨额财富，现在连财富带他的名字一起化为乌有。他把约克和兰开斯特两个家族的财富都并入国王的金库，无论是哪一派的，无论是何人，无论其以前如何效劳，对所有人都罚款，财产都被没收。

但国王亨利八世统治之初，他受到控告并被判处死刑，1510 年 8 月 17 日被斩首。如果说君主为了平息众怒而牺牲其大臣，就不要说没有人忠心耿耿地为君主效力，因为这样杀一儆百会吓得官员们不敢尽心效力，到头来君主不可能得到真正的好处，因为其臣民都破产了。

我不会忘记沃里克郡的一位老人，他被认为在占星学上很有见识。理查德·恩普森爵士（当时如日中天）以嘲弄的口气问他："太阳什么时候会变？"老人回答说："像你这样一个邪恶的律师升天的时候就变了。"但我们还是让他随着主子一起沉浮吧。

约翰·弗莱彻，理查德·弗莱彻之子，神学博士，（按时间推测）出生于这个郡，他父亲担任布里斯托尔或伦敦主教之前，当时还是彼得伯勒教长。

他极有才智，喜欢舞台剧的人说，他这一才智既没有闲着，也没有充分利用。他和弗朗西斯·博蒙特先生就像双子星座一样（共同联手的时候最美满），将英国戏剧提高到与雅典戏剧和罗马戏剧同等的地位。博蒙特拿主意，弗莱彻发挥想象力，二人合成一个令人赞叹的诗人。

有一次，二人在一个酒馆见面，策划一出悲剧的初稿，弗莱彻承担杀国王的任务。二人的谈话被旁人听到了（虽然他的忠诚无懈可击），他被指控为重叛逆罪。但很快就发现这是个误会，其阴谋针对的只是戏剧里的国王，闹明白之后一笑了之。

我们也不能指责弗莱彻做了埃阿斯对尤利西斯所做的事：

　　狄俄墨得斯一走，

　　他一个人一事无成。

弗莱彻在搭档死后写出了优秀的喜剧，但不如以前的剧作。这也难怪，单股线就是没有合股线结实。

值得纪念的人

彼得伯勒大教堂墙上有一纪念物，纪念的是这座教堂的司事，他埋葬过一个王后和一个女王（亨利八世第一个妻子凯瑟琳和苏格兰女王玛丽），这两座坟墓相隔五十多年[①]。这位长寿的司事还埋葬了两代人，或者说是把那个地方的人埋了两轮。所以他建了那么多房子之后（我发现坟墓常被称为"永久的房屋"），有人（这是应该的）为他履行了最后的职责。

教堂司事虽然经常闻到高度（或低度）腐烂的尸体散发出的臭味，但有人认为这位长寿司事的例子说明，闻闻人的遗体散发出的

[①] 凯瑟琳葬于 1536 年，苏格兰女王玛丽葬于 1587 年，间隔五十一年。——译者注

完美霉味有利于延年益寿。

告别辞

    我对于家乡最不济的希望是"九"（一条河，有人认为因其有九条支流而得名）成为"十"，我的意思是可以通航，从彼得伯勒通到北安普敦，这一设想老是遇到很多反对者，因为私利是（虽然是在私下里）公共利益的死敌。

    我相信荷兰人（基督教世界里节俭的最佳典范）会教他们在小水沟行船。这不是因为他们的河水比我们的河水更驯服，而是因为他们是教授公共利益课更有才华、更勤奋的老师，让他们那里的所有地方都靠这种便宜的运输方式来相互连通。

诺森伯兰郡

诺森伯兰郡南临达勒姆主教区（以注入泰恩河的德文特河为界），西南临坎伯兰郡，东临德意志海，北面和西面与苏格兰为邻，以特威德河、切维厄特丘陵为界，其他地方（我们与苏格兰人处于敌对状态期间）以相互畏惧为界。相互畏惧现在变成了相互信任，这两个民族都知道自己的边界，都不愿意侵入对方边界。

诺森伯兰郡在形状上有点像金字塔，底部朝南，延伸四十多英里，塔身向北变窄，高度足有五十英里。在富饶程度上，大自然对这个郡并没有溺爱，但它在日益改善，因为（借用先知的说法）他们把刀打成了犁头，把枪打成了镰刀①。这样的犁头肯定能犁出最好的犁沟，这样使着顺手的镰刀割起来最为锋利。

不应该忘记的是，英格兰与苏格兰合并之前，这个郡北部有很多荒地，以前无人认领（至少找不到主人），只是为了不出联防费。但后来发生了变化，这么大，这么突然，这么可喜，边境地区安全了，平安无事了，很多绅士居住在附近，以前的荒地变成了肥沃的良田。国王詹姆斯统治的第四年，他们提出土地所有权要求，开始

---

① 这是先知弥迦的话。参见《圣经·弥迦书》4:3。——译者注

走法律程序来确定边界，向世袭权利发出挑战。

俗　语

把煤运到纽卡斯尔。

这是说做前人做过的事，或是忙着做不需要做的事，和拉丁俗语"把猫头鹰运到雅典"的意思一样，以前雅典这种飞禽非常多。

穿上赫克托的斗篷。

也就是欺骗一个信任自己、认为自己忠诚的朋友。这一说法有个故事。

1569 年，诺森伯兰伯爵托马斯·珀西在反对女王伊丽莎白的叛乱中溃败，躲藏在这个郡的哈尔洛一个名叫赫克托·阿姆斯特朗的人家里，他相信赫克托会忠诚于他。但赫克托贪钱，把他出卖给了苏格兰的摄政者。据说这个赫克托在富裕之前突然穷了，遭到大家的痛恨，从来不敢外出。"穿上赫克托的斗篷"这一俗语在他们中间一直沿用至今，说的是出卖朋友的人，这个朋友信任他。

我们不会损失一个苏格兰人。

也就是我们什么都不会失去，无论多么微不足道的东西，这些东西我们可以省下来，或是可以找回来。这和《圣经》里"我们的牲畜也要带去，连一蹄也不留下"①的意思一样。

　　这句俗语始于英格兰边界地区，在两国交恶时期，他们不尊重苏格兰人，更不喜欢苏格兰人。幸运的是现在这一切都结束了，英格兰和苏格兰合并成了大不列颠。

　　　　苏格兰的雾能让英格兰人全身湿透。

　　这就是说，一开始的小祸害如果不及时阻止，到头来会非常危险。这个有地域限制的俗语始于这个地区，这里的雾可以说是源自北部，但会来到特威德河南面，出现在苏格兰，被风吹到英格兰，到英格兰以后常常变成大范围的滂沱大雨。

　　我相信我们最近的内战就是从那里开始的，这场内战让很多英格兰人被心里流出来的血湿透。至于苏格兰人是否以干爽的身子躲过了这一劫，只有他们自己心里最清楚。

　　　　苏格兰人带一块纽卡斯尔磨石走遍世界。

　　苏格兰人（尤其是绅士）年轻的时候离开家乡（如果通过交流而失败的话会很艰难），到外国去旅行，多数人是为了生计，很多人是为了学习技能。现在没有木匠船就不能安全下海，木匠没有工具就干不成活，工具没有磨石就不能用，而磨石只有纽卡斯尔的最好。

　　有些磨石甚至是从西班牙买来的，但这种石头太软，很多时候不能用。所以这些磨石虽然大多数时候是活动的，但可以说是作为最必不可少的工具而被固定在船上。

---

① 语出《圣经·出埃及记》10:26。——译者注

他们来的时候回不来，不来的时候就回来了。

我们必须从这个郡里找到一个俄狄浦斯，让他来解释一下这个谜一般的俗语，该俗语流行于英格兰与苏格兰两国国王交战期间。附近居民的牛羊在公共牧场里吃草，依照本能和习惯夜里要回家，除非遭到强盗和边境居民的暴力拦截，这些人住在两个王国之间，哪个国王也管不住，"能逮住哪个人就逮哪个人"。所以这里很多人早上还有一群牛，到夜里连一条牛尾巴也没有了，由于前面提到的抢劫，富一阵穷一阵。

所以，如果这些边境居民来了，牛羊就回不来，如果他们不来，牛羊就肯定能回来。这些边境居民的一部分子孙最近虽然又重操旧业（现在改头换面，又起了个新名字叫"沼泽部队"），但两个王国的合并基本上让这句俗语不再流行，（我希望）永远也不会再用了。

流行于这个郡的苏格兰俗语

朗，或是你，用削笔刀砍福克兰森林。

这句话说的是一些人采取不相称、不可能的手段，去实现自己制定的目标，就像是用海扇壳去舀干大海一样。福克兰是苏格兰国王在法夫的一座王宫，周围有一片漂亮的森林（这里的南部地区森林奇缺，想找一根打狗棍都很难），所以要砍树找一把斧子就行了，削笔刀是不行的（只能砍羽毛树林，里面是鹅毛管）。

他是阿伯丁人，又相信他的话了。

阿伯丁镇是马尔地区一座漂亮的港口，这个镇的人以前似乎被指责为不信守诺言。我希望只是老阿伯丁人是这样（如果新老阿伯丁都算上的话），老阿伯丁现在已经大为衰败了，只有捕鲑鱼还闻名。如果说的是新阿伯丁，我相信说的是市民，不是住在大学里的学生，大学是埃尔芬斯通主教创办的。然而，我们以前发现过这类挖苦人的俗语所说的现象。

他出生于8月。

这话乍一听我还以为说的是一个幸运儿，8月份开始收获过去一年的劳动成果。我知道拉丁人认为一些月份比另一些月份更不吉利[①]。但我发现人在射箭时，射高射低都射不中目标。在解释这类俗话时，人们也会过于认真。我听一个苏格兰人说，这只是一个吃货在绕着弯说话，那些8月出生的人碰见任何东西都要品尝一番，不属于自己的东西也要尝。

圣诞大餐到复活节就没有了。

这是说圣诞节的佳肴可以消化掉，聚餐者到复活节又饿了。幸福不会长久，在短时间内就必须放弃，也可能把它忘掉。北方把圣诞节叫作"Yule"，尽管其原因大不相同。不喜欢圣诞仪式的多，不喜欢圣诞大餐的少，使得这一节日更令人不快，让这个来源于异教的词（"Yule"来自埃涅阿斯的儿子"Julus"）离英格兰十分遥远，

---

① 罗马人认为单月比双月吉利，尤其是2月最不吉利，所以后来减得只有二十八天。——译者注

离真相更加遥远。

很多牵强附会、杜撰的推演就不说了，那位杰出的博士一语中的，把拉丁语"Jubilo"（这个词像罗马执政官瓦罗一样古老）借过来表示乡下人高兴时的欢呼，所以那是个泛指节日的词，如"Lammas Yule"① 等，尽管叫"Christmas"时并没有附加其他词，这是个超越其他任何节日的节日。

圣　徒

圣埃巴出生于诺森伯兰，是诺森伯兰国王埃迪尔弗里德的女儿。她父亲被俘虏以后，她在亨伯河上搞到一条船，驶过波涛汹涌的大海，安全抵达苏格兰默克的一个地方，这个地方至今仍然叫作圣埃巴海角。

她当上了这个郡科尔丁厄姆修道院院长，为了保护自己和其他修女同伴的贞节，以免遭到异教徒丹麦人的玷污，她把自己的鼻子割掉，并劝其他修女也割掉，这样她们的美貌就失去了诱惑力，其畸形确实保护了她们的童贞。

我相信，从那以后，更多人失去鼻子是由于放荡（也就是染上梅毒）而不是为了保护贞节。丹麦人则对这些修女不能成为泄欲的对象而恼火，把她们连同修道院一起烧掉。

圣埃巴的圣洁广为传颂，英格兰北部很多教堂都叫圣塔布，都是奉献给她的。她的英灵在埃布切斯特这个名字上得以延续，那是达勒姆主教区的一个小村庄。她的全盛时期是在 630 年前后。

① "收获节"，通常从 8 月 1 日到 9 月 1 日。——译者注

军　人

　　笼统地说，这个郡养育最勇敢的人。那些经常行军、勇敢地远征以追溯边境源头的人，不懂"边境"这个词，却找到了它的实质。这些边境居民卷入好几场战役打击苏格兰人。看看切维－切斯战役就知道了，菲利普·西德尼爵士高兴地提到它："我肯定要承认自己野蛮，我从未听过佩尔西和道格拉斯这首老歌，我发现它还没有喇叭声更能打动我。但它是一个失明的克鲁斯琴手唱的，风格粗犷，嗓音沙哑，在那个不文明的时代，衣服上布满了尘土和蜘蛛网，这能把它修饰得像希腊抒情诗人品达那样优雅流畅。"

　　当然，信里描述的故事不是真的，诺森伯兰伯爵根本没有死在切维－切斯。

　　我觉得应该这样说，一个原因是让民众不再受骗，免得占有时间长了可能会让他们相信真有一个头衔，这样就扭曲了真相。另一个原因是贵族佩尔西家族（一头好头发，戴假发有什么用？），其出身和勇敢不亚于基督教世界的任何一个人，不应该用假象来赞扬其军功。

　　然而表面上虽然有更多的错觉，这个故事的基础还是可信的，为后世提供了四重真相。第一，苏格兰人与英格兰人在边境地区发生严重冲突，其原因微不足道。第二，佩尔西家族与这个郡的其他家族（歌谣里提到了）最为引人注目。第三，在这样的冲突中通常是英格兰人占上风。最后，大多数情况下，他们获得的是没有成就的胜利，征服者为其征服而叹息：代价真大呀。

为公共事业捐助的人

斯蒂芬·布朗，杂货商，约翰·布朗的儿子，出生于这个郡泰恩河畔的纽卡斯尔，后来被册封为骑士，1438年被任命为伦敦市长。那年发生了大饥荒，很大原因是气候反常，但更大的原因是一些农夫唯利是图，可以恰如其分地称之为粮食流氓，小麦一蒲式耳卖到三先令（按当时的标准是无法容忍的），穷人被迫用蕨类植物根做面包。

但这位斯蒂芬·布朗爵士派一些船到但泽，载着黑麦及时返回，一下就把粮食价格降低到合理水平，挽救了很多日益衰弱的生命。粮食短缺时，一些商人就为伦敦人指出一条通向谷仓门口的路，我指的是东普鲁士，是仁慈之心（不是贪婪之心）促使他们冒这个险。斯蒂芬·布朗就是第一批这样的商人之一。

评 论

大家都知道风与太阳竞赛的寓言故事，太阳先迫使旅行者脱下衣服，而风让旅行者用衣服把自己裹得更紧，炎热的太阳很快又让他把衣服脱下来。

这让我们从道德角度解释英格兰绅士。住在南方伦敦（由于其光辉，我称之为我们国家的太阳）附近的人处在财富的温暖怀抱里，可以享受到很多娱乐，很快就丢掉了财产和遗产。而住在这个郡的绅士处于苏格兰势力范围之内，身在战争风云之中（每天都受到凶恶敌人的惊吓），把财产（像盔甲一样）捂得很紧，和平时期严密地守护着遗产，就像战争时期勇敢地保卫遗产一样。

告别辞

现在该与诺森伯兰郡告别了，我记得我看过罗伯特·乌姆弗勒维尔爵士的作品，他是这个郡的人。他通常被称为罗宾·门德马克特①，在国王亨利四世统治时期极大地改善了附近的贸易。希望这个郡有更多的门德马克特不会有错，这样大家都抱怨的贸易衰落就会得到改善。

我承认，这位骑士抢劫了苏格兰人的大批物品，然后通过销售这些物品而改善市场。但我希望通过某种巧妙的规划来改善，而不要通过损害别人来改善，这样谁都没有正当理由抱怨了。

---

① 门德马克特（Mendmarket），有"改善市场"的意思。——译者注

诺丁汉郡

诺丁汉郡北临约克郡，东临林肯郡，南临莱斯特郡，西临德比郡。除了这个郡之外，我想不起来还有哪个郡与四个郡为界，而且只有四个郡（朝向四个主要位置），没有其他郡的任何一块地插入其间。

这里的舒适可以从很多贵族上推测出来，很多人在这里都有领地，更多的人有邸宅。这里的土地分为两部分：沙土地和黏土地，二者可以相互弥补，无论哪一部分长庄稼，都能养活整个郡。

天然产品

甘　草

英格兰为世人提供了最好的甘草，而这个郡的甘草在英格兰种植得最早，也是最好的。甘草在医药上大有用处，人们发现对肺病和好几种疾病有特效。一根甘草茎通常就是为病人规定使用的汤匙，用于润喉止咳糖浆。如果（像埃涅阿斯的人被迫吃自己的木制食盘一样）这些病人偶然把汤匙吃了，一点危险也没有。

以前润喉止咳糖浆又贵又稀少，现在又便宜又普通，因为每个郡都种甘草。所以，量大就让最珍贵的东西成了滞销货，就像所罗门王时期，银子在耶路撒冷不被人看在眼里。

奇　观

我们不要忘记，最近在舍伍德森林里发现了两个雌鹰巢。这些猎鹰的老家在萨克森，现在像是老了，不能狩猎了，就被释放了或是自己飞走了。遇到因同样情况被放飞的雄鹰之后，它们就在一起繁殖，如果加以训练，就会成为非常出色的鹰，一点也不亚于从德意志买来的鹰。

俗　语

很多人谈论罗宾汉，但他们从来都没有射过罗宾汉的箭。

这就是说，很多人谈论（实际上是瞎扯）他们并不熟悉或没有经历的事情。这句俗语现在已经传遍整个英格兰，不过源自诺丁汉郡，罗宾汉主要居住在这里的舍伍德森林里。他是个大盗，也是个优秀的弓箭手，诗人当然让他砰地射一箭，箭有一布码[①] 长，离目标足有八百布码，目标范围绝不高于胸部，射在离目标不超过一英尺的范围内。但我们的作者证实了这一俗语，随意谈论罗宾汉，但从来没有射过他的箭。

---

① 旧时量布的长度单位，约合 36 或 37 英寸。——译者注

有人会理所当然地感到纳闷，这个弓箭手最后没有射中目标，我的意思是因为多次抢劫而上了绞刑架，在这个郡"值得纪念的人"的条目里有更多描述。

卖罗宾汉的便宜货。

这句话说的是半价销售物品，说是半卖半送也可以。罗宾汉的东西来得容易，送出去也爽快，所以他可以把一弓长的天鹅绒当一码卖。无论他从哪里来，总是带着一个集市，小贩们蜂拥而至，购买他偷来的货物。但由于"接受赃物者和贼一样坏"，这些买家也和接受赃物者一样坏。对他们的良心来说，抢来的便宜货到头来会很贵的。

像戈森村的人一样聪明。

这是绕着弯儿说一个人傻，一百个傻瓜被确认为是这个郡戈森村的人所生。这里有两件事值得关注：

1. 所有时代的人都喜欢挑选出某个地方，把愚蠢和迟钝固定在那里。所以医生被认为是整个亚细亚的傻子，是其他人打造才智的铁砧。希腊为蠢人选出一个城市，然后被色雷斯的阿夫季拉夺走了。但整个国家都是蠢人的，我们有皮奥夏。在德意志，"荷兰耳朵"被诗人认为是迟钝的耳朵，缺乏富有才智的想象。

2. 这些被大家看不起和嘲笑的地方，实际上也和世界上其他地方一样，产生了一些富有聪明才智的人：普鲁塔克本人就是（伊拉斯谟说）皮奥夏人，伊拉斯谟是巴达维亚人或荷兰人，所以（这个俗语触动了他自己的不动产权）他把"荷兰耳朵"解释为严肃认真的耳朵。

还回到戈森，这里也养育了一些聪明人，就像任何一个无端地嘲笑戈森人愚蠢的地方一样。我相信，1336年担任剑桥米迦勒学院第五任院长、两次担任剑桥大学校长的威廉·戈森先生，是那个时代所造就的最重要的领导人之一。戈森村是一个漂亮的大庄园，古老而又极受尊重的圣安德鲁斯家族在这里兴旺了数百年，直到最近才消失，土地被分了，女性共同继承人许配给非常受尊敬的人。

> 诺丁汉的小铁匠，
> 他能干的活儿谁也干不了。

英格兰造就了很多这样罕见的工匠，像是锻冶之神伏尔甘的徒弟，手艺仅次于师傅，（编织看不见的网时）制作了锁和钥匙，还有一根有十个链环的锁链，一个跳蚤就能拉动。

但这个小铁匠和大工匠是谁，生活在哪个年代，我并不知晓。我有理由怀疑，说诺丁汉的这个小铁匠就是绕着弯儿说一个根本不存在的人，这句俗语是用挖苦的方式说那些对自己的手艺感到自负，声称自己无所不能的人。

主要法官

约翰·马卡姆爵士，一个世家的后裔，出生于这个郡的马卡姆，学习国内法，后来被爱德华四世册封为骑士，被任命为王座法院首席大法官，取代了约翰·福蒂斯丘爵士。

有一次，已故的伦敦市长、大富翁托马斯·库克爵士被提前推到法庭（里弗斯大人和王后的其他亲戚已经把他的财产瓜分一空），在市政厅判决只是例行手续，由听审裁判庭的特派员来宣判，约翰·马卡姆爵士是其中之一，而且身份并非最低。托马斯爵士受到控告的原因是借钱给国王亨利六世的妻子玛格丽特，这件事他予以否认，唯一的证据是霍金斯提出来指控他的，霍金斯在拉肢刑架上受到拷打。

马卡姆法官让陪审团（这是他的职权，在法律问题上不能偏袒）证明这只是误解，而不是叛逆罪。这样托马斯爵士虽然受到重罚但保住了土地，虽然长期坐牢但保住了性命。国王对他大为不满，发誓再也不让他在王座法院任职了。

我希望没有冒犯这位法官刚正不阿的性格，在这里插上一段现代轻松的话，我知道这件事是真实的。

一个妇女违背丈夫的意愿反驳一项指控，丈夫想图个清静，就满足了她的愿望，不过在他看来这一诉讼对她不利。

这个妇女住在郡府，并请法官吃饭，（虽然她自己十分节俭）款待法官的宴席却非常奢侈。吃过饭以后审理这一案件，法官明确做出对她不利的判决。她一怒之下发誓，以后再也不请法官吃饭了。

"不，夫人，"法官说，"应该是再也不请公正的法官吃饭了。"

值得纪念的人

罗宾汉（如果不是出生在这里）主要居住在这里，算是这个郡的人。卡姆登称他为"历史上最文雅的小偷"。要知道，看官，他被收入这一条目不是因为他偷窃，而是因为他文雅。看看我们诗人笔下是如何描述他（虽然不好）不算太坏的行为的：

他偷修道院长的箱子和农民的仓房，

无论经常偷了什么，都与穷人分享。

　　主教走路遇到健壮的罗宾汉，

　　到他跟前想要离开也要留下买路钱。

　　不幸的寡妇他仁慈地给予救济，

　　很多悲伤的少女他为其申冤。

　　但谁让他成为法官？或委托他拿走可以剩下的，给予别人最需要的？他主要居住在这个郡的舍伍德森林，不过他还有一个出没的地方（他可不是只有一个窝的狐狸），位于约克郡北赖丁的大海附近，这里的罗宾汉湾仍然保留着他的名字。他不是海盗，是陆地上的贼，为了安全而躲到海边。

　　有人会感到纳闷，他竟然逃过了法律的制裁，寿终正寝，因为没有找到相反的证据。这是因为他是个快活的人，不是个为非作歹的贼（从旅客的口袋里掏出钱来赠送给旅客），只杀鹿不杀人，是个受欢迎的强盗，用鹿肉款待附近的邻居。他在国王理查德一世统治时期搞恶作剧，大约发生在1100年。

告别辞

　　这个郡有个小集镇名叫布莱思，因为这里的居民热情、好交际，我看到的那个作家为它起了这么个名字。如果真是这样，我希望这个名字和居民的这一特点能传遍全郡。我相信一盎司的热情，再加上同样程度的仁慈，侍奉上帝时比一磅的悲伤更受欢迎。

牛津郡

牛津郡南临伯克郡（先以伊希斯河为界，后以泰晤士河为界），西临格洛斯特郡，东临白金汉郡，北临沃里克郡和北安普敦郡。

牛津郡盛产人类生活必需的所有物品，我知道猎人和带鹰狩猎者在这里最受欢迎。证明这个地方富足也不需要更有说服力的证据，只说近些年来牛津集宫廷、要塞和大学为一身就够了。在此期间，牛津以合理的价格得到了充足的供应。

天然产品

黇　鹿

为什么把黇鹿放在牛津郡？为什么不放在北安普敦郡？为什么不放在约克郡？在整个英格兰，北安普敦郡黇鹿最多，约克郡猎园最大。沃里克的约翰·劳斯对我说，这是因为这个郡的伍德斯托克是英格兰最古老的猎园，由国王亨利一世修一道石墙围了起来。

让我们先简单说说猎园的情况，然后再说猎园里面的东西。

1．"parcus"这个词出现在罗马作家瓦罗的作品里（肯定源自"à

parcendo"，意思是饶恕或挽救），指一个保护这类牲畜的地方。

2. 末日审判书^①里一次或两次提到 "*Parcus silvestris bestiarum*"^②，证明在诺曼征服之前英格兰就有猎园。

3. 这些古老的猎园很可能（让约翰·劳斯一直受到信任，也让他保持镇静）被围了起来，伍德斯托克是第一个用墙围起来的猎园。

4. 从此以后猎园迅速增加，英格兰的猎园比全欧洲都要多。

猎园里的鹿活着的时候，以其嬉戏娱乐吊起绅士们的胃口，死了以后以其肉减小他们的胃口。肥鹿肉被认为（但我不想让偷鹿的人听见）在所有肉中最富有营养，尤其是再配上那种必不可少的东西，维吉尔将它与肥鹿肉相提并论：

老酒解渴，肥鹿肉止饿。

但鹿在英格兰日益减少，因为绅士们被迫节俭，不得不放弃娱乐而想办法挣钱。由于销售公鹿已很常见，我相信有朝一日存货最多的猎园会在伦敦厨师的作坊里找到。

树　林

这个郡生长的树林现在很多，以前更多，但正日益减少。这里的树林每天承担的任务太繁重（也就是为这个郡的各家各户提供燃料和木材，还有其他郡的很多人家），如果不及时用这里发现的露天煤矿或运到这里的丝煤来减轻其压力，这里的树林就撑不住了。

这让我想起了与牛津关系很大的一件事。肖特沃尔树林（是国

----

① 1086年英王威廉一世下令编造的一份人口土地清册，以了解各封臣的土地情况来收取租税。——译者注

② 即"保护野生动物"。——译者注

王查理一世赠送给一位尊贵人物的）很可能要砍掉的时候，牛津大学便写信极力想保住它。信里有很多哀婉动人的说法，其中有这么一句：牛津是英格兰的一只眼睛，肖特沃尔树林是眼睑毛，失去眼睑毛必定会伤害视力，太多水分就流进了眼里。这样就暂时放弃了砍树计划，但这片树林在什么情况下矗立至今，我一无所知。

建　筑

　　牛津各个学院得益于附近漂亮的毛石，其建筑在整个基督教世界享有盛誉，获得的捐助量之大可以和任何地方相媲美。

　　牛津还有一个并非最微不足道的福分：其创办人有一半是高级教士（而剑桥只有三个学院是主教创办的：彼得学院、三一学院及耶稣学院）。这些高级教士具有一种经验，知道属于学者的必需品和便利设施是什么，于是就把这些东西提供给他们。主要是为他们提供很多好圣职的授予权，在这些学院的董事们离开大学之后，这些圣职很多都由他们来担任。

　　在各学院之中，大学本部最古老，彭布罗克学院最年轻，基督堂学院最大，林肯学院（很多人这样说）最小，莫德林学院最整洁，沃德姆学院最统一，新学院最强，耶稣学院最穷（不是缺点，而是不幸）。哪个学院最富我就是知道也不会说，在这种事情上含而不露是最安全的。

　　新学院最适合南方人，埃克塞特学院最适合西方人，王后学院最适合北方人，布列斯诺斯学院最适合西北方人，圣约翰学院最适合伦敦人，耶稣学院最适合威尔士人，而其他学院对各个地方的人都一视同仁。

　　默顿学院最著名的是经院哲学家，圣体学院最著名的是语言学家，基督堂学院最著名的是诗人，万灵学院最著名的是演说家，新学院最著名的是民法学家，布列斯诺斯学院最著名的是辩论家，王后学院最著名的是形而上学家，埃克塞特学院最著名的是最近一系列的钦定讲座教授，莫德林学院最著名的是年长的高级教士，圣约翰学院最著名的是年轻的高级教士，所有学院都在某一领域出类拔萃。

这些学院之中，如果某一个搬迁到外国，它就会改变种类（或至少改变程度），很快就会由学院升格为大学，因为它相当于海外大多数大学，且超过很多海外大学。

在结束各学院这一部分之前，我必须承认有一段话让我感到很为难，我是在伊拉斯谟的书信里看到这段话的。这封信是他写给一位好朋友卢多维克斯·维维斯的，维维斯当时住在牛津，在"蜜蜂学院"，信上的地址是这样写的。

我知道，在比喻意义上，所有学院都可以称为蜜蜂学院，勤奋的学生在一个院长领导之下。在这方面，圣哲罗姆曾建议修士拉斯蒂克斯做蜂箱，让他从中了解修道院的秩序和国王的管理方法。但为什么某一个学院这样叫，另一个学院那样叫，我并不知道。最后我及时了解到，那是圣体学院，起因于这么一件并非令人不愉快的事。

1630 年，维维斯书房上面的铅板屋顶烂了，被翻修重新浇铸，借此机会小隔间也得以翻修，发现的蜂蜜多得令人难以置信。但蜜蜂预感到蓄意的、迫在眉睫的毁灭（而人们根本就不知道蜜蜂曾聚集在这里），那年春天就（为了保存它们名贵的物种）派一群漂亮的蜜蜂来到院长的花园，到 1633 年繁衍出两个蜂群，一群在院长花园里安营，另一群作为一个新群落又回到原来的住所，在那里继续回想这位如蜜一般的博士，牛津大学在给枢机主教的信里就是这样称呼他的。

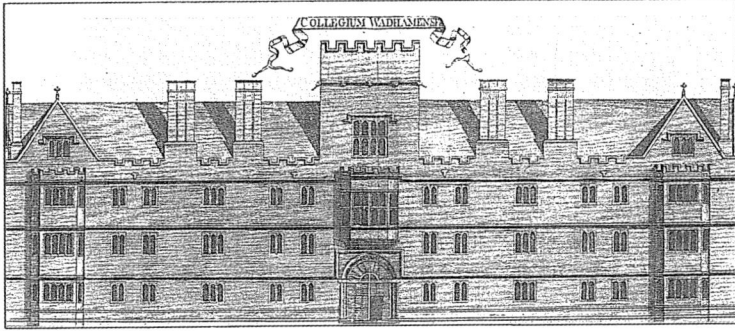

瓦德汉学院

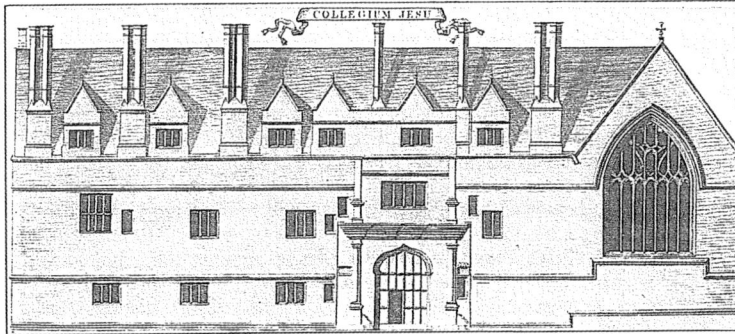

耶稣学院

　　这些蜜蜂像是土著居民，从初建这座学院就有，创办人在章程里称其为"学院蜜蜂"，首任院长约翰·克雷曼德也是这么叫的，伊拉斯谟也这样称呼。

图书馆

　　如果各学院可以比作戒指，图书馆更可以比作戒指上的钻石，不是因为这里的书比其他地方多，而是因为其珍贵，在某些方面可以和欧洲的任何图书馆相媲美，多数种类的书都超过英格兰所有的图书馆。我们国家一直都爱书，我们就浏览一下在所有时代最好的几个图书馆的精华。

　　基督教创建初期，约克图书馆名列第一，由大主教埃格伯特创建（阿尔昆在写给查理大帝的信里高度赞扬了这座图书馆），但早就被拆毁了。

　　修道院解散之前，所有大教堂和修道院都有图书馆，拉姆齐有最了不起的"拉比"①，讲最漂亮的希伯来语，有很多犹太语书，其他书也不差。

　　在那个世俗图书馆（我可以这样称呼，因为图书馆属于城市）的时代，我发现图书馆附属于市政厅，由理查德·惠廷顿创建。国王爱德华六世统治期间，从这里运走了三车善本书稿，说是要归还的（从来没有执行）。

　　宗教改革以来，剑桥贝尼特图书馆（圣体学院）收藏的手稿超过了（多亏了马修·帕克的捐助和关心）英格兰任何一个学院的图书馆。

　　最近兰贝斯大主教图书馆并入剑桥图书馆，成为英格兰第二大图书馆。

---

① 希伯来语"教师"的意思。——译者注

至于私人图书馆，财政大臣伯利的图书馆对政治家最有用，拉姆利勋爵的图书馆对历史学家最有用，已故的阿伦德尔伯爵的图书馆对宗谱纹章官最有用，罗伯特·科顿爵士的图书馆对古文物研究者最有用，大主教厄舍的图书馆对神学家最有用。

其他很多好图书馆都是个人创建的，有布鲁德内尔勋爵、哈顿勋爵等人。这些图书馆在内战中被洗劫，很多躲过这一劫的图书被偷运到法兰西、佛兰德和其他国家。

还回到牛津图书馆，它就像众仙女簇拥着的狄安娜一样，在收藏的稀世珍本和图书数量上超过了其他所有图书馆。所以，如果某个科目上缺少某一本，那是因为世上根本就没有这本书。这座图书馆是好心的格洛斯特公爵汉弗莱创建的，爱德华六世统治期间遭到一些人破坏，这些人的名字我就不再列举了。杰出的托马斯·博德利爵士又重建了该图书馆，经常有很多捐助者慷慨赠予图书。

至于国王在这个郡的住所，应该首推伍德斯托克，森林水泽的仙女们对这里的环境也会同样感到满意。女王伊丽莎白非常喜爱这个地方，这是最能让她想起当年处境的地方之一，在她姐姐统治期间她被关押在这里（绝对不是在最好的住所）。她在这里躲过了一场危险的大火，至于是意外起的火还是故意放的火，只有上帝知道[①]。她在这里听到一个挤奶女工在庭院里愉快地唱歌，希望能和这位女工交换一下身份，宁愿过最穷的自由生活也不过最富的拘禁生活。

现在它是一座漂亮的建筑，以前更为漂亮，如果国王亨利二世建的迷宫符合建造者所赋予它的奇特性的话。但这座迷宫早就消失不见了。（没有阿里阿德涅的丝线的帮助，时间可以解开并展示这

---

① 女王玛丽一世一直把伊丽莎白看作她统治的最大威胁，多次想把她除掉，但伊丽莎白谨言慎行，玛丽一直找不到借口。所以，伊丽莎白在登基之前的二十多年，一直生活在恐惧之中。——译者注

最复杂的建筑。)①

俗　语

你出生在猪的诺顿。

　　猪的诺顿是个村庄，应该叫作霍克 – 诺顿，其居民（以前好像是这样）举止非常粗野，于是粗鲁野蛮的人被认为出生在猪的诺顿。

在伯福德吃一顿饭。

　　这说的好像是一顿饭，不是满足胃口，而是因满足胃口失去了意识，最后醉倒。如果这个郡漂亮的伯福德市场真有这一可恶的罪过，那就应该咒骂这个俗语，更应该谴责这一做法。否则伯福德的饭会长个钩子，噎死吃饭的人，如果他们不真诚及时悔罪的话。

班伯里的热情、奶酪和蛋糕。

　　把这几样东西凑到一起的是博学的作家卡姆登先生，真让人佩服。卡姆登断言，班伯里镇以这三样东西而闻名。这三样东西不相配，虽然热情应该放在第一位，但它与庄重和善良是多么不协调，把精神美德与物质的食物并列起来。所以，如果一本正经地说，更像是亵渎神灵而不是虔诚。如果是开玩笑，更像是诽谤而不是

---

①　据希腊神话，克里特国王弥诺斯之女阿里阿德涅在情人忒修斯杀死弥诺陶洛斯后，给他一个线团帮他走出迷宫。——译者注

讲故事。

但为了证明他是否说过，经查证他的拉丁原文里没有这句话。

其次，这句话是菲利蒙·霍兰德翻译成英语的，一开始（我听可靠的人说）是印刷错误（不过没有在勘误表里说明），出现在1608年，"热情"（zeal）本应该是"牛犊肉"（veal）。

但这一版是疏忽，而1637年的下一版和最后一版仍然有错，这就让人怀疑是太固执了，故意攻击班伯里镇，当时据说这个镇是个一丝不苟的人聚集的地方，这些人在行为上并不是太顺从。我相信班伯里有一个仁慈、博学、勤恳的牧师，这个镇不必为嘲笑者说的和写的而感到羞耻，也不必感到伤心，除了热情之外再加上知识，热情越高光景越好。

> 泰斯通硬币去了牛津，到布列斯诺斯学院学习了。

这句俗语出现在国王亨利八世统治末期，到女王伊丽莎白统治中期就幸运地消失了，所以持续流行不满五十年。

当时的情况是这样的：国王亨利八世的收入和支出，均超过诺曼征服以来英格兰的任何一个国王。质问其原因不是我的事。当然，他老是花钱，就老是缺钱，大量的修道院土地很快就挥霍完了，他还像以往那样缺钱。于是他决定让货币贬值，尤其是泰斯通硬币（一种价值六便士的硬币），所以其内在价值每盎司不超过三先令四便士，这让君主眼下受益，让臣民将来吃亏。这些硬币甚至和铜（民众分不清铜和黄铜）混合起来，看起来颜色是红的，（我看到的作家说）它们羞得脸红了，知道自己不值钱了。

国王爱德华六世和女王玛丽积极努力，想让钱回归真正的法定纯度比例（实际上他们冲压的硬币并不坏），但无法回收所有不值钱的硬币，一个原因是他们统治的时间短，另一个原因是这一计划难度大。

这一工作由女王伊丽莎白通过策略逐渐完成了，对那个时代没有造成很大伤害，为后世带来很大好处，就像威斯敏斯特她的碑文里所提到的那样。

把鲸骨箍送到牛津大门。

这句话能让我们了解以前女人的习惯，那个时代不仅寻欢作乐的底拿①使用鲸骨箍，而且最稳重的撒拉②也用，一种非常流行的习俗。有了鲸骨箍，妇女的裙服自腰部以下向外乍得远远离开身体，后世会感到诧异，不知道这些纸板盾牌有什么用。

有人说这个词来源于荷兰语，本意是确保端庄正派，远离放荡的女人。还有人说……第一个发明鲸骨箍的是个轻浮的家庭主妇，以保持端庄为借口来掩盖其丑事，那是她放荡的结果。

鲸骨箍变得越来越大，穿的人进不去（除非侧着身子走）普通的门，于是就有了这个俗语。但鲸骨箍已经有四十年没有人用了，是因为妇女从良心上认识到它没有价值，或是因为其他新颖的流行样式吸引了她们的注意力，我说不准。

军　人

诺里斯兄弟和诺尔斯兄弟

---

① 雅各和利亚的女儿。参见《圣经·创世记》30:21；34:1—3。——译者注
② 亚伯拉罕之妻，以撒之母。参见《圣经·创世记》17:15—22。——译者注

　　同时代的两个家族，每个家族都有一帮兄弟功勋卓著，除了这个郡之外没有第二个。他们讲排场、架子大，经常在一起较劲，怪不得如果牛津郡装不下他们，整个英格兰都装不下他们了。

　　诺里斯兄弟全是军人，从来都没有离开过军队。诺尔斯兄弟都是勇敢的人而不是军人，基本上没有从军打仗的经历。女王伊丽莎白因诺尔斯兄弟而喜爱诺尔斯兄弟，因诺里斯兄弟和她本人而喜爱诺里斯兄弟，她知道她需要这样的军人为她效力。诺里斯兄弟在国外获得的荣誉更多，诺尔斯兄弟在国内得到的利益更多，经常在宫里陪王伴驾。怪不得他们最暖和，原来他们就坐在火炉旁边。

　　有一次，在执行某项任务时，两家的众兄弟应邀参加比赛，女王和两家的老父亲是观众和裁判，比赛很快就直截了当地演变成争吵。这样，虽然一开始他们可以说是在闹着玩，用钝剑点到为止，只是试试对方的技艺和力量，但很快就换成了利刃，多年来都想把对方排挤掉，彼此妒忌和不满。他们虽然想彼此保持距离，一家的兄弟很少进宫，另一家的兄弟更少进军营，但诺尔斯兄弟被怀疑对诺里斯兄弟使坏，最后对双方都造成伤害。所以，如果双方的争斗及时转变为顺从，对双方都有好处。

　　还要接着说约翰·诺里斯爵士，我们要对他表示更大的尊敬。他是位最有才华的将领，打仗时既善于进攻，也善于退却，进攻是剑，退却是盾。在退却方面他赢得了不朽的英名，在法兰西从敌人一支大军中救出了一小股英军，边打边退，边退边打，所以他一直用后卫面对敌人。一次撤退抵得上十次靠突袭赢得的胜利，突袭获胜只是靠运气，而不是凭将领的勇敢或审慎。

　　后来，他率领一支大军被派到爱尔兰，在那里的战果与他本人付出的努力不相符，也没有达到别人的期望。实际上在此之前约翰爵士一直在与法兰西和荷兰这些用右手的敌人打，而现在则要和用左手的敌人打，这样称呼那些疯狂的爱尔兰人正合适（所以这位防御大师现在要寻找新的防护办法），他们可以躺在最冷的地上，可以在最深的水里游泳，可以从既不是地也不是水的东西上面跑过去，我指的是泥塘和沼泽。他发现找到敌人要比与敌人交战难得多，他们躲在非常安全的地方。承诺的大批物资供应，运来的少得可怜，派给他的援兵迟迟不到。

最后一名大贵族被任命为爱尔兰总督，属于约翰爵士的对立派，女王伊丽莎白的宫廷里（后来的君主也是如此）有敌意，虽然她取得的普遍成功使后世对此敌意不太关注。约翰爵士极为伤心，一个敌对势力的人物竟然骑在了他头上。有人认为他的灵魂把躯体撑裂了，其悲伤和愤怒没有渠道来发泄。他走进接待室，一听到这消息就突然死了。

作　家

杰弗里·乔叟最有可能出生在这个郡的伍德斯托克，虽然其他一些地方也坚称是他的出生地。

1. 伯克郡的所有权。利兰坦言，乔叟可能出生于 Barochensi provincia[①]。卡姆登先生断言，纽伯里附近的唐宁顿城堡是他家以前的遗产。不久前庭院里有一棵老栎树，人称"乔叟栎树"。

2. 伦敦的所有权。乔叟的传记作者 1602 年证明他出生于伦敦，乔叟本人在《爱的誓约》一书里说："也在伦敦市，它对我来说是那么亲切，我就是在那里长大的，我对伦敦的热爱要超过世界上任何

———————————

① 　意思不详。——译者注

地方，就像每一个善良的人都十分热爱他出生的地方一样。"①另外，卡姆登先生赞扬伦敦人埃德蒙·斯宾塞先生为最优秀的诗人，斯宾塞的同胞乔叟并没有除外。

3. 牛津郡的所有权。利兰又补充了乔叟出生在牛津郡的可能性，卡姆登这样说伍德斯托克："它拿不出任何证据证明我们英格兰的荷马是它光荣的子孙。"另外，皮兹断言他父亲是个骑士，他出生于伍德斯托克。女王伊丽莎白路过那个镇时，她邸宅旁边一座漂亮的石头房子，其名字就叫"乔叟之屋"，现在仍然叫这个名字。

现在该如何判定这些分歧呢？语法学家阿庇安想让荷马（对于其出生地争议很大）从地狱里出来，这样他就可以如实描述一下其出生地了。然而我们的乔叟就出生在这里（有正当的理由这样认为），除非拿出更充足的理由把他挪走。

他是个简洁文雅的诗人（他那个时代的荷马），极大地完善了英语，使英语成为上流社会的语言。他精通数学（受教于约翰尼斯·索布斯和林恩的尼古拉），这从他的《星球》一书中可以看出来。他与高尔是同代人，高尔1402年还在世。

约翰·怀特（汉普郡怀特家族的后裔）出生于这个郡的斯坦顿－圣约翰，先在温切斯特上学，后在牛津新学院上学，是新学院的研究生，最后在多塞特郡的多切斯特担任牧师将近四十年。

一个严肃的人，但不古板，有了合适的机会就说几句笑话。他经常布道，在担任牧师期间把整本《圣经》讲了一遍，然后又重讲了一半，在清晰、准确地解释《圣经》方面有杰出的才能。一个优秀的管理者，凭借他的智慧使多切斯特镇（尽管由于疏忽有一场无情的大火）的财富大为增加。知识产生虔诚，虔诚产生勤奋，勤奋

———————————

① 这本书是假托乔叟之名出的，实际作者是托马斯·厄斯克。——译者注

带来财富。当时镇上见不到一个乞丐，全部有能力的穷人都工作，丧失劳动能力的人由一家公共酿酒厂赚的钱和其他人的捐款来赡养。

他绝对控制自己的激情，也控制他教区居民的钱包，在重要场合他能把居民随意控制到任何程度。他没有贪心，如果没有相反情况的话，在新旧英格兰都有家长式的影响力。

但到了晚年，他的教徒们逐渐形成了派别，产生了幼稚的想法。新一代成长起来了，他们或是不认识这个好人，或是不想报答这个好人。不忠诚的人对他这位年高德劭的人并不尊重，他默默地也很伤心地意识到这一点。

他当选为神学家委员会①成员，他的意见在委员会里很受重视。他娶了著名的不服从国教者伯吉斯博士（后来被感化，然后撰文捍卫礼拜仪式）的妹妹，二人生下四个儿子。

告别辞

为了这个郡的一些贫穷的农夫，我希望有更多像亨利·基布尔爵士这样的人。这个骑士（虽然是伦敦人，也是伦敦市长）非常喜爱这个郡和沃里克郡，从里面挑选出一百五十个最穷的农夫，送给每个农夫一个新犁头、一把新铁犁刀，在我看来这是最慷慨的善举，能让衰落的工业开张营业。

---

① 1643年为调整圣公会而成立的一个组织，共有一百多名成员，1653年解散。——译者注

拉特兰郡

拉特兰郡只是云雀的一条腿，这只云雀好于一只大鸟的四分之一，有最洁净的好处：对骑手来说没有更漂亮的地方了，对居住者来说收益更好。

奇　观

读者怎么看我不知道，但在我看来很了不起，这个郡非常宜人，非常富饶，几乎位于英格兰的中央，没有一座十足的或完整的修道院，为其他郡的修道院只提供了两个小附属修道院（价值不大）。

随便到哪里想找这么大一片好地，在整个英格兰也找不到。拿出来这么漂亮的一串甜葡萄让我看看，上面没有苍蝇吮吸。我也找不到任何有说服力的理由，只知道忏悔者爱德华①在其遗嘱里把整个拉特兰都给了威斯敏斯特大教堂，这一命令虽然被征服者威廉撤

---

① 诺曼征服之前的最后一任英格兰国王。——译者注

销，但其他修道院可能会小心翼翼地接受下以前属于另一个机构的东西。

<h2 style="text-align:center">俗　语</h2>

拉特兰红石商。

我看过一位作家这样提到拉特兰郡的红石商，不过我基本上不明白是什么意思。

红石商就是个卖红赭石的人，这一行当（而且是个穷行当）只有这个郡才有，人们背着一袋袋的红石或赭石卖给周边的郡，用来在羊身上打记号，差不多和用沥青在羊毛上打的记号一样容易辨认，而且对羊毛的伤害要小得多。

<h2 style="text-align:center">值得纪念的人</h2>

杰弗里出生在这个郡的奥克哈姆教区，父亲是这里一个非常漂亮的人，肩宽胸阔，而儿子的身高连一厄尔都不到。

家庭成员之间有时候好像不一样，智力如此，身躯也是如此，从这些变化中得不出明确的结论来。

他父亲为白金汉公爵乔治饲养牛用于逗牛游戏（你会说这一差事需要强壮的身体才能驾驭），在伯利村把儿子交给了白金汉公爵夫人，儿子当时九岁，身高还不到一英尺半，这是可以信赖的人告诉我的，他们当时就在现场，现在仍然活着。杰弗里马上就蹿升了（不是身高，而是身份），从破衣烂衫到绫罗绸缎，还有两个大个子服侍。

他没有任何畸形，身材完全匀称，而一个方面的侏儒往往是另一方面的巨人。他虽然是英格兰所能见到的最矮的人，但比起另一个人来还算是正常人，萨宾努斯科这样描写那个人：

> 最近在意大利见到一个成年人，身高不到一肘尺[①]，装在一个鹦鹉笼子里掇来掇去，耶罗尼米斯·卡达努斯在其作品里提到过。

不久之后，在一次娱乐活动中，他被夹在一个凉烤馅饼里呈送给国王查理和王后玛丽，从此以后生活富足（只要宫廷生活富足），所缺少的只有谦恭（人小心大），让他不知道自己是老几了，连父亲也不想认了，国王命人狠狠地惩罚了他。他虽然是个侏儒，但绝不是懦夫，不久前在内战期间担任国王的骑兵队长，后来到法兰西去服侍王后。

他在法兰西遭到克罗夫茨先生的挑衅，克罗夫茨先生不是把他当作发火的对象，而是当作蔑视的对象。杰弗里向所有人表明，就是一只苍蝇也是有脾气的，作不了恶的人必定渺小，尤其是一把手枪就是个纯粹的平等主义者，让侏儒和巨人具有同样的能力，既能杀人，也能被杀。射杀了这个克罗夫茨先生之后，他被捕入狱。

这样我就与杰弗里告辞，这个英格兰最小的郡里最小的人。

[①] 旧时的长度单位，自肘至中指端，约合 17—21 英寸。——译者注

告别辞

拉特兰郡的居民们不要抱怨，说他们被固定在一个狭小的郡里，因为这个郡土地肥沃，可以和英格兰任何一个郡相媲美。

什罗普郡

什罗普郡北临柴郡，东临斯塔福德郡，南临伍斯特郡、赫里福德郡、拉德诺郡，西临蒙哥马利郡、登比郡，从北到南长三十四英里，宽度是二十六英里左右。

我看它确实是（虽然没有人这样说）英格兰为陆地所包围的最大的郡。虽然（依据斯皮德先生的测量结果）其周长只有一百三十四英里（比威尔特郡少五英里），范围虽小一些，但容量可能大一些，我认为其棱角较少，更接近圆形，也就是容量最大的形状。这是个又大又可爱的郡，到处都很漂亮和富饶，有草、粮食和人类生活所必需的一切物品，尤其是：

天然产品

铁

铁是所有金属里最纯的，很难熔化（除非加上促熔剂），甚至连锻造和延伸都很困难。这里的铁和大马士革铁不一样，大马士革铁炼得可以用油灯将其熔化，但非常结实，很难断裂。

有些人将英格兰铁的粗劣归咎于我们的水，说这里的水不适合炼铁，与西班牙和其他地方的水不一样。诗人为我们讲述图努斯的剑：

> 火神伏尔甘为达乌努斯造剑，
> 炽热的时候放进冥河里淬炼。[①]

然而，这个郡很多器具都是用铁做的，这对器具的所有者大有好处，全体国民也没有损失（我希望如此）。

煤

我们英格兰的煤可以发现三重不同：

1. 丝煤，从纽卡斯尔运来。

2. 陆地煤，产自门迪普、贝德沃思等地，用马车运到其他郡。

3. 可以称之为河水或淡水煤，在这个郡里挖出来，离塞文河不远，很容易用船运到其他郡。

这种煤要是能够焦化，可以把铁从石头里熔化出来该有多好，就像在铁匠的锻炉里，煤能让铁打造成条一样。

但罗马不是一天建成的，试验的新天地要留给后世去发现。

工业品

这个郡没有任何原创工业品可以夸耀，但有一样引进的产品可引以为自豪，也就是运到奥斯沃斯特里的威尔士起绒粗呢（布），奥

---

① 参见维吉尔《埃涅阿斯纪》第十二卷。——译者注

斯沃斯特里是这种产品的主要市场，这在下面会有描述。

建　筑

英格兰没有任何一个郡有这么大的城堡群，什罗普郡西面像是由一道连绵不断的城堡墙与威尔士分隔开似的。斯皮德先生认为，整个英格兰只有一百八十六座城堡，这个郡就有三十二座。但就像大炮在船舷非常有用，在船中间没有用一样，这些城堡（以前有用，那时什罗普郡是英格兰的边界）现在被荒废了，这个郡几乎成了英格兰的中心，因为威尔士以和平方式并入了英格兰。

至于这个郡绅士的住宅，很多都很漂亮，但没有一座达到显赫的程度。

俗　语

从什鲁斯伯里娶妻，必须把她送到斯塔福德郡，或是生活在坎伯兰郡。

这句俗语的主要奥妙就在于发音相似，基本上不值得再添加。要知道（尽管有文学典故），什鲁斯伯里出的贤妻，其比例和任何地方都一样。另外，一个有用的泼妇完全可以让一个通情达理的男人满意。诗人们把朱诺虚构成一个贞洁和节俭的女人，这些品质通常是伴随着一个精明的人。

有人问："可以让一个妻子泼悍到什么程度？"

回答是："可以泼悍到啤酒花的程度，啤酒里有一点啤酒花既可以让酒保存的时间更长，喝起来味道也会更好。"

　　情况变了，普洛登说。

　　这句俗语源于埃德蒙·普洛登，一个杰出的本地人，也是个大律师，不过人们讲述的起因大不一样。

　　有人认为，这是说普洛登为委托人辩护一开始并不起劲，付了更多钱之后才会卖力，有人会说这与他正直的品格并不相称。还有人说，这是说他看到以前没有发现的新材料后修改他的评判，这不是始终如一，而是坚持以前的错误，明确的新信息让他相信相反的结论。

　　于是有人说，普洛登是罗马天主教徒，一些同伙就骗他（原谅我描述没有发生的事情）去望弥撒。但后来普洛登发现，主持仪式的冒牌货并不是神父，只是一个平信徒（有意识地发现的）。"啊！情况变了，"普洛登说，"没有神父，就没有弥撒。"

　　至于其他有关这句俗语的更无聊的说法，我既不愿意理会，也没有闲工夫理会。

圣　徒

　　奥斯瓦尔德是诺森伯兰国王，打了很多幸运的胜仗之后，最后败在麦西亚的异教徒国王彭达手下，被彭达杀了，地点就在这个郡以他的名字命名的奥斯瓦尔德斯特里（现在叫作奥斯沃斯特里，沼泽地区一个著名的集镇），以此赢得了圣徒和殉教者的美名。

　　看官，请注意，所有这类战役，虽然只是争吵或武力诉求，是以民事或世俗原因挑起的，目的是扩张或捍卫自己的领土。然而，人们认为（尤其是在那个时代）这些战役还有很多与虔诚和教会相关的因素掺和在里面，因为打的是异教徒，这就必然有助于传播信仰，在战役中被杀害的所有国王都赢得了尊敬，成为圣徒和殉教者。不要说扫罗王以同样的理由也可以成为圣徒，他在与未受割礼的非利士人激战中受了致命伤，既因为最后他自杀了[①]，也因为他生前的邪恶广为人知。而我们的奥斯瓦尔德一直都是虔诚的，对穷人格外慷慨。

他的一条胳膊好像被砍掉了，一直保持（据比德说）完好无损，保存在班堡圣彼得教堂的一个银盒子里。他的遗体一开始被埋葬在彼得伯勒，后来（在丹麦人迫害时期）被移葬到佛兰德的卑尔根，现在还在那里。

高级教士

什鲁斯伯里的罗伯托 1197 年晋升为班戈尔主教，那是国王约翰统治时期（但我不敢说是国王晋升的）。后来国王与威尔士君主卢埃林交战时，把这位主教关押在他自己的大教堂，命他支付三百只鹰来赎身。

不要说一个热爱和平的人要用捕食动物的猛禽来赎身不妥当，这位主教知道一个规则：被俘虏以后，赎身越快越好。另外，三百只鹰似乎也不是个小数目。他在书上看到，国王查理统治时期，一位英格兰贵族（被关押在雷岛）是用一对灵猩赎身的。

那些惊叹主教一下子就搞到这么一大批猛禽的人，要是记得这时挪威人（我们最好的鹰都来自挪威）在其将领马格努斯的率领下

---

① 参见《圣经·撒母耳记上》31:4。——译者注

占据了临近的安格尔西岛，就不会那么惊奇了。另外，他自己也可能在彭布罗克郡的鹰巢里有储存，那里养了很多游隼。

然而，这位主教似乎有点滑稽，他在遗嘱里有一段话，规定他的遗体必须埋在什鲁斯伯里市场中央。不要把这归因于他渎神，鄙视这块神圣之地，而要归因于他的谦卑，认为自己配不上这块神圣之地。或是归因于他有先见之明，预见到愤怒的士兵（英格兰与威尔士内战期间）会最猛烈地攻击教堂，因为最漂亮的市场和人总是把利益摆在第一位，把虔诚摆在第二位，所以会保护市场，尽管教堂遭到毁坏。

军　人

约翰·塔尔博特爵士出生于（所有迹象都可以确定）这个郡的布莱克迈尔。布莱克迈尔当时是一座很红火的住宅（现在成了废墟），由于和布莱克迈尔勋爵斯特兰奇的继承人联姻而转让给了他们家。他有很多令人尊敬的头衔：

1. 塔尔博特和斯特兰奇勋爵，通过其父系继承；

2. 弗尼瓦尔和弗登勋爵，通过和托马斯·内维尔的女儿琼结婚而获得；

3. 英格兰什鲁斯伯里伯爵，爱尔兰韦克斯福德伯爵，由国王亨利六世册封。

这就是那个可怕的塔尔博特，以剑而闻名，更确切地说是他的剑以他那挥舞剑的胳膊而闻名。剑上的拉丁文很蹩脚，但剑是好钢做的，挥舞起来所向披靡，一听说他来了，法兰西人就吓得不敢围攻波尔多了。

他所向无敌凡二十四年，最后不再获胜，在兵力悬殊的情况下，在卡斯蒂永附近向敌人发起进攻，1453 年 7 月 17 日与其儿子利勒勋爵一起阵亡。从此以后，我们可以向身处法兰西的英格兰人道别①，他们的胜利与这位伯爵的遗体一起被埋葬，他被安葬在这个郡的惠特彻奇。

宗教改革以来博学的作家

　　亚伯拉罕·怀洛克出生于这个郡的惠特彻奇教区，被培养为剑桥克莱尔学院的研究生、图书馆管理员、阿拉伯语教授、圣墓教堂牧师。其勤奋令人钦佩，在东方语言方面的学识也同样令人钦佩，所以他可以为拜访所罗门的示巴女王②当翻译，也可以为拜访希律王的东方博士③当翻译，他精通阿拉伯语和波斯语。在西方语言中他精通撒克逊语④，看看他编辑的没有偏见而又可靠的比德著作就知道了。

　　他把《新约》翻译成波斯语并刊印出来，希望将来能让波斯人皈依基督教。那些嘲笑他想法荒唐的人还是别笑了吧，这些人在这方面既没有花费一个便士，也没有下过一个小时的苦功，就让别人满足自己的意愿吧。当然，种下橡籽的人看不见它长成橡树，但别人可以看见。如果把《圣经》这样的书翻译成波斯语，后世就会钦佩今世所嘲笑的东西。

---

① 1453 年，英法百年战争以英国失败而告结束。——译者注
② 参见《圣经·列王纪上》10:1—2。——译者注
③ 参见《圣经·马太福音》2:1—9。——译者注
④ 即古英语。——译者注

值得纪念的人

托马斯·帕雷，约翰·帕雷之子，出生于这个郡温宁顿教区的阿尔伯布里，活到一百五十多岁，验证了他的变位词[①]：

> 托马斯·帕雷，
> 最罕见的运气。

他出生于 1483 年，国王爱德华四世统治时期，死前两个月被阿伦德尔伯爵托马斯（极为喜爱各种古文物）带到威斯敏斯特。他把大部分时间都睡过去了，一位见过他的人这样描述他：

> 他从头到脚全身布满粗毛，
> 又稠又密是一种天然护罩。

空气和饮食改变了（自然变化更好，别人为他改变更糟），惹来很多人观看，这被认为加速了他的死亡。1634 年 11 月 15 日他死于威斯敏斯特，埋葬在修道院教堂，大家都出席了他的葬礼，向这位年迈的多朝元老托马斯表示敬意。

[①] 英语里的变位词是一种文字游戏，就是把一个或几个词的字母顺序重新组合，拼成另一个词、词组甚至句子，但译成中文后趣味全无。例如下面两行，其原文是：Thomas Parre, /Most rare hap. ——译者注

告别辞

愿这个郡凭借天意，不让汗热病再回来，这种病第一次出现在什鲁斯伯里镇，两次在这里肆虐。治疗方法发现得太晚了，没有能够挽救很多人的性命，但足以多保住数千人的命。其方法是让病人保持发病时的姿态，禁食禁药，只要撑过二十四小时，肯定能躲过一劫。

萨默塞特郡

　　萨默塞特郡北临塞文海，东北临格洛斯特郡，东临威尔特郡，南临多塞特郡，西临德文郡。

　　有人认为这个郡得名于其如夏天一般的气候或温和宜人的温度。他们把词源限定于空气时，我们同意他们的意见，但如果延伸到土地时就不同意了，冬天时就是冬天的气候，又冷又脏，像英格兰的任何一个郡一样。实际情况是，它的名称来自萨默顿，这个郡最古老的镇。

　　萨默塞特郡从东到西五十五英里，从北到南四十二英里。没有任何一个郡的器皿有这么漂亮，尺寸非常大，到处都很富饶，不过有点潮。

　　居民们会告诉你，这个郡有几块一英亩的地（相信更大，如果测量的话不止一英亩），可以为一大家人提供一年的面包，每个星期提供一蒲式耳的小麦，这一比例其他地方很难达到。

天然产品

铅

从门迪普山里挖出了大量最好的铅（就这一种类来说）。它的确不是太软，不易弯，也不太易熔，与德比郡的铅不一样，不太适合做护板，因为一熔化就成疙瘩，所以伦敦的铅匠基本上不知道这种铅，用的人更少。由于它更硬，一般是出口到海外，用来制造子弹和炮弹，在这方面性能优异。愿外国人用野铅去杀人，我们用驯服的铅去盖房子，让人在屋里暖和、干爽。

自女王伊丽莎白统治后期以来，铅的利润预付给了巴斯主教和威尔斯主教，数量之大令人难以置信。据说主教斯蒂尔收获的是庄稼，主教蒙塔古把撒在地上的庄稼清扫一下，而主教莱克最后只能得到残茬，但铅的利润他和继承人仍然得到很多。

炉甘石

在门迪普山上也发现很多炉甘石，很多都是用作药物（点眼使视力清晰，效果很好），金属工匠用得更多。如黄铜，并非纯金属，而是炉甘石与铜的合成金属，比纯铜还要坚硬，所以用途更广泛。

大自然的这个谜让我困惑了那么长时间，最后终于解开了，也就是由最好的铜加上高超的工艺辛辛苦苦做出来的黄铜，到底如何含有比铜本身还要廉价的东西。这是因为一磅炉甘石本身价值不超过六便士，在合成过程中让金属与石头混合起来，这样黄铜的体积就大为增加了。

对这种石头我没有更多的话要说，只说它是在这个郡首先发现的，当时铜矿在坎伯兰郡刚刚被重新发现，上帝又及时送来了炉甘石，给了双份礼物。

奶　酪

英格兰最好、最大的奶酪是在这个郡的切达制作的，可以被称为合作奶酪，由整个郡的奶酪场把牛奶放到一起通力协作制成，无论穷富，每个人按照比例分一份。

这样有些人会认为，这些女邻居团结友好，如此友爱地生活在一起，为她们的手艺增添了更好的凝乳酵素和风味。

如果有人问，为什么附近做不出这么好的奶酪？那里的土地也是这么肥沃，家庭主妇也是这么能干。那我就反问他，为什么（钉子必须用钉子才能拔出来）同样颜色、同样味道、同样松软的奶酪，帕尔马能做出来而克雷莫纳却做不出来？这两个地方都在伦巴底，彼此距离很近，同样享有可以看得见的一切有利条件，同样肥沃和富饶。

切达奶酪的最大缺点是又少又贵，除了在大人物的餐桌上之外很少见到。

菘　蓝

古代不列颠人大量使用菘蓝来涂脸，我相信很难证实他们涂的是全身。不要说涂出来的可怕并不可怕，是可笑而不是令人畏惧，因为面具比人脸更可怕。这种菘蓝把不列颠人染成了深黑色，像是要用其狰狞面目把敌人吓死似的。

染色工使用菘蓝，菘蓝是树干（我可以这样说），其他颜色都是嫁接在上面的。菘蓝甚至让这些颜色更纯正、效果更好，没有菘蓝就容易褪色，显得虚假。

这种植物会极大地损害它生长的土地，那些有地可以出租，不被指责为浪费的人种植可以受益，等到地力恢复长出好草来需要很长时间。我把菘蓝（所有肥沃的地方都可以生长）安排到这个郡是因为（我听说）它在这里能自然生长（不会受到毁坏），尤其是在格拉斯顿伯里周边地区。一位博学的评论家，我的一位有才华的好朋友几要说服我相信，说这个镇的名称就是来自菘蓝的拉丁语名字。

獒　犬

不要笑，看官，在这个郡的产品中，我又回到粗俗的动物上了。要知道，獒犬不是（像猴一样）傻瓜和弄臣，而是家庭里有用的仆人，也就是看门者。普林尼说，不列颠养育胆小的狮子和勇敢的獒犬，这对我来说并不奇怪。狮子在监狱里下崽，獒犬自由自在地下崽。1602年，一头英格兰獒犬实际上打败了一头狮子。同样的原因，亨利王子给予一种津贴来养这头獒犬，并颁布严厉的命令说，凡是与兽中之王打过的獒犬，永远也不许接触任何低等动物。

我们英格兰的獒犬在海外享有盛誉。有个故事广为人知，说有一百只莫罗西亚犬作为礼物从这里呈献给教皇时，旁边站着一个不大懂拉丁语的枢机主教，读信的时候把"一百只犬"误解为一百头骡子。古罗马人一开始用狗（不是用人）看护朱庇特神庙时，如果他们知道不列颠，就会用我们的獒犬看护了。獒犬和他们的狗一样有警惕性，比他们的狗还要勇敢。法兰西的圣马洛市由一大群狗来守卫，其中很多都是英格兰血统。

所以有个作家对我说，可以这样描述这个郡：

让一群狗去攻击公牛。

这个郡的绅士和乡民好像都喜欢这一娱乐活动，虽然有些人顾忌这样做是否合法。

1.人不应该挑起事端，让动物相互攻击。

2. 人不可能通过动物打斗得到真正的乐趣，这是其罪孽造成的后果。

3. 人的统治章程赋予他担任动物君主的权力，但不是压迫动物的暴君。

4. 野兽虽然是要消灭的，但不是要受折磨的。有人反驳说，上帝给予我们动物，既是要让我们得到乐趣，又是满足我们的需要。一些有良心的人对公牛受到折磨感到不安，对人的残忍感到忧心忡忡。

我敢插嘴说的是，公牛肉不易咀嚼，狗撕咬折磨以后不仅肉更嫩了，而且还褪掉了公牛肉的颜色，希望买家不要上当。

工业品

汤顿哔叽在同类产品中出类拔萃，是一种流行的料子，比布轻，但比其他很多布料都要厚。酒神狄俄尼索斯亵渎神明，抢劫朱庇特的金衣雕像（声称冬天穿太冷，夏天穿太热）时，朱庇特就把一件冬夏都能穿的衣服给了他。我们与西班牙交战之前，很多哔叽被送到西班牙，交战期间贸易（早就抱怨说是终止了）令人遗憾地全面停止，虽然以后还可能复活。

奇　观

门迪普山上的巫奇洞距离威尔斯大约两英里。这是个地下凹洞，其宽敞的地窖、石壁、弯弯曲曲的迷宫令人赞叹。形成的原因无法想象，大地怎么成了这个样子，为什么成为这个样子，只知道自然之神屈尊光顾一个普通的凹陷处，其设计令人惊叹。

药用水

巴斯温泉浴场在整个英格兰和欧洲都大名鼎鼎，和罗马的戴克里先温泉浴场（在罗马城里八百五十六个浴场中最漂亮，仅用来纵情享受和满足肉欲）相比要有用、有益于健康得多，虽然没有那么豪华。戴克里先温泉浴场由无数根大理石柱子（不是用来支撑的，而是用来炫耀的）来美化。所以扎尔穆特说，建这个浴场雇了一万四千人，用了好几年时间。我们的巴斯浴场包括：

1.沥青（占据优势），用来清除、粘上、熔化、疏通阻塞物等最有效。

2.硝石，让沥青膨胀，使溶解得更好、水也更清。硝石可以清除和清洗粪便和尿，稀释和分解令人恶心的体液。

3.硫黄，用于吸潮、分解、软化、吸引，对受凉、受风而引起的子宫疾病有疗效。

但这些水是如何变成高温的，学者之中有争议而不是有定论。有些人说是风或空气散发出的热气，这些热气在地球内部，凭借空气的流动和摩擦（与石头和狭窄的通道摩擦）聚集热量，然后传导到水里。

有些人将其归因于太阳的热量，阳光穿透大地的细孔把水加热，所以在古代叫作"太阳水"，既是奉献给太阳的，又是太阳造成的。

有些人将其归因于生石灰，我们可以看见，水一洒到生石灰上，马上就把水加热了。生石灰放到任何易燃物上都能把它点燃。

还有人归因于地球内部点燃的地下火，实际上，烧的是硫黄和沥青。

还有人把高温（高温与潮气结合起来不具有破坏作用，而是具有生成作用）归因于几种矿物发酵。

把这些观点都讲述一遍比全都拒绝接受更稳妥，每一种观点都有人反对，也都有人赞成。

药用水也可内服，放进肉汤、啤酒、药酒等里面，效果很好。有些人会误解，因为它不能把药物和食物混合起来，但这些用法已开始盛行。我对这些药用水最不济的希望是用漂亮的东西把它们覆盖起来（基督教世界最著名的浴场都是这样），这样（除了为体弱者带来很大好处之外）在冬季、早春或晚秋就能赢得更大的尊重。马尔伯勒伯爵詹姆斯阁下曾自费覆盖十字浴场，希望其他人也像他一样下定这个决心。上帝慷慨赠送一枚宝石，人就应该为它做一个盒子，这再合适不过了。

俗 语

除了汤顿迪恩之外，我还应该出生在哪里？

这是一片地，在汤顿周围，非常宜人，人口众多（包括好几个教区），非常富饶，用他们的话说就是"只要太阳和土壤就行了"，根本就不需要施肥。

这里的农民既粗鲁又富裕，为他们的好家乡感到非常骄傲（上帝让他们配得上这个地方），觉得出生在其他任何地方都丢人，好像这就是整个英格兰似的。

巴斯乞丐。

巴斯有很多乞丐，有些是本地人，其他都是来自全国各地，穷人来要救济品，病人来治病。到了严寒季节，飞禽除了聚集在谷仓门口之外，还能飞到哪里去呢？

绅士们在两个季节都汇集在这里。实际上每天都制定法律来限制乞丐，制定法律者每天都默许乞丐犯法。饿肚子的人饥肠辘辘，让他们闭住嘴不说话是不可能的。虽然鞭子上的油是治疗懒惰的有效药物，但对丧失劳动能力的人还是要有些怜悯。

总之，看到这座城里有麻风病浴场，我就相信有很多善良的拉撒路 ① 在这里乞讨，他们是真正的慈善对象。

主要法官

约翰·波帕姆爵士家世最为古老，出生于这个郡的亨特沃思。他年轻时健壮，善于使用剑和盾，不亚于他那个时代的任何人，娱乐起来野得了不得。

但是，如果水银真的能够凝固，该会成为什么样的珍宝？一个野小子变得庄重严肃起来，这个年轻人就是这样。他致力于一项更有利可图的剑术——学习法律，取得了显著成就，成为女王的首席检察官，后来成为英格兰首席大法官。

1600 年，女王派他和一些人一起去找埃塞克斯伯爵，了解那么多军人聚集到他家里的原因，在那里被士兵们拘留了一段时间，这相当于监禁。对这一暴力拘禁行为，后来在审讯伯爵时，约翰爵士

---

① 麻风病乞丐，病死后被耶稣救活。参见《圣经·约翰福音》11—12。——译者注

宣誓作证。我记载这件事是因为罕见，首席大法官竟然在公开法庭上出席作证。

国王詹姆斯统治初期，他成为惩罚小偷和强盗的典范。当时国内到处都是以前当过兵的人，这些人从来没有（或是忘记了）干过其他职业。和平时期养活那么多吃闲饭的人真不容易，这是以前战争造成的后果，这些人太高傲不愿乞讨，太懒惰不愿干活。一些人仰仗人多势众在大路上为非作歹，就像北方路上的强盗一样。这个疙瘩让约翰爵士用司法之剑劈开了（否则解不开）。

他对国王詹姆斯说，经常的赦免伤害了司法公正，让法官遭到无耻罪犯的蔑视，后来陛下就不轻易赦免了。总之，杀掉几十个该死的人，能保住成千上万人的性命和生计。他死去多年以后，旅客们还为他们的安全而感谢这位执法严厉的法官。

军　人

约翰·库西，这个郡的斯托克–库西男爵，他是入侵和征服爱尔兰阿尔斯特的第一个英格兰人，所以理所当然地被册封为那里的伯爵。后来他被休·莱西（他头衔的竞争对手）突然遣送回英格兰，被国王约翰监禁在伦敦塔。

一座法兰西城堡处于争议之中，要通过格斗来决定其所有权，由英格兰和法兰西两国国王来观看。库西身材瘦长、瞪着眼，（因犯们用他们狂野的外表报复他们身体的封闭）被人从伦敦塔里派来与法兰西人交手。他由于长期监禁而身体虚弱，就让他吃大份饭来恢复体力。那位法兰西绅士听说他能吃能喝，就以他的胃口来推测他的勇气，更确切地说是以他的食欲来推测他的胃口，就把他当成个食人怪，担心他在吃最后一道菜时把自己吞下去，所以就婉言拒绝了格斗。

接下来两位国王想验证一下库西的力气，就让人把一顶钢盔放在他面前的一个木砧上。库西冷眼扫了一下四周（像是他打算既用胳膊劈也用眼睛劈似的），一下就把钢盔劈成两半，剑深深地砍进木头里，只有他自己才能把剑拔出来。

有人问他面色为何这样冷峻，他说："我要是完不成任务，就把两位国王和在场的所有人都杀掉。"话说得好，因为大家都接受，当时在场的所有人都非常高兴。这样，库西勋爵和爱尔兰第二个男爵林罗姆男爵，在先鞠躬之后要求得到一项特权（是以证书形式还是命令形式，是章程还是惯例，我不知道），并当着国王的面得到了，如果时间的推移没有废弃这一做法的话。

他除了勇敢之外也同样虔诚，创办了多家修道院，为修道院捐了很多款。他在一件事上惨败，把唐郡的圣三一教堂改为圣帕特里克教堂，为此（据说）他被判永远不得返回爱尔兰，虽然他尝试了十五次，但都被严厉驱逐。他后来去了法兰西并死在那里，大约是在 1210 年。

海 员

埃米亚斯·普雷斯顿爵士，骑士，出身于世家，居住在克里基特，在这个郡的克鲁肯附近。他是个勇敢的军人，活跃的海员，亲历了 1588 年大海战，抓住了三桅划桨炮舰上的舰队司令。总督休·蒙萨达率领着大多数手下人在舰上进行了抵抗，结果被烧死或杀死，普雷斯顿先生（当时还不是骑士）分到了从舰上缴获的很大一笔黄金。

后来，1595 年，他成功航行到西印度群岛，在那里攻下圣波尔图岛，入侵科什岛，突袭科罗港，洗劫雄伟的城市圣地亚哥，占领库马纳镇勒取赎金，进入牙买加几乎没有伤亡，得到一些好处，赢得更多荣誉，在六个月之内安全返回威尔士的米尔福德港。

我在优秀作家作品里看到，他出于厌恶而向沃尔特·罗利爵士发出挑战，沃尔特爵士婉言拒绝了，一点也没有贬低他的勇敢（他足以消除怀疑他的一切可能），也没有贬低他的判断力的伟大进步。沃尔特爵士有可观的固定资产，有妻子孩子，担任枢密院大臣和锡矿区主管大臣，觉得拿自己的性命与埃米亚斯爵士打赌是一件不公平的事。埃米亚斯爵士乃一介平民，（我认为是）单身一人，虽然出身高贵，也很勇敢，但没有多少财产。这与他在文章里所表达的对决斗的明智看法一致，谴责那些为了虚荣而让刽子手送花环的人。

不过这两位骑士后来和解了，埃米亚斯爵士（我推测）大约死于国王詹姆斯统治初期。

宗教改革以来的作家

塞缪尔·丹尼尔出生于这个郡离汤顿不远的地方，其职业是音乐家，其和谐的思想熏陶了儿子的才华，儿子最终成为一位高雅的诗人。他的名和姓代表着两个神圣的先知，是监督他的人，限制他狂喜狂热，这样他就厌恶各种渎圣行为。

他也是个有见识的历史学家，写出了自诺曼征服以来历任英格兰国王的生平，直到国王爱德华三世，写得简洁明了，其他作家在这方面与他相比差远了。这一作品后来由特鲁塞尔先生很好地续写下去，但在写作速度和判断力上比不上他。

他是安妮王后的常任仆人，王后给予他丰厚的报酬。乌龟在整个冬季都把自己埋在地里，丹尼尔先生也是这样，一连好几个月都躲在伦敦附近老街他的花园房里（在一个更幽静的地方享受缪斯的陪伴），然后到公共场所露面，与朋友交谈，其中主要是考埃尔博士和卡姆登先生。

有人指责他有"老木桶"的味道，对罗马天主教不满，但这些人的味觉比我灵敏，能嗅出任何这一类的味道。到老年他成了农夫，在威尔特郡迪韦齐斯附近租了一座农庄。他在那里是如何兴旺发达的我无法描述。他虽然非常熟悉维吉尔，维吉尔也是个农夫诗人，但要成为富裕的农夫还需要更多，仅会背诵维吉尔的《农事诗》还不够，我怀疑他的意大利语是否胜任我们英格兰的农业。另外，我还怀疑丹尼尔先生的想象力太完美、太理想化，无法降低到让他获利的程度。

值得纪念的人

约翰·钱普尼斯爵士，罗伯特·钱普尼斯之子，出生于这个郡的丘，但在伦敦被培养成皮革商，1535年担任伦敦市长。

他值得纪念是因为这件事。在他之前伦敦没有塔楼（除了教堂和公共建筑上的塔楼之外），他是城里第一个在自己家里建塔楼的平民，他家位于服装工人大厦附近，可以在塔楼上俯视其邻居。他为了一饱眼福而受到惩罚，死前几年眼睛瞎了。

但窥探上帝的秘密比俯视邻居家的罪孽更严重，所以我与这位吹毛求疵的作家观点一致，每一件事所造成的后果不一定是对其错误的惩罚。

托马斯·科里亚特。虽然有人会认为他这个人荒唐而不值得关注，但还是不应该把他遗漏。首先，没有发现有谁把他叫作傻瓜，除非是和他本人一样博学的人。其次，如果别人比他更有智慧，感恩之心和谦恭是保持和增加智慧的方法。

他出生于这个郡约维尔附近的奥德科姆，在牛津上学，其流利的希腊语令人赞叹。他的脸长得很蠢（好心人称其为可爱），头型让人看不到希望，像是一个颠倒过来的圆锥，尖头靠前，像是想象出来的，与平常见到的根本不一样。

有人认为他是两倍的愚蠢，其他方面是十倍，这些人完全错了。他走投无路，真硬币和假硬币对他都一样，对现状非常满足，说那些套服和衬衫好几身、轻易不脱掉的人太奢侈，直到他们离他而去。

亨利王子给了他一笔津贴，留他做了仆人。甜食和科里亚特成了所有宫廷宴会上的最后一道菜。实际上他成了廷臣们试验其才智的铁砧，有时候这个铁砧能把铁锤弹起来，击打有多重弹起来就有多重，他的迟钝回击了他们的凌辱。

他著有一本书叫《科里亚特的粗俗言行录》，内容粗鄙下流，有教养的读者会感到恶心，但其并非一无是处。门廊比宫殿都值钱，我是说别人在前言里写的假装赞扬的诗。

最后他走陆路到东印度群岛去旅行，骑上一匹长有十个脚趾头的马，装备得完全可以满足这趟旅行。他在解释和回应大自然的无声标志上非常敏捷（对他很合适，基本上是手势），其语言他并不懂。另外，他对于各种困苦都极有忍耐力，像是高温能让他凉快，禁食能让他饱腹，劳累能让他恢复体力似的。

大家都盼望他回来以后能长见识（虽然不是长智慧），结果他在印度之行的半道上结束了他在尘世上的征程，大约是在（据我推测）1616 年。

现代战役

真正意义上的战役，这个郡一场也没有打过。1642 年，在"战神的榆树"（这个名字听起来预示着要打仗似的）这个地方确实有过一次小打小闹，听起来动静很大（当时火绳枪的声音比后来的大炮都更响亮）。这被认为是第一次打破全国的平静，人们就记得更清楚了。长期没有动静，人们安逸得麻木了。

1645年7月12日，戈林勋爵率领的国王军队在兰波特被议会军打败。这次遭遇与其说是战斗，不如说是逃跑，就像斯波尔斯战役那样（很多年以后打的）。骑兵跑得快保住了性命，而可怜的步兵（抵押在这个地方了）却付出了高昂的代价。

从此以后，国王伟业的太阳开始降落，越来越西坠，直到最后降落到康沃尔，后来（经过一个漫长的黑夜）凭借上帝的善意又从东方升起，我们仁慈的君主抵达多佛。

告别辞

希望用沙腰带的绑海者能把海限制在适当的范围内，这样萨默塞特郡就永远也看不到那场不幸事故了。

这一事故发生在1607年，由塞文海喷发造成了严重灾难，如果凶猛的西风再继续刮一段时间，灾难会更加严重。整个地区洪水泛滥，差不多有二十英里长，四英里宽，但只有八十人淹死。

当时人们注意到，生性互不相容的动物，如狗、野兔、狐狸、鼠兔、猫、老鼠等，都跑到一些山顶上，暂时放弃了敌意，平安无事地相处在一起，相互之间没有一点惧怕或逞凶的迹象。这给共同处于险境的人上了一课：放下个人恩怨，先保住性命再报仇不识。

布里斯托尔

布里斯托尔，更准确地说是布赖特－斯托，意思是明亮的住所，在很多方面都名副其实：其坐落的位置明亮，在一面山坡上引人注目；建筑物明亮，漂亮又坚固；街道明亮，保持得干干净净，像是擦亮的一样（这里不用马车，而是用雪橇），但主要是明亮①，因为这里的居民养育出很多著名人物。

布里斯托尔位于萨默塞特郡和格洛斯特郡之间（不过哪个郡都不在，自己独立），由埃文河分为两部分，由一座桥相连接，桥建在河两边，酷似一条长街，陌生人乍一看还真会把它当成一条街。商人的房屋通常都很漂亮，门厅虽然又小又窄，但通向高大宽敞的大厅，这种形式让居民们联想到他们可以走向一个更好的地方。

---

① "Bright"，这里一语双关，有"明亮""显赫"两层意思。——译者注

天然产品

钻　石

钻石是地上的星星，不过是昏暗的星星，产自布里斯托尔市附近的圣文森特岩石上，由于颜色暗、质地软而价格降低，除此之外还可以加上数量多和距离近。如果数量少，距离又远，价格就上去了。钻石不结伴，珍珠结伴，节俭的本性让钻石单独出现，而珍珠不仅是两颗，而且还一串一串的。

这个未经加工的钻石岩要是挪到东印度群岛，放在阳光可以充分照射到的地方，可能几百年以后就会成熟到东方珠宝的完美程度。

我所补充的只有一点：女王伊丽莎白统治时期，女士会容忍说谎，就像我们这个时代容忍佩戴假宝石或假珍珠坠饰一样，这种现象现在太普遍了。我希望这是流行的最糟糕的虚假行为。

工业品

灰肥皂

我把布里斯托尔看作灰肥皂的主要产地，只有这个地方在古代制造它。伦敦齐普赛街附近有个地方叫"肥皂巷"（Soper's Lane），但根本不是因出产肥皂而得名（有人以为是这样），而是因阿兰·索珀（Alan de Soper）而得名，很久以前这条巷属于他。

伦敦市编年史家甚至承认，伦敦煮出第一块肥皂至今不超过一百五十年。在此之前，英格兰普遍使用西班牙进口的橄榄香皂，还有布里斯托尔出产的灰肥皂。甚至在伦敦捣鼓着制造肥皂之后，布里斯托尔肥皂（尽管有运费）还是便宜得多。

　　肥皂需求量很大。没有肥皂，我们在变成泥土之前，身体就和泥土差不多，活着的时候身上就发臭，熏自己也熏别人。

　　肥皂也很古老。我们现在用草碱和其他原料做肥皂，这一方法古人虽然不知道，但他们有某种东西可以有效代替肥皂，能把羊毛和亚麻布洗得干干净净。

俗　语

　　布里斯托尔奶。

　　这座城里虽然吃草的奶牛和喂养的大象一样多，但有很多这种比喻意义上的奶，也就是白葡萄酒。有人称白葡萄酒为奶，因为（有些地方奶妈喂新生儿吃半流质食物，有些地方喂水和糖）在这座城里，这种酒是喂婴儿喝的最早的液体食物。

　　这种酒当然也款待客人，有礼貌的布里斯托尔人让所有首次到访这座城的陌生人喝。

海　员

　　英格兰没有一座城市（仅伦敦除外）像布里斯托尔这样，在这么短时间内培养出这么多勇敢的海员，由于其地理位置而有利于向西航行。这些海员不仅是商人，还是冒险家，具有公益精神，为了公共利益，其目的不是回来时更富有，而是更聪明，不总是为了自肥，而是为了用自己的发现来教育后世。

这些人之中，有些只是偶然有所发现，去捕鳕鱼的时候发现了一个地方，或某个不同寻常的海湾、河流，或以前不知晓的重要港口。有些人是计划好的，历尽千辛万苦花费高昂的代价，也经历非常大的危险，以此作为试验为了后世自由自在地受益。

作　家

托马斯·诺顿出生于这座城市。如果有人怀疑，就让他查一查诺顿的《授圣职礼书》前六章第一行的起首音节，再查一查第七章第一行，把它们放到一起就组成了：

> 布里斯托尔的托马斯·诺顿，
> 你可以相信他是个完美的大师。

这样，他的谦虚就在隐藏名字和透露名字之间选了一条中间道路，这对于一位了不起的化学①教授来说是很合适的，其名字必须从他书里不可思议地摘取出来。

他只有二十八岁时，在四十天之内（相信他，这是他亲口说的）就把化学学完了，好像是乔治·里普利先生教的。

不幸的是，他抱怨说布里斯托尔的一个商人妻子偷走了他的长生不老药。有人怀疑那是威廉·坎宁斯的妻子，她与诺顿是同代人，其突然暴富是这一推测最明显的证据。

追求长生不老术的人坐不住了，听说他们的保护人遭到约

---

① 当时所谓的化学实际上和炼丹术难以区分，富勒死后化学才逐渐成为一门独立的学科。——译者注

翰·皮兹等人的诽谤，说诺顿"学识浅薄，只会干些鸡毛蒜皮之类
的事"。诺顿为自己辩解，所有把钱都存放在他那里的朋友也都为他
辩解。他死于1477年前后，在世时和死时都很穷。

为公共事业捐助的人

罗伯特·索恩出生于这座城市，他的墓志铭就是证据。我认为
叫什么名字不重要[1]，只要本性好就行。我承认荆棘出现是因为人遭
到诅咒，我们的救世主说："荆棘上岂能摘葡萄呢？"[2]

但我们这个"索恩"（上帝送给我们很多荆棘灌木丛）对我们国
家来说却是个福音，从他这里可以自由流淌出葡萄酒和油。他被培
养成伦敦的一名商业裁缝，为教会事业捐钱超过了四千四百四十五
英镑。考虑到捐钱的时间，也就是国王亨利八世统治初期，这笔钱
足以建一所学院。

我发现有些人在教堂门口，非常炫耀似的往盆里投进六便士，
进去之后又从盆底弹回来，在盆两侧撞得叮当作响（这样同一枚银
币既是施舍的钱，也是施舍者的喇叭），而其他人则悄悄投进去五先
令，一点声音也没有。索恩就属于第二类，施舍讲究实效，尽可能
不张扬。

这位好心的基督徒在外面也并非不如家里不信教的人（借用使
徒的话说）[3]，并非不照顾家里人，而是给了穷亲戚（除了免除其债
务之外）五千一百四十二英镑。

---

① 索恩（Thorn）的意思是"荆棘"，不太好听。——译者注

② 语出《圣经·马太福音》7:16。——译者注

③ 保罗："人若不看顾亲属，就是背了真道，比不信的人还不好。不看顾自己
家里的人更是如此。"参见《圣经·提摩太前书》5:8。——译者注

告别辞

我听可靠的人说，一位名叫理查德·格里格森先生的市民，花费一大笔钱来重铸基督教堂的钟，为钟增添了美妙的声音。他肯定还是那个人，我在一份刊印出来的调解人名单上见过他，他曾为自己在内战中所谓的不良行为而支付了一百零五英镑。我还高兴地看到，他那一派（最近在金匠行会大厦涤罪了）的一个人也去支付了这笔应该支付的钱。

我希望布里斯托尔有更多人以他为榜样，虽然在这个对宗教信仰感到怀疑的时代，不希望增加钟、延续使用旧钟也许被认为是更审慎、更合时宜的想法，也希望他们（虽然没有学习音乐）会在公共场合继续沿用无伴奏圣歌①，这些圣歌本来就是打算在礼拜活动时演唱的。

---

① 中世纪早期罗马教皇格里高利一世首创的一种圣歌，曲调简单易学，便于在教徒中普及。——译者注

斯塔福德郡

斯塔福德郡西北临柴郡，东和东北临德比郡，南临沃里克郡和伍斯特郡，西临什罗普郡，南北呈菱形，从两端算起长四十英里，而中间宽度不超过二十六英里。

这是一个最宜人的郡。虽然其中有个西奈庭园（距离伯顿大约一英里），最初由伯顿修道院院长命名，因为这是一大片高低不平的丘陵地，与阿拉伯的西奈荒原相似，但这只是个小鼹鼠丘，可以把这一带乡间的面貌衬托得更漂亮。

这个郡的荒凉偏僻自有其美妙之处，看看漂亮的荒野博德瑟特，那是佩吉特勋爵美丽的男爵领地。

如果荒漠都有如此罕见的装备，
那么请问他们的天堂该有多美？

实际上这个郡最富饶的地方是在鸽河两岸，在这里喂肥的牛羊马上就要由屠夫宰杀。屠夫肯定知道，把牛羊赶到其他任何牧场都要掉膘，因为换了地方不得不掉。

天然产品

这个郡海城堡附近出产英格兰最好的条纹大理石（要知道，看官，我请教了这一行当里熟练的艺人）。这种大理石只比白色大理石低一等，只是更软、更易碎。然而，如果把它保护起来避免日晒雨淋，人也不碰它，就可以长期保存，看看圣保罗大教堂里冈特的约翰①的雕像，还有威斯敏斯特很多用条纹大理石制作的纪念碑，直到今天也没有破裂或损伤。

我承认意大利出产的条纹大理石更好（里窝那制作的小雕像就是用的这种大理石），在白色和光滑程度上甚至酷似象牙。但这种大理石只能在小矿巢里找到，块头不大，用工匠的话说是不出大石头，这与我们英格兰的不一样。

把条纹大理石熔烧成药有什么用途，这不是我要说的话题。我只是发现它很凉。圣母玛利亚为什么把她那么珍贵的药膏放进一个条纹大理石瓶里，其主要原因就是保护药膏不让它干，溶液在炎热的地方很容易干②。

① 国王爱德华三世之子。——译者注
② "有一个女人拿着一玉瓶极贵的香膏来，趁耶稣坐席的时候，浇在他的头上。"这里所说的"玉"即是条纹大理石。参见《圣经·马太福音》26:7。——译者注

工业品

钉　子

钉子是普遍用来连接固体物品的东西，让它们成为一体。在一个国家，甚至可以没有金币和银币，但不能没有钉子。如果没有钱，以货易货也能进行贸易，而没有钉子来连接，硬物就不能结合得那么紧密，而且是迅速牢固地连接在一起。

钉子就是这样又牢固又快捷地提供服务。铁钉一个小时钉在一起的东西，要比木钉一天钉的都多，因为木钉必须有一个为它开好的道，而铁钉是自己开道。

伦敦桥上有一所漂亮的房子，人称"极品屋"，据说建这所房子既没有用铁钉，也没有用木钉，而是用弯曲的凸榫与楔形物及其他（我可以这样称呼）环形装置固定在一起的。这活儿不算白干，因为它总算达到了目的，但依据"在可以用较少的付出就能达到目的时而用了较多的付出，这就是无效付出"这一逻辑学规则，这比白干也好不到哪里去。但房主自得其乐，也肯定付出了昂贵的代价，给了工匠很高的报酬，所以无论是我还是其他人，都没有理由挑毛拣刺。

建　筑

达德利城堡不能忘记。这座城堡坐落在高处一个宜人的地方，在国王爱德华六世统治时期由诺森伯兰公爵约翰·达德利建造和装修，很漂亮，这里还有一个故事值得一提。

这位诺森伯兰公爵是（实际上还说不准）达德利勋爵一个年幼分支的后裔，渴望得到这座城堡，他看中了它的名称和这一名称带来的荣誉。有些人断言无论是通过购买还是继承，这片男爵领地是合法占有的。

这时，约翰·萨顿发现达德利勋爵（最后一任男爵的祖父）处境困难，手头紧，债务缠身，就在一些富商的帮助下把他赶出了城堡。这位可怜的贵族被赶出家门，靠几个朋友施舍来养活，所以人称"曾经的勋爵"。但公爵被处决之后，女王玛丽同情这位可怜的贵族的儿子爱德华（这位爱德华娶了女王的侍女、钱多斯勋爵的妹妹凯瑟琳·布鲁日），就归还了他的土地和荣誉，而这些土地和荣誉本应是属于他的父亲。

俗　语

四月鸽河的洪水，
抵得上国王的好意。

鸽河是这个郡和德比郡之间的界河，如果在四月洪水漫过堤岸，就成了斯塔福德郡的尼罗河，相当于给草场施了很多肥。

但这条鸽河虽然在四月让草场变得肥沃，但在五月和六月又用沙砾和碎石吞没了细沙，让草场主人损失很大。

沃顿被织工覆盖，
上帝永远不会来。

这句亵渎神灵的老话该从人嘴里永远消失了。我承认在日常话语中，上帝是要到祂喜欢的地方去，派人到祂允许的地方去，绝对不会到祂不喜欢的地方去，也不会派人到祂禁止的地方去。这一特点如果确实，对于为这句亵渎神灵的俗语辩护一点用也没有。

　　这句邪恶的话像是源自沃顿的地理位置：被丘陵覆盖，挡住了太阳光，成为一个阴暗的地方，就像所说的那样。但如果真有一个上帝永远不去的地方，良心上有愧的人就会用好多年的收益到那里去买一个小住所，以便躲避上帝对他们罪恶的惩罚。

枢机主教

　　雷金纳德·波尔1500年出生于这个郡的斯托弗顿城堡，是嘉德骑士理查德·波尔爵士的二儿子。他母亲玛格丽特是索尔兹伯里女伯爵，国王爱德华四世的侄女，克拉伦斯公爵乔治的女儿。

　　这位雷金纳德在牛津圣体学院上学，后来晋升为埃克塞特教长。国王亨利八世非常喜爱他，把他送到海外，给了他一大笔津贴，配有符合他身份的装备和随从人员。他在帕多瓦学习，经常与威尼斯贵族交谈，最后退化成一个地道的意大利人，无论是爱国、对国王的感激、朋友言辞激烈的信、对失去眼前一切的担心、对将来晋升的希望，都不能说服他返回英格兰，除非断了他的津贴。

　　这使他来到威尼斯的一座修道院，在一个更僻静的地方学习，在口才、学识和虔诚生活方面赢得了很高的声誉。外国显贵非常看重他的鉴赏能力。枢机主教撒德莱特写了一本赞美哲学的巨著，完全交给他让他评判。波尔高度评价这部著作，同时赞叹罗马教会的一位枢机主教竟然在晚年会写这样一个题目。

　　不久以后，他被教皇保罗三世任命为枢机执事，头衔是科斯梅丁圣母堂。教皇多次派他担任使节到皇帝和法兰西国王那里，煽动他们向国王亨利八世开战，这些使命毫无成效而且危险。后来他隐退到意大利的维泰博，有人发现他在那里的家成了路德教徒的避难所，他本人也一只脚跨进了新教，但还不是个完全的新教徒。他被任命为特伦托宗教会议的三位主席之一，试图确定因信称义（但没有成功）。

他住在维泰博期间，生活不太检点，被人指责有一个私生子，巴斯基尔用拉丁语和意大利语写诗公之于众，在自由时期将其贴在他那无法无天的柱子上。

这位巴斯基尔从多个方面来说都是个著名作家。首先是自我隐蔽，其次是消息灵通，能在大中午展示三更半夜的行为，好像他藏在人家床架洞里似的，知道谁是枢机主教的私生子，比私生子知道自己父亲还要清楚。第三，公正大胆。他浑身都是舌头和牙，碰见啥咬啥，咬到哪里都流血，好像全体大会和巴斯基尔居于教皇之上，他会毫不犹豫地告诉教皇哪一步走错了。第四，长寿。在罗马生活了（更确切地说是熬过了）几百年，好像不是单一的一个人，而是好几个讽刺作家的合体。最后是免受惩罚，躲过了宗教裁判所的追究。有人把这归因于罗马教廷开始认识到自己的过错，更确切地说是罗马教廷的过错让大家知道了，这使得巴斯基尔的改变信仰者（如果不是更诚实的话）在行为上更加谨慎了。

巴斯基尔的诽谤对波尔声誉的影响并不大，但保罗三世死后，波尔在半夜里选举教皇的秘密会议上当选为保罗的继承人。波尔拒绝了，因为他不想在黑暗中当选，这显得还没有完全意大利化，让他晋升的时候也不晋升，枢机主教们把他的拒绝看成是一种迟钝行为。第一天等待着重新选举，新早晨他又有了新想法，波尔遭到拒绝，他公开的敌人尤利乌斯三世取代他当选为教皇。

军　人

约翰·达德利，诺森伯兰公爵（出生于何地不清楚），爱德华·达德利先生的儿子，很愿意让人家把他说成是这个郡的人，是这里的达德利勋爵的后裔。我们会满足他这一愿望，相信他说的话。

他在国王亨利八世统治期间生活了很长时间，国王很喜爱他。仆人也很像主子，正邪参半，两者调配得十分均匀，很难说哪一种占上风。这位约翰人长得漂亮，举止得体，出主意很有见地，敢于冒险，通常（直到最后一项计划之前）都能成功。

但他的放荡也出了名，野心大得让人无法忍受，经常装好人，挥霍无度，要不是遇到修道院土地的及时帮助，他的财产就败光了。他是个用碎木片取暖的人，碎木片是修道院倒台以后从上面砍下来的。

国王亨利八世先是册封他为骑士，后来册封他为莱尔子爵、沃里克伯爵、诺森伯兰公爵。女王玛丽统治时期，他差一点成了英格兰国王，虽然没有头衔、没有权力，也曾策划让他儿媳简当女王，但最后没有成功。怪不得这一计划失败，除了眼下有很多困难之外，这还伤害了英格兰人的感情。由于这一叛逆行为，他在女王玛丽统治的第一年被处决，让一些军人痛惜不已，他在法兰西和西班牙战争服役期间与这些人关系非常亲密。

他撇下两个儿子，后来都获得了殊荣：安布罗斯成为沃里克伯爵，继承了父亲一切善良的品质；罗伯特成为莱斯特伯爵，继承了父亲一切非凡的品质。

*巴尼奥尔家族。*先说一说他们家的姓和家世。巴尼奥尔家族以

前在这个郡非常显赫，在亨利八世统治之前，被发现的以前的证据几乎全和他们家族的某人有关，但（人有旦夕祸福）后来沦落到（借用我看到的作家的说法）普通人的地步。

之后，这个郡纽卡斯尔的约翰·巴尼奥尔的两个儿子拉尔夫和尼古拉，因战绩辉煌而双双被册封为骑士，其中一个参加了马瑟尔堡战役，另一个参加了爱尔兰战役，他们的勇敢像是遗传下来一样。这样，他们家族高贵血统的余火（虽然一时沦为贫贱）因其才华和勇气又重新燃烧起来。他们的儿子塞缪尔和亨利也因为战功卓著而晋升到同样的级别。

海　员

威廉·迈纳斯。看官，我记得法官依照法律要交付造船费，英格兰是一座岛屿，中部各郡都被算作沿海地区。我相信，即便是内陆各郡的守护神，也会让本地人像沿海地区的人那样头脑灵活。英格兰人都像小鸭子，虽然都是一个母鸭孵化出来的，但生性喜欢戏水。我是说英格兰人虽然出生于内陆地区（在这些地方无论是婴儿时期还是幼年时期，都从来没有见过大小船只），在内陆地区长大成人，但他们非常喜爱下海，我笔下现在写的这个题目就是一个非常有说服力的证据。

这位威廉是理查德·迈纳斯先生的儿子，海伦伯里－霍尔人士，出生于这个郡的尤托克西特，后来去了伦敦，成为一名成功的海员，十一次从东印度群岛安全返回。而在我们祖父的那个年代，从那里回来两次就被认为罕见，三次就令人惊讶，四次就是奇迹。

这在很大程度上（依照天意）要归功于我们英格兰的船只，现在建造得比以前更加有利于航行。另外，去的次数越多，其航程调整得越近，（这说明）实践是完美之母。

然而，其他人对他这么多次幸运地返回感到惊奇时，我则夸赞他有节制，去东印度群岛的次数没有再增加。知道如何发财的人多，知道钱已经挣够了的人少，这导致他们的贪心变大，想继续增加财富。迈纳斯先生积累了足够的财富，就离开海洋回到陆地生活，现在平静地享受着历尽苦难得到的东西，今年是 1660 年，正生活在赫特福德，或赫特福德附近。

宗教改革以来的作家

托马斯·阿伦出生于这个郡，其祖上是国王爱德华二世统治时期的阿兰努斯·白金霍尔，是白金霍尔的领主。他在牛津格洛斯特学院学习，是最优秀的数学家，既继承了培根修士的技艺，也继承了培根修士的丑事（据说二者兼有，但我一个也不相信），被认为是个魔术师。实际上民众不懂光学，把反射回来的光幻想为发出来的光，把每一个影子都幻想为精灵，把每一个精灵都幻想为魔鬼。一旦某个魔术师受到民众的尊重，无论是最无知的人还是最博学的人，都没有办法加以制止。

他很受莱斯特伯爵罗伯特的喜爱，他令人钦佩的数学著作由某些私人收藏，不让公众受益。国王詹姆斯统治末期，他死于高龄。

值得纪念的人

托马斯·塔尔顿。我知道他确切的出生地太晚了，认定他出生在这里，实际上他出生在附近什罗普郡的康多弗，他家族的一些人和亲戚仍然在那里。他在地里为父亲养猪时，莱斯特伯爵罗伯特的一个仆人（到他主子的登比男爵领地时路过这里）对他开心又不开心的回答非常满意，就把他带到宫里，成为女王伊丽莎白最著名的弄臣。

很多人认为他的差事（我不能说是职业，他是不请自来的）不算正当。这些人认为，成为上帝造的傻瓜更好一些，出生的或是人造的傻瓜受到普遍的嘲笑，这比他自己成就的傻瓜强，那是他自发造成的。这些人还说，他还是继续干养猪这一行比较好，他认为养猪（虽然更苦，收益也更少）吃亏，换成了宫里的弄臣这一角色，而弄臣是所有人中任务最重的，要解释他们说出来的每一个无聊的词。

其他人为弄臣的做法辩解，说每个时代的君主都有弄臣，弄臣的长处就是口无遮拦，经常医治溜须拍马者造成的创伤，这样君主就会发现自己的错误。弄臣随身携带着赦免令，无论说什么、做什么都能得到赦免。君主国务负担过重，必须要有消遣，弄臣所说的话不应该被指责为完全无聊，而是能给人带来正当的快乐。

塔尔顿是他那个行当的大师。女王伊丽莎白神情严肃（我不敢说是沮丧）和情绪不好的时候，他能够随意改善她的情绪。有时候女王最青睐的人再去见女王之前会先见他，他会引导他们在一个有利的时机去见女王。总之，他指出的女王的错误比她大多数专任牧师指出的都要多，治疗她的忧郁比她所有御医治疗的效果都要好。

霍尔本（临近伯明翰，但是在这个郡）的詹姆斯·桑兹以其长寿而引人注目，活了一百四十岁，他妻子活了一百二十岁。他的寿命超过了五个二十一年期的租约，这些租约都是在他结婚之后签订的。所以，不是人的寿命普遍缩短了，而是神意有时候把它拉得特别长，出于其他原因而让早期族长的寿命更可信^①。他死于 1625 年前后。

　　沃尔特·帕森斯，出生于这个郡，一开始跟着一个铁匠当学徒。他个子特别高，不得不在地上挖个坑，他站在里面刚到膝盖，这样才能和其他工匠差不多。他后来给国王詹姆斯当门卫，因为大门一般都比建筑物的其他地方高，这样门卫比其他人高就成了一道景观。

　　他身体各部位都很匀称，力量和高度、勇气和力量、脾气和勇气都相当，所以他不屑于伤害任何人。他不费吹灰之力就能把两个最高的卫兵同时夹在胳肢窝里，随意使唤他们。

　　然而他父母却是普通身材（我认为不可能与此相反）的人，凡是读过圣奥古斯丁是如何描述一个妇女的人都不会感到奇怪。这个妇女来到罗马（在哥特人洗劫罗马之前不久），身材如巨人一般，比所有来看她的人都要高得多，数不清的士兵来看这一景象。不过圣奥古斯丁又说："让大家更为惊叹的是，她父母都是普通身材。"这位帕森斯就是证据。

　　每一个时代都产生一些身材特别高的人，人类的身材并没有普遍退化。如果退化的话，我们早就萎缩得比侏儒还要矮了，更小的尺寸我就不说了。

---

① 指《圣经》里提到的一些长寿的族长，如亚当活了九百三十岁，塞特活了九百一十二岁，以挪士活了九百零五岁，该南活了九百一十岁等。参见《圣经·创世记》5。——译者注

战　役

1643 年 3 月，在这个郡的霍普顿希思，国王与议会的军队在这里激战一场，战场上到处都是兔子打的洞，所以让骑兵站不稳。但对双方都不利，也就是对哪一方都不算不利。

国王派可以说是赢了，但是失去了获胜的最大功臣，我指的是真正忠诚勇敢的北安普敦伯爵斯宾塞，不过其英名仍然活在我们的记忆里。所以，他众多高贵的子女同样值得别人尊重，他们自己也要互爱。

告别辞

我们要和斯塔福德郡说再见了。我希望露天煤矿采出来的煤（这个郡非常多）能及时安全地在壁炉里燃烧，不要在从地下挖出来之前就燃烧。我这样说是因为我在文献上看到，1622 年发现一个煤矿竟然着火了，（发生）在这个郡的威林斯沃思和温斯伯里之间。我不知道这座英格兰的埃特纳火山是由于什么而意外着火的，也不知道燃烧了多长时间。虽然这里没有意大利南部燃烧得厉害，意大利的硫黄更容易助燃，但仍然会让周围民众感到恐惧。

萨福克郡

萨福克郡北临诺福克，以小乌斯河与韦弗尼河为界，西临剑桥郡，东临德意志海，南临埃塞克斯，以斯陶尔河为界。从东到西长四十五英里，而宽度一般只有二十英里，除了到海边之外，那里有个角落，宽度更大一些。

这里的空气总体上新鲜，连最好的医生都认为它是英格兰最好的，经常嘱咐肺病患者去呼吸。我说总体上新鲜是因为海边附近有一个地方不是非常好，好像是大自然故意留在那里的，其目的是衬托其他剩余地方的空气纯净。

天然产品

奶 酪

这里出产最好的奶酪，最精细且非常薄，不是让人当食物吃的，而是让慢慢品味的。我记得当年我住在剑桥时，这个郡的奶酪被认为是最好的。如果有人说，学生没有能力鉴赏食品味道，他们饥肠辘辘，粗食也会被他们当成美食。那我就让他们知道，博学的荷兰医生潘塔莱翁认为，这里的奶酪至少可以和意大利帕尔马的奶酪相媲美。

奶　油

无论是质还是量，这个郡的奶油都出类拔萃，销售到伦敦和其他地方。儿童吃还不到时候，老人已过了享用的年龄，用牙咬没有多软，穷人吃没有多便宜（在这个郡），富人吃没有多健康，我指的是早上吃。

奶油有兴奋作用，或者说是有解毒功效。有一个故事广为流传，说有一个妻子想当寡妇，就在奶油里下了毒，而奶油是她丈夫的主食。可怜的丈夫感觉自己得了怪病，就找到一个医生。医生根据一些症状怀疑病人中了毒，就问病人吃的最主要的食物是什么。病人回答说，他最常吃的是奶油。

"继续吃奶油，"医生说，"奶油已经救了你一命。"因为奶油解毒，无论是毒药的毒还是他妻子的恶毒，都不能完全发挥作用。

俗　语

萨福克奶。

英格兰没有一个郡的奶比这个郡的更好、更香甜。这个郡正对着尼德兰的荷兰，而尼德兰有基督教世界最好的奶制品，这让我想起了斯皮诺拉和莫里斯伯爵之间发生的一件事。

西班牙将军斯皮诺拉应伯爵之邀，到布雷达（我认为是这个地方）参加宴会。第一道菜上的是柠檬和橙子，用以开胃。

"主人的国家多么了不起，"将军阁下说，"一年到头都提供这种水果。"

但宴会结束时上了奶油，莫里斯伯爵回答说："我们的国家多么了不起，一天两次结这种水果。"

　　　　　萨福克的漂亮姑娘。

自然神好像很慷慨，给了她们漂亮的肤色，我愿意相信祂还没有到相对贬低其他郡的女性这一程度。我希望她们努力争取让仁慈的心配得上漂亮的脸蛋，否则我相信有一句圣言永远正确：没有脑子的美女，就像是猪鼻子上的金首饰。

　　　　　萨福克阶梯。

推测一下这个俗语是属于埃塞克斯还是属于这个郡，我相信它属于这两个郡。这两个郡都用篱笆围成小块地，所以有很多高梯子，爬过去很麻烦。但梯子主人并不嫌麻烦，他们知道这样把地分隔开很有好处。

　　　　　你在去尼达姆的大路上。

尼达姆是这个郡的一个集市，有很多（如果我没有记错的话）穷人，不过我认为这根本不是最初出现这一俗语的原因。那些匆匆走向贫穷的人，就被说成是在去尼达姆的大路上。

然而，这些人是有区别的：有人是走过去，还有人是被派去。走过去的人有几种方式：穷人是懒散的方式，富人是漫不经心的方式，或是奢侈的方式。

还有人是违心地被强迫去的，强迫他们的人有权势，扣留或吞并他们的财产。有些人被派去可能不是因为自己有过错，也没有其他明显的理由，只不过是天意，不知不觉地减少他们的财产，主要是考验他们的忍耐力。

所以，从不同的地方到尼达姆有很多条路，我是说有不同的原因，以同样罪名指责所有到那里去的人是不公正的。

宗教改革以来的高级教士

约翰·贝尔出生于这个郡的科夫海斯，距离邓尼奇五英里，在剑桥耶稣学院被培养成人，之前或之后都是诺威奇加尔默罗修会的修道士。

在温特沃斯勋爵托马斯的帮助下，他改宗新教。就是这位贝尔撰写了《论英国作家》这本书，梳理了九个世纪，其受惠于利兰的东西，并不比我在这本书和《教会史》里受惠于贝尔的多。1552年，他在都柏林被任命为爱尔兰的奥索里主教，国王爱德华六世一死他就被迫逃走（他亲眼看见几个仆人被杀害），渡海途中被海盗俘虏，被贩卖之后又被赎回，经历多次危险之后安全到达瑞士。

女王玛丽死后，他回到英格兰，但再也没有回过他在爱尔兰的主教区，而是宁愿过清静日子，担任了坎特伯雷教堂的名誉受俸牧师。有人会感到奇怪，这么博学的一个人，为教会做了那么多，也吃了那么多苦，为什么不让他晋升高位？女王伊丽莎白统治初期，各主教区四处招贤纳士，找人担任主教。这可能是因为这个人更博学而不是审慎，更适合写作而不是管理，无法控制激情，"暴躁的贝尔"就是对他性格的真实写照。

政治家

尼古拉·培根爵士，骑士，出生于这个郡，距离著名的圣埃德蒙兹伯里修道院不远。我在文献上看到，他父亲是属于那里的一名高级职员。他在剑桥圣体学院接受教育，后来他为这所学院慷慨捐助，建了一座漂亮的小礼拜堂。

他后来致力于研究习惯法，被任命为王室监护法院检察官，1558年女王伊丽莎白统治的第一年晋升为掌玺大臣。

他任职大约十八年，才智超群，经验丰富。他身躯肥硕，尤其是在老年，从威斯敏斯特大厅走到星室法庭不仅气喘吁吁，简直就是要命，往座位上一坐半天才能缓过气来。所以，法庭里形成了惯例，在掌玺大臣举起手杖表示开始之前，任何律师都不发言。

他的座右铭是"温和的税收"，实践的是第一个词"温和的"，从来没有得到大笔财产，因为从来没有触动过大笔财产。他和一些同代人不一样，不喜欢招人妒忌的房子，而是喜欢和主人身份相当的房子，比如他在赫特福德郡戈勒姆伯里的房子。所以，女王伊丽莎白巡幸到那里的时候对他说："大人，您的房子对您来说太小了。""不小，陛下，"他既充满感激又不失风趣地回答说，"是陛下您让我做官做得太大了，让房子显得小了。"

他座右铭的第一个词"温和的"，他做到了，他在第二个词"税收"上肯定也是一个真正的先知，为后世留下的遗产好而不是多，其长子爱德华·培根爵士在这个郡是英格兰第一个从男爵。

罗伯特·农顿爵士出生于这个郡，其家族历史悠久，有人断言他们家在征服者威廉到来之前就在这里，还有人说是与征服者威廉一起来到这里，威廉把一个重要的女继承人许配给他们家族的主要人物，以报答他的效劳。当时他家的土地收益据估计（我认为是一大笔钱）每年达七百英镑。长期以来他们都是在这个郡的奥尔德顿有圣职授予权的人，我认为罗伯特爵士就是出生在这里。

他先是三一学院可以和研究生同桌吃饭的学生，然后是剑桥三一学堂的研究生。1601年，他担任大学学监。根据以前的轮回制度，这个职务要四十四年才能轮到这个学院。他从青年时代就致力于学习，以便能从事公务。我认为他最优秀的作品是《女王的只言片语》，他死后才出版，是他年轻时的作品。

1617年1月8日，星期四，他宣誓成为国王詹姆斯的国务大臣，在履行这一职务时表现出极大的能力和聪明才智。我在这里插入一段有趣的故事，希望不会冒犯各位看官。

有个人名叫韦马克先生，很富裕，爱饶舌，经常到圣保罗大教堂里去，有一天听到了沃尔特·罗利爵士被斩首的消息。他说："罗利的脑袋要是长在国务大臣罗伯特·农顿爵士肩膀上就好了。"

这句话遭到控告，韦马克被传唤到枢密院，去了以后为自己辩解，说他对国务大臣先生并没有不尊重的意思，大臣先生的才华大家都知道，谁也诋毁不了，他这样说只是联想到一句老话：两颗脑袋胜过一颗。说完就暂时让他回去了。

不久之后，有关方面号召富人为圣保罗大教堂捐款，韦马克在枢密院桌上捐了一百英镑。但国务大臣先生对他说，二百胜过一百。韦马克在畏惧和仁慈之间犹豫了一会儿，不得不捐了二百。

主要法官

约翰·卡文迪什爵士，骑士，出生于这个郡的卡文迪什（其家族在这里一直延续到国王亨利八世统治时期），是个学习国内法的学生，在这方面造诣很高，被任命为王座法院首席大法官，履行职责受到应有的赞扬，直到国王理查德二世统治的第五年暴死。当时的情况是这样。

有一位神父名叫约翰·罗，与杰克·斯特劳和沃特·泰勒是同代人，把一个乡下人罗伯特·韦斯特布鲁姆推选为这个郡的平民首领，其追随者不少于五万人。这些人在一起聚集了八天，搞一些野蛮的娱乐活动，把大人物的头砍下来挂在柱子上，让他们相互亲吻，在耳边窃窃私语。

首席法官卡文迪什当时正好在这个郡，大家对他有两重不满。一是因为他诚实，二是因为他博学。另外，他们从伦敦得到新消息，说首席法官的亲戚约翰·卡文迪什不久前在史密斯菲尔德杀了他们的偶像沃特·泰勒。于是他们就把这位令人尊敬的法官和剑桥的约翰爵士（伯里修道院院长）一起拉到市场上，把他们的头砍了下来。

不久以后，好战的诺里奇主教斯宾塞就为他们无故的流血报了仇，1381 年打败并消灭了这帮乌合之众。

医　生

威廉·巴特勒出生于这个郡的伊普斯威奇，在这里只有一个兄弟。这个兄弟到海外成了罗马天主教徒，因此威廉对他非常生气，没有给他留下一点财产。我这样说主要是因为这位威廉·巴特勒被无缘无故地怀疑有罗马天主教倾向。他是剑桥克莱尔学院的研究生，在那里成为我们这个时代的埃斯科拉庇俄斯[①]。他是第一个借用一点

---

① 希腊神话里的医神。——译者注

帕拉塞尔苏斯^①的学说来推动盖伦医学发展的英格兰人，做化学药物生意取得很大成功。

他眼光敏锐，一眼就能看出某人已病入膏肓，对于这样的病人他根本不给予任何治疗。他一看见生病的亨利王子^②，就马上跑得无影无踪。

他知道自己是医生之王，别人也会这样看待他。恭维对他不起任何作用，恳求只有一点作用，威胁则作用很大，而讥讽嘲笑能让他做任何事情。送礼比送钱更能让他高兴，他更喜欢漂亮的而不是价钱贵的，更喜欢珍品而不是钱财。

他不修边幅，邋里邋遢，把护腕当成手铐，可以说有大约七年时间没有把自己收拾利落。他把自己调理得阴阳怪气，一些同行学着他的样子戏弄他而不是模仿他，他无论对谁都是板着那张脸。

他为克莱尔学院捐了很多钱，死于 1621 年，埋葬在剑桥圣玛丽教堂的高坛，上面有一通漂亮的墓碑。优秀药剂师和他的遗嘱执行人约翰·克兰先生后来就埋在他旁边。如果某个著名外科医生埋在他另一边，我会说：医学就隆重地埋在这里，由两个侍从陪伴。

值得纪念的人

托马斯·库克爵士，骑士。

威廉·卡佩尔爵士，骑士。

我把这一对骑士放在一起，是因为我发现二人在一生中有很多重要交集：

---

① 一位瑞士医生，是近代科学先驱。——译者注
② 詹姆斯一世的长子亨利，十八岁时死于伤寒。——译者注

1. 二人都是这个郡的本地人，出生地也相距不远：托马斯爵士出生在拉文纳姆，威廉爵士出生在斯托克内兰德。

2. 二人都在伦敦长大成人，在同一家布商行会，都是伦敦市长。

3. 二人都得到上帝的赐福，凭借勤奋得到大笔财产，实际上是为王室服务的商人。据传说（时间一长就成为历史事实了），在为国王亨利七世准备的一场大型娱乐活动结束之后，威廉爵士放一把火把一切都烧光了，其中烧掉了很多契约，是国王欠他钱的借据（国王在统治初期向他借了钱），这对于一个节俭的国王来说就是洒的香水（毫无疑问），花费昂贵的聚会就不说了。还有一次，他向国王祝酒时，喝下了一颗熔化的珍珠（这花费他好几百英镑）。

4. 二人都遇到很多烦恼。托马斯爵士由于借给别人钱而受到控告（国王爱德华四世统治时期），险些丢了性命（感谢仁慈的上帝，遇到一个公正的法官和不妥协的陪审团），不过遭到重罚，长期遭到监禁。至于威廉爵士，恩普森和达德利的躯体重重地砸在他身上，从他手里勒索了数千英镑，都进了国王的金库。

5. 二人都平静地走了，为子孙留下巨额财富。库克家族不久前在埃塞克斯的吉迪霍尔兴旺发达，受人尊敬。卡佩尔家族现在赫特福德郡的哈德姆养尊处优。

郡　长

西蒙兹·迪尤斯，骑士。这位西蒙兹爵士是阿德里安·迪尤斯的孙子，古老的德斯·尤斯支脉的后裔，其家族在格尔德兰公国克塞尔管辖区代代都是统治者或首领。国王亨利八世统治初期，因内战而荒废之后他来到这里。

他在剑桥接受教育，这从他刊印的演讲稿（在长期议会的演讲）

里可以看出来，他在演讲中试图证明剑桥比牛津还要古老。他的天分使他沉迷于古文物研究，他喜欢生锈的而不是明亮的，喜欢古代装扮而不是现代时尚。

他专注于研究罗马硬币，辨别真币和假币。他为得到一枚好币而不惜代价，对很多珍贵记录，他既认真梳理，又精心保存。他有很多的贵重纪念章，一个有条不紊的设计师可以用它们为后世设计一件精美的织物。他的藏宝室里既有新东西，也有旧东西，象征着他非常赞赏长期议会，认为长期议会的条例和命令在数量上超过了自诺曼征服以来制定的所有法令。他喜爱博学的人，想尽力为他们帮忙。他死于 1653 年前后。

告别辞

结束对萨福克的描述时，我希望那里的各种粮食可以按合理的价格买到，富人和穷人都会对此感到满意。但如果这里出现饥荒，希望穷人不要怀疑天意，在这方面他们的祖辈有令人赞叹的证据。当时整个英格兰都闹饥荒，而邓尼奇附近的海边却长满了豌豆（根本就不是人工播种的），完全成熟以后一收割，大大降低了市场上的高价，让成千上万个饥饿的家庭免于挨饿。

萨里郡

萨里郡北临米德尔塞克斯郡（以泰晤士河为界），东临肯特郡，南临苏塞克斯郡，西临汉普郡和伯克郡。可以把它看作一个正方形（除了西南方一些角落之外），边长二十二英里，比作一棵肉桂树也未尝不可，树皮要比内瓤好得多。这个郡外围和边缘地带富饶肥沃，而中间地带贫瘠荒凉，不过由于空气和道路干净，也有很多绅士住在这里。

天然产品

漂白土

英格兰（欧洲就不说了）最多、最好的漂白土是在这个郡的赖盖特挖出来的，其价格在矿区是一蒲式耳四便士，在伦敦码头是十六便士，在纽伯里是三先令，再往西价格翻倍。在做布时漂白土有双重作用：可以把染料洗刷掉，可以让布变厚，或是（用工匠的话说）用来验布。

虽然运输漂白土遭到法律禁止，但私人获利远远超过公共利益，船只装载着漂白土运到荷兰，结果荷兰人存放的漂白土多得可以随时为我们提供（以他们自己的价格），如果有这一机会的话。

现在我们提到了土，极品宫[①]附近有陶土脉，在其同类中受到很高的评价，用这种土可以做坩埚，并用来熔化黄金，还可以做其他很多必需品。

核 桃

在这个郡，尤其是在卡肖尔顿，有极好的鳟鱼，也有很多最好的核桃，在同一个地方，好像大自然遵守着同一个医学规律："吃鱼之后吃坚果。"

把"核桃"这个名字分开有些困难，为什么叫"walnuts"，它和墙没有一点关系[②]，核桃树不需要借助于任何东西作支撑。核桃这样叫也不是因为有外壳保护，其他任何坚果都有外壳。实际情况是，古荷兰语的"gual"，也就是"wall"，意思是奇怪的或外来的（所以有"Welsh"，也就是外国人）。这些坚果树不是英格兰或欧洲的本地物种，很可能最初来自波斯，因为核桃在法语里叫"noix persique"[③]。

核桃仁肯定有宝贵的价值（虽然有人指责说对胃有妨碍），因为有远见的大自然用很多保护层把它裹起来了：一层又厚又青（成熟后落下来时），一层又硬又黄，一层又苦又黑。至于核桃树的木材，可以称其为英格兰皂荚木，因为它精良、光滑、经久耐用，可以做最好的餐桌，也可以造枪托和其他产品。

---

① 亨利八世在这里建的一座王宫，宏伟异常，查理二世统治时期被拆除。——译者注
② "Walnut"（核桃）由"wal"和"nut"两部分组成，"wal"是"wall"的一种古体形式。——译者注
③ "波斯坚果"。——译者注

黄杨树

英格兰最好的黄杨树生长在这个郡的多尔金四周，但没有从土耳其进口的好。黄杨树的味道和树荫被认为对健康不利，尽管如此，用黄杨木不仅能为儿童制作漂亮玩具，还能为成人制作有用的工具，尤其是数学器具。但通常是用黄杨木制作梳子，也可以雕刻木画和盾徽，因为它比梨木更坚硬，做出来效果更好。

就我来说，我要对两位好心的贵族和保护人表示感谢，最近十年我在各种木材上所花费的钱，没有一年在黄杨木上花费的多。

工业品

园　艺

我指的不是仅仅让人赏心悦目（萨里郡在这方面所占的份额比其他郡多），以鲜花和种植园来让人看到好景色、闻到好味道，而身体其他部位什么也得不到。我指的是盈利，大约七十年前园艺就被引进到这个郡了，在此之前英格兰极为缺乏。

我们大部分的樱桃都是从佛兰德进口的，苹果是从法兰西进口的，如果不从荷兰进口就几乎没有早熟的豌豆。这都是女士的美味，从那么远的地方运来，价格那么贵。园艺从荷兰悄悄来到肯特的桑威奇，又从桑威奇来到这个郡。在这里他们每英亩给六英镑还要多，租到了地，日子过得非常舒适，为很多人找到了活儿干。

啊，挖地的利润令人难以置信！大家都承认，犁子在速度上能把铁锹甩到后面老远（差不多像印刷机把鹅毛笔甩后面老远一样）。但铁锹相对耕种土地数量的欠缺，能在多结果实上得到补偿，结的果实比种下的能增加一百倍 ①。

伦敦有多少穷人以此为生，简直令人难以置信。这样在一些季节，果园里养活的穷人比田野里养活的还要多。希望随着时间的推移，大茴香、孜然、香菜（甚至水稻），还有从海外引进的其他果树，以后能在我们这里生长，满足我们的需要，尤其是希望一些头脑灵活的绅士能对辛勤的园丁加以鼓励，以合理的价格把地租给他们。

织　锦

我们从园艺转谈织锦。园艺是地上的织锦，织锦是布上的园艺。英格兰一开始并不知道织锦，或并不用织锦。到了国王詹姆斯统治末期，国王把两千英镑给了弗朗西斯·克兰爵士，让他用这笔钱在莫特莱克建一座房子用来织锦。他们在这里只是模仿旧模式，直到后来找到一个德意志人弗朗西斯·克莱因当设计师。

这位弗朗西斯·克莱因出生于罗斯托克，但在哥本哈根丹麦国王的王宫里长大。为了提高技术，他到了意大利，住在威尼斯，首先结识了亨利·伍顿爵士，此人是英格兰驻威尼斯大使。实际上荷兰人和意大利人之间存在着激烈竞争，看看谁在这门手艺上更胜一筹，所以克莱因试图兼采两家之长。

克莱因回到丹麦之后，应查理王子 ② 之邀去了英格兰。查理王子是个艺术品鉴赏家 ③，对各种依照适当比例的手工艺术都有鉴赏眼

---

① 犁子速度虽然快，但犁得浅，角落旮旯还犁不到。铁锹虽然慢，但翻地翻得深，角落旮旯都能翻遍，这样就能充分利用地力，自然能提高产量。——译者注

② 即后来的查理一世。——译者注

③ 查理一世可能是英格兰历代国王中最大的艺术品收藏家，同时也利用艺术来宣扬其君权神授论。——译者注

光。克莱因去的时候查理王子碰巧不在（当时正在西班牙），但国王詹姆斯下令款待他，为他提供优厚的膳宿条件，又让他回去见丹麦国王（短暂拜访，办理那里的事务）。事情办完以后他又回来了，和家人一起定居在伦敦，每年得到一百英镑的报酬，薪酬非常优厚，一直到内战爆发。

现在织锦在莫特莱克十分红火，克莱因的设计是这一行业的灵魂，而织造则是其躯体。

药用水

埃普索姆

这里的药用水是这样发现的。大约四十二年前（即1618年），一个干旱的夏日，牲畜极为缺水，一个名叫亨利·威克的人在马或牛站立的地方发现了一些水。他怀疑是某个牲畜撒的尿，但很快就证明不是这回事，水很清。他用棍在水四周挖了个方坑就走了。

第二天回来的时候，他费了一番周折才找到那个地方（那么大一块公地，他没有记清楚具体位置），发现了他挖的坑，坑里聚满了最清澈的水，并且已经漫了出来。然而牲畜（尽管很渴）并不喝里面的水，因为水里有矿物质味。

据分析，这种水流经某个明矾矿脉，一开始只是用来治疗外伤。实际上轻伤很快就能治好，这归因于这种水的洁净作用，它让伤口保持洁净，直到人体自动将其愈合。后来开始内服，（如果居民们的说法可信的话）疾病就遇到了有疗效的药物，尽管由相反的病因引起。这里离伦敦不太远，进一步传播了这种药用水的名声。怪不得人们一到这里，从最糟糕的烟雾里来到最好的空气中，跟换了个人似的。

奇　观

　　这个郡有一条河，流到一个名叫斯沃洛的地方渗入地下，然后在大约两英里外莱瑟黑德附近又冒出来。所以它流淌的时候不是一条完整的河，但能找到并打通自己的水道，在地下走一段距离。

　　当地有人说，他们尝试着把一只鹅放到水里，然后又活着冒了出来（不过羽毛没有了），这话我不听。但另外一些人的话我洗耳恭听，这些人有见识，把这归因于前面提到的裂缝里的土突然下沉到地下某个洞，这个洞就是水流过时冲刷出来的。

　　这条河叫"鼹鼠"，西班牙有一条类似的河叫"鸭子"，而"鼹鼠"比"鸭子"更名副其实，因为鼹鼠（就像萨里的这条河一样）在地下活动，而鸭子是潜水（西班牙那条河不是这样）。所以，阿尔斐俄斯河才是名副其实的"鸭子"，如果传言可靠的话。据传说这条河发源于伯罗奔尼撒，在海洋下面流，然后在西西里又冒出来①。

　　也不要忘记，赖盖特附近的一个地下拱顶室（在我所见到的最细的沙子上）可以很方便地容纳五百人。这座地下城堡以前是某个大人物的藏身之处，有好几个房间。如果只是天然形成的，那就接近于艺术杰作。如果完全是人造的，那就是对大自然最生动的模仿。

俗　语

　　霍姆斯河谷从未赢得过，

---

① 维吉尔在《埃涅阿斯纪》里就是这样描述的。——译者注

将来也永远不会赢得。

这句俗语一半是历史事实，一半是预言。如果仔细看看，我们发现前半部分是事实，也就会更加相信后半部分。

霍姆斯河谷一部分位于这个郡，一部分位于肯特。实际上这一位置非常幸运，在河谷里面及其周围打过好几仗，由我们的撒克逊国王（这片土地真正的主人）打丹麦人，撒克逊国王打赢了。所以又不是他们第一次、第二次或第三次赢得霍姆斯河谷。

但我希望谦恭地提醒霍姆斯河谷的人，征服者威廉国王在苏塞克斯战胜了哈罗德国王，然后率领军队直接向伦敦进发，正好从霍姆斯河谷中间穿过，这一次不是赢得霍姆斯河谷了吗？然而，如果说从那以后这条河谷没有被赢得过，我就希望以后永远也不要再被外国入侵者赢得了。

殉教者

我在这个郡没有见过几个殉教者（如果有的话），这里是精明的加德纳教区的一部分。

有一个传说流传很广，说一只猴子想火中取栗，就把猎狗的一只脚当作夹子，这样就借助于外力拿到了栗子。加德纳就是这样狡诈，在他想杀掉一个可怜的新教徒而又不想激起众怒时，就会借邦纳之手把此人投到火里去，邦纳派人把他召到伦敦，在伦敦将其灭掉。

高级教士

尼古拉·韦斯特出生于这个郡的帕特尼，先在伊顿上学，后来转到剑桥国王学院，在这里（当时还年轻）成为一个彻头彻尾的浪子。他看着学院里有样东西不顺眼，根本不用其他办法来报复，就偷偷放了一把火烧院长的住所，其中一部分被烧为废墟。放火之后他马上就（还等待什么？）离开了学院。这个小赫洛斯特拉图斯[①]在乡下住了一段时间，与人交往时放荡不羁。

不怕走得远，就怕不回头。在他身上验证了一句俗语："从小爱淘气，长大有出息。"他及时收敛了野性，转而刻苦努力学习，成为著名学者和最能干的政治家，几番升迁之后最后成为伊利主教，经常受命担任外交使节。

现在，如果有可能，他会用眼泪把他在学院里点燃的火熄灭。为了表达悔意，他成为学院的大捐助人，为院长又建了一所坚固漂亮的房子。英格兰主教之中，谁都没有他仆人多，也都没有他家慷慨，所以1533年他死的时候大家都非常悲痛。

政治家

查尔斯·霍华德。一个诚挚的绅士，对君主亲切热情，长相最为漂亮，这是女王伊丽莎白（她虽然不是凭借盒子来估价珠宝，但一个漂亮的盒子会让她把珠宝价估得更高）经常把他挂在心上的一

[①]　古希腊时期一个靠故意纵火而成名的人。——译者注

个原因。他第一次展示其杰出才能，是皇帝①的姐姐西班牙王后②率领一支由一百三十条船组成的舰队，浩浩荡荡地驶过狭窄的海域时，霍华德大人仅率领皇家海军的十条船只陪伴，以一种最离奇、最有好战意味的方式将其舰队包围，迫使对方放下傲慢的架势，为英格兰女王收帆。

他在1588年的贡献众所周知，一得到西班牙人入侵的消息，他就亲手拉动一根缆绳，让停泊在港口的船只驶入大海。我敢说他在那里放下海的船有十几条，即使不是他亲手放下去的，也是在他的感召下放下去的。当然，他不是资深海员（也不要指望从他祖先那里继承），但他有足够的技术了解那些比他懂得多的人，遵照他们的指示，不会为了渴望效力于女王而刚愎自用，而是服从在海事上有经验者的指挥。女王的海军是栎树，舰队司令是柳树。

他最后一项杰出贡献是在担任海军司令——就像陆军的埃塞克斯一样——时占领加的斯，因此而被册封为诺丁汉伯爵，是女王册封的最后一位贵族。

他的职位能得到很大好处（那个时代经常有奖赏），尽管他必要的花费也多，自愿花费也多，同时照顾着（我在文献上看到）七个家，在伦敦、赖盖特、埃芬厄姆、布莱钦利等地，所以他死时不太富裕也就不太令人奇怪了。

他活到很大岁数，女王伊丽莎白统治的第一年就是个成年人（如果没有结婚的话），作为客人应邀参加了在兰贝斯宫隆重举行的马修·帕克的任职仪式，多年以后由马修·帕克作证，驳斥了一些人的无耻谎言，是罗马天主教徒在齐普赛街上的老马头说的。国王

---

① 即神圣罗马帝国皇帝鲁道夫二世。——译者注
② 即奥地利的安娜，西班牙国王菲利普二世的第四任妻子。由此推算，此事应该发生在1570—1580年间。——译者注

詹姆斯统治时期，他辞去舰队司令职务，让位于白金汉公爵，死于国王詹姆斯统治后期。

海　员

罗伯特·达德利爵士，骑士，莱斯特伯爵罗伯特·达德利的儿子，母亲是道格拉斯·谢菲尔德（是伯爵的情妇还是妻子，只有上帝知道，很多人出于好心而相信是妻子），出生于这个郡的舍内，由母亲（让父亲鞭长莫及）在苏塞克斯的奥芬厄姆把他养大。他后来成为一个最地道的绅士，在各方面都富有才华。

国王詹姆斯统治时期，他试图证明其婚生身份，在法庭遭到强烈反对，一气之下离开这个国家去了意大利。

但只要有才在身，走到哪里都会受到欢迎。他成为佛罗伦萨公爵的红人，公爵非常看重他的才能，在所有建筑上都遵照他的指示。这个时候，里窝那从儿童一跃长大成人，根本没有经历青年时代，从一个小镇突然成为大城市，这在很大程度上要归功于这位罗伯特爵士，其漂亮坚固的设计主要来自他。

这时，他在英格兰的敌人凭借御玺召他回国，他拒绝了，于是依据逃亡条例，他在英格兰的所有土地都被国王没收，这一损失让佛罗伦萨公爵加倍喜爱他。实际上罗伯特爵士在很多方面都是个应该受到喜爱的人，是个优秀的——

1. 数学家，尤其是在建筑的实际运算方面；
2. 医师，他的《灵丹妙药》至今仍然受到医学界的尊重；
3. 航海家，尤其是在西部海域。

实际上远在他离开英格兰之前，在女王伊丽莎白宫廷里仍然受到尊重的时候，就率领三条小船航行到特立尼达岛，航程中击沉和夺取了九条西班牙船，其中有一条六百吨的大船。

　　不应该忘记的是，他受到德意志皇帝斐迪南二世的欢迎。1620年3月9日，斐迪南二世在维也纳颁布特许证，授予罗伯特爵士及其继承人帝国公爵头衔。要知道这是个笼统的头衔（就像伯爵阿伦德尔一样）没有为他指定任何具体地方。获得这一荣誉后他又活了多久，我并不知晓。

宗教改革以来的作家

　　亨利·哈蒙德，神学博士，出生于这个郡的彻特西，父亲是医学博士，国王詹姆斯的御医。他在伊顿公学上学，有见识的布斯特先生（观察其他男生很有一套）看不透他的性格，被他那谜一般的非凡才智难住了，最后连理都不理他，这对他最好。于是他成为牛津莫德林学院的研究生，后来晋升为基督堂牧师和大学演说官员。

　　他可以被称为天使般的博士，当之无愧，大家都是这样叫他。首先，他肤色白里透红，就像常见的天使画像那样。其次，他圣洁，过着虔诚的生活。他吃喝都非常少，是节制饮食的典范，一直过着单身生活。第三，性情温顺。天使长米迦勒不敢（勇敢的天使长害怕罪孽）骂撒旦[①]，而我们的博士也胆小，不敢辱骂任何持反对意见的人。第四，仁慈。他是个守护天使，使许多贫穷的国王派成员免于饥饿。大家都相信，他每年都送给穷人二百多英镑。

　　最后是博学，知识面广，会多种语言。就像酿酒匠从死酒糟里提取酒精（也叫生命之水）一样，他从拉比的腐朽作品里提取了很

---

① “天使长米迦勒为摩西的尸首与魔鬼争辩的时候，尚且不敢用毁谤的话罪责他，只说：‘主责备你吧。’”参见《圣经·犹大书》1:9。——译者注

多言论，促进了基督教的发展。他能在论辩文章里把犁头和修枝刀变成剑和矛，也能够在评论文章和教理问答手册里随意把剑和矛变成犁头和修枝刀。

但不幸的是，他是个天使般的人，看看他死于研究者的职业病——结石症就知道了。他死在伍斯特郡韦斯特伍德帕金顿夫人家里，那是他的培拉[①]，他在那里安静地休息，而我们英格兰的耶路撒冷在燃烧。

他死时，别人还欠他将近一千英镑，但既没有见到书面合同，也没有任何人的签名，他相信债务人都有良心，会如约归还慷慨借给他们的钱。他在遗嘱里授权汉弗莱·亨奇曼博士（后来为塞勒姆主教）为他的唯一遗嘱执行人，让他酌情救济穷人，其花费不超过两百英镑。

让他的这部小传像帐篷一样先搭起来，等有了更坚固的建筑（我听说有文笔更漂亮的人要撰写）来纪念他以后再把帐篷拆掉。

郡　长

尼古拉·卡鲁，骑士，一个快活的绅士，适合做国王亨利八世的红人。国王喜欢活跃的人，这样的人无论做任何事都能跟上他的节奏，就册封他为嘉德骑士和掌马官。

这位尼古拉爵士在这个郡的贝丁顿建了一座漂亮的房子（更准确地说是邸宅），得近水之便成为娱乐的天堂。

据这一家族传说，国王亨利在打保龄球的时候对这位骑士说了

---

① 位于巴勒斯坦的一座城市，罗马人占领耶路撒冷之前，基督徒从耶路撒冷逃到那里避难。——译者注

粗话，半开玩笑半当真，骑士回答得真诚而不够检点，透露出的敌意多于忠诚。国王在这种情况下并不迁就，也不善于讥讽巧辩，而是大为恼火，这样尼古拉爵士就失了宠，跌入国王不快的深渊，因此而受害致死。这是他被处决的真正原因，不过据我们的编年史上记载，他与埃克塞特侯爵亨利和蒙塔古勋爵亨利一起参与了一项阴谋。

致读者

希望读者看到我对萨里的简要描述以后会感到满意，就当开胃的一道点心，不是充饥的一顿大餐。但我告诉大家一个好消息，我听说爱德华·比什先生正在准备一顿丰盛的筵席来款待大家，他是萨里郡人士，打算把萨里仔细考察一遍。

现在太阳正在升起，月亮该悄悄落下了，不要让任何人看见。这样，这位杰出绅士的大作一旦出版，我不仅感到高兴，而且还希望拙作销声匿迹（不再引起注意）。

告别辞

我听可靠的人说，大约一百四十年前，有一位克拉克先生在这个郡自费建了法纳姆交易所。他指责工匠进展太慢，工匠们辩解说，他们受到了干扰，很多人指手画脚，有人喜欢建筑模型，有人不喜欢建筑模型。

于是克拉克先生让人把这一对句（现在几乎看不到了）写在交易所上：

　喜欢我就拿钱帮我建成，
　不喜欢我就拿钱帮我纠正。

　我希望那些各抒己见，对免费建造的建筑或褒或贬的人，为了大家的共同利益，在整个郡都按照这个主意来做。

苏塞克斯郡

苏塞克斯郡北邻萨里郡，东临肯特郡，南临大海，西临汉普郡，海岸线延伸六十英里长，而宽度只有其三分之一。

这是一个富饶的郡，虽然对旅行者来说很脏，所以按旅行天数来计算比按英里数来计算更有利。因此最近对马车夫的工钱做出了规定，一天多少钱，离伦敦有多远。只有苏塞克斯例外，在这里路程可以更短，工钱可以更多。

而这个郡的绅士对其糟糕的路况却很满意，因为这样可以确保他们以合理的价格得到各种供应。如果把路修好，商贩就会增加，就会把本地产品运到伦敦去卖。

这个郡有一个特点，就是所有河流（我向您保证，这里河流非常多）的发源地和瀑布都在这个郡（虽然有人会表示怀疑），在这里出生，在这里成长（虽然还没有完全达到可以航行的程度），在这里死亡，并被大海吞没。

这个郡富饶的一个有力证据是，在这里生长或制作、在奇切斯特市销售的小麦、谷类和啤酒所缴纳的税，以每夸脱半个便士算，每年达到六十英镑以上（收税者可以作证）。至于有多少蒲式耳，我们让算术更好的人去计算。

据说英格兰第一个男爵、子爵和伯爵都曾在这个郡居住过一段时间。对于这一说法，全部相信比否认任何一部分都更有礼貌一些。不过我相信，埃塞克斯伯爵一死，这一说法就打乱了秩序，从那以后子爵赫里福德就是英格兰第一个享有这一身份的人了。

天然产品

铁

铁的需求量很大。有些国家不知道有金银，但几乎没有一个国家不用铁。我们在书上确实没看到用铁做帐幕的（虽然没有看到过，也不能得出绝对没有用过的结论）。帐幕是一种小得可以用手提的建筑，没有铁可以用铜[①]。但在更坚固的神殿里，我们发现用铁来做铁器，用了十万塔兰特[②]。

这个郡生产大量的铁，其中本地用去很多，更多的运到其他郡和海外。但从长远来看，个人获得的利润是否能够抵消毁林造成的公共损失，我既不愿意谈论，也无法做出判断。我只是把下面的抱怨补充在这里，是这个郡的成材木对其处境感到不满，我认为非常值得一读：

　　　　朱庇特的栎树，好战的白蜡树，有叶脉的榆树，柔软的山

[①] 据《圣经》记载，帐幕是用幔子做的："你要用十幅幔子作帐幕。这些幔子要用捻的细麻和蓝色、紫色、朱红色线制造，并用巧匠的手工绣上基路伯。"参见《出埃及记》26:1。——译者注

[②] 古代巴勒斯坦的重量单位，《圣经》上称为"他连得"："他们为神殿的使用，献上金子五千他连得零一万达利克，银子一万他连得，铜一万八千他连得，铁十万他连得。"参见《历代志上》29:7。——译者注

毛榉，

　　矮榛树，平凡的枫树，白杨树，弯曲的山榆，

　　坚韧的冬青树，光滑的白桦树，统统都要烧掉。

　　建造者为什么服务，铁匠就生产什么。

　　公共利益受损，卑鄙的私人得利，

　　我们这些不幸的树木，最后全被卖掉。

　　但希望能找到一种办法将丝煤炭化，让它可以用于炼铁。一个时代不可能发现一切，有些要留待将来发现。这一代看来不可能的事情，也许对下一代来说轻而易举。

滑　石

　　滑石是一种便宜的矿物，这个郡出产很多，虽然没有从威尼斯进口的精细。滑石呈白色，像水晶一样透明，有很多条纹或纹理，分布得很好看。

　　滑石烧成粉并经过多次配制以后，就成为一种奇妙的白涂料。有人为之辩解，认为正当有效，因为让外观变干净并不改变外观。滑石收敛止血功能很强，但很少药用。大自然肯定不会让它成为伪君子，带着这么漂亮的标志闲逛，除非某个贵宾待在里面，我是说如果没有某种有价值的东西藏在里面，它就不会看起来那么漂亮，这使我相信滑石的功能尚未完全被发现。

穗　鹀

　　穗鹀是这个郡特有的鸟，在其他地方基本见不到。穗鹀之所以有这个名称，是因为它在小麦成熟时最肥，它吃小麦。穗鹀不比云雀大，肉质同样精美，比云雀肥得多。最糟糕的是，穗鹀只在夏天炎热时应季，自然有很多油，很快就会腐败，所以伦敦（虽然四十

英里开外就有很多）的鸟贩子并不想打穗鹀的主意，无论如何运输都不能防止其腐败。

有人看见一位大贵族在盛大宴会上吃鸡，而穗鹀就摆在餐桌上，因此推断这位贵族的性能力低下。此人碰见一位美食客，就一本正经地问美食客如何看待这位大贵族的性能力，而美食客不置一词便走了。

赞美这种鸟的话我不再多说，免得女看官听了以后嘴馋，对自己的性欲感到失望。

鲤 鱼

鲤鱼是一种高贵的鱼，归化到英格兰的时间不长，在所有淡水鱼中（也许鳗鱼除外）离开适宜的环境活得最长。鲤鱼一年繁殖好几个月（其他大多数鱼不是这样），不过在冷水塘里鲤鱼并不能从繁殖中得到安慰。一位博学的作家发现鲤鱼只能活十年，不过其他人认为要比十年长得多。

鲤鱼以生长时间长和个头大的为好（这一规则对其他鱼类并不适用），其舌头被古罗马美食客认为是最好吃的肉。不过严格说来，鲤鱼嘴里并没有舌头，或者说满嘴都是舌头，因为其嘴里有一种像肉一样的东西，而其牙齿则在喉咙里。

有一种蛙被认为是鲤鱼的天敌。有人把一百条鲤鱼投放到水塘里，一年以后连五条也找不到了。也许有人会说，可能是两条腿的蛙把鲤鱼偷走了。但这些鲤鱼是由其主人严加看管的，证明这一怀疑根本站不住脚。

这个郡的海鱼和河鱼都很有名，也就是阿伦德尔鲻鱼、奇切斯特龙虾、舍尔西鸟蛤、阿默利鳟鱼。苏塞克斯的鲤鱼也比英格兰其他郡都多。虽然没有焦维奥所说的意大利鲁利安湖里的鲤鱼大（重达五十多磅），但一般来说也很大，很匀称。

　　我不需要再多说了，医生认为鲤鱼的胆囊有疗效，头里面的结石也有疗效。我只说犹太人不吃鲟鱼做的鱼子酱（因为鲟鱼没有鱼鳞，所以依据利未人的律法不许吃），这样一来意大利人就利用鲤鱼子赚了更多的钱，把鲤鱼子做成一种红鱼子酱，犹太人吃起来满意，良心上也满意。

　　我对鲤鱼所要补充的是，鱼骨的分支并没有那么多，从鱼身体内找不到一根骨头，骨头端也没有分叉。

工业品

大　炮

　　这个郡用铁做了这么多大炮，简直令人难以置信。伯爵贡多马尔①知道这些大炮好，经常恳求国王詹姆斯开恩把大炮运过去。

　　美因兹的一个修士（大约三百年前）一般认为是大炮的第一个铸造工。心灵手巧想必是调换了位置，大约同一时间，一个军人发明了印刷术。这两项发明哪一个带来的好处多，哪一个带来的坏处多，真是值得怀疑。

　　至于大炮，不可否认的是，大多数人都认为是杀人工具，一是因为让勇敢屈从于运气，二是因为大炮不饶命（而剑有时候饶命）。然而自从发明大炮以来，胜利女神不再长期保持中立了，谁死的人少胜利就属于谁。但我也不相信士兵们常说的话了，他们说被大炮炸死的人都是在娘胎里就受到了诅咒，因为很多高贵人物都是被炮炸死的。

————————————

① 指西班牙驻英格兰大使。——译者注

玻　璃

这个郡出产很多玻璃，虽然没有蒂尔出的精美，蒂尔玻璃出自贝鲁斯河与森德维安湖；也没有威尼斯附近基奥萨出的纯净，最精美的基奥萨玻璃只比水晶差一个等级。但这里的粗玻璃做普通的饮酒器皿绰绰有余。自 1557 年以来，从事这一行当的工匠大为增加，那一年有个作家这样写道：

> 玻璃工匠在这里奇缺，
>
> 但我知道有那么一位，
>
> 他现在就住在苏塞克斯，
>
> 在奇丁福尔德从事这一行业。

这种易碎产品一不小心就碰裂，所以有一段话我要告诉后世，这是我从一个无可非议的作家那里看到的。

一个贵族本来会籍籍无名，住在离剑桥只有几英里的地方（莱斯特伯爵的大红人），向女王伊丽莎白要剑桥大学所有的金银餐具，说这些东西对学生没有用，更多的是摆样子而没有实用价值。女王答应了他的要求，条件是为学生们找到玻璃餐具。这个贵族一盘算，这笔钱比他领地的价值还要大（除非他能找到一个威尼斯工匠，据说此人能使玻璃强化，具有韧性），就再也不提这档子事了，这既是出于善意，也是出于审慎。

据观察，这个郡制造粗玻璃的历史虽然久远，但在英格兰最早制造威尼斯玻璃是在伦敦的十字修士街，大约在女王伊丽莎白统治初期，制造者是个意大利人雅各布·韦纳林。

俗　语

他根本不是黑斯廷斯家族的人。

　　这句俗语虽然流行于整个英格兰，但其根源则可以追溯到这个
郡，这里有个港口镇名叫黑斯廷斯（Hastings），有人将其误解为匆
忙（haste）或快速，因为（后来）征服者威廉在这里登陆，就像马
修·帕里斯所说，匆忙或快速建起一个小防御工事。但可以肯定的
是，这里还有一个高贵的世家——黑斯廷斯家族（我不说其姓氏来
自这一地名），以前是彭布罗克伯爵，现在仍然是亨廷登伯爵。

　　现在大家常说的根本不是黑斯廷斯家族的人，是指那些办事磨
磨蹭蹭、一点也不麻利的人。这些人他们也恶意地叫作"迟钝的单
峰骆驼"（dull dromedaries），只不过是因为"dromedaries"这个词
与英语单词"dreaming"有点像，用来形容那些办事磨蹭、迷迷糊
糊的人。实际上单峰骆驼是一种有耐力且速度快的生灵，其名称来
自希腊单词"跑"，是一种在东方跑步行进的动物。

高级教士

　　托马斯·阿伦德尔是出生于这个郡的第四位坎特伯雷大主教，
是罗伯特的儿子，罗伯特是理查德·菲茨艾伦的兄弟，兄弟二人都

是阿伦德尔伯爵①。他在这里孤身一人，其姓氏"阿伦德尔"表明他既是贵族，也是教士，父亲的荣誉头衔和他自己的出生地集中在阿伦德尔城堡。

或是因为他是贵族，或是因为他有能力，或是二者兼而有之，这使他在二十二岁时就有资格担任伊利主教。他后来成为约克大主教，最后在1396年担任坎特伯雷大主教，三次担任英格兰大法官，分别在1386年、1391年、1410年。

他长兄阿伦德尔伯爵被斩首以后，托马斯被国王理查德二世流放出境。让他感谢国王的不斩之恩吧，剪掉头发②而保住了脑袋，否则就会和他长兄一起上路了。

国王亨利四世统治的第一年，他回国又恢复了大主教职位。议会里很有权势的一派大力推进税收时，有人赞扬他勇敢捍卫教会，而这些人又谴责他对威克利夫派很残忍，是第一个用火和柴草迫害他们的人。

至于他死亡的方式，我们既不假装粗心大意没有看见，也不出于好奇盯着看，而是神情严肃、郑重其事地看。一个堵住那么多上帝仆人的嘴、不让他们宣讲上帝福音的人，因为喉咙肿胀而饿死了。但我们身上都携带着所有疾病的种子（就像我们灵魂里所有的罪孽一样），不宜这样过于大胆地忙着指责这些死人。

---

① 原文有误。理查德·菲茨艾伦并没有罗伯特这么个兄弟，阿伦德尔历任伯爵里也没有罗伯特这么个人，托马斯·阿伦德尔实际上是理查德·菲茨艾伦的儿子。——译者注

② 基督教也和佛教一样"削发为僧"，但方式不同。佛教是把头发全部剃光，而基督教仅把头顶剃光，下面一圈头发留着。——译者注

政治家

托马斯·萨克维尔，理查德·萨克维尔爵士（大法官，副财政大臣，女王伊丽莎白的枢密院大臣）的儿子和继承人，母亲是约翰·布鲁日爵士的女儿威妮弗蕾德，在牛津大学上学，在那里成为杰出的诗人，为后世留下了他创作的拉丁语和英语诗歌。

然后他在法学院学习法律，获得了高级律师资格，后来到外国旅行，一度被监禁在罗马，被释放后返回英格兰，继承了父亲留给他的巨额财富，不久以后就被他挥霍豪掷掉一大半，随后又及时收敛，保留下一点底子。

据说这个年轻绅士到伦敦去找一个高级市政官，这位市政官以前通过卖给他东西而挣了很多钱。人家让他（现在钱少了）等着市政官下来，一等等了很长时间。他虽然大度，但也意识到让他这样等待是无礼的行为，于是决定不再看有钱人高傲的脸色了，很快变得节俭起来，努力经营好剩下的财富。

如果真有这件事，我倒是希望所有高级市政官在类似情况下都要端起架子来，只要其高贵的债务人能充分利用这一架子。

但其他人认为是女王伊丽莎白（女王是他表侄女）[①]改变了他。女王经常规劝他，改变了他挥霍无度的毛病。实际上他开始认识自己之后女王才认识他，然后给了他一个接一个的荣誉：

1566 年册封他为这个郡的巴克赫斯特男爵（这是我们把他放在这个郡的原因）。

----

① 原文有误。托马斯的父亲与女王的母亲是表姐弟，所以托马斯与女王应该是平辈关系。——译者注

1571 年任命他为驻法兰西大使，1586 年任命他为驻低地国家大使。

1589 年册封他为嘉德勋位骑士。

1599 年任命他为英格兰财政大臣。

他是牛津大学校长，在牛津举办了一次最豪华的宴会款待女王伊丽莎白。他演讲技巧很好，但控诉技巧更好，难怪他的秘书很难讨好他，他是个办事迅速果断的人。他有一份所有请愿者的名单，还有他们第一次呈送请愿书的日期，按照这个顺序听取他们的陈述，这样新来的就不能跳到前面去，除非是紧急的国务。

他就这样改过自新，既增加了财富，也增加了荣誉，由国王詹姆斯册封为多塞特伯爵。他死于 1608 年 4 月 19 日。

军　人

打仗的修道院院长。他是个有说服力的证据，证明一个人在身后可以不留下名字，但可以留下美好的记忆。他的名和姓在我们的编年史里找不到，截至目前就我看到的来说。他的业绩如下。国王理查德二世在其统治初期尚未成年，而其枢密院据说已经年老昏聩，领土和领海无人治理，他们自己则满足于拉帮结派。

这导致法兰西人入侵，对我国造成很大伤害，抢劫（没有抢劫这个词之前，英格兰人就知道这档子事）这里的人，把刘易斯的修道院副院长抢走了。如果我们的修道院院长对此感到吃惊的话，看看这个地方流行的一句俗语就不感到奇怪了：

当心打仗的修道院院长，
刘易斯的修道院副院长被俘虏了。

　　于是（虽然不是郡长）他把地方民团（尽其所能）集合起来，在时间允许的情况下做好防御准备，挥师来到温奇尔西，在这里构筑防御工事。

　　有人指责他，说一个神职人员去当兵不合适。他们还反对说，他应该等待上峰的命令，他做得适当但不正确，因为他没有委任状。

　　其他人赞扬他，说救命和保命是神职人员最应该做的事，虽然没有最高权威的命令就在两军对垒的战场上与敌人交战是严重的叛逆罪，但可以（如果有能力的话）击退一伙入侵的武装贼寇，这样做最适当的时间是在一开始，这件事本身就是在发布隐含的（虽然不是明确的）委任状。这位修道院院长用的是盾而不是剑，这只是在防御。

　　那么，法兰西人跟着修道院院长，把他围困在温奇尔西城里。他们虚张声势，向他发出挑战，问他有没有胆量派出一个、两个、三个、四个或更多的人出来比试一下，他们也派出同样多的人应战。但修道院院长不允许他的人零零星星地出去，说他是个神职人员，不接受挑战，而只是自卫。

　　于是法兰西人发射大炮，我认为这是他们在英格兰领土上第一次也是最后一次遭受外敌的打击。然后他们大呼大叫，嗓子都哑了，从此以后（感谢上帝）再也不作声了。

　　敌人发现民众迅速朝他们冲过来，担心自己被四面包围，不得不拼命撤回法兰西，把温奇尔西抛在了后面，温奇尔西又回到原来的老样子。

　　我认为这位修道院院长不仅挽救了苏塞克斯，而且挽救了英格兰。狗有撕咬羊的毛病，得不到回报是不会罢休的。法兰西人也是这样，不尝到掠夺英格兰的甜头和苦头，我们国家（尤其是这个郡）是绝对不会摆脱其入侵的。这些事情都发生在国王理查德二世统治时期。

雪利三兄弟

这一家在此郡源远流长，尽人皆知。上个时代这一家出了三兄弟，个个都是英豪。这让我想起了罗马的贺拉斯三兄弟，只不过雪利三兄弟是以另一种方式为国争光。我没有按年龄列举他们，请原谅。

安东尼·雪利爵士，托马斯爵士的次子，1596 年 5 月 21 日乘坐南安普敦的"贝维斯号"船，从普利茅斯出发，有六条小船陪同。他打算去圣多美，但在非洲南部海岸遇到暴雨，被迫改变航线，大雨像是从天上倒下来似的，六个小时以后变成了蛆虫。这迫使他改去美洲，率领二百八十人（其中八十人负伤）与三千葡萄牙人交战，夺取并占据圣地亚哥两天两夜。

然后他去了火地岛，岛中央有一座山像埃特纳火山一样，一直在燃烧，大风把火山灰刮到他们身上，可以用手指把名字写在上层甲板上。但他们还是在这座可怕的岛上找到了淡水，当时他们非常缺水。

然后他航行到玛格丽塔^①岛。这座岛对他来说名不副实，在这里没有找到他期待的珍珠采集船。占领圣玛莎镇以后收获也不大，这是牙买加的一座岛和主要城镇。他从这里向里约多尔斯航行了三十多里格，遇到了极大的困难。

最后他生了病，为找不到食物而痛苦，被其他船只抛弃，他从

---

① 原意为"珍珠"。——译者注

纽芬兰返回英格兰，1597年6月15日抵达。有人认为他的航行开始时勇气多于计划，航程中勇猛多于忠告，结束后荣誉多于利益，无论是对于他本人还是国家（西班牙人受到的惊吓大于伤害，而受到的挑战又大于惊吓）。但平心而论，不应以成败论英雄，应该让他在英格兰人可信的（尽管不是成功的）冒险中占据一个主要位置。

罗伯特·雪利爵士，托马斯爵士的小儿子，通过其兄长安东尼进入波斯宫廷。他在这里打击土耳其的战斗中发挥了重要作用，表现出英格兰人与波斯人不同的勇猛：英格兰人的勇猛既有勇气，更有仁慈，对求饶的俘虏一律不杀，他答应留下性命的都让活着。

他这些行为引起波斯贵族的妒忌，赢得女士的爱戴，其中有一个（据说是波斯王的亲戚）在遭到一番反对之后嫁给了他。她肤色乌黑而不是乳白，但非常和蔼，也很勇敢，这在那些国家的女性中是了不起的品质。他和妻子一起回到英格兰，在这里生活多年。他很爱穿外国服装，衣服像其四肢似的，不把波斯衣服穿在身上就永远也不算准备好。

最后他与波斯大使（据说罗伯特爵士打了他一耳光）之间发生一场争执，国王派他们两个到波斯，两人相互指责，高夫博士（剑桥三一学院资深董事）与罗伯特爵士联手。我听说在这次航行中两个人都死在海上，其分歧根本没有来得及在波斯宫廷里听审。这时大约是国王查理统治初期。

托马斯·雪利爵士，我最后提到他（虽然是其父亲的长子）是因为他最后才"出场"，人的活动并不总是遵循其"注册"顺序。就像古雅典统帅米太亚德的胜利纪念碑不允许其将领地米斯托克利睡觉一样，托马斯爵士两个弟弟的成就也向他发出了紧急战斗号令。看到两个弟弟在外国君主的怀抱里像花儿一样枯萎，他感到羞耻，而他是在自己生长的茎上枯萎的。这让他离开了年迈的父亲，抛下在这个郡继承的大量遗产，远航到外国，为国家赢得了荣誉，但不为自己谋利。这样，他就可以对儿子这样说，就像埃涅阿斯对阿斯卡尼俄斯所说的那样：

> 美德和辛劳，你要向我这个父亲学习，
>
> 至于成功，孩子，你倒是应该向别人学习。

告别辞

与这个郡说再会时，我希望他们记住一个忠告，那是他们的老乡阿伦德尔伯爵威廉对其儿子、最后一任阿伦德尔伯爵亨利·菲茨艾伦说的：永远不要信任邻邦法兰西人。

实际上目前法兰西人与我们关系友好，但与外国人的友好关系是靠不住的，是暂时的，不能互利时关系就断了。但愿法兰西人永远不在这里登陆，不让英格兰人遭受损失。

但如果遭此不幸，就把苏塞克斯人派过去，希望就像1378年理查德二世统治期间，他们在拉伊和温奇尔西的祖先登船前往诺曼底那样取得成功。他们在夜里进了一座城名叫彼得港，把所有能支付赎金的人全都逮捕监禁，然后毫发无损地安全返回，并带回很多战利品，其中有从尖塔上卸下来的钟，把这些钟带回了英格兰。这些钟本来就是他们镇里的，以前法兰西人把它们抢走了，后来又把钟安放到原来的位置，钟声响起来更加悦耳，另外还有很多财富，足以支付他们收复原物的花费。

沃里克郡

沃里克郡东临莱斯特郡和北安普敦郡，南临牛津郡和格洛斯特郡，西临伍斯特郡，北临斯塔福德郡，在地图上乍一看有点接近圆形，但并不精确，从北到南延伸三十三英里，从东到西不超过二十六英里。

有人半当真半开玩笑似地说："沃里克郡是英格兰的心脏，但不是核心。"这样说既不粗俗，也不让人难受。林地里可能没有田野里生长的东西，所以沃里克郡在这两方面都没有欠缺。至于其乐趣，一位作家大胆地说，在埃奇山可以见到另一个伊甸园，就像罗得看见约旦平原一样①，但他可能会说"水浇灌得不够"。

---

① "罗得举目看见约旦河的全平原，直到琐珥，都是滋润的，那地在耶和华未灭所多玛、蛾摩拉以先，如同耶和华的园子，也像埃及地。"参见《圣经·创世记》13:10。——译者注

天然产品

羊

这个郡的羊骨头最大，肉和毛最多，尤其是在沃姆雷顿附近。约翰·劳斯的抱怨声在这个郡依然能够听到，而且声音越来越大，说羊成了食人生番，把人、房屋、城镇都吃光，牧场使人口大量减少①。

但另一方面，有人要求圈地养羊，这个郡的房屋越少，英格兰王国的房屋就越多。为什么大城市的建筑与日俱增（这样合租房结束之前普通租户还有房住）？穷人则普遍以卖衣服为生，而卖衣服成了国家的主要贸易。

实际上种植谷物的地方明显可以看见雇用穷人，犁地、播种、收割、脱粒。但羊毛在很多英里之外养活人，根本看不见，梳理毛、纺纱、织布、做衣服、染色。但在耕种和放牧之间有一权宜之计可用，这样亚伯就不杀该隐②，牧羊人不毁掉农夫，而是二人一起过舒服日子。

白蜡树

白蜡树是英格兰木材中的王子（栎树应该是国王），在这个郡林地一带种植很多。

我承认在厉害程度上，这里的白蜡树蛇与意大利白蜡树蛇相比

---

① 这是当年圈地运动带来的后果。——译者注
② 富勒把两个人的名字弄颠倒了，应该是"该隐就不杀亚伯"。该隐是哥哥，种地的，亚伯是弟弟，放羊的，耶和华看中了亚伯供的羊，遭到该隐妒忌，该隐就把亚伯杀了。参见《圣经·创世记》4:1—8。——译者注

差远了。如果真像普林尼所说的那样（凭自己的经验写有证词），用火和白蜡树枝围住的一条蛇，它就会陷入困境，宁可冒火烧的危险也不愿意爬上白蜡树枝篱笆。

在坚固程度上，英格兰白蜡树与西班牙白蜡树相比也差远了。但用英格兰白蜡树做的长矛架，使用英格兰人的武器就很般配。但不把白蜡树用在战争上，而是赞美白蜡树的和平利用，那就是用来做犁子非常好，另外还可以做很多家庭器具。把绿树枝砍下来烧（这种木材的一个特殊优点）的火光明净绚丽，像是树汁似的，有一种往火里加了油脂的感觉。

白蜡树果实有药用价值，其功能是疏通脾脏受到的阻碍。

煤

贝德沃思挖出了很多煤，（据我估量）在泰晤士河以北所有煤矿中，这个煤矿是最靠南的，这为它增加了很多价值，给矿主增加了很多利润。开挖这些煤矿毁掉很多树木，但开挖以后又保护了更多树木。听说这些黑家伙无论是质还是量都大不如前，我很遗憾，希望它还能恢复失去的名誉。我相信地球还会像以前一样产生丰厚的利润，让矿工们交上好运找到矿脉。

至于这个郡的加工业，考文垂出产一些阔幅布，如果努力提高工艺，一个人可以干十个人的活儿。

奇　观

利明顿离沃里克不到两英里，那里（在一步之内）从地下涌出两股泉水，味道不同，涌出的方式也不同，就像以扫和雅各[1]一样秉性不同，一个咸，一个淡。这样，最低贱的乡民都看清了结果，而哲学家要开会讨论才能找出其真正的原因。

除了这个永久奇观之外，我再补充一个短暂的奇观，大约在五十年以前。众所周知，考文垂坐落在一座小山上，附近没有河，只有一条小溪，通常一步就能跨过去。1607年4月17日，星期五，这里发了洪水（有城里加盖印章的文件为证，在亨利·休厄尔担任市长期间），同样令人惊奇：

1. 早上八点左右发水，之前并没有下大雨，这暗示人们对大雨引起洪水的怀疑最少。

2. 一直延续了三个小时，其间二百五十多座房屋被淹，居民们损失惨重。

3. 大水突然消失，就像突然来到一样。

《圣经》里所说的风是这样，这次发水也是这样："不晓得从哪里来，往哪里去。"[2]

俗　语

他是阿登的黑熊。

阿登是一片森林，以前占据这个郡所有的林地。"黑熊"是指沃里克伯爵盖伊·比彻姆（除了提及他的饰章之外），一个冷酷、阴

---

① 《圣经》里提到的双胞胎，二人性情不和，在娘胎里就争斗。参见《创世记》25:21—26。——译者注

② 语出《约翰福音》3:8。——译者注

险毒辣的人。这只熊将皮尔斯·加韦斯顿（国王爱德华二世的猴子和宠物）弄到他房间里，在离沃里克不到两英里的一座山丘上把它弄死了，尽管所有人都阻止他。

这句俗语不是指那些想象出来的怪物，而是指那些让身边人畏惧和害怕的人。

像比彻姆一样胆大（As bold as Beauchamp）。

有人说，这里同时出现两个"B"[①]，对这句俗语有很大好处，我认为（还有其他类似的情况）对它也没有任何妨碍。然而这一特性并不能固定在更真实的名称上。如果有人问，很多人都叫比彻姆，这主要指哪一个？沃里克伯爵？反叛的民众回答说就是他，众口一词。

1. 威廉，

2. 盖伊，

3. 托马斯，

4. 托马斯，

5. 理查德，

6. 亨利。

这个贵族世家出了这么一连串天不怕地不怕的人。但要在这些最好的人里面找出更好的，在最勇敢的人里面找出更勇敢的，我认为就是第一个托马斯，就是他引出了这句俗语。

这一家族的男继承人早就绝户了，不过现在还有一些人是法定继承人的后裔。

---

① 修辞学行话叫"押头韵"（alliteration）。——译者注

> 熊没有尾巴也成不了狮子。

大自然从这只熊紧靠着后臀的地方把尾巴砍掉了。熊很强壮，狮子的尾巴长，因为狮子的大部分力量都来自尾巴，用尾巴（发怒的时候）拍打自己，以此来火上浇油，使自己变得更凶猛、更狂暴。如果有人问，为什么把这个俗语放在沃里克郡？让他看看下面这个故事就明白了。

莱斯特伯爵罗伯特·达德利的祖先来自以前的沃里克伯爵，他把沃里克伯爵家族的饰章"熊和多节棍"用在头衔上。他担任低地国家总督时用的就是这个头衔，不再用他自己的纹章"两只尾巴的绿狮子"，在所有文书上签名时都是用"熊和多节棍"的饰章。

于是很多妒忌他的对手就怀疑他有野心，想当低地国家的最高指挥官（狮子是百兽之王）。所以有些人（他那一派的敌人，荷兰自由的朋友）就在公共场所悬挂的他的纹章下面写上：

> 熊他永远也战胜不了，
> 当狮子又没有尾巴。

这句俗语用来指那些对现状不满，同时又想得到凭自己的才能和力量得不到的东西。

> 他是真正的考文垂蓝。

考文垂蓝好像是最好的蓝色，抓色牢、不褪色，在考文垂染色。这句话用来指一个对雇主忠诚可靠的朋友。

与此相反的有一句希腊俗语——"懦夫会变色"，由于畏惧或欺骗而抛弃信任他的人。也有人用这句俗语指非常邪恶的人，已经没有改邪归正的希望了。如果允许我这样说的话，我认为这是次要含义，而且是一种滥用。

君　主

　　爱德华·金雀花（沃里克伯爵），克拉伦斯公爵乔治之子，可以看作是一位君主，因为他是这一王室家族最后一个男继承人。他的一些敌人甚至担心他会当上英格兰国王，而他更多的朋友则希望他当上英格兰国王。他母亲是沃里克伯爵理查德·内维尔的长女伊莎贝尔，他出生于沃里克城堡。

　　随着他年龄的增长，英格兰国王对他的戒备也与日俱增，国王爱德华四世对他严密监禁，国王理查德三世把他监禁得更严密，国王亨利七世把他监禁得最严密。亨利七世来自一个新家族，是外姓人[①]，对英格兰民族渴望金雀花家族执政知道得一清二楚，他们说"金雀花"比说"都铎"说得更清晰，所以英格兰人在感情上更偏向金雀花家族。于是伯爵被严加看管，弄得他智力很弱。这也并不奇怪，他失去了与人交谈的机会。

　　这时，亚瑟王子正与西班牙国王斐迪南的女儿凯瑟琳商量联姻。凯瑟琳不同意这门婚事，除非剥夺爱德华·金雀花所有的头衔，排除这个障碍。于是就指控他试图从伦敦塔逃走（如果他不想获得自由，那不是个大傻瓜才怪！），这个牵强附会的推断又升格为严重的叛逆罪。伯爵头脑简单，受到伪装成朋友的敌人的规劝，让他承认有这么回事，说只有这样才能得到好感。于是他就坦然承认，招认得比别人能够证实的还要多，说他自己的确有这一打算。不久以

————————

① 姓都铎。——译者注

后就发现有句俗话说的一点不错:"招供,然后被斩首。"

然而,这位无辜者(真可以这样称呼他,你怎样理解这个词的意思都可以)①的鲜血并没有白流。凯瑟琳公主,亚瑟王子的未亡人,常常承认她两个儿子死亡是她婚姻不成功的结果,是上天对她家的报应,因为她杀害了伯爵,这事发生在 1499 年。

高级教士

约翰·韦斯蒂,又名哈曼,法学博士,出生于这个郡的萨顿科尔德菲尔德,在牛津上学。1519 年晋升为埃克塞特主教,这个主教区让他毁掉了,不仅剃掉了头发(租期长),还把四肢砍了下来,全部销售出去了。连他在这个教区的继承人霍尔主教也撰文抱怨说,以后的主教只是"两手空空"而已。我听说有些人很有把握地断言,说"to veize"(也就是在西边,赶走目击者)这个词就源自他挥霍自己主教区的地,但我对这一说法有异议。

他剥夺自己的大教堂来补偿这个郡萨顿教区的教堂,他出生在这里,为这里捐了很多钱,建了五十一所房子。为了让家乡富裕起来,他从德文郡引进很多服装商,想在这里建立一个服装加工点。这一切都没有成功,就像主教戈德温所说:"不是所有土地都能结出任何果实。"虽然所有地方加在一起真能产出所有东西,各地可以互通有无,但这是一种假象,各个地方是相互分隔的,没有一个地方能出产所有物品,这样服装工匠在此吃苦受累,只能赔钱销售。

他虽然从德文郡引进了提琴和提琴弓,但没有引进松香,用上

---

① "innocent"有"无辜的""幼稚的""不违法的"等几个意思。——译者注

松香才能演奏出美妙的音乐来。每一个地方都有天资独特的人，这些人与某些不喜欢的行当格格不入。

国王爱德华六世统治期间，他离开了这个主教区（不值得留恋），女王玛丽统治时期他也没有回来履职。这并不奇怪，这根骨头不值得啃了，骨髓已经被榨出来了。他死于女王玛丽统治时期（享年一百零三岁），埋在了他家乡，为他立有一尊头戴主教冠、身穿法衣的雕像。

作　家

约翰·劳斯，杰弗里·劳斯的儿子，出生于沃里克，不过是这个郡布林克洛劳斯家族的后裔。他在牛津上学，以学识渊博而著称，后来隐退到吉斯克里夫，离沃里克不到一英里。

这是个最宜人的地方。一个人骑着马走过很多英里，也没有在这里一弗隆的地方见到的景色多样。这里的内地有一块陡峭的岩石，上面有很多洞，底部受到一条清澈河流的冲刷，旁边还有很多澄莹的泉水，上面有一片高大的树林遮蔽着，一般人会想象着这里就是赫利孔山①、帕纳塞斯山②等。很多隐士（包括沃里克伯爵盖伊本人）遁世后都到这里隐居。

有人会说，这里太花哨了，不适合隐居，这与其说是荒野，不如说是天堂，景物琳琅满目，人的注意力会分散不能集中。但隐士们遗世独立，就让他们与大自然里的稀罕物交流吧，这里有私人祈祷时最适合评论的经文。

---

① 希腊神话中缪斯居住的地方。——译者注
② 太阳神的灵地。——译者注

经国王爱德华四世允许，约翰·劳斯来到了这个地方，与世隔绝，这样就能心无旁骛，潜心研究。他在这里撰写有关沃里克古代文物的作品，还有沃里克历代伯爵的名单、英格兰历任国王的编年史、两所大学的校史。他既善用鹅毛笔，也善用铅笔，既能描写人，也能画人，这从他亲笔画的图画中可以看出来。他死时是个年迈的人，那是 1491 年。

宗教改革以来的作家

威廉·莎士比亚出生于这个郡埃文河畔的斯特拉特福，在一定程度上可以说是集三个著名诗人于一身：

1. 马提雅尔①，这名字一听就有火药味（有人据此推测他出身于军人世家），是摇动长矛的人（Shake-speare）。

2. 奥维德，所有诗人中最自然、最有才智的人，所以女王伊丽莎白来到一所语法学校即兴写下这句诗：

> 佩尔西乌斯②脾气坏，
>
> 马提雅尔下流，
>
> 奥维德爱诙谐。

3. 普劳图斯，地道的喜剧作家，但根本不是学者，而莎士比亚（如果还活着）会承认自己是学者。

除此之外，他的才华一般来说表现在开玩笑上，喜欢热闹，但

---

① 马提雅尔（Martial），古罗马诗人。——译者注
② 是一位古罗马讽刺诗人。——译者注

（如果愿意的话）也很庄重严肃，这从他的悲剧里可以看出来。所以，赫拉克利特[1]本人（我的意思是悄悄地，在没有人看见的情况下）看了他的喜剧也会露出笑容，这些喜剧是那么逗人。而德谟克利特[2]看了他的悲剧几乎忍不住要叹息，这些悲剧是那么令人悲痛。

他光辉地验证了这一规律的正确性："诗人不是造就的，而是天生的。"实际上他学问不大。康沃尔钻石不是由宝石匠擦亮的，从地里采出来的时候就棱角分明、平滑光洁。莎士比亚也是这样，成就他所有学问的就是大自然本身。

他与本·琼森之间有很多才智方面的竞争，这两个人我看像是一艘西班牙大帆船和一艘英格兰军舰。琼森先生（像西班牙大帆船一样）装载的学问多得多，坚实但行动缓慢。莎士比亚像英格兰军舰一样，个头小但航行起来更轻灵，凭借其敏捷头脑和创造才能，遇到各种潮水都能调头，无论刮任何风都能抢风转向。

菲利蒙·霍兰德在剑桥三一学院上学，医学博士，定居在考文垂。他是他那个时代大总翻译家，他一个人翻译成英语的书，就足以为一个乡村绅士建一间像样的藏书室供历史学家使用。有人说：

> 霍兰德的译作会让我们充实，
> 但不会让苏维托尼乌斯[3]安静。

有人指责所有翻译家都干涉他人事务，并破坏学术交流，而学

---

① 是一位古希腊哲学家。——译者注
② 是一位古希腊哲学家。——译者注
③ 苏维托尼乌斯是古罗马历史学家，这是拿他的名字玩弄文字游戏，无法传译。此人名叫"Suetonius Tranquillus"，而"Tranquillus"就是安静的意思。——译者注

问本是学者之间的事。这些人还宣称，最优秀的翻译作品是勤奋的结果，不是判断的结果，对于悠闲作家来说是忠实的结果而不是勤奋的结果。翻译家都是笨拙的人，把意义强加给他们翻译的作者，打不开锁的时候就把锁撬开。

但这些人的观点表现出太多的妒忌，他们自己去不了源头，就应该禁止他们到河里去。另外，因为一部分人犯错而指责所有人，这是不公正的。对翻译家应该区别对待，其中有笨工匠，也有能工巧匠，这位霍兰德就深谙翻译的真谛。

他很多书都是用一支笔写的，他用诗表达了出来：

> 写成这本书我只用一支笔，
> 这支笔用灰色鹅毛管制成，
> 我拿起来时是一支笔，
> 我放下时还是一支笔。

这支不朽的笔他郑重其事地保存着，并拿给我尊敬的导师塞缪尔·沃德博士看。他像是轻轻地倚靠在笔尖上，虽然在另一层意义上很沉重，他对承担的任务不是轻描淡写，而是实实在在地去完成。

但最能受到后世称赞的是他翻译了卡姆登的《不列颠志》①，其译本已不仅仅是个译本，又增补了很多精彩内容，这些内容拉丁文版里没有，是在卡姆登先生五十岁以后完成的，不仅得到了卡姆登先生的同意和认可，也肯定得到了他的嘱托和帮助。不过在一些古文物研究者看来，这些增补的内容（页边有星号为标记，可以在前

---

① 原文为拉丁文，出版后广受欢迎，先后出了五版，每再版一次都有增补。霍兰德翻译的英文版 1610 年出版，卡姆登也做了增补。——译者注

面一部分找到）没有其他内容可信。

告别辞

我不得不为这个郡的幸运而感到欣喜，拥有威廉·达格代尔先生（现在是纹章院第三纹章官）这个老乡，他也是我的好朋友。他的插图是一部巨著，年轻人根本不敢承担，而老年人不敢奢望完成，只有中年人适合做这件事。这样一个题材选这个郡选得好，因为它坐落在英格兰中央，其光辉洒向四面八方。

我斗胆希望英格兰所有的郡都被描绘得同样完美，一旦做成这件事，每一颗星都像太阳一样大、一样明亮。但我们还是希望有人把它做好，就像沃里克郡这样。不过这没有希望，除非人们付出的艰苦努力能得到相应的鼓励，这样诗人的预言才能成真：

> 米西纳斯[①]这类人不要少，
> 马洛之辈一个也不要。
> 弗拉库斯，你的农田里
> 会为你长出一个维吉尔。

这样，所有参与写作的地理学家，就能把我们这个分隔开的小世界描绘得比一个大世界还要好。

---

① 是一位古罗马奥古斯都时期的文学艺术资助人。——译者注

威斯特摩兰郡

威斯特摩兰郡西部和北部毗邻坎伯兰郡，南临兰开夏郡，东临达勒姆主教区和约克郡，从北到南长三十英里，但宽只有二十四英里。

至于这里的土壤，为了防止有人持有异议，我们引述一位可靠作家的描述：

> 这里既没有多少谷物，也没有多少牛羊，既没有可耕地来种植谷物，也没有牧场来放牧牛羊，这里的人养家糊口主要靠服装。

大自然在这里是冷漠的，但勤奋能给人带来一些温暖。土地贫瘠是上帝的意愿，民众勤恳，他们以此富裕起来，显示出上帝的仁慈，他们需要感恩。

然而，这个郡虽然不毛之地很普遍，但个别地方也很富饶，有一些宜人的河谷，不过这些物品太精美，占不了多大分量。这个郡的一些假朋友会说，威斯特摩兰郡虽然有很长一段伊甸河（流经这个郡），但没有多少伊甸园的快乐。

　　我认为，贫瘠是造成这个郡很少有男女修道院的原因，斯皮德先生（他列出的修道院名单非常严谨）只提到这个郡有一座修道院。懒人讨厌勤劳，把勤劳看作是教养所，知道在这里什么也得不到，只有靠辛勤劳动从大自然里索取。

　　看官也许笑话我爱挑剔，他们发现这个小郡只有四个集镇，其中三个是柯比斯蒂芬斯、柯比朗斯代尔、柯比肯德尔，都有个"柯比"，而"柯比"就是教堂，说明这些地方的祖先非常虔诚，不是为修士建修道院，而是为敬拜上帝建教堂，这样做是明智的。

工业品

　　肯德尔的棉花享誉整个英格兰。我希望肯德尔镇的人（聪明人一点就透）把他们的产品做得结实耐用，让南方各镇占不到任何便宜，夺不走他们的生意。

　　我这样说不是不相信他们诚实，而是非常希望他们幸福。身为剑桥人[①]，出于同情，我希望肯德尔的服装商交上好运，他们是斯陶尔布里奇集市的创建人。

俗　语

　　尤瑟·彭德拉根干啥都行，
　　伊甸河该咋流还是咋流。

---

① 富勒硕士毕业于剑桥王后学院。——译者注

据传说，这位尤瑟·彭德拉根有个打算，想加固这个郡的彭德拉根城堡。为达到这一目的，他想了很多办法，费了很多周折，想让伊甸河改道，但一点用也没有。这句俗语用来指那些强行改造自然、与自然规律背道而驰的人。

宗教改革以来的高级教士

休·科伦出生于这个郡，被女王玛丽任命为都柏林大主教，其前任布朗因为结婚而被免去了圣职。这里值得我们关注的是，爱尔兰很多新教神职人员虽然遭到监禁，在其他方面也受到骚扰，但整个爱尔兰没有一个人殉教，无论什么身份。

这里有一个故事值得关注。已故的阿马大主教当着好几个人的面，郑重其事地宣称确有其事，其中有骑士詹姆斯·韦尔爵士（最优秀的古文物研究者），还有几个是牛津大学的，这几个人把他说的话记了下来，这件事他是听前人说的，这些人的信誉毋庸置疑。

大约在女王玛丽统治的第三年，一名王室信使带着委任状被派到爱尔兰，授权给一些显赫人物，让他们用火与柴草处罚那些可怜的新教徒。也是天意如此，这位信使在切斯特住在一个客栈老板家，老板是个新教徒。老板看出了一点蛛丝马迹，就悄悄地把委任状从信使斗篷袋里偷走了，在里面又放了一张梅花杰克。

几个星期之后，他来到都柏林枢密院大臣（其中主教科伦是主要人物）面前，拿出一张纸牌权当委任状。大臣们受到这一侮辱后就把他投入了监狱，说他这样做是故意戏弄人。他在监狱里蹲了好几个月，最后费尽周折才获得释放。然后他回到英格兰，更换了新委任状，又火速赶到爱尔兰。

但他还没有抵达爱尔兰，就传来了女王玛丽死亡的消息，不让他去了。这样，上帝很多可怜的仆人保住了性命，更多的人获得了自由。

宗教改革以来的作家

理查德·马尔卡斯特出身于北方一个世家，是这个郡还是坎伯兰郡我说不准。他从伊顿公学转到剑桥，1548 年被录取到国王学院，还没有毕业又转到牛津。他在这里学业精湛，大家一致推选他为伦敦商业裁缝学校首任校长，在他精心管理下该校蓬勃发展，牛津圣约翰学院繁荣兴旺就是明证。

商业裁缝学校发现他的学生能挣钱，就想把马尔卡斯特先生终生留在他们学校，就像他的办公桌一样，直到他去世。他看出了端倪，所以就立下这一座右铭：

忠实的奴仆永远是一头驴。

但二十五年后他获得了自由，更准确地说是改换了门庭，被任命为圣保罗学校校长。

他的教学方法如下：上午他会向学生准确、浅显易懂地解释分析课文，讲完以后他就趴在学校办公桌上睡一个小时（习惯让他抽出这一段时间睡觉，这对他很重要），但这段时间要是有哪个学生睡觉可就要倒霉了。无论是溺爱孩子的母亲还是放纵孩子的父亲，向他求情都没有用，求情只会让他对犯错的孩子惩罚得更加严厉而不是手下留情。

总而言之，他喜欢用鞭子抽，虽然说句老实话（离开他的学校再说就安全了），其他老师少抽几鞭子，也能教会学生同样多的知识。然而他不偏不倚，教育出了很多优秀学生，其中最有名的是主教安德烈斯。如此说来，他的坏脾气就能让人更容易忍受一些了。

告别辞

看官，我必须承认，我感到很遗憾、很惭愧，没有为这个郡的人做更多该做的事。此郡太靠北，我从来没有机会到这里看看。我要是从我好朋友托马斯·巴罗博士那里得到一些消息就好了，他是牛津王后学院院长，就其宗教信仰和学问来说，是为威斯特摩兰郡增添特殊光彩的人。但时间、机缘、印刷机是三样不讲道理的东西，不等待任何人，所以我希望拙作会被接受。

我听卡姆登先生说，这个郡的卡恩河有两条瀑布，北边那一条声音清晰洪亮就预示着天气好，而南边那一条声音清晰洪亮则预示着要下雨。现在我希望北边那一条在晾晒干草和收割庄稼时发出声音，南边那一条在大旱之后发出声音，这样两条瀑布都为居民演奏出受欢迎的音乐。

威尔特郡

威尔特郡北临格洛斯特郡，东临伯克郡和汉普郡，南临多塞特郡，西临萨默塞特郡，从北到南三十九英里长，而宽度比长度少十英里。

一个宜人的郡，多姿多彩的郡。我听到一个聪明人说，一头牛要是被抛下没有人理它，在整个英格兰它只会选择生活在这个郡的北部，要是羊它只会选择生活在这个郡的南部，要是人他只会选择生活在这个郡的中部，分享平原的乐趣和内地乡间的财富。

同样值得关注的是，在内地的所有郡里（周边不与海水接壤），这个郡四周的边界最长（通过比较可以看出来），其周长是一百三十九英里。整个英格兰的物品这里都很丰富，尤其是以下产品。

天然产品

羊 毛

经常重复提到羊毛（尽管我承认违背了前面制定的规矩）是可以得到谅解的。有人一再提到西班牙国王的每一个小头衔时，法兰西大使可能回答说："法兰西，法兰西，法兰西。"而我们英格兰的"羊毛，羊毛，等等"则可以和其他国家为数众多但无足轻重的产品相并列。我承认，一小簇羊毛不值一提，但一大堆羊毛就值大钱了。

工业品

服 装

这一行在这个郡非常红火，我听说杂色衣服基本上都是其他郡生产，而最好的白衣服是在这个郡织造出来的。

提起销到海外的白衣服，让我想起国王詹姆斯统治时期一次难忘的竞赛，在伦敦商人和威廉·科凯恩爵士之间进行，威廉爵士一度担任伦敦市长，是这一机构中最审慎的人之一。他精明地提议并大力贯彻一项计划，即所有布匹都在英格兰染色，宣称一个国家的财富就在于将其天然产品加工到极致，能加工到什么程度就加工到什么程度，否则财富就会外流。将英格兰布在英格兰染色，成千上万个穷人就能得到雇用，这样就能过上舒适日子。

商人们回答说，在国内染布对布的销售不利，外国人在染色上比我们更在行。另外，他们染布要比我们便宜得多，很多染料产自他们国家，外国人非常喜欢白布或本色布，不愿意让染色扫了兴，他们更喜欢由他们自己来染（尽管染得更糟）。

威廉·科凯恩爵士已经囤积了很多染料，所以要以公共利益为借口来大力维护自己的利益。双方的观点都得到雄厚实力的支撑，最后商人们占了上风（一群鲱鱼能战胜鲸鱼），服装业还维持原来的状况。

烟　斗

这个郡的埃姆斯伯里生产形状和颜色（大小很奇妙）都最好的烟斗。烟斗可以叫作装在口袋里的烟囱，一头是壁炉，一头是烟道。实际上烟叶刚引进的时候，烟斗是用银子和其他金属制作的，虽然不会折断，但很不方便，很快就堵塞，很难清洗。

陶土烟斗是在炉子里烧制的，大约烧十五个小时。在同样情况下，如果提前半个小时拿出来，与刚放进去时的状况就有点改变。在此期间火势似乎一直保持最旺，很快就烧成了，状态达到完美。有些烟斗底部带有金属护手商标，这种烟斗是最好的，这里有一个故事。

干这一行的一个人发现这种烟斗最好销，就把金属护手商标嵌到他自己做的烟斗上，虽然比其他烟斗质量差一些。第一个嵌金属护手商标的工匠就按照法规控告他。依照法规，任何人把别人的商标用到自己商品上都要受到惩罚。

被告很可能会被投入监狱（律师很难为他辩护），就恳求自我辩护几句，这一恳求得到了准许。他不承认用过别人的商标，因为原告护手的大拇指是这样竖起来的，而我的是以另一种方式竖起来的；同样一只手，在盾徽右侧或左侧就足以显示出区别。

这样被告就躲过一劫，虽然买他烟斗的人肯定不会注意这一指责，也不会考究护手的大拇指是怎样竖起来的。

建　筑

索尔兹伯里大教堂（奉献给圣母的）在同类教堂中无与伦比，教堂的门和小礼拜堂数与一年中的月份数相等，窗户数与一年中的天数相等，大理石大柱子和小柱子数（这种古老的技艺恐怕已经失传）与一年中的小时数相等，所以整个欧洲都没有这样一个用建筑构成的历书。

有一次，我在这座教堂里散步（当时我是这里的受俸牧师），碰见一个乡下人惊叹这座教堂的结构。"我曾经感到惊奇，"他对我说，"一座教堂竟然有这么多柱子，和一年中的小时数一样多。现在看到这座教堂的柱子，我更感到惊奇：一年中竟然有这么多小时。"

这座教堂的十字形耳堂是我所见到最漂亮的、最明亮的。尖塔（不是建在地面上，而是主要由四根柱子支撑着）非常高，建造工艺更高。我听可靠的人说，一些外国艺术家看到这座教堂后放声大哭，有人将其归因于惊奇（不过我不明白惊奇怎么能让人哭），还有人归因于妒忌，为他们国家没有类似的建筑而悲伤。

连最挑剔的眼睛（不说吹毛求疵了）在这座建筑上也找不到还缺少的东西。可能想要一段阶梯，因为在这里专心祈祷的人很难像大卫那样说："我要上到耶和华的殿里去。"①

在那么多墓碑中，赫特福德伯爵爱德华的最为宏伟，瑞典人海伦·苏阿文伯格（北安普敦侯爵威廉的遗孀，后来嫁给了托马斯·戈吉斯爵士）的墓碑以其简朴而最受人称道。

但最能让批评家挑剔的是一座坟墓，位于教堂中殿北面，有一通石碑，雕刻有一个小男孩身穿主教法衣，头戴主教法冠，手拿权杖，还有其他应有的东西。一看到这通石碑（以前用长椅盖着），很多人都感到惊奇，或是觉得主教个子怎么这样小，或是觉得一个小孩怎么穿这样大号的衣服。不过后来真相大白。

原来在罗马天主教最兴盛的时候，这座教堂时兴（这件事值得记住，但不宜付诸实施）从唱诗班歌手里选出一个男孩在他们中间

---

① 参见《圣经·诗篇》122:1。——译者注

当主教，从圣尼古拉节①一直当到悼婴节②夜里，其间在一切事务上都行使主教职权，保持主教身份，穿着相应的法衣，其同伴都假装是受俸牧师，一个望弥撒的人除外。其中一个男孩碰巧在假扮主教时死了，就拿着权杖戴着法冠被埋葬了，就像前面所说的那样。

这样，迷信可以摒弃宗教不能摒弃的东西，将虔诚的信仰变得华丽多彩，神圣的东西变得像演戏一样。

奇　观

圆形石林③

对建造这片圆形石林的原因、时间，工匠进行了多次异想天开的猜测，为什么要竖立这些石碑，什么时候竖立的，由谁竖立的，一本解答这些问题的书最后在作者死后姗姗来迟，但销售得比其他书都要快。这本书名叫《圆形石林复原》，作者是伊尼戈·琼斯先生④。这是不是罗马人的作品，是不是奉献给天神凯路斯（太空之神埃忒耳和白日之神戴斯的儿子，地位高于异教徒所信奉的所有神灵）的神庙，这本书是更谦虚地提出这一论点，还是更充分地证实这一论点，这是值得怀疑的。

关于罗马人的设计这一问题，他从石林排列的顺序和组合上来证明的。石林由四个等边三角形所组成，是一个圆圈里的内切三角形，这是罗马人的天文设计。另外，石林的门廊或入口有两个，和

---

① 指 12 月 6 日。——译者注
② 指 12 月 28 日。——译者注
③ 又译"巨石阵"。——译者注
④ 是英国近代第一位著名建筑师，他最先把意大利文艺复兴建筑风格引进英格兰。——译者注

古代罗马的宏伟建筑一样。更不用说所有柱顶过梁都没有用灰浆，这正是罗马人的建筑方式。

他证明这是奉献给天神凯路斯的神庙，这一论点同样有说服力。第一，从地理位置看，它坐落在一个平原上，空气自由流通，远离任何村庄，四周没有树林。第二，从外观上看，没有建屋顶。第三，从圆形上看，正是凯路斯神庙适宜的形状。他其余的论点我就不再说了，各位看看原著比听我转述能得到更大的满足。[①]

两耳草

两耳草拉丁语为"gramen caninum supinum longissimum"，生长在离索尔兹伯里九英里的地方，在马丁顿塔克先生家的地里。这是个独特的种类，在英格兰的九十种草里最不可思议。

两耳草通常长到十五英尺长，我曾经在文献上看到有二十四英尺长的。这可能是真实的，因为人里面有巨人，所以巨人里也有巨人，甚至在比例上超过巨人。

两耳草生长的地方地势低，有些冬季在水下面，四周都是丘陵，附近还有一片广阔的牧羊公地，土壤下一阵急雨就能被冲到这片草地，这就使草地变得格外肥沃。两耳草长到几层楼高，一节又一节，密密麻麻地铺在地上，用镰刀割下来，捆成捆，既是干草又是饲料，其关节一样的结能把猪养肥。

有人认为两耳草的种子可以移种，在其他地方也能茁壮成长（虽然长不到同样的长度）。这一看法一些农夫不同意，认为两耳草只长在这个地方，土壤和草必须同时移走才行。或是把它种在类似的位置，具有前面提到的特殊优势，而这些优势在英格兰几乎找不

---

① 现代考古研究表明，圆形石林的建造时间大约在公元前3000年至公元前2000年之间，远在罗马人登上历史舞台之前。——译者注

到。所以，大自然让这种植物和这个地方相得益彰。

俗　语

这是按照塞勒姆的规定做的。

这句俗语现在已经走出了教会，民间也开始用了。这句话是这样出现的。英格兰的不同教堂使用多种仪式或礼拜形式，如约克仪式、赫里福德仪式、班戈尔仪式等，这样就导致了礼拜仪式的混乱。

大约在 1090 年，塞勒姆主教奥斯蒙德编纂了一本礼拜仪式的书，被整个英格兰普遍接受，这样各个教堂从此以后就能相互了解，在礼拜仪式上说同样的话了。

这句俗语现在用来指那些遵循有权威的先例且合乎规范地做事的人，或是一板一眼、郑重其事地做出来的事，让人无懈可击。

圣　徒

奥尔德赫姆，肯德雷德的儿子，西撒克逊国王伊内的侄子，在外国长大，回国以后担任马姆斯伯里修道院院长达三十年，由于（以下）几个原因而值得纪念：

1. 第一个用拉丁语写作的英格兰人。

2. 第一个把诗歌引进英格兰的人。

3. 舍伯恩教区首任主教。

比德盛赞他有学问，尤其是他撰写了一本书，说服不列颠人按照罗马教会推算的日期过复活节。①

　　一些鲁莽的修士以无耻谎言诋毁他的英名，其中有一个与木头有关的奇迹，说一个木匠为教堂砍横梁时砍短了，奥尔德赫姆凭借祈祷把横梁延伸到正常尺寸。除此之外我再补充一个谎言，其像太阳一样清晰可见，他们说奥尔德赫姆把法衣搭在太阳光上，而太阳光奇迹般地支撑住了衣服，这让旁观者惊叹不已。

　　他来到罗马，被任命为舍伯恩主教，谴责教皇塞尔吉乌斯的父亲身份，说教皇竟然是个父亲，有一个刚出生的私生子。回国以后他很受尊重，直到去世。他死于709年。

作　家

　　马姆斯伯里的奥利弗出生在（我看到的作家这样说）马姆斯伯里修道院的地盘上，从他的摇篮到修道院只有几步路，他很快就来到修道院，成为本笃会修士。他热衷数学，也热衷军团星占学。他

---

① 基督教的复活节源于犹太教的逾越节，而逾越节是按犹太历法来推算的。犹太历法比较复杂，当时只有少数专业人士才能推算。不列颠人圣帕特里克于5世纪在法兰西隐修期间，接受了当时教会所采纳的复活节日期推算方法，后来又把这一方法带回英伦三岛，为当时的凯尔特教会所普遍采用。一百多年后，圣奥古斯丁从罗马到英格兰传教，把罗马教会推算复活节的新方法带到了英格兰。这样，罗马教会和凯尔特教会所推算的复活节便不在同一天，而且两派都认为自己正宗，互不相让。当时复活节是新年的开端，如果复活节不一样，全年的所有节日也都不一样，这样就乱了套。为解决这一问题，诺森布里亚国王于664年在惠特比召开宗教会议，最终确定罗马教会的推算方式为正宗，凯尔特教会的推算方式逐渐废弃。因此，惠特比宗教会议在英格兰历史上有里程碑意义，是英格兰教会走向统一的开端，为后来的政治统一奠定了基础。奥尔德赫姆的这本书，应该在这一转型过程中推动了凯尔特教会和罗马教会的融合。——译者注

那个时代出现了一颗大彗星，他以这样的话语来迎接它：

> 你来了吗？你来了吗？你这个祸害要让很多母亲伤心吗？
> 我早就见过你，但你现在比以前更可怕，英格兰人有完全毁灭
> 的危险。

他估计得差不离，因为不久之后，诺曼征服者来了，很多英格兰人失去了性命，其法律和自由失去的更多，很多年以后凭借上帝的仁慈才得以恢复。

这位奥利弗想验证一下诗歌描述的真实性，据说他把手上和脚上都绑上翅膀，从马姆斯伯里的一座塔楼上起飞，据说飞了一弗隆那么远，直到某个地方出了差错摔落下来，两条大腿都断了。

我在教会史里看到过类似的记载，说魔术师西蒙从罗马朱庇特神庙的高空起飞，最后（经圣彼得祈祷）掉落下来摔死了。但这位西蒙凭借的是魔法，而奥利弗凭借的是真本事，西蒙由魔鬼支撑，而奥利弗只凭借巧妙的设计，这就更值得同情。

他写过一些有关占星术的书，死于1060年，诺曼入侵五年之前，没有看到他的预言应验（死亡阻止了他）。很多人都是这一命运：在很快预见到别人出事的时候，却不知道什么事会发生在自己身上。

迪韦齐斯的理查德。先说他的出生地。迪韦齐斯是这个郡最好最大的集镇（索尔兹伯里是座城市），这样称呼是因为这以前分属于国王和索尔兹伯里主教，就像威斯特伐利亚的明登市也是这样划分而来的一样。因为迪韦齐斯这个词的发音带有奇怪的傲慢语气，因为圆形石林被普遍认为是奇观，住在偏远地区的乡下人就误以为它们离得很近（相距十二英里还要多）。

这位理查德就出生在这个镇，在温切斯特被培养成本笃会修

士，其学识和勤奋使他受到那个时代所有人的尊敬。他写有一部国王理查德一世统治史，他就在这位国王统治下享有盛誉，还写有一部英格兰事务概要，把这两本书都题献给温切斯特修道院院长罗伯特。他的史书我从来没有见过，只见过别人引述，其稀有程度使它不宜放在书店里，而是应该放在公共图书馆里。他死于1200年前后。

托马斯·威尔顿，神学博士，有学识有才华，在伦敦圣保罗大教堂一开始担任执事长，后来担任教长。在他那个时代（国王爱德华四世统治时期），高级教士和托钵修会修士有过一次激烈斗争。托钵修士装穷，指责主教们摆阔、有钱。威尔顿老谋深算，反对托钵修士。让汉尼拔撤出入侵意大利的战争只有一个办法，那就是把他召回去保卫迦太基附近的家乡。威尔顿也是这样，精明地改变策略，让托钵修士们从指责主教转变到为自己开脱。

托钵修士的所有财富和行头虽然只有一件旧法衣、一件旧蒙头斗篷、一件短毛衬衫、一根麻腰带、一串念珠、一幅素色耶稣苦像、某个圣徒的画像，但通过聆听女人忏悔（威尔顿以此挖苦这些修士），通过滥用免罪这一手段，打开了国内所有的金库。就这一题材他还写了一本很有高见的书《身体健康而又乞讨的托钵修士是否处于完美状态？》，但反对托钵修士的人认为，依据上帝和人的律法，托钵修士都是无赖，更适合进教养所而不是处于完美状态。

音乐大师

威廉·劳斯，托马斯·劳斯之子，索尔兹伯里教堂唱诗人，在索尔兹伯里的围地长大，从小就喜爱音乐。赫特福德伯爵爱德华把他从父亲身边带走，自己出资培养他学习音乐，师从他老师乔瓦尼·科佩拉里奥。乔瓦尼是意大利人，也是一位最有造诣的音乐家。然而后来学生可以说能与老师比肩，甚至超过了老师。

他后来成为国王查理的私人音乐家，受到所有爱惜贤才者的尊敬和爱戴。除了为维奥尔琴和管风琴创作的三部、四部、五部、六部幻想曲之外，他还创作了三十多种不同的乐曲，既有声乐曲，也有器乐曲。凡是当时有的乐器，他为其创作的乐曲都非常得体，好像他就是专门学这种乐器似的。

在这混乱的年代，他的忠诚促使他为主子而战。虽然他被杰拉德将军任命为特派员，目的是保护他（这类官员通常远离炮火，不会面临危险），但他生性活跃，放弃了职务对他的保护，显露出他的冒险精神，在围攻切斯特时意外中弹，伯纳德·斯图尔特大人也同时阵亡。

国王死了一位近亲，一个大贵族，心里也不是特别悲伤，而听到一位仆人威廉·劳斯死亡的消息，国王特意为他服丧，他在世时国王就喜爱他，大家都称他为音乐之父。他其他方面的才华，我留给他自己创作的圣歌去表达，这是他与兄长亨利·劳斯先生共同创作的。兄弟二人不分伯仲，无论是知名度、爱好或是其他重要方面，除了一个已死另一个还活着（之外，没有什么不同）。

为公共事业捐助的人

托马斯·司汤普斯，这个郡里马姆斯伯里镇的，他那个时代英格兰最著名的服装商之一。关于此人有一个故事，有一些不同的版本，但大致意思是这样的。

国王亨利八世在马姆斯伯里附近的布里登森林里打猎时，突然带着宫里所有的随从，来到这位服装商的家里吃饭。但大管家对于客人突然来访基本上不会感到惊讶，就像警惕性高的军官对敌人突袭不会感到奇怪一样。司汤普斯命令手下一大帮他每天在家里供养着的工匠禁食一餐，到夜里再开禁（这样做很容易，对健康没有任何危害），把省下来的食物让给国王及其随从吃，虽然不是那么美味可口，花样也不是那么丰富，但最有益于健康，款待客人绰绰有余。

但我看到的古文物研究名家卡姆登所说的更有权威性，他说的是拆毁马姆斯伯里修道院：

> 修道院附属教堂本身，其命运也应该好不到哪里去，也是要被拆毁，多亏富裕的服装商托马斯·司汤普斯凭借诉讼，更凭借一大笔钱将其保住，为镇里的邻居们把教堂买了下来。托马斯·司汤普斯将其改造成一座教区教堂，基本上保存至今。

郡 长

托马斯·西恩，骑士。这位骑士突然得到大笔财富，遭到一个大伯爵的妒忌。这个伯爵是枢密院大臣，住在他家的庄园附近，叫人把他召到枢密院，让他回答怎么在这么短时间内得到这么多财产，有些人暗示似乎是他找到了埋藏于地下的宝藏，或是使用了某种不诚实的手段而致富。

骑士镇定自若，以无可非议的细节，讲述了他是如何从社会底层开始，如何从婚姻中获利，如何凭借勤奋和节俭逐渐积累，把这一切都和盘托出，让他们看清楚（虽然触摸不到）他目前的财产。

"至于其他，各位大人，"他说，"您有一位好心的君主，我们仁慈的女王，我有一个好主子萨默塞特公爵。"

他畅所欲言，他们洗耳恭听，然后就把他打发走了，没有再遇到麻烦。

战　役

兰斯唐战役

1643 年 7 月 13 日，在这个郡和萨默塞特边界处打了这一仗。仗是零零星星地打的，受地理位置和狭窄通道的影响，与其说是一场完整的战斗，不如说是一个接一个的小规模冲突。双方在某种程度上都可以说：

> 双方都败了，双方都胜了。

议会军五次（据保王派招认）把他们打得四散奔逃，比维尔·格林菲尔德爵士在其长矛队前头被杀，劳尔少校在其骑兵队前头被杀。但国王军宣称获胜，莫里斯亲王[①]和拉尔夫·霍普顿爵士一整夜都率领着各自的队伍，第二天早上已经控制了战场和阵亡将士，也控制了敌人留下的三百件武器和九桶火药。

朗德威战役

五天以后，莫里斯王子和卡那封伯爵一起返回，威尔莫特大人从牛津出发，率领一支勇敢的优秀骑兵队伍，向威廉·沃勒爵士麾下的议会军发起进攻。和威廉爵士在一起的还有亚瑟·哈斯勒里格爵士装备精良的骑兵（如果能证明从里到外都精良的话），每一个士

[①]　巴拉丁选侯腓特烈五世的儿子，英格兰国王詹姆斯一世的外孙。——译者注

兵都像是一座攻不破的堡垒。但这些士兵遭到王子的巧妙攻击，完全放弃了战场，让步兵（在英格兰战场上，激战是由步兵来承担）自己去应付局面。

与此同时，拉尔夫·霍普顿爵士刚被炸伤，躺倒在迪韦齐斯镇。他手下的士兵缺乏火绳，拉尔夫爵士吩咐他们把床架上的绳解下来煮一煮（需要是发明创造最好的母亲），结果帮了他们大忙。他们来到战场上，有效地彻底消灭了留在战场上的议会军步兵。

告别辞

这个郡有很多羊，这要归功于国王埃德加，是他把地里的狼全部赶走了。我希望将来他们的羊群能得到保护，不会受到下列伤害：

1. 两条腿的狼，对羊群的杀伤力很大。

2. 西班牙母羊，第一只引进英格兰的时候，也带来了第一次大规模的传染疾病。

3. 坏疽病，夏季过于干旱引起的。

这些羊和拉班①、叶忒罗②的羊像是同一个品种，有一本正经的时间和地点来喝水（我在其他郡还没有见过），所以我希望它们永远都不会缺少洁净的水。

---

① 参见《圣经·创世记》24:29。——译者注
② 参见《圣经·出埃及记》3:1。——译者注

伍斯特郡

　　伍斯特郡北临斯塔福德郡，东临沃里克郡，南临格洛斯特郡，西临赫里福德郡和什罗普郡，呈三角形，但不等边。要注意这个郡的连续部分，其他地方都是从整块布上剪下来的碎布片，被周围的郡包围着，有些甚至延伸到牛津郡，中间又被格洛斯特郡插进来。

　　这究竟是什么原因，很多博学的人都推测过，我再猜测就有冒昧之嫌。有人认为，这个郡统治者（很可能是在诺曼征服之前）的土地零星分布在附近，就想把这些地块并入这个郡，以便让自己的权威更完整。或是如一个有才华的作家所说（为德文郡的部分土地零星散布在康沃尔找个理由），可能有某种原因让这个郡和附近的郡进行了交换。他还说一个已故的大人物在为两个儿子分地时表达过类似的想法。

　　我要说的只有这一句：上帝在为十二个支派分配巴勒斯坦的时候（看官，如果您忘记了，我必须记住这是我的老本行），由于同样的原因（博学的人这样认为），也让一些支派在另一个支派里有地块，"玛拿西在以萨迦和亚设境内，有伯善和属伯善的镇市，以伯莲和属以伯莲的镇市",等等。①

这个郡在整个英格兰占有一个孩子的份额（我向您保证是一大份），尤其是这些——

天然产品

七鳃鲤

七鳃鲤在拉丁语里叫"Lampetrae, à lambendo petras"，源自"舔石头"，这个郡和临近塞文河的几个郡都很多。

这是一种畸形鱼，身上有很多洞，让人以为大自然是想让它成为一种乐器，而不是成为人的食物。我看到的作家说，为这种鱼开膛最好的方式是在白葡萄酒里宰杀，用肉豆蔻坚果把嘴堵住，用很多丁香把洞都堵住，卷动翻滚的时候把它放进捣碎的榛子仁、面包屑、油、调味料等里面。

还有人补充说，花费了这一切代价之后，还是要把它扔掉，宁损钱财不损健康。这种鱼吃起来好吃，但不利于健康，国王亨利一世吃了以后丢掉了性命。

但是，请允许我这样说，亨利一世不是因为吃七鳃鲤而死，而是因为吃七鳃鲤吃得太多而死。我相信犹太人也会因为吃吗哪而恶心，如果吃得太多的话。

梨 酒

这是一种饮料，或是一种仿冒酒，用梨制成，这个郡盛产梨。不过这种味道最不好的东西派上这一用场最合适，上天让一切物品

---

① 参见《圣经·约书亚记》17:11。——译者注

都为人效力。彼得·马特在牛津担任教授时有一回生病发烧，其他任何酒都不想喝，只想喝梨酒，虽然大家都认为这种酒凉，让胃肠胀气，除非搭配上香料或其他东西。

盐

　　我在前面两次谈到过盐，我承认这样重复直接违背了规矩，那是我为这本书定下的规矩，除非这一产品的必要性使得这一重复被原谅。

　　我把英格兰看作一张摆满美味佳肴的长餐桌，上面放着三个盐瓶，相互之间有一定的距离。我把伍斯特郡想象为木盘盐，因为它量不太大（虽然也不少），还因为它比其他任何盐都更白、更细、更重。柴郡我认为应该叫作大盐瓶，大致放在中间，而第三瓶是纽卡斯尔盐，很靠北，放在餐桌下首，供那些够不着伍斯特盐的人用。

　　盐的用途没有得到应有的评价，我们可以从拉丁语"salarium"①来推断，古代和现代作家经常用这个词，其意思是付给士兵的报酬或军饷，古代主要是（如果不是仅仅是的话）以食物形式发放。这个词是从"sal"（也就是 salt）提喻出来的，是一切物体中人绝对最需要的。没有这一调味品，一切食物都没有营养，都不利于健康。

　　我看到一个现代作家描写其故乡柴郡，把一切都写得对家乡有利：

　　　　英格兰没有一个郡，海外也没有一个国家拥有一个以上的盐井，连伍斯特郡的德罗伊特威奇也不超过一个，而柴郡有四个，都在十英里的范围之内。

————————————

①　相当于英语的"salary"，原意是罗马人发给士兵的盐，或用来买盐的钱。——译者注

　　我在这里提醒一句，以维护伍斯特郡的权利。伍斯特郡有很多盐泉，但为了保护森林而又堵住了，这样仅在一个地方制盐不是受到自然因素的限制，而是受到政治因素的限制。

　　我也不会忘记，我们的德意志祖先（据塔西伦说）幻想着有盐的地方最靠近天堂，这样便于人向诸神祈祷。我不说这一迷信是基于他们对犹太人敬神的误解，（因为）他们每一种祭品都是用盐腌制的。

枢机主教

　　伊夫舍姆的休，其名字源于他在这个郡的出生地。他致力于研究医学，成绩很大，被称为医学界的完人。他也精通数学，尤其是占星术。

　　罗马遇到一些医学方面的问题（结果牵涉到教会管理问题），教皇马丁四世派人去请我们的休，和他商量这些问题，休的回答让教皇非常满意。作为回报，教皇于 1280 年任命他为圣劳伦斯枢机主教。他这一晋升，其对手对他非常妒忌，结果七年以后被毒死。

　　谁也不要说他可以从星相中预见到自己的命运，因为这一计谋来自地狱而不是天堂。也不要说"医生，治好你自己吧"，因为英格兰的解毒剂药力太弱，解不了意大利的毒。但奇卡奥纽斯为了掩饰这件事，说他是死于瘟疫。

　　我这样认为：他死于那些想害死他的人心里仇恨的瘟疫，那是在 1287 年。

宗教改革以来的高级教士

约翰·沃森出生于这个郡的本奇沃思，他家族里的一些人和亲戚现在仍然在那里。他在牛津（我认为）上学，后来成为受俸牧师，然后成为温切斯特教长。后来他晋升为温切斯特教区主教，下面的描述会告诉我们原因（我相信有很多人怀疑，不过对我来说已得到证实，非常可信）。

他担心温切斯特教区一旦出现职务空缺，这一职务会落到他头上。沃森教长已经六十岁，想过清静日子，就在主教霍恩生病期间，私下里答应给莱斯特伯爵（当时负责安排教会的很多职务，如果不是全部职务的话）二百英镑，条件是不让他担任温切斯特主教，而是继续保持现状。

温切斯特主教区职务出现了空缺，女王打算把它授予沃森，前面提到的莱斯特伯爵就予以阻止，并告诉了女王他与沃森的约定，要不然这二百英镑就落不到他手里了。

"那不行，"女王说，"沃森一定要得到这个教区。他拿出二百英镑来拒绝，那就更配得上这一职务，比愿意拿出两千英镑来得到这一职务的人更配得上。"

我承认那些经常听说莱斯特伯爵腐败且基本上没有听说沃森廉正的人不会相信这个故事，而我一听就信。

军　人

理查德·比彻姆，沃里克伯爵，1381 年 1 月 28 日出生于这个郡的萨尔沃普庄园。国王理查德二世、当时的考文垂主教理查德·斯克罗普（后来是约克大主教）同为他的教父。他是个战功卓著的人，大力神赫拉克勒斯虚构的业绩由他亲自完成了。

1.国王亨利四世统治的第五年，在王后加冕时，年仅二十二岁的他就参加了马上长枪比武，向所有前来参加典礼的人发出挑战。

2.他向威尔士叛乱分子欧文·格伦道尔发出挑战，要与欧文决斗，把欧文打跑了，并亲手把欧文的旗帜夺了过来。

3.他在什鲁斯伯里与两个珀西打过一场会战，把他们打败了。

4.他在去圣地（到那里去朝圣）的路上，在维罗纳遇到一个叫潘多尔福·马拉切特的意大利爵士向他挑战。理查德用三种武器与潘多尔福决斗：斧子、长剑、锋利的匕首。如果不是有人及时调解，用到第二种武器时就把潘多尔福杀了。

5.在法兰西与科勒德·法因斯爵士在马上用长枪比武，每打一下他都把身子往后仰，法兰西人怀疑他把身子绑在了马鞍上。为打消他们的疑虑，沃里克伯爵下了马，很快又上了马。

6.国王在法兰西战场上凯歌高奏的时候，他表现十分抢眼，可以名正言顺地这么说："我是其中重要的一员。"

7.国王亨利五世派一些人参加康斯坦茨宗教会议，他是其中之一，其随从有八百骑兵。

8.他在康斯坦茨杀死了一个向他挑战的荷兰公爵，皇帝西吉斯蒙德和皇后在一旁观看。

9.皇后看到他的勇敢深受触动，就从伯爵一个随从身上取下一枚徽章（也就是一个普通的银熊），然后戴在她肩膀上。第二天，伯爵送给皇后一个用珍珠和宝石做的熊（这是他的饰章）。

10.国王亨利五世率领一千名士兵去接王后凯瑟琳，法兰西国王的独生女儿。他与旺多姆伯爵和利穆赞伯爵交战，亲手杀死其中一个，打垮了五千人的队伍，然后把公主带回来，看着她平安无事地嫁给了国王。

11. 国王亨利五世在遗嘱里指定他为儿子未成年期间的监护人，并任命他为整个法兰西的副官。

12. 他在世时我们在法兰西节节胜利，他死以后节节败退。

不要忘记，皇帝西吉斯蒙德来到英格兰时对国王亨利五世说，在智慧、教养和勇气上，基督教世界里没有一个国王的骑士能比得上沃里克伯爵。皇帝征得国王同意（因为是在国王的领土上），以皇帝的身份授予他一项荣誉称号，将他命名为礼貌之父，实际上真正的勇气和礼貌是分不开的伴侣。

他最后一次去诺曼底时，受到一场可怕的暴风雨的颠簸，绝望之中他让人把他和夫人以及襁褓中的儿子绑到主桅上（他要是不愿意谁能绑住他），打算让人看到他身上穿的盔甲和盾徽以后知道他是谁，让发现他尸体的人或是出于高尚的情怀，或是出于仁慈之心，为他举行一场基督徒的葬礼。

然而他躲过了这场暴风雨，在法兰西安全登陆，缠绵病榻许久之后，1439 年 4 月 30 日在鲁昂寿终正寝（对于这样一个躁动不安的活跃人物，这绝对是不同寻常的安息）。

医生和药剂师

爱德华·凯利爵士（又名塔尔博特），1555 年 8 月 5 日 14 时出生于伍斯特（我凭借他出生时的天象图得知，这幅天象图是依据迪伊博士最初的计算雕刻出来的），天极升高了 52° 10′。这样，看官，我在这里提供精确的信息，是希望能对其他人出生情况的不确定和不精确做出一些弥补。

他深入研究大自然的奥秘，与迪伊博士关系密切。迪伊博士在药学研究上不如他，但在数学上比他强。据说这两个人在格拉斯顿伯里修道院的废墟里找到大量的长生不老药。我确实在文献上看到过，巴斯修道院院长威廉·伯德在他修道院的墙垒里留下并丢失了长生不老药。让人感到奇怪的是，在巴斯丢的东西在格拉斯顿伯里找到了，确实是在同一个郡，但相距十六英里。只要凯利有这一宝物就行了，至于他是如何得到的，又是在哪里得到的，大家就不要再操心了。

后来（在这里遇到一些麻烦）他去了海外，和一个波兰男爵阿尔韦图斯·阿拉斯科一起。这位男爵的盾徽是个船体，只有一根主桅和桅楼，其他没有任何装备，其箴言是"上帝会把帆送来"。但这位贵族以前好像把帆扬得太高了，现在像是试图改变命运，和英格兰的两个顶级药剂师厮混在一起。

他们在一起待了多长时间不得而知，爱德华爵士（不过我不知道他是如何得到骑士头衔的）和博士一起定居在波希米亚的特雷巴纳，据说他在那里把一个铜锅（没有接触也没有熔化，只是用火把锅加热，把长生不老药放在锅里）变成了纯银，然后把其中一块送给了女王伊丽莎白。他与皇帝鲁道夫二世经常交谈。

我在托马斯·科顿爵士的藏书室里见到一部长篇书稿，讲述他们神秘作法的细节，在很多离奇古怪的段落中，有这么一段可怕的描述。他们经常与一个信使或精灵交流信息，这个信使或精灵指导他们如何进行神秘的发现，命他们共享妻子，这是为发现所做的必要准备。对此他们一开始犹豫了一阵子，后来决定服从命令，因为在这么大一件事上，立法者可以摒弃律法。由此看官可以推测他们还做了什么事情。

迪伊博士离开了凯利回到英格兰，其原因可能是这样。凯利继续待在德意志，自己花钱过起了放荡生活（同行的人这样说），超过了这么神秘的一个哲学家应有的节制。他的一个女仆结婚时其送了一枚金戒指，价值达四千英镑。至于他对自己药剂学造诣的自负，看看他自己著作的开头就一目了然，虽然我承认我并不懂他的胡言乱语：

> 你们这些哲学家所愿意做的，
> 就是夜以继日地在格柏的厨房里烤，
> 浪费古老的赫耳墨斯树的木屑，
> 以为能把它们变成宝贵的油，
> 干得越多，释放和毁坏的就越多。
> 我对你说，无论你多么博学，
> 把你的书烧掉，过来跟我学。

现在我们来看看他的悲惨结局。实际上好奇的人发现，在他出生的天象图上，不仅降交点促使骗子与他作对（活着的死去的他都要服从），某种歹毒的东西像是位于宝瓶宫，这对腿有影响，结果就是这样。他两次被皇帝鲁道夫监禁（因何不端行为我不知道），试图从一扇高窗逃走，顺着系起来的床单下去，最后失手掉下去（体重大）把腿摔断了，并因此死于1595年。

我相信他既不像有些人说的那么坏，也不像另一些人说的那么好。众所周知，对他们这一行的人来说，分离非常重要，实际上他的高傲和挥霍要是和他相分离，他就还是一个人，另外，他的勤奋和实践哲学经验值得后世学习。

郡 长

约翰·拉塞尔先生。和后来被册封为骑士的是同一位绅士（毫

无疑问），在伍斯特开会时与亨利·伯克利爵士反目成死敌，很可能
要引起流血冲突，因为其很多朋友和追随者也介入其中。

但当时的伍斯特主教兼威尔士及边区咨议院副院长惠特吉夫
特博士（院长亨利·西德尼爵士缺席，当时在爱尔兰）明智地阻止
了冲突。他派人在大门口和城里四处严密地监视，要求他们带着两
派人到他的邸宅去，由其随从严密护卫。他让双方（人数达四百或
五百）把武器都交给他自己的仆人保管，经过两个小时的艰苦努力，
一会儿规劝，一会儿威胁，终于让双方言归于好，两人手拉手陪着
他到市政厅，在充满友爱的气氛中履行了职责。

战　役

伍斯特战役

在这个郡和伍斯特市附近发生了很多场激烈的小规模战斗。我
们只说 1651 年 9 月 3 日那场生死之战。

要知道（作为引子），国王陛下[1]在之前的 8 月 1 日开始从爱丁
堡进军英格兰，没有遇到任何大规模的抵抗（他一出现，在沃灵顿
的人很快就逃跑了），一直来到伍斯特。国王的军队由一万两千名
（其中两千名是英格兰人，其余都是苏格兰人）有战斗力的士兵组
成，但装备不精良，弹药储备也不多。而克伦威尔率领的议会军人
数是国王军队的两倍多，凡是军队想要的东西一样也不缺（除了正
义之外）。

国王军队的主要实力就是他们占据着塞文河上两个蹚水能过河
的地方，其优势后来证明并没有预想的那么大，敌人在其他地方也

---

[1]　指查理王子，后来成为国王查理二世。——译者注

能蹚水过去。而且位于厄普顿的桥和渡口虽然由麦斯利少将（他手上中了一枪）勇敢地守卫着，但被兰伯特冲过去了，兰伯特的兵力比国王军队多。另外，克伦威尔在主要河流上用厚木板架起了一座桥，在这么重要的一件事上比预想的速度更快、遇到的抵抗更少。

然后战斗打响了，陛下在战斗中记住了臣民的好处，忘记了自身安全，为其他人树立了一个无与伦比的勇敢榜样，他亲自向前冲。后来几乎没有人遇到过同样程度的危险，但在很大程度上为苏格兰高地人所仿效，弹药打完以后他们就用火绳枪托与敌人搏斗。但新援军不停地向他们发起进攻，苏格兰骑兵主力没有从城里及时赶来救援陛下，国王的队伍被迫从萨德伯里大门撤退，溃不成军。

如果一些主要人物（不仅仅是窃窃私语）玩弄花样，因为他们有足够的时间，那就愿上帝开恩让他们真诚地忏悔，他们奸诈地推迟了一位仁慈国王和三个伟大民族的幸福，延长并增加了他们的痛苦。当然，苏格兰忠诚绅士的精英人物被杀死在这里，其中有最杰出的汉密尔顿公爵威廉（以前是拉纳克伯爵）。至于普通士兵，少数逃走的活得更长一些，但死得更惨。他们在乡间四处流浪，等到别人不再施舍、自己元气耗尽后一命呜呼。

告别辞

我在一个优秀作家的书里看到，德意志的吕内堡国（其主要收入来自卖盐）禁止穷人得到卖盐的收益。于是天意（受到了冒犯，利用上帝的仁慈搞垄断）一度阻止了盐泉外流，直到穷人又能参与分配收益才又流出来。

这个郡的盐穷人占多大份额，我了解得并不特别清楚，不知道对穷人的收益是如何规定的。但我假定穷人挂念的事有人为他们操心，穷人和富人的所有事情都处理得同样好，其信心的基础就是他们的盐井一直不停地大量出盐。我要补充的只有一句：我希望他们为了灵魂的愉悦，说话时要文雅，适当加点盐。[①]

至于忠诚的城市伍斯特（应该特意与它单独告别），我衷心希望上帝开恩，将蝗虫、毛虫、麦蛾吞食掉的岁月给他们补回来。祂很快就能做到（其他还有无数办法），只要赐福于这个郡的主要产业服装业就行了，我不是在前面遗漏了，而是到这里才提起。可以肯定的是，英格兰最精细（不过这是个有挑战性的字眼）的布就是在伍斯特织成的，我相信这就是伟大的鉴定家伊拉斯谟（他既懂纯粹的拉丁语，也懂细布）所说的"不列颠布"，附近的赫里福德郡出产的莱姆斯特羊毛在这里被染成（在染成之前请原谅我先描述出来）最纯粹的鲜红色。

---

① 典出"你们的言语要常常带着和气，好像用盐调和，就可知道该怎样回答各人。"参见《圣经·歌罗西书》4:6。——译者注

约克郡

    约克郡北临达勒姆和威斯特摩兰主教区，西临兰开夏郡和柴郡的一片地，南临德比郡、诺丁汉郡和林肯郡（以亨伯河为界），东临德意志海，延伸成（没有任何角落优势）一个边长九十英里的正方形，在各个方面都和德意志的符腾堡公国相当。经过适当考虑，我甚至相信荷兰的七个联合省加在一起，也抵不上这么一个坚实的正方形大陆，中间没有一点海洋插入。

    我们有正当的理由把这个郡叫作英格兰最好的郡，而且这样叫也不是凭借用词不当的帮助，把"好"当成"大"来用，而是用这个词固有的大家都接受的意思。如果把西塞罗最长的演讲词（所有的演讲词都很精彩）判定为最好的，那么以此类推，就必须认定这个郡（在"好"上与其他郡分享）最好：德文郡在面积上仅次于约克郡，就很明智地意识到两个郡之间明显的差别，放弃一切竞争的要求（就像一个毫无希望的讼案），承认约克郡最大。

    实际上其他郡虽然拥有更多温暖的阳光，这个郡所得到的上帝赐予的世俗恩惠，也和任何一个郡一样多。让土地测量员以庞蒂弗拉克特或其附近为中心，以二十英里为周长，他在这一片地方见到的一些产品，无论是质还是量，都不会被任何一个郡超过，也不会被任何一个郡追赶上。我想称这个郡为英格兰的花园，因为它远离大宅第，我指的是伦敦市，一些生性沉郁的人不愿意到那里去，只是因为距离太远。同样，定居在伦敦又不愿意到这里来了，那里有那么多热闹娱乐的地方。

最真实的情况是，1548年国王亨利八世巡幸到约克，当时伴驾的达勒姆主教汤斯托尔博士让国王看一个山谷（当时位于唐克斯特以北几英里），主教断言在他游历过的欧洲各地，没有一个地方比这里更富饶。在封臣们的所在地哈兹尔伍德方圆十英里之内，有：

一百六十五座贵族、骑士和最高等绅士的宅邸。

二百七十五片森林，其中有一些达五百英亩。

三十二个猎园，两个鹿狩猎区。

一百二十条河与小溪，其中五条通航，富产鲑鱼和其他鱼类。

前面提到的河上有七十六盘水磨，用于磨谷物。

二十五座煤矿，为整个郡出产大量的燃料。

三座锻铁炉，有足够的矿石炼铁。

在这些范围之内，有很多娱乐场所，可以狩猎、带鹰出猎、钓鱼、捕鸟，就像在英格兰其他任何地方一样。

天然产品

煤 玉

先说几句煤玉的名称、颜色、优点、用途。煤玉在拉丁语里叫"gagates"（与一种叫作"gagites"的宝石性质不同，但名称相似，这种宝石只能在鹰巢里找到），我们英语里表示煤玉的"jet"这个词就是从它而来。但需要记住的是，与煤玉大不相同的"agate"（玛瑙），也叫作"gagates"。

煤玉出现在这个郡靠近海边的地方，填在岩石裂缝里。煤玉天然的颜色是微红，像铁锈一样，研磨以后又黑又亮。实际上煤玉的光泽在于黑（黑人像白人一样，也有美人）。俗人分不清镶嵌的黑大理石（研磨到极致）和试金石、煤玉、乌木的区别，黑大理石、试金石、煤玉是石头，而乌木是木材之王。

煤玉的优点至今含而未露。煤玉是最轻的实心石头（不能渗水），可以被当作我们记忆的象征，把微不足道的小东西吸引过来，把更重要的东西漏掉。煤玉可做成戒指（精美的装饰物衬托出漂亮的手指），也可做成珠子串成的手镯，在这里用作装饰物，在海外用来祈祷。也可做成盐盒之类的小器具。

明　矾

大约六十年前，在这个郡的格斯堡附近首次发现了明矾，发现者是那位杰出而又博学的骑士托马斯·查洛纳爵士（查理王子的私人教师）。情况是这样的：他发现这一带树叶的绿颜色比其他地方的更深，栎树枝向外伸展，但扎根不深，很有力量，但缺乏汁液。他还发现土是黏土质，颜色各异，这里是白的，那里是黄的，其他地方还有蓝的，道路在晴朗的夜晚像玻璃一样闪烁。这些迹象首先让他联想到矿物，最准确地说是明矾。

但这一发现之后又过了一些年才完善。附近一些绅士把他们家有身份的人埋葬在这里，然后才知道明矾真正的强度。而且不是一切东西都能行，最后他们用大桶从法兰西的拉罗谢尔带来（不说是偷）三个优秀工匠，其中一个名叫兰伯特·拉塞尔，按出生地算是瓦隆人，不久以后就死了。① 但工程完工以后被判定为皇家矿藏，最后由保罗·品达爵士租了下来，每年向国王支付一万两千五百英

————————————————

① 原文这几句话前后不太连贯，意思含糊不清。——译者注

镑，向穆尔格拉夫伯爵支付一千六百四十英镑，向威廉·彭尼曼爵士支付六百英镑。

另外还为很多神职人员支付高额薪水，每天支付工钱给垃圾清运工、石匠、矿工、勤杂工、锅炉工，有一次（各矿最辉煌的时候）我听可靠的人说，他要支付不少于八百人的报酬，海上陆上的都有。

然而，这位骑士并没有抱怨他这笔交易，产品完全由他一个人销售，保持信誉，明矾价格每吨二十六英镑。这事他做起来更轻松，因为整个欧洲也没有更好的明矾，也几乎没有其他人卖明矾（除了罗马和拉罗谢尔之外）。

但不久前长期议会判定这是垄断，把其收益归还给了以前的业主，现在这些业主在五个地方经营。

现在这些业主相互竞争，压低价格出售，产品降到每吨十三英镑。明矾在医药和外科手术上用处很大，是重要的止血药。另外，布商、手套制造商、染工等每天都大量使用明矾。所以有些人认为，英格兰另一种和明矾一样白、比明矾甜得多的东西就能省下来，让公众少受损失。

石　灰

我听可靠的人说，在庞蒂弗拉克特方圆几英里之内，每年生产并在附近销售的这种粗劣产品，其价值不少于两万英镑。如果使用得当，石灰是一种很好的肥料。实际上把石灰撒在沙质土壤里，就像让发高烧的人喝热甘露酒一样，足以让他们疯狂，很快就会把心脏烧掉。而撒在寒冷的地里就能让地肥沃，如果谨慎使用，就能长期保持地力。

马

马是人的翅膀，骑上马能跑得飞快。马是高贵的动物，有某种荣誉感，最能毁掉人的高傲也能让马变得最漂亮。以色列诸王并没有被禁止拥有马（有些人误以为受到禁止），而是被禁止繁殖马。主要因为马是外来物种，而且是埃及物种，上帝阻止其子民与埃及交流，不给他们任何机会，因为埃及是偶像崇拜的主要地方。

英格兰马兼有马所有必要的优秀品质，既不像非洲马那么小，又不像佛兰德马那么懒散，既不像匈牙利马那么暴躁，也不像西班牙小马那么轻快（尤其是被想象为风的时候，据说它们是风），也不像低地国家的马那么土气，而是普遍像德意志马。在身材和力量上，英格兰马属于中等，既好看又殷勤，恰到好处。卖马的人赞不绝口，买马的人不轻易开口，而中立的旁观者则给予适当的称赞。

必须承认，英格兰骑兵与步兵相比，从来没有在海外取得任何辉煌的业绩。一个原因是，我们的马是很多匹一起装在船上运过去的，又挤又热，不适合立刻在战场上用，需要休息一段时间才能恢复。另一个原因是，英格兰人的守护神总是让他们更喜欢步兵，步兵是纯粹的人力，没有任何外力介入。而骑着马打胜仗，荣誉应该由人和马平分。

约克郡养育了英格兰最好的马，他们通常把马养在陡峭、石头多的地方，让马站得稳，让马蹄坚硬。而在有雾、有柔软腐烂的沼泽地里养的马群（柔软既毁人，也毁牲畜），马蹄上经常有沼泽，很快就陷进泥沼里了。这个郡的绅士之中，菲利普是个很常见的名字，这些人通常很喜欢骑马。

提一提大卫的忠告，这个话题我就不再讲了："靠马得救是枉然的。"[1] 不过杀人可不是枉然的，有很多人伤亡，所以我们需要祈求上帝保佑，无论是清醒时还是睡觉时，步行时还是骑马时。

---

[1]　参见《圣经·诗篇》33:17。——译者注

工业品

至于这个郡非常繁荣的服装业，我们到告别辞里再说，这里说说——

刀

刀是老人的牙齿，各个年龄的人都有用。有些人认为自己带着刀算不上绅士，这就像认为自己带着刀算不上人一样，实际上刀在各种情况下都有用。乡下人常用的刀，大部分都在这个郡生产，其中最钝的刀，碰到饥肠辘辘的时候也能切肉，如果面前有肉的话。著名集市谢菲尔德是生产刀的主要城市，生产刀的历史已有约三百年了。看看乔叟所说的磨坊主是如何装备的吧：

> 长袜里藏着一把谢菲尔德的刀。[①]

有人会感到奇怪，一把刀怎么会卖一便士呢？以前有三个不同的行当：刀匠、装柄匠、制鞘匠，后来都合并到刀具制造商公会里了。我们也不要忘记，普通刀具制作在这个郡历史悠久，而伦敦舰队河桥上的托马斯·马修斯是第一个制作精品刀的英格兰人，时间是在女王伊丽莎白统治的第五年，而且他还促使一项禁令得以颁布：以后不许从海外进口船用手柄。

[①] 参见乔叟的《坎特伯雷故事集》第三卷：管家的故事。——译者注

大头针

大头针微不足道，或者说（如果您愿意的话）是个起点，是一个物体的开端，从一枚大头针到一磅等等。然而，它既能伤害人，也很有用。说伤害人是因为如果你把它放到一个有利的位置上，它就会像匕首一样致命，最伟大人物的性命也会受制于这么一个最不起眼的东西。说有用是因为它不仅能够固定装饰物，而且还能缝合衣服的缝隙，以免风雨钻进去。

这个郡生产很多质量上乘的大头针。不要小看这种产品，连大头针上掉下来的细末都能赚钱。我们常说，即便是体面的人，也不会不屑于弯腰去捡起一枚大头针，除非他身家一万英镑。有些人感到惊奇，说英格兰制作、销售、使用、丢失了数百万大头针，竟然消失得无影无踪。他们应该感到惊奇的倒是那么多戴大头针的人（在造物主手里，人也就是大头针而已），这些人竟然衰老、死亡、埋入尘土，无声无息，默默无闻。

我再补充一句：有了这种产品，世界也随着英格兰而改变了，现在有那么多大头针出口到外国，而以前是外国人在这里卖大头针，每年可卖六万英镑。

俗　语

把我们从地狱、赫尔和哈利法克斯解救出来吧。

这是乞丐和流浪汉乞讨时常说的一句话。

这三个可怕的东西让他们感到畏惧，其中害怕得最不厉害的是第一个，认为地狱离他们最远。

赫尔让他们害怕，因为这个镇治理严明，流浪汉在这里会遇到惩罚性施舍，可怕的是经常惩治他们而不是改善他们的状况。

哈利法克斯让他们感到恐怖是因为其法律，小偷在偷布时如果当场被抓，不走任何法律程序，立马就被拉到断头台上斩首。

斯卡伯勒的警告。

这句话说的只不过是突然袭击，还没有察觉就受到了伤害。

这句俗语只有一百零四年的时间，源自托马斯·斯塔福德，他在 1557 年，也就是女王玛丽统治期间，率领一支小队夺取了斯卡伯勒城堡（物资完全匮乏，无法抵抗），镇里人事先根本就没有觉察到他来了。然而六天还没有过去，凭借威斯特摩兰伯爵的机敏，托马斯被捉住了，带到伦敦后被斩首。从那以后，这句俗语有了第二层意思（但不真实），斯卡伯勒的警告可以是对任何存心造反者的警告。

如果有人认为这句俗语起源更早，来自以前斯卡伯勒城堡的习俗，不是说句话再动手，而是先动手再说话甚至不说话，比如开炮射击路过的船只时不射击帆，而是警告和伤害同时进行。这样说我并不反对，但我保留自己的意见。

像里彭的马刺小齿轮一样是真钢。

这句话说的是可靠的人，硬汉子，为人做事诚心诚意。马刺是骑士死后其纹章圖的主要部分，一位诗人甚至这样说：

从乌斯河到贝里克的土地上，
人们以马嚼子、马刺和长矛为盾徽。

　　实际上英格兰最好的马刺产自里彭，这个郡的一个名镇，所生产的马刺小齿轮可以穿透一枚先令，宁断不弯。

　　然而，这个郡的马普遍是好马，不让使用马刺，或是不理会马刺，这是个好迹象，节省下金属以备他用。

　　约克郡的一小段路。

　　指没有算进去的多余部分，有时候甚至和算进去的一样多。

　　在这里的大路上问一个乡下人，到某个镇有多远，他们一般这样回答："多少多少英里，还有一小段路。"就这一小段路，就足以让疲惫的旅行者苦不堪言。如果这种大尺寸可以用于这个郡所有的码、蒲式耳等度量单位，穷人在买东西时就没有理由再抱怨钱不值钱了。

　　但我们一直说的都是传言，是错误的拼写（不是赢得比赛的办法），现在再回到起点。"way-bit"（一小段路）虽然大家都是这么念，但实际上应该是 "wee-bit"，纯粹的约克郡方言，在北方话里是一点的意思。

　　快乐的韦克菲尔德。

　　这个镇与其他镇相比，有什么特殊的理由快乐？我不知道，也不敢贸然询问，免得他们自己倒是快乐，对我则发起火来。当然，韦克菲尔德位于土地肥沃、价格便宜的乡村，兴致勃勃和有人做伴是前提，快乐就是结果（常见的后果）。如果在时间、原因和标准上没有妨碍的话，忧郁的哲学家赫拉克利特也许会指责，而善良的神父圣希拉里肯定会同意。

圣 徒

巴灵顿或布里德灵顿的约翰出生在这个镇附近，在牛津上了两年学，在那里学到的虔诚和知识超过了同龄人和同学。回家以后，他担任了很短一段时间的教师，教一个绅士的几个儿子，到了二十岁时进入布里德灵顿修道院，成为受宗教誓愿约束的修道士，以其典范的圣洁生活而引人注目。

他总是幸运地担任一些职务，如唱诗班领唱员、施赈员等，这些职务并不会妨碍他修行，而是促进他修行。最后他被推选为修道院院长，但他拒绝接受，说自己不配，宁愿被人撕成碎片也不愿意接受，这样只好另找他人当院长。

新当选的院长不久就死了，约翰又一次当选，这一次他接受了，担心再拒绝的话别人会以为他刚愎自用或高傲，心想既然天意让他担任，就会放手让他履行职责。

他常常高兴地请陌生人和他一起吃饭，吃饭时还保持同一节奏，你吃一口我吃一口，而心里却暗暗盘算，他把修道院多给他的份额让出去了。有人问他为什么不进入一个更严格、更清苦的修道院，他回答说："毫无疑问，一个人可以在任何一座修道院里过真诚、可接受的生活。我现在过的是更舒适的生活，在我不能遵守更严厉的教规时，假装遵守对我来说就是傲慢。"我看到的作家说，马大和玛丽亚汇集到了他身上，既虔诚又节俭，能最有效地利用修道院里的收入。

他到里士满希尔去看地时，看望了一个隐居修道的妇女，此人以生活圣洁而著称。她对他说，现在她的幻象消失了，她昨天夜里做了个梦，梦见一只鹰在她屋子周围飞来飞去，嘴里衔着一张纸条，上面写着我爱耶稣。她说："您是个心里非常尊重耶稣的人，尘世间的任何事也不能让您分心。"

约翰回答说："我来这里是想听你说些关于节约和令人愉快的话，但你一张嘴就是这些无聊的话，再见。"然后就啥话也不说了。

然而，我不能不说，强加到这位约翰身上的预言也和她的梦一样难以置信，一样无聊。不过他肯定是个圣洁的人，在修士们虚构的东西发酵之前，有一件事降临到他身上也无妨，他可以承受很多不同寻常的事。他死于1379年，享年六十岁，据他老乡说他是圣徒（不过我相信没有经过正式册封）。

威廉·斯雷索尔梅。把他和前面提到的好朋友约翰分开是一件遗憾的事，二人之间保持着友好圣洁的关系。

有一次，威廉问他朋友约翰，说魔鬼面目狰狞，就是能吓唬人现在也吓唬不住几个了，而以前经常以可怕的面目出现，这是什么原因。威廉之所以问这个问题，也许是他想到圣保罗所说的撒旦派差役来攻击保罗[①]，但主要是想到人们常说的魔鬼与圣邓斯坦、圣古思拉克等人的搏斗。他朋友约翰回答说："我们对仁慈越来越疏忽，魔鬼不必吃那么多苦头了，稍微来点诱惑就够了。"

主要法官

威廉·加斯科因爵士出生于黑尔伍德教区的高索普（位于利兹

[①] "又恐怕我因所得的启示甚大，就过于自高，所以有一根刺加在我肉体上，就是撒旦的差役要攻击我，免得我过于自高。"参见《圣经·哥林多后书》12:7。——译者注

和纳尔斯伯勒之间），后来成为伦敦内殿律师学院法律专业的学生。他在这里收获良多，被册封为骑士，在国王亨利四世统治的第六年，11 月 15 日被任命为王座法院首席大法官，在这一职务上表现得非常廉正，但最为人知的是下面这件事。

有一次，亨利王子（后来成为国王亨利五世）的一个仆人被控犯了重罪，在这位法官面前接受传讯。当时在场的王子大怒，试图将仆人带走，旁观者以为他就要动手打法官了。但法官坐在那里纹丝不动，保持着法官的威严，把王子的这个罪犯交到王座法院，等待他父王发落。

国王从某个试图溜须的廷臣（此人可能期待着相反的结果）那里听说了这件事，就感谢上帝无限仁慈，既给了他一个能履行职务的法官，又给了他一个维护正义的儿子。

政治家

乔治·卡尔弗特爵士，骑士，出生于这个郡里士满附近的吉卜林，先在牛津三一学院接受教育，然后去了海外。他凭借能力先是担任英格兰财政大臣、索尔兹伯里伯爵罗伯特·塞西尔的秘书，后来担任枢密院文书，最后于 1619 年接替托马斯·莱克斯，担任国王詹姆斯的主要国务大臣。

他觉得白金汉公爵对他的晋升至关重要，就送给公爵一枚非常昂贵的宝石。公爵又还给了他，不愿意在他的晋升上起任何作用。而国王詹姆斯考虑到他有能力，就让他担任了这·职务。

这一职务他履行了五年多，直到 1624 年自愿辞职。情况是这样的。他向国王坦言，他要成为罗马天主教徒，这样他就要辜负别人对他的信任，或是在履行职务时违背自己的良心。他的坦诚让国王詹姆斯深受感动，就让他在自己统治期间继续担任枢密院大臣（枢密院记录簿里可以看到），不久以后又册封他为爱尔兰的巴尔的摩男爵。

他担任国务大臣期间得到一项特权，他和继承人可以成为纽芬兰阿瓦隆省的绝对领主，拥有封建领主的特权。这个地方是他命名的，借用了萨默塞特郡阿瓦隆的老名字，格拉斯顿伯里就坐落在这里，是基督教在不列颠结出的第一批硕果，而阿瓦隆是在美洲结出的第一批硕果。他在这里的费里兰建了一座漂亮的房子，为开发种植园花费了两万五千英镑。实际上他的公益精神并不顾及个人利益，而是为了传播基督教，为了扩大国王的疆域。

国王詹姆斯死后，他亲自到纽芬兰去了两次。德拉拉德先生受法兰西国王派遣，率领三艘军舰把我们英格兰渔民逼到绝境的时候，乔治爵士率领他自费装备的两条船把法兰西人赶走了，解救了英格兰人，抓获了六十个法兰西俘虏。

后来他到了弗吉尼亚，去看看那里，然后又回到英格兰，从国王查理（像国王詹姆斯一样对他非常尊重、非常喜爱）那里又得到一项特权，让他和继承人拥有弗吉尼亚北面的马里兰，并给了他和前面提到的阿瓦隆一样的头衔和特权。现在马里兰是一座前景良好的种植园，有八千英格兰人，将来对我国会有更大的好处。

医　生

乔治·里普利爵士（到底是骑士还是牧师，现在下结论为时尚早）肯定是出生于这个郡的里普利，虽然有人错误地把萨里郡说成是他的出生地。约克郡是他的出生地会得到他亲戚的证实，这些人由他自己列举出来了，也就是：

1. 伊瓦塞尔，2. 里普利，3. 迈德雷，4. 威洛比，5. 巴勒姆，6. 沃特顿，7. 弗莱明，8. 塔尔博伊斯。

这几家都在约克郡和林肯郡。但如果在萨里郡找，根本就找不到。其次，从他晋升的职务上可以看出来，他是这个郡布里德灵顿的教士。能够消除一切疑问的是，我看到的作家说他家就在约克郡。

他离开这里去了意大利，在那里研究了二十年，寻找点金石，1470 年找到了，这是有人从他书里的文字中推测出来的："我心里所喜悦的年轻人"（雅歌），他竟然这样大胆地对待《圣经》。

一个信誉良好的英格兰绅士说，他在外国旅行时，在马耳他岛上看到一项记录，说乔治·里普利爵士每年给罗得岛上的骑士十万英镑，以支持正在进行的打击土耳其人的战争。这一大笔捐款让一些人怀疑这个乔治·里普利爵士是个骑士，尽管他一直都只是个牧师先生，是布里德灵顿的教士。

他想回国安度晚年（点金石不能让人安静地休息），教皇就免去了他的教士职务（事务太多），成为林肯郡波士顿加尔默罗修会的隐修士，在这里撰写了不少于二十五本书，其中《炼金术的复合》最负盛名。这本书为读者展示十二扇门，一直通向点金石的制造，其顺序是这样列出的：

1. 煅烧，2. 溶解，3. 分离，4. 结合，5. 腐败，6. 凝结，7. 摄食，8. 净化，9. 发酵，10. 升华，11. 增加，12. 嬗变。

如果有一把钥匙（普通读者说）打开这些门，解释清楚这些词的意思该有多好，懂这一行的人才熟悉这些词。但不喜欢炼金术的人（哪一行没有敌人？）问，这些门是让点金石进去还是让点金石出来？因为最后一扇门的"嬗变"（projection）只是个"计划"（project），但实际上什么也没有造出来。

我们不应该忘记，这位乔治爵士恳求所有人，无论他们在哪

里见到他草拟的试验，或是以他的名义进行的试验（从 1450 年到
1470 年），或是将其烧掉，或是不予相信，以他的名义草拟的并不
能作为证据，后来（经过试验）他发现都是假的。

至于我，我相信他的哲学比炼金术更真实，所以我可以称其所
做的工作是圣母对基督受难的怜悯，他试图为人类争得同样的荣誉。

作　家

威廉·纽堡出生于这个郡的布里德灵顿，但以纽堡为姓，两地
相距不远，他成为这个修道院里受教规约束的修道士。因为个子矮，
他也叫小威廉。

在他身上验证了一个说法，也就是小个子（其愤怒浓缩得最厉
害）容易生气，一提起蒙默思的杰弗里威廉就发火，指责他的《不
列颠编年史》胡编乱造，实际上是他翻译的。是依据什么翻译的？
依据他自己的脑子，用他自己的笔，他自己编造。他甚至否认有亚
瑟王这个人，实际上推翻了整个威尔士的历史。

但博学的利兰认为，这个小威廉的恶言恶语是大罪过，对任何
作家都不礼貌，对主教不尊重，对已故的主教无慈悲之心。有人认
为他愤怒只是为了报复，他受到了严重伤害，因为威尔士亲王戴维
不允许他继承蒙默思的杰弗里在圣亚瑟夫教区所担任的职务，所以
他就迁怒于整个威尔士民族。

我相信，这位愤怒的威廉一方面严厉批评蒙默思的杰弗里欺
骗人，而他自己却有最为严重的笔误：他断言，在屠杀英格兰人的
那个地方，也就是苏塞克斯的巴特尔附近，如果说那里下了一场小
雨后湿了，附近的地面很快就会渗出血来，但实际上并不比每天突
然下一场雨后在拉特兰看到的多，那里的地面上流着一种略带红色

的水。

探索者罗伯特出生于这个郡，被培养为多明我会修道士，大数学家和哲学家。他有个外号叫探索者，因为他不停地探索自然的奥秘。这是件值得赞美的事，如果我们寻找的东西和寻找所用的手段是正当的。

但好奇是禁果的果核，仍然牢牢地粘在人的喉咙里，某些时候有让人窒息的危险。有人严厉指责罗伯特，说他用魔鬼的火把点燃了蜡烛，以寻找他希望得到的秘密。看看他的仪式魔法 [①] 著作，一个有良心的基督徒会把它扔到火里烧掉，就像烧以弗所的魔术书一样。然而，在那个时代，他赢得了大学者的美誉，其全盛时期是在1326 年国王爱德华二世统治期间。

约翰·高尔出生于（利兰说）西腾汉姆（位于布尔莫小行政区的北赖丁）一个骑士之家。他在伦敦学习法律，后来利益让位于兴趣，放弃了法律而从事诗歌创作。他是第一个提炼英语而使其文雅的人，成效显著，但付出的努力更大。这样，一个被舔了只有一半的熊仔，与刚生下来时相比，就会觉得它漂亮。实际上高尔死时我们的英语很糟糕，但他刚学英语时更糟糕。

他在乔叟之前，因为他出生比乔叟早，全盛时期也比乔叟早（有人甚至认为是乔叟的老师）。但他又在乔叟之后，乔叟死后他又活了两年，活到双目完全失明，所以称他为我们英格兰的荷马更合适。他写了很多书，其中三本最著名：用法语写的《沉思的知识宝库》、用英语写的《爱忏悔》、用拉丁语写的《呼喊》。

---

① 用仪式或礼仪作为发挥神奇能量的主要工具。——译者注

宗教改革以来的作家

罗杰·阿斯克姆出生于这个郡的柯比维克，在剑桥圣约翰学院上学，师从好心的教师梅德卡夫博士。梅德卡夫博士像一块磨刀石一样，虽然自己钝，但在他的鼓励下把最敏锐的头脑开出了刀刃来。

实际上阿斯克姆来到剑桥时正值学术的黎明，在那里一直待到天光大亮，他自己的努力也贡献出很多亮光。他是剑桥大学的演说官员和希腊语教授（两个有共鸣的职务，经常由同一个人担任），在女王玛丽统治初期，在三天之内给四十七位君主写了信，其中身份最低的是枢机主教。

他旅行到德意志，在那里结识了约翰·斯特姆和其他学者，回国以后成为伊丽莎白公主的教师，后来（伊丽莎白公主成为女王以后）成为她的拉丁文秘书。

总而言之，他是个诚实的人，一个神箭手，射箭（他写了一本书名叫《弓箭爱好者》）成为他年轻时唯一的运动方式。到了老年，他换了一种糟糕的娱乐方式，既不利于身体健康，也不利于增加收入，我指的是斗鸡，这样（既贪心捞钱，又不精心管好钱）耗费了他很多钱。

他的拉丁语很流畅（和那些把晦涩当文雅、见到其他作家所用的难以理解的词语就删除的人不一样），他的《书信集》可以作证，有人说那是英格兰人现存的仅有的拉丁语书信。如果真是这样，那就更令人遗憾。外国人写的书信我们有那么多，好像一个作家没有这些附属物就不完美似的。而可以肯定的是，我们英格兰人写得和任何国家的人一样好（虽然没有那么多）。

总之，他的《弓箭爱好者》被认为是本好书，适合年轻人看，

《校长》适合老年人看，《书信集》适合所有人看，在他死后出版。

　　*"国王亨利六世统治的第十二年，政府特派员填报的这个郡的绅士名单"后面，富勒加了以下注释：

　　这里填报的绅士很少，不配插在这里，与这个幅员辽阔、人口众多的郡根本就不相称。读者可能还记得，这一调查的主要目的无论是如何宣称的，实际上就是查出那些支持约克家族的人。现在这个郡的绅士普遍热衷这一派，这使得他们在这件事上不负责任，马虎从事，做事只是为了炫耀，完全徒劳无益。这是最后一份此类的目录，现在我们要——

告别英格兰绅士

　　英格兰内战对绅士的财产带来的影响让他们伤心，有些人已经难以得到满足。我对他们最不济的希望是，凭借上帝的祝福和他们的节俭，绅士们能及时恢复财力。我还希望将来他们能更加注意教育子女，让子女读书、信奉宗教。我认为外国人的评论颇为高明，也很有道理。他们说，英格兰人在其子女未成人之前先培养他们成为绅士，这样基本上成不了聪明人。

　　实际上学识对其拥有者来说根本就不是负担（无论如何天真地幻想与此相反的东西），就像人肩膀上扛着脑袋并不觉得是累赘一样。因为绅士本身并不是遗产（恰如常言所说，叫人逛集市，不一定买一蒲式耳小麦），即便是出身最高贵的人，具备一些文科素养也是有益的，遇到意外时可以帮助他们自救，让他们得到一种生计。

　　我可以提到一位苏格兰绅士，在国王詹姆斯统治时期，由于父亲行为不端而失去了土地和荣誉，然后就以从事医学和炼丹完全养活自己，我觉得对他应该大力赞扬。说到他就是对苏格兰贵族的夸赞，他们以前都是灵巧的外科大夫。尤其是苏格兰国王詹姆斯四世，据记载他处理伤口技术最熟练。

让出身高贵的人从事劳动也很好，不过问尘世间有什么罪恶。罗马人（众所周知）挑选聪明人不仅是凭借手白，而且还凭借手有劲，"Callidi"（聪明的，灵巧的）这个词就是这么来的。

郡　长

克里斯托弗·梅特卡夫，骑士。他在约克侍奉法官，带着三百骑手，全是他本家的人和亲戚，装备精良，穿戴得体。连罗马城人口最多的法比亚家族，看起来也没有这么漂亮。

但这位克里斯托弗爵士还因为在这个郡的耀威尔河里放养小龙虾（他从南方引进的）而值得纪念，这条河就从他家旁边流过，小龙虾在河里长得又多又大。虽然

> 不是所有地方什么都出产，
> 也不是所有河流什么都出产。

然而，有些树不结果子不是因为没有这个能力，而是因为没有嫁接。大多数地方也是这样，所以这像是无声的大自然在显露迹象，（他）要技艺来帮忙。如果我们这里的某个绅士愿意真诚回报，养殖一些南方河流里没有的北方鱼，他肯定能取得与之相称的成功。

战 役

在这个郡打过很多遭遇战（规模大于小冲突，小于战役）。然而，1644 年 7 月 2 日，在马斯顿荒原上的一场遭遇战却是我们英格兰的法萨罗之战[①]，或者说是保王党的生死之战。

实际上描述这场战役的详情很困难，也很危险，因为纪念死者的英灵比较容易，维护活人的名誉比较困难。然而，对于过去的事情，挑毛病比纠错强。上帝让一支军队吃了败仗以后，它所犯的错误就增多了，尽管它最为小心、最为勤勉。

要知道，当时鲁伯特亲王[②]幸运地解了约克之围后，把他的人马拉到荒原上，一心要与敌人打一仗。谨慎的人以不偏不倚的眼光看待当时的局势，对冒险打一仗的代价有很多劝诫的话要说：

1. 他已经完成了解救约克的任务，就让他慢慢享受这一荣誉吧，不要再争荣誉了。

2. 他的队伍已经疲惫，需要恢复精神。

3. 每天都期待着上校克拉弗林从北方调来新兵。

除此之外，目前议会军满腔仇恨，从约克撤退时相互不满，（后来一个大人物坦然承认）如果不理会他们，要是准备打仗的王子没有消除他们的分歧，让他们团结起来对付共同敌人的话，议会军就会内讧，但弱点要是不抓住就不是弱点，优势要是不知道就不是优势。虽说真是这样，但亲王并不知道前面所说的分歧。

---

① 公元前 48 年，恺撒与庞培在希腊的法萨罗城附近交战，这是罗马内战的决定性战役，恺撒获胜后逐渐成为罗马的实际最高统治者。——译者注

② 前面提到的莫里斯亲王的哥哥。——译者注

然而，亲王与其说是出于争荣誉的欲望，不如说是响应国王的鼓励。不久前他收到国王一封信（他仍然安全保管着），国王让他在有利时迅速打击敌人，这样他可以省下一些军需品，给受困于牛津的陛下送过去。

另外，亲王还收到情报，说敌人前一天派去了七千人，现在离得很远，不可能当天返回。情报的前半部分是真的，后半部分是假的，证据是当天议会军高声欢呼，迎接这批队伍返回。

而现在撤退为时已晚，议会军迫使他们交战。夏季一个晚上相当于冬季一天，大约四点战斗打响。

有人无缘无故地抱怨纽卡斯尔侯爵，说他没有尽早将自己的人马（按照他的命令）撤出约克及时援助亲王。这些人就没有动脑子，不知道这些被解救的士兵已经被围困了九个星期，是要稍微放松一阵子的。而且一名将军也没有这个能耐，发出命令三分钟以后就要让士兵冲向战场，实际上这一分钟比一个小时还要长。

戈林将军勇敢地攻击敌人的左翼，敌人基本上放弃了战场。莱斯利将军和他率领的苏格兰人跑出约克郡一英里多的"一小段路"。有传言说他们跑到牛津，保王党人高兴的燃放篝火庆祝胜利。但没过几天，他们的桂冠就变成了令人伤心的柳枝，空欢喜一场之后陷入了真正的悲痛之中。

克伦威尔率领他的胸甲骑兵控制了那一天的局势。有人怀疑赫里上校（不久前转投到国王派）暗中作祟，因为他把国王的老骑兵（以前打仗非常勇敢，所向披靡）分成小股部队，说这是打垮苏格兰长矛轻骑兵最好的办法。但这些骑兵早已习惯了整团或大部队集体作战，而这种新战法打乱了他们的秩序，这样就不知道谁是谁了。此外，一个勇敢的统领与敌人隔了一条沟（从某种意义上说也得到了安全保障），没有攻上去，直到敌人向他冲过来，而他的队伍过沟时遇到了麻烦，场面一片混乱。

国王的步兵先头部队由一名真正值得尊敬的上校约翰·拉塞尔率领，被迫以少打多，由于距离远而援兵无法及时赶到，成了敌人的猎物。纽卡斯尔侯爵的白衣军（据说身上裹着白被单上了战场）三次射击之后开始用火绳枪托打击敌人，战无不胜，直到被克伦威尔的胸甲骑兵消灭。他们几乎全军覆没，只有少数人逃走，把失败的消息传了出去。

那一天大开杀戒，克伦威尔命令其士兵一个都不能饶恕。双方阵亡人数说法不一，但我没有见到一个人说（死亡人数是）六千以上或三千以下。

我记得国王身边的高贵人物无人阵亡，但除了蒙默思伯爵的长子、有前途的卡里大人之外。可在议会一方，迪达普大人（刚册封的男爵）阵亡。国王查理说，他差不多忘了自己在苏格兰还有这么个贵族。有人回答说，迪达普大人完全忘了他在英格兰还有这么个国王。

不久之后，有六十多个最重要的保王派成员移居海外，这样一来，国王在北方的事务日益荒疏。

告别辞

我高兴地听说这个郡出产很多粗布，在哈利法克斯、利兹和其他地方，这样就雇用了很多穷人，中产阶级也变富了，所以听到大家普遍抱怨我很遗憾。这样大家嘴上就多了个口头禅：像北方的布一样缩水（看起来像巨人，用起来像侏儒），指那些抛弃了指望他帮助的朋友、让朋友陷入极度悲痛之中的人。

可悲的是，无辜的象征——绵羊——竟然不情愿地在其羊毛下面掩盖着那么多诡计；更可悲的是，在《圣经》里因为把布洗白而受到称赞的漂洗工，竟然因为坏了良心使用欺骗手段而受到谴责。

我希望在这个郡和其他地方，这一错误将来能得到纠正。将羊毛和漂白土运到海外（都是违法的），这对外国的英格兰服装会造成更大的伤害。在国内的布上做手脚，会降低外国人对我们布匹的评价，这对我们国家造成的危害难以估量。

约　克

　　约克是一座古老的城市，位于乌斯河两岸，由一座桥相连接，桥上有一个拱，是英格兰最高、最大的拱。几任罗马皇帝曾住在这里（塞维鲁和瓦莱里亚·君士坦提乌斯死在这里），认为约克比伦敦好，这里更接近不列颠岛的中心：不想让牛皮两边翘起来的人，必须把脚踩在牛皮中央。

　　约克没有伦敦大，也没有伦敦的建筑漂亮，但食物又多又便宜。约克普通的客饭在伦敦就是盛宴，那些吃饭时既顾及钱包又顾及口味的人，可以把这座城市当作他可以尽兴吃的主要地方。

工业品

　　这个地方没有一样独特的产品，对外贸易就像其河流（与泰晤士河相比）一样，水位低、水流少。但他们把粗布运到汉堡，又把铁、亚麻和其他荷兰产品运回来。

　　但贸易在约克是受到激励的，在赫尔自行运转。赫尔是个渔镇，成为一座城市的伙伴，三百年来一直是北方的门户（key）。我猜测这把钥匙（key）（虽然不是新的）修缮得很好，锁孔也有很大改动，因为它挡住了我们的君主不让进去。

俗　语

　　过去是林肯，现在是伦敦，将来是约克。

这与其说是俗语，不如说是预言，但因为同时含有一点俗语的意味，所以也不能省略。这句话也可以放在林肯郡或米德尔塞克斯，但因为（如果有几分真实性的话）人普遍崇拜升起的太阳，如果我在这里才提到这句话，请不要责怪我。

林肯以前比现在要漂亮得多、大得多、富裕得多，从其废墟上就可以明显看出来，是麦西亚王国最大的城市，这毫无争议。

现在是伦敦，我们知道。将来是约克，上帝知道。如果没有其他含义，只是说约克以后会比现在更好，有些人会相信，更多的人希望如此。实际上英格兰和苏格兰刚合并成大不列颠的时候，这个地方很受青睐（由于地理位置便利）。

至于有些人希望约克成为英格兰大都会，他们肯定要等到泰晤士河从乌斯河的大拱桥下流过去才行。无论将来约克是个什么样子，它还是约克，和以前是约克一样。

圣　徒

　　弗拉库斯·阿尔昆。有些人说他出生在伦敦附近，有些人说他出生在约克，后一种说法可能性更大，因为他喜欢可敬的比德主导的北方教育，他也在约克得到晋升。

他经常使用这里设施良好的图书馆（得到他的盛赞），吸收其中的精华，他知识极为渊博。贝尔把他排在英格兰学者的第三名，仅次于比德和奥尔德赫姆。阿尔昆很谦卑，对这一排名很满意，不过在其他人看来，他的排名应该更靠前一些。

他从这里到海外旅行。他和皇帝查理一世的关系，相当于亚里士多德和亚历山大的关系。甚至查理的头衔"大帝"，大部分应该归功于他，在他的教导下，查理在人文学和学识上很了不起。

阿尔昆是巴黎大学的创办人①，所以无论法兰西人如何唱反调，如何看不起我们国家，他们的学术就是从我们的火炬上点燃的小蜡烛。我认真研读他名字的拼写时，想起来一个变位词，也就是罗马天主教徒拼成的加尔文牧师的变位词，他们像小孩子一样吹嘘找到了蜜蜂巢，但实际上只是个大黄蜂巢。我的意思是他们因自满而洋洋得意时，也只是找到一根毒刺而已。

CALVINUS②
LUCIANUS③

他们自认为伤到了那个好人，因为卢西亚努斯是个众所周知的无神论者，大肆嘲弄基督教。这是个愚蠢、恶意的想象，因为有很多卢西亚努斯都是早期的优秀人物，其中最主要的是戴克里先统治时期安条克的长老和殉教者，以翻译《圣经》而闻名于后世[1]。除此之外，提到的名字还有：

ALCUINUS[2]

LUCIANUS[3]

这些离奇的名字无论是否击中了目标，对明智的读者来说都同样没有意义。

政治家

罗伯特·卡尔爵士出生于这座城市。当时情况是这样的：他父亲托马斯·卡尔是福尔尼赫斯特领主，也是苏格兰南部的大地主，很有势力，积极支持苏格兰女王玛丽，因而被赶出家园来到了约克。他虽然是侵入英格兰的，但由于某种秘密的重大理由，他得到允许在这里安全避难，其间他儿子罗伯特出生了。就是这个原因，罗伯特拒绝依照议会法案加入英格兰国籍，依照法案他不需要出生在英格兰领土上就可以归化。

我在文献上看到，他第一次在宫里露脸是凭借在伦敦骑马比武时断了一条腿，就这样让国王詹姆斯认识了他。一"出场"就引起了君主的注意，这对他是很有利的，在得宠的路上已经过了半程。

---

[1] 一般认为，安条克的圣卢西亚努斯只是对希腊七十子翻译的《圣经》进行了修订，说他本人翻译了《圣经》并无依据。后来圣哲罗姆翻译《圣经》时，也没有明确提到圣卢西亚努斯的翻译。——译者注

[2] "阿尔昆"。——译者注

[3] "卢西亚努斯"，"阿尔昆"的变位词。——译者注

国王詹姆斯考虑到他父亲是为了女王 ① 而受迫害的，另外这位年轻绅士长得一表人才，也有美德，就给了他一个接一个的荣誉，册封他为萨默塞特男爵、子爵、伯爵、嘉德骑士、五港同盟主管等。

他是个好心肠的人，不会利用权势伤害人，对他自己的伤害比对任何人都要大。为了撤销一项恶法及其附带权益，导致的后果众所周知，他似乎并不应该把坏名声留给后世。但他因此而被赶出宫廷，过起了隐居生活，在默默无闻中死去，大约是在 1638 年。

值得纪念的人

约克的约翰·雷普顿先生，国王詹姆斯的仆人，为了一笔赌注而在约克与伦敦之间骑马走了六天，两地相距一百五十英里。他这样做了之后，夸他力量大的多，夸他审慎的少。他一开始于 1606 年 5 月 20 日（星期一）从奥尔德斯门出发，每天在天黑之前完成行程。

这件事值得纪念而不值得夸赞。很多人认为，身强力壮不应该这样通过无聊的（虽然有收益）炫耀来发泄精力，而且这简直是试探天意，浪费体力，拿生命冒险，除非是有正当的必要性。

告别辞

与这座忠诚的城市告别的时候，我希望这里能发展某种赚钱的贸易，以弥补以前的损失。同时我还高兴地看到，这里又恢复了大主教区。我也不会感到没有指望，而是相信到适当的时候（如果最

---

① 苏格兰女王玛丽是詹姆斯一世的母亲。——译者注

高当局认为合适的话）在这里重新建立北方管委会，认为乡村可以减轻负担，城市会增加财富，像磁石一样把很多人吸引过来，由此把产品也吸引过来。

我再补充一句，我听说多才多艺的托马斯·威德林顿爵士（同时也精通自己的法律专业）对这座城市的准确描述取得了很大进展。我也祝贺约克幸运，有这样的生花妙笔来描述的时候，也同样会安慰我自己的不幸运，我等待了那么长时间也不能与这位杰出的骑士说上一句话。我相信他这部大作出版以后，约克将来肯定就是这样一座城：各种古代文物和不同寻常的东西将其装扮得最为富丽堂皇。

威尔士①

威尔士南临塞文海，西部和北部临爱尔兰海，东临英格兰，古代以塞文河为界，后来开挖了一条沟为界，从迪河河口一直挖到瓦伊河口，很费了一番周折。从东到西（从瓦伊河到圣大卫市）一百英里，从北到南（从卡利翁到霍利赫德）一百二十英里。

刚才提到的这条沟叫奥法沟，是由国王奥法开挖的。他残忍地规定，无论是哪个威尔士人，只要到了这条沟东边，就要被砍掉右手。这一法律早已废除，多少年来威尔士人都可以平安无事地到沟那边，他们有很好的理由带着右手和右心②，既忠诚又勇敢地保卫英格兰，打击所有敌人，他们自己也是同一个君主的臣民③。

威尔士分为三部分，由罗德里克大王于877年前后分给了他三个儿子：

1. 北威尔士，其君主主要居住在阿伯弗劳；

2. 波厄斯，其君主居住在玛斯拉法尔；

---

① 这一部分译自此书1952年版（George Alien & Unwin Ltd.）。——译者注

② "right hearts"在这里一语双关，还有一层意思是"忠诚的心"。——译者注

③ 英格兰国王爱德华一世在13世纪就征服了威尔士，亨利八世时期议会颁布法案，将威尔士正式纳入英格兰的司法管理体系。——译者注

3. 南威尔士，其君主居住在迪尼沃。

这一划分最终造成威尔士的混乱，各个君主老是打仗，不仅与其共同的敌人英格兰人打，而且还自相残杀，试图扩大或保卫自己的领土。

三部分中以北威尔士为主，这显而易见。第一，罗德里克把它分给了长子默尔文。第二，其君主因显赫而被称为威尔士亲王，有时候称为阿伯弗劳王。第三，阿伯弗劳王每年向伦敦国王缴纳贡金六十三英镑，所以波厄斯和南威尔士君主每年也向伦敦国王缴纳这么多。

然而，南威尔士在这三部分中更大、更富有、更肥沃，所以被威尔士人称为"正确的一方"，因为更靠近太阳。但这个地方经常受到英格兰人和佛兰芒人的入侵，所以他们认为北威尔士更好，因为它更完整，更能避开外敌入侵。因此，威尔士语在南部变得混杂、讹误增多，而北威尔士仍然保持着语言的纯洁性。

土　地

没有英格兰的土地广阔、平坦，所以也就没有英格兰的土地肥沃，大部分都是丘陵和山脉，贫瘠，荒芜。然而，土壤质量差却得到了数量大的补偿。

威尔士有一个可敬的骑士，在这里有一座大庄园，租金来自很多贫瘠的土地。这位骑士听见一个英格兰绅士吹嘘（也许是故意找茬），说他在英格兰有很多地，每英亩价值四十先令。威尔士骑士就说："你有十码天鹅绒，我有二百码粗呢子，我不会和你换。"整个威尔士全都是这样，地一多租金就凑出来了，和其他地方的庄园相比，实际上并没有任何损失。

不过在威尔士，沿河地带有最好的牧场，据说肉越是靠近骨头就越香，所以大山之间就有最宜人的山谷。

天然产品

银

西塞罗（其演说家的身份高于历史学家，历史学家的身份又高于金属专家）断言，不列颠没有一点金，也没有一点银。由此可以明白他那个时代都发现了什么。威尔士，尤其是卡迪根郡，有皇家矿山，那里出产的银达到法定纯度，与铅分离和精炼也能盈利，这从下面的细节上可以看出来：

1. 卡迪根郡有六座山，也就是康松洛克、塔拉班特、加达伦、布洛姆弗洛伊德、杰金农、库默伦。

2. 罗马人先在这里开矿，在这里发现的罗马硬币可以证明。他们在沟里开挖，深度不超过二十或二十四英寻①，发现了很多铅。

3. 丹麦人和撒克逊人在竖井里工作，他们把又长又窄的东西叫作竖井，不是升到空中（像尖塔顶一样）就是沉到地里，就像这里的矿井一样，深达一百英寻。

4. 他们发现了很多铅，但最后放弃了，或是因为金属矿脉断了，或是被巷道突水淹了。

5. 大约在女王伊丽莎白统治后期，老主顾史密斯在康松洛克发现了银，把它送到伦敦塔，花费很多钱铸成硬币。

6. 史密斯死后，计划开始执行，由骑士休·米德尔顿爵士进一步完善，像其前辈一样，自己花大价钱在伦敦塔铸造银币。

---

① 采矿深度单位，一英寻合六英尺。——译者注

7.休爵士死后，康沃尔骑士弗朗西斯·戈多尔芬爵士和托马斯·布谢尔先生承担起这一工作。

8.国王查理受到他们更大的鼓舞，为了节省费用，就授权让他们在这个郡的阿伯拉斯基铸造银币。

9.托马斯·布谢尔（弗朗西斯爵士不久以后就死了，然后就把康松洛克放弃了）在其他五座山里冒险一试。

10.一开始有一年半的时间没有实质性发现，但他没有泄气，最后这几座矿山每星期出产一百英镑（另外还有铅，价值五十英镑），在前面提到的阿伯拉斯基铸造硬币。

11.用这里出产的银铸造的便士、格罗特、先令、半五先令等硬币，上面冲压有鸵鸟羽毛（威尔士的盾徽）标记，以示区别。

随后内战爆发，一切都乱了套，鹤嘴锄要打造成矛，铁锹要打造成盾，否则在此之前这一工程很可能就达到更完美的程度了。

另外非常值得注意的是，现代采矿方式超过了以前的采矿方式。比如说，三十年以前，他们从山顶开始，直接往下挖竖井，这样会受到双重伤害：有毒气体①和被水淹没。另外，要花费大笔钱财才能挖到山体内部，而在山体内部才最有可能找到矿石（如果有的话）。

后来他们采取了一种更简洁的方式，用横坑道，沿着大约高五英尺半（可能也有这么宽）的入口进入山里，到达最低的平面，这样他们碰到的水全都会沿着斜坡排走，就像从沟渠里排走一样。这样一来，他们以最快速的方式横着进入山体内部，可以最迅速地发现里面的金属。

但最罕见的发明是为矿工提供新鲜空气，由两个人从横坑道外面用一对手拉吹风机往一根铅管里鼓风。随着矿井越来越长，铅管

---

① 主要是瓦斯。——译者注

每天也延长，这样矿井里的蜡烛每天都点燃着，开挖的矿工可以一直呼吸足够的空气。

这一发明是维鲁伦勋爵弗朗西斯·培根爵士的杰作，不仅他心存感激的仆人托马斯·布谢尔承认，而且还由弗朗西斯爵士有效地推广使用。弗朗西斯爵士天生具有公益精神，如果他受到应有的鼓励就好了。

我认为（看官，原谅我说几句题外话）应该奖赏那些发现并承担有益工程的人，不仅奖赏那些获得完全成功的人，甚至奖赏那些有独创性但没有成功的人，因为他们的失误可能为别人指明方向。虽然很多人夸夸其谈，其构想是错误的，但在很多次失败之中，一些有创造力的人会幸运地发明一种罕见的东西，尤其是国家乐意为他们当助产士、支持并鼓励他们的时候。

铅

威尔士很多地方都发现了铅，但卡那封郡发现的铅在很多方面都是最好的。

首先，这里非常靠近海，可以把矿石装到船上。其他地方的金属就像从地球内部挖出来的一样，是从内地挖出来的，我是说离水上运输的地方太远，运费就吞掉了很大一部分利润，而在这里就不需要花这笔钱。其次，量大。最后，纯度高，在很长一段时间内有望成为一个皇家矿，但最终落了空，让矿主大赚了一笔。一座铅矿对拥有它的臣民来说就是一座银矿，而一座银矿对财产被剥夺的人来说就是一座铅矿，君主和国家都会干这种事，他们有特权。

山 羊

有些地方禁止养山羊，因为山羊破坏幼林。山羊年幼时最敏捷、最爱蹦跳，但后来就非常沉稳，公山羊被聪明的雅基描述为

"行走威武的四样"生灵之一①。

如果说山羊下巴上长的装饰性毛发是衡量智慧的标准，那也是从亚里士多德那里继承过来的。山羊的强壮程度超过了其身量，一只公山羊能打败一只同样身量的公绵羊。所以，在《但以理书》里，波斯君主被比作一只公绵羊，征服了波斯人的马其顿人像是公山羊②。山羊能爬上最高的山，不需要借助于阶梯，喜欢陡峭、崎岖的地方，吃草的时候像是宁可悬着也不站着似的。

山羊肉经过好厨师的巧妙烹饪，可以骗过精明的美食家，就像让以撒吃野味一样③。山羊皮可以做精美的手套，可以说是我们英格兰的高级皮革，柔软，富有弹性，可拉长，由此产生了"小山羊皮良心"这一说法，意思是只要有利怎么拉扯都可以。山羊粗毛可以做粗糙的覆盖物，连上帝也不鄙视山羊毛礼物，圣所的外套就是用山羊毛制作的④。山羊奶被认为是补品，可以治疗肺病。连山羊气味在"肥沃的阿拉伯"⑤也可以用作香水，他们可以在那里沉溺于香料的香味，如果不被山羊味止住的话。总之，在吃不到绵羊的地方，山羊就是最好的食物。

威尔士养了很多山羊，尤其是在蒙哥马利郡，这让我想起伊丽莎白公主遭关押期间发生的一件事。当时伊丽莎白公主受到亨利·贝

① 其余三样是狮子、猎狗、君主。参见《圣经·箴言》30:29—31。——译者注
② "你所看见双角的公绵羊，就是玛代和波斯王。那公山羊就是希腊王……"参见《但以理书》8:20—21。——译者注
③ 参见《圣经·创世记》25:28。——译者注
④ "耶和华晓谕摩西说：'你告诉以色列人当为我送礼物来……所要收的礼物，就是：金、银、铜、蓝色、紫色、朱红色线，细麻，山羊毛，染红的公羊皮……''你要用山羊毛织十一幅幔子，作为帐幕以上的罩棚。……又要用染红的公羊皮作罩棚的盖，再用海狗皮作一层罩棚上的顶盖。'"参见《圣经·出埃及记》25—26。——译者注
⑤ 即阿拉伯半岛南部。——译者注

丁菲尔德爵士的严密监视，任何人也不允许前去见她。一个滑稽的家伙（看守之一）窥见一只山羊和她一起散步，这个家伙就把山羊扛到肩膀上，匆忙去见亨利爵士，说："阁下，请您审问一下这个家伙，我看见它和公主一起散步，但说了什么我不知道，我听不懂它说的话。我看它像是个外邦人，我相信是个穿着粗呢子外衣的威尔士人。"

言归正传。我对山羊知之甚少，不知道是应该肯定还是反驳普林尼的话：山羊还在吃母羊奶的时候就生出小羊了。他又说山羊是橄榄树的大敌（把橄榄树舔得不结果），所以献祭时从来不把山羊献给密涅瓦。我相信一个真正的神会接受山羊为祭品，因为在《旧约》中，很多小山羊都被当作祭品奉献了。

工业品

不列颠人[①]由于出身高贵而常常趾高气扬，其高昂的情绪更适合应对突然出现的危险而不是长期的困难，更乐意用勇敢应对而不是用辛苦应对。实际上一些人过于热爱自由，这样就把一切勤奋都误认为是不同程度的奴役。

我毫不怀疑后世会看到威尔士的产品工艺大大提高，比我们现在看到的好得多。英格兰工业品比威尔士工业品好得多，荷兰工业品比英格兰工业品好得多。但我们还是先举出一些例子，看看这里的工业品如何。

---

① 这一部分所说的"不列颠人"主要是威尔士人，即盎格鲁－撒克逊人入侵之前本地人的后裔，属于凯尔特民族，与后来的英格兰人并非一个民族。——译者注

粗　呢

这是一种粗布，冬天穿最暖和不过，其中最精制的非常时尚和高雅。亨利王子有一身粗呢套装，一连穿了好多个星期。一个大胆的廷臣见他老是穿一身衣服就制止他，亨利王子说："愿我家乡（他是威尔士亲王）的布永远耐穿。"

穿这种布的人确实越来越多，尤其是这里的绅士普遍贫困，其堂堂仪表大为收敛，把好衣服都让给那些买得起的人穿，而不是让给穿上最合适的人穿。

奶　酪

奶酪是用奶凝固而成的，可以存放好几年而不坏，从古代到现代，一直都是军队行军时的主要食物。看看大卫，被派去用十块奶酪补充其兄长的给养①，巴西莱带着奶酪（还有其他食物）犒劳国王大卫的军队②。这里出产的奶酪非常柔软可口，某一次有人开玩笑似的（我希望没有冒犯人）追溯奶酪的谱系：

> 亚当斯为屈松之子，
> 屈松为凝乳之子，
> 凝乳为牛奶之子，
> 牛奶为母牛之子，
> 母牛为草之子，
> 草为土地之子。

据说狐狸最能品尝出肉的粗细，苍蝇最能品尝出葡萄的酸甜，

---

① 参见《圣经·撒母耳记上》17:17—18。——译者注
② 参见《圣经·撒母耳记上》17:27—29。——译者注

老鼠最能品尝出奶酪的软硬，而且老鼠（如果能在奶酪范围内挑选的话）已经判定威尔士的奶酪最好。到底是什么原因让那么多人对奶酪反感（比对任何一种食物反感的都多），我让那些深谙大自然奥秘的人去判断。

蜂蜜酒（metheglen）

无论这个词从何而来，蜂蜜酒都是由水、蜂蜜和其他原料放在一起制成的，对人体健康最为有益。波利奥·罗慕路斯一百岁的时候，奥古斯都·恺撒问他到底是如何长期保持身心活力的，罗慕路斯回答说："内服蜂蜜酒，外敷橄榄油。"

蜂蜜酒（metheglen）与蜂蜜酒（mead）不一样，就像有的葡萄酒是用最后一道压榨出的葡萄汁酿造的一样。这里酿造的蜂蜜酒是最醇厚的酒。地理学家墨卡托盛赞阿格拉的蜂蜜酒（mead），认为其是世界上最好的酒。要我说，他要是品尝了威尔士的蜂蜜酒，就会仅限于在德意志境内赞扬了，还得把我们的酒排在前面。女王伊丽莎白从都铎家族这一谱系来说属于威尔士后裔，她就非常喜爱这种家乡的酒，每年都储存一些供自己享用。如果您愿意的话请来品尝吧。

蜂蜜酒制作方法。首先，收集一蒲式耳多花蔷薇叶，一蒲式耳百里香，半蒲式耳迷迭香，大量月桂叶。把所有这些原料（洗干净以后）放在炉子上用清水煮，水烧开以后煮半个小时或更长时间，然后把所有的水和药草倒进一个大桶，放置到像奶一样温，再把水从药草里滤出来，每六加仑水里放进一加仑最好的蜂蜜，放进麦芽汁，晃动半个小时，然后放置两天，每天搅动两次或三次。然后把酒拿过来再煮，沸腾以后撇去浮渣，直到把浮渣全部撇完。酒清了以后还像上次一样倒进大桶里，让它慢慢凉下来。然后马上准备一种新麦芽酒或啤酒，倒空以后突然颠倒过来，再放正，马上加进蜂蜜酒，放置三天。然后在桶里翻动，在每一个出液口上用包装绳绑一个小袋子，袋子里是打碎的丁香和肉豆蔻，重一盎司。这样，必须放置半年以后才能喝。

建　筑

他们的建筑普遍和以前不列颠人的建筑相似，既不大也不漂亮，而是和他们祖先以前在这个岛上住的房屋一样。勇敢的不列颠将领卡拉塔克斯（抵制罗马人在这里的权势达九年）被俘虏和监禁之后获释，又被送去观看雄伟的罗马。他说："你们自己拥有这么宏伟的宫殿，为什么还贪图我们的破村舍？"

他们的私人住宅都很简朴，凭他们君主的邸宅就可以看出来。大约在800年，威尔士君主霍尔达为自己建了一座住宅，用白围栏围成，人称"白宫"，叫"白厅"也可以。

然而，威尔士也有壮观的房子，不过不是威尔士人建的，而是英格兰人在那里建的宏伟城堡。这些建筑物幸存至今的虽然可以说是漂亮，但一开始是当作管理机构建造的，而其他私人住房确实很简陋。

他们很可能看过卡姆登先生的作品。卡姆登说建造大房子是英格兰家政管理不善的祸根。所以他们宁可满足于差一些的住所，也不愿意失去他们所喜爱的好客习俗，尤其是人们发现那些与英格兰建筑模式一致的威尔士房屋也有壁炉，虽然更方便，但不太大方，因为它冒出的烟冒犯的人更少，填饱的肚子也更少。

不过威尔士孤立的房屋虽然不如英格兰的，他们的集镇却建得普遍超过我们，好像很多绅士都住在那里。

俗　语

长得像威尔士的家谱一样。

　　威尔士男人都是天生的宗谱纹章官（其他地方宗谱纹章官都是任命的），生性就喜欢了解并记载保存其世系，一直追溯到远古。所以，任何威尔士绅士（如果这不算重复的话）借助于其家谱的阶梯，很快就能攀上王室家系。

　　我承认，一些英格兰人嘲笑他们冗长的家谱（他们自己的家谱如果仔细检查的话，可能非常短），我只能夸赞他们认真保存先祖的英灵，在这方面与希伯来人的习俗一致。我起码希望他们冗长的家谱能配上更多财产，这样其家世和财产之间就更对称了。

名　人

　　圣彼德罗格是威尔士 – 爱尔兰 – 康沃尔人，出生在威尔士，但在爱尔兰长大。根据当时的风尚，所有不列颠人①都渡海到爱尔兰（就像后来英格兰人渡海到法兰西一样），在那里学习各科知识。在那个时候，有谁会想到能在沼泽地里找到缪斯居住的赫利孔山呢？彼德罗格在那里读优秀作家读了二十年，然后来到康沃尔，定居在塞文海附近，住在一个名叫彼得罗克 – 斯托的小教堂（彼德罗格的

---

① 这里所说的不列颠人除了威尔士人之外，还应该包括苏格兰和爱尔兰人，这些人都是古代凯尔特人的后裔。——译者注

居住地），现在被误称为帕德斯托，很多著名学者跟着他在那里学习。他撰写了一本书名叫《独居》，写得他如痴如醉。

我承认彼德罗格的名誉被贬低了，只把他归到作家之列，而据说他是个圣徒。我记得埃克塞特有一座漂亮的教堂就是供奉他的，他的全盛时期是 550 年。

内斯特或内斯塔。饥饿会让人吃平常不予理会的东西，更不要说扔掉的东西了。我承认是这一原因（缺乏描述的素材）让我多管闲事，说一说这个值得纪念（不是值得赞扬）的人。

1. 她是威尔士君主格鲁菲兹的女儿；

2. 诺曼贵族，此地的征服者伯纳德·纽马奇的妻子；

3. 有前途的绅士马哈尔及其妹妹西比尔的母亲；

4. 一个年轻人的妓女，此人的名字我不知道，也不想知道。

有一次，马哈尔逮住了这个畜生，痛打了他一顿，但没有超过他应得的程度。内斯塔为此而发疯，来到公开法庭，当着国王亨利二世的面发誓，公开宣布（对于居心不良的人来说，没有比复仇更好的事了，不在乎伤害仇人，虽然是亲手伤害）马哈尔根本不是纽马奇的儿子，而是她与人通奸所生。

如果真是如此，说明她不守妇道。如果是假的，说明她作伪证。无论是真是假，都说明她厚颜无耻。她就这样剥夺了儿子的继承权，把一大片领地给了其独女西比尔，后来西比尔嫁给了赫里福德伯爵麦洛（约 1095 年—约 1114 年）。

威尔士人吉拉尔德斯，有人说他姓菲茨杰拉尔德，也有人说他姓德巴里，我相信是后一种，因为他自己在书里（《生平自述》）是这样说的，（1146 年）出生于彭布罗克郡的滕比。

他父亲威廉·德巴里是英格兰人，母亲是内斯塔的女儿安佳蕾思，外祖父是南威尔士君主里斯。

他是圣大卫第二任主教戴维的侄子，戴维任命他为布雷克诺克大助祭。他时常抱怨，说英格兰人不喜爱他，因为他母亲是威尔士人，而威尔士人也讨厌他，因为他父亲是英格兰人。不过凭借其优秀作品，他配得上英格兰人，更配得上威尔士人，最配得上爱尔兰人，他描述了这三个地方的地形。最后他担任了国王约翰的秘书，非常勤奋，付出了很大代价。

他还是个大旅行家，到过耶路撒冷，写出了《大美圣地》，所以他可以被称为英格兰人吉拉尔德斯、伊伯利亚人吉拉尔德斯、耶路撒冷人吉拉尔德斯，不过他只是谦虚地自称威尔士人。

人们有理由感到奇怪，一个具备所有晋升条件的人，包括出身、广泛的阅历、渊博的学识、长寿（活到七十多岁），却从来没有担任过任何重要职务。甚至有相当长一段时间，他的职务没有晋升到爱尔兰一个乞丐似的主教以上，最后圣大卫教区是他得到的最高职务。

有人将其归咎于他的司命星，司命星的恶意影响把最有功绩的人毁掉了。有人归咎于他的骄傲，认为自己应该得到晋升，于是就去追求，实际上接受就够了，伸手去要就太过分了。有人认为他担任低级职务有利，有人得到一个能干的仆人就喜欢把他使唤得精疲力尽，让他（就像园丁把树篱剪得很矮，这样它就伸展得更宽）维持卑微的地位，这样他就会更勤奋。

吉拉尔德斯本人告诉了我们真正的原因：别人总是用后娘的眼光来看他，因为他威尔士人的身份更明确，英格兰人对他非常反感，认为威尔士人干不出好事来。可悲啊，这么优秀的一个人，竟然受到父亲国家和母亲国家的双重惩罚。

最后，如前所述，他被任命为圣大卫主教，然后去了罗马，缠着教廷把他的教区从坎特伯雷剥离出去，使其成为一个独立的大主教辖区，因此严重冒犯了坎特伯雷大主教休伯特。但争执了很长时间之后，由于接受了很多贿赂而不是理由站不住脚，吉拉尔德斯无功而返，然后就死了，被埋在他自己的大教堂里，那会大约是1220年。

马多格，欧文·格温内思的儿子，格鲁菲斯的孙子，科南的重孙，戴维的兄弟，戴维是北威尔士君主欧文·格温内思的儿子。他很可能出生于（1150年）安格尔西的阿博尔夫劳，当时是君主的主要邸宅（现在只是个破败的镇）。他出海向西航行，很可能北美洲诺伦堡的布雷顿角、企鹅镇（据不列颠人的说法，表示一种白岩石和白头鸟）就是这次发现的遗迹。

如果真是这样，就让热那亚人和西班牙人甘当小弟吧，到那些地方去领取属于他们的津贴吧，他们是我们不列颠人（威尔士人和英格兰人作为一个统一的民族可以这样自称）的继承人，美洲的继承权应该名正言顺地属于我们，是我们首先发现了美洲。

实际情况是一支强大的海军再加上一支强大的陆军，才有可能实现马多格的发现。没有这些军队，在这种情况下，就是说得天花乱坠也不可信。马多格这次航海是在1170年前后（也可能卒于1180年）。

沃尔特·库坦塞斯。一看他的姓氏，有谁会不认为他出生于瑞士博登湖畔的康士坦茨？但我们有证据证明他出生于不列颠。他先是晋升为牛津大助祭，然后是林肯主教，后来又由国王理查德一世任命为鲁昂大主教。除了忠诚于君主之外，他还是个很有功德的人，曾伴驾到巴勒斯坦①，在海上和陆地上经历很多危险，所以想把他命

---

① 随国王理查德参加第三次十字军东征。——译者注

名为"始终如一"的不乏其人，他在任何情况下都对主子忠心耿耿。

他被正式派回英格兰，制止伊利主教威廉·朗香[①]的暴政，而且很好地完成了这一任务。如果不是这样，他肯定会侍奉国王从奥地利回国，和国王一起经历被俘虏的痛苦。他后来获得双重荣誉，先是把国王理查德埋葬在丰泰夫罗修道院[②]，然后是授予国王约翰诺曼底公爵的头衔，他是那里最主要的教士（卒于 1207 年）。

爱德华二世，国王爱德华一世和王后埃莉诺的四子（第一个存活下来的儿子），1284 年 4 月 25 日出生在威尔士的卡那封。登上英格兰王位的君主，登基时没有一个比他得到的好处多，登基以后没有一个比他得到的好处少。

首先，他父亲虽然在某种程度上突然迫使威尔士人接受他这个儿子为亲王（说他是王室血统，出生在威尔士，不会说一句英语，清白的任何人也找不到他有任何罪孽），但我发现威尔士人并不是因为他父亲有错而认为儿子更差——他们受骗了——他们普遍接受他，认为一个亲王会以其智慧对待他们，不会以暴力对待他们。

在英格兰，他继承了一个英明、象征胜利的父亲，这个父亲很幸运，受到臣民的敬畏，将国家整治得很容易管理，轮子只要一碰，就会沿着正确轨道往前转动。但这位爱德华首先是和臣民疏远，实际上是他自己受到一个外国人的摆布，此人名叫皮尔斯·加韦斯顿，是他的法兰西宠臣[③]。加韦斯顿被处决后，他又受到德斯潘塞父子的摆布，这两个人虽然是英格兰本地人，但同样讨厌英格兰人，嫌他

---

① 英格兰大法官，国王理查德一世参加十字军东征期间成为英格兰的实际统治者，但与国王的弟弟约翰产生矛盾，沃尔特回国实际上就是为了解决二人的纠纷。——译者注

② 埋在这里的是国王的躯体，心脏被埋在鲁昂，内脏被埋在沙吕。——译者注

③ 国王有断袖之癖，此人实为国王的男宠。——译者注

们傲慢无礼。

这样一来，他先是失去了臣民的爱，接着失去了王后的爱（王后空荡荡的床上很快就有人了），又失去了王冠，然后失去了性命。英格兰任何一位国王，都没有他的情况那么令人怜悯，也都没有他这个人那么不令人怜悯。所有人都认为这都是他本人刚愎自用，为自己招灾引祸造成的结果。1327 年 9 月 21 日，他暴死于伯克利城堡[①]。

欧文·格伦道尔出生于（约 1359 年）弗林特郡的格伦道尔－瓦伊，他们家古老的遗产。后来他到伦敦上学，学习习惯法，后来成为廷臣，为国王理查德二世当仆人。理查德二世死后，欧文站错了队，便隐退到了故乡，在那里与邻居里辛的格雷大人因为一块公地发生纠纷，欧文凭借武力重新夺回了这块地，杀死了格雷大人。

煽风点火者不乏其人，想激起他当官的野心，说他是整个北威尔士的真正继承人，现在不夺到手就永远没有机会了。这些人还说，他已经对英格兰人造成了伤害，而且罪不可赦，只有犯更大的罪才能保住自己，其他没有任何办法。

点燃火绒不需要火把，一个火星就足够了，于是欧文揭竿而起，公开造反。

最糟糕的是，他生国王的气，却拿上帝来撒气，把漂亮的班戈尔大教堂和圣阿萨夫大教堂烧毁了。他有破坏的本能，以害人为乐，虽然对自己一点好处也没有。国王亨利四世发现，罢黜国王理查德比制服这个欧文要容易得多，欧文把马奇伯爵罗杰·莫蒂默（国王第二顺序继承人）也俘虏了（约卒于 1416 年）。

[①] 在城堡地牢里被人杀死。——译者注

尼古拉·赫里福德。我冒昧说服自己（可能说服不了看官），相信他是不列颠血统。他被培养成牛津神学博士，成为在俗教士[①]，这一行当与寺院教士自古就水火不相容。但我们的赫里福德走得更远，藐视罗马教会的大多数诫条，并认为：

1. 在圣餐礼上，为面包和葡萄酒祝圣之后，面包和葡萄酒仍然存在[②]；

2. 主教和所有神职人员都应当臣服于各自的君主；

3. 修道院修士和行乞修士都应该自食其力；

4. 所有人都应该自我约束，不是依据教皇教令约束，而是依据《圣经》约束。

从这四项基本主张中，他的对手推导出（更准确地说是编造出）很多异端邪说，怪不得他们扭曲他的话，实际上是想折磨他这个人。

他从牛津被带到伦敦，1382 年让他和菲利普·雷平顿一起，在圣保罗十字布道坛公开宣布放弃自己的主张。看看他们各自的结果吧。雷平顿像个极端的变节者，成为迫害他自己那一派的人，为此他得到了回报，先是被任命为林肯主教，后来又当上了枢机主教。而赫里福德做出太多努力来冒犯自己的良心，但还不足以取悦仇人。大主教阿伦德尔出于妒忌而迫害他，一直把他关在监狱里。

和他持同样观点的约翰·珀维也和他一样下场，托马斯·沃尔登称珀维是"罗拉德派的图书馆"。但他们封锁了这座图书馆，任何人也进不去，他和赫里福德一直被监禁着。原谅他们放弃自己主张的话我一句也不说，我也不会因此而辱骂他们，我知道夸人在诱惑下变得勇敢而比较容易开口，骂人在受挫之后成为懦夫则比较难

---

① 即不住寺院、不受修道誓约约束的教士，如助祭、神父等。住在寺院内并受修道誓约约束的叫寺院教士。——译者注

② 即没有变成耶稣的圣体和圣血。——译者注

开口。

不过我注意到，那些害怕吃皮肉之苦的人（自己想办法扒个窗户爬出去的，不是从上帝打开的大门走出去的），基本上享受不到获释的喜悦。在这种情况下，我们的救世主说得对（没有对加入派系的悔恨），精神上总是对，字面上时常对"得着生命的，将要失丧生命"[①]。虽然我们在文献上没有看到这位赫里福德被处死，但他失去了生命的气息，失去了自由和荣耀，在默默无闻中日渐衰竭，连死亡的时间和地点都无从知晓（全盛时期：1390 年—1417 年）。

戴维·博伊斯（或博斯库斯）。肯特就不要宣称他是肯特人了，虽然他这个姓在肯特非常古老，人数众多。我看到的作家明确告诉我们，他是不列颠血统。他在牛津学习（利兰这样说），既是为了自己的荣誉，也是为了让别人得到他著书立说的好处。

在牛津上学时，他向剑桥赠送了一份礼物。他得到加尔默罗修会一位同伴约翰·巴宁厄姆的作品以后，让人工工整整地抄写成四卷，赠送给剑桥图书馆，这几部书贝尔见到了。

他与格洛斯特公爵夫人埃莉诺·科巴姆很熟识（可以理解为正当交往），由此我们推测他至少是威克利夫的半个信徒。他撰写了很多著作，其中我很喜欢那本《论双重不朽》，无论是想以此得到灵魂和躯体的不朽，还是得到今世英名和来世灵魂的不朽。我也相信他书中有关炼金术士的疯狂，无论是不是伊斯兰教徒，他们自称是撒拉的后裔，而实际上是女奴隶的后代。他是格洛斯特加尔默罗修会的首领，1451 年死在那里。

亨利·斯塔福德，白金汉公爵（约出生于 1454 年）。他父亲汉

---

① 参见《圣经·马太福音》10:39。——译者注

弗莱虽然在斯塔福德有一座漂亮的城堡，在斯坦福德周围也有很多地（其父是斯坦福德伯爵），但他最有可能出生在布雷克诺克郡，他在那里有布雷克诺克城堡，周围是其封邑。是他用双手把理查德三世扶上王位，后来又试图用手、用牙把他拉下王位，但都没有成功。

他是个优秀的发言人，不过我不相信他的长篇演讲（劝说伦敦人支持篡位者）就像托马斯·莫尔爵士在《理查德三世传》里所描述的那样一字一句说出来的。这样，罗马将领赋予自己勇敢精神，李维（代表罗马将领）让他们能言善辩。然而我们可以相信，这位公爵确实说了这番话，或是想说这番话，他是个实现了自己目标的演说家，这是这位公爵不幸中的万幸。

不久之后，他不是对以前所做的感到懊悔，而是对国王理查德进行报复，理查德没有（否认他有这一愿望）让他实施一项计划，解开他以前编织的一件东西。但其手指被他以前织的网线缠住了，国王控制住了他，他被仆人拉尔夫·班尼斯特出卖了。郡长在什罗普郡把公爵逮捕了，公爵化了装正在那里挖沟。他使鹤嘴锄和铁锹的技术怎么样我不知道。我所知道的是，在更高的意义上，"他掘了坑（要废黜君主），又挖深了，竟掉在自己所挖的阱里"[1]。1483 年，他在索尔兹伯里被斩首，且未经任何司法审判。

里斯·托马斯爵士从未晋升到骑士以上，但在卡马森郡几乎不亚于一个君主，如果《英格兰武士》的作者不可信的话：

> 里斯·托马斯是不列颠的一枝花。

国王亨利七世亲自见证了他的才华。国王率领一支不值得一提

---

[1]　参见《圣经·诗篇》7:15。——译者注

的队伍在米尔福德港登陆后不久，里斯爵士就率领一支精兵去见亨利，然后挥师到博斯沃思战场，表现得非常勇敢。国王节俭，依照他吝啬的酬报习惯（给教士圣职，给武士荣誉，他雇佣的大部分都是教士），后来（将他）册封里斯为骑士，而国王完全可以授予他嘉德勋章，凭借他的有效援助亨利才得到王位。

这个郡的埃尔梅林是他的主要所在地之一，他把其名字和性质都改了，建成后称其为纽卡斯尔，我认为这是威尔士最近建造的城堡之一，因为从那以后，对于设防的要塞盛行拆毁而不是兴建。

他很早就参与打仗，后来一直打了很长时间。我发现在国王亨利八世统治的第四年，他指挥五百轻骑兵，大张旗鼓地围攻泰鲁阿讷，花了很多钱，这是我在英格兰编年史里最后一次看到他。

亚瑟·巴尔克利，班戈尔主教，可能出生于柴郡，更可能出生在安格尔西。不过他就是没有出生关系也不大，他身为法律博士，或是从来就没有读过"论渎圣行为"这一章，或是把它忘得精光，或是故意想不起来，因为他掠夺这个主教区的财产，卖掉了五口钟。他还强行干预，到海边看着把钟装船运走，我记得这是第二次卖钟。

我们英格兰有句俗语，说有些人做了一笔对自己不利的交易："把所有赢得的利润都放进眼里，更糟糕的东西就什么也看不见了。"但主教巴尔克利凭借得到的东西，看到了更多更糟糕的东西，他把班戈尔塔楼的舌头割掉了，他本人突然失去了视力。这样他的声誉没有了，接着光明的世界没有了，然后性命也没有了，在这个教区待了十四年，（最后）死于1553年。

威廉·格林，神学博士，出生于（约1504年）安格尔西的赫内格尔维斯，在剑桥王后学院上学，在那里当上了院长，在女王玛丽统治的第二年晋升为班戈尔主教，是一位优秀学者。

　　一些有见识的人明确告诉说，他们认真阅读了罗马天主教徒和新教徒之间正式辩论的文集（刊印在福克斯先生的作品里），认为在罗马天主教徒中，没有一个人比格林博士的论据更有说服力，没有一个人比他更心平气和。他虽然坚持自己的观点，但并非无情地对待与他对立的观点，其证据是他那个教区里没有人受到迫害。他温和的性格至少还有其他原因。

　　他死于女王伊丽莎白统治的第一年。我听说他兄弟杰弗里·格林（神学博士）在班戈尔捐建了一所免费学校（卒于1558年）。

　　罗伯特·雷科德出生在（约1510年）这里，名门之后，在牛津上学，获得医学博士学位。他的心灵并不蜗居在一门学科的小巷里，而是在所有学科里遨游。他的作品可以证明：

　　算术：并不局限于在他之前的所有数字，而是由他阐述得更完整。

　　占星学：其实用部分对医学有重大影响。

　　几何：在这方面他写了一本书名叫《知识之路》，比以前任何一条路都更好走、更近。

　　医学:《医学的贮尿器》，虽然俗话说是娼妓，但他合理的规则使娼妓变得诚实，在很大程度上改变了其不可靠性。

　　金属：他的眼光像是伴随着阳光进入地球内部，钻到最深处去发现金、银（我相信他储存了很多金银）、铜、锡、铅等金属，并和它们交谈。

　　他在解剖学、宇宙结构学、音乐等方面的水平我还要说什么呢？这些学科他在牛津都举办过公开讲座。

　　至于其宗教信仰（不要说这和一个医生没有关系），我推测他是个新教徒。首先，他写过有关私下忏悔的作品，写过圣餐问题，每一个都是罗马天主教平信徒依照诫条不愿意碰的问题。其次，受到贝尔的盛赞。但在这个问题上我一句话也不敢说，我没有看过他写的神学论文（约卒于 1558 年）[①]。

托马斯·费尔出生在（约 1510 年）威尔士，先在牛津（我认为）上学，后来在伦敦。一个通才型的学者，精通习惯法，写过一本有关的书名叫《令状的本质》。令人奇怪的是，他追随法官菲茨赫伯特，菲茨赫伯特以前写过这一题材。但很可能费尔的著作（从来没有见过任何人读过这本书）论述的是边界地区法庭（当时威尔士属于这里管辖）的令状，这里的法定程序可能与我们英格兰的有些不同。

但学习法律并不太适合他，这促使他改变学习内容，转而攻读医学博士学位。他（虽然没有著一本书）从法语翻译出很多有用的书：1.《论瘟疫及其治疗》, 2.《儿童书》, 3.《论药草的本质》, 4.《养生》。

他也有自己的消遣，涉猎诗歌，翻译了维吉尔的《埃涅阿斯纪》，现代才子（我看到的作家说）会把重要作品处理得非常枯燥乏味，并断言他呈献给我们的不是一个拉丁人维吉尔，而是个英格兰的恩尼乌斯，他的诗那么粗糙。但又有谁知道，英语诗歌在最近一百年来进步了五成？他死后葬在了伦敦……（1560 年）

爱德华·卡尔内爵士可以很有把握地放在这里，因为他肯定是威尔士人，我发现他家族在格拉摩根郡的温尼兴旺发达。他被培养成（我相信是在牛津）民法博士，被皇帝查理五世册封为骑士。

爱德华爵士出色完成的第一个公务，是国王亨利八世听说教皇

[①] 雷科德是第一个用英语撰写算术、几何、天文学著作的人，第一个把代数引进英格兰。他死在监狱里，可能是因为欠债。——编者注

打算很快把他召到罗马，或是他亲自去，或是派代理人去，于是就派爱德华爵士到罗马去辩解，说国王陛下没有法律义务一定要出面。

这一任务他完成得很好，说皇帝在罗马很有权势，他不可能得到公正对待，如果他们不断了这个念想，他肯定会到某个不偏不倚的大学去向有才干的人投诉。如果这一要求遭到拒绝，他就宣布他们所做的一切全都无效。他这一表现既显示出勇敢，又显示出才干。

女王玛丽高度赞扬他，也同样赞扬他在她母亲的离婚一事上为国王亨利积极上诉，将其归因于他履行职责，他是个纯粹的罗马天主教徒，所以让他担任驻教廷大使。

女王玛丽死后，他仍然住在罗马，接到女王伊丽莎白的命令去觐见教皇保罗四世，解释说他的女主人登上了英格兰王位。教皇回答说："英格兰是罗马教会的封地①，伊丽莎白不能继位，她是私生女。"对这一礼节性的通报，这一回答有些奇怪，与人们常说的这样一种人倒是相称："相伴无君王，脚下尽臣民。"

另外，教皇命令爱德华·卡尔内爵士辞去大使职务，不准他出城，但要承担起城里英格兰慈善机构的管理任务，否则要受到"严重逐出教会"②的处罚，并没收其全部财产。所以，我不明白罗马天主教徒怎么能指责女王伊丽莎白分裂教会，非要与罗马教会决裂不可，她是被教皇本人从教会里赶出去的。教皇这么野蛮地对待她的

---

① 13世纪初，英格兰国王约翰在主教叙任权问题上与罗马发生争执，被教皇英诺森三世逐出教会，后迫于压力不得不向教皇称臣，将英格兰拱手交给教皇作为封地，每年缴纳贡金一千马克。但这一承诺并无法律效力，时间一长双方都明智地选择了忘记，不过还是留下一个把柄在教皇手里。——译者注

② 当时罗马教廷逐出教会的处罚有"严重"和"轻微"之分，"严重逐出教会"要在会议文件上留下记录："让他们受到诅咒吧。"——译者注

大使（当时她还没有改变信仰）^①，违犯了各国的法律。不过我承认，有些人认为这个狡猾的老骑士（非常迷恋罗马天主教）非常满足于对他的限制，1561 年他死在罗马。

　　理查德·克拉夫出生于弗林特郡的登比，从这里到切斯特市当了唱诗班歌手。有些人很喜欢他的演唱，不想让他迷失在没有意义的曲调里（当时教堂音乐已开始受到冷遇），就劝他转到伦敦，成为托马斯·格雷沙姆爵士的徒弟，后来成为托马斯爵士的同伴。

　　他在安特卫普住了几年，后来旅行到耶路撒冷，在那里被册封为圣墓骑士团骑士，不过回到女王伊丽莎白手下以后就放弃了（女王看不起她的臣民接受外国荣誉称号）。

　　托上帝的福，他后来非常富有。还有些人断言，他花费了数千英镑建造伦敦交易所。这些人认为，他与托马斯·格雷沙姆爵士约定，一人死后另一人可以成为两个人财产的主要继承人，因此他们说骑士拿走了大部分财产。登比新教堂花费了多少他捐赠的钱，我到现在也没有得到确切消息。可以肯定的是，他把弗林特郡每年收益一百英镑的基尔肯交给了登比的免费学校。如果这个地方现在转让出去了，我怀疑没有归还而后悔是否能够保护创始者。他死于1570 年。

　　约翰·普赖斯爵士，又名赖斯，骑士，出生于威尔士，其高贵源于出身，更源于博学。他精通不列颠古文物，凡是家乡的荣誉他一点也不愿意抛下，他要带着与他一起前行。

　　有一次，高傲的意大利人波利多尔·维吉尔对不列颠人不满，

① 伊丽莎白女王刚登基时，英格兰仍然是罗马教会的成员，到第二年议会才通过《至尊法案》，正式确立圣公会的国教地位，与罗马决裂。——译者注

说他们以前独立于教皇。另外，他并不能轻易地把威尔士档案搞到手，所以他就像处理很多英格兰书稿一样，一把火把它们都烧成了灰。这让他看不起威尔士作家，而约翰爵士则狂热地维护威尔士作家的声誉，而且还极力证明亚瑟王的故事是真实的。

另外，他写了一篇有关圣餐的论文。凭借贝尔对他的美言，我们认为他是支持宗教改革的（约卒于 1573 年）。

威廉·塞尔斯伯里出生于（约 1520 年）登比郡，其家族至今仍在那里兴旺发达。这位绅士爱本族语，更爱家乡，就编了一本英语 – 威尔士语小词典，私下里呈献给了国王亨利八世（从其父系来说是都铎家族成员，是威尔士血统），也得到了国王的认可，然后在 1547 年公开刊印。

有些吹毛求疵的人会挑剔这本词典没有用，威尔士人不需要这样一本书，英格兰人不想要这样一本书。但这些人要知道这本书对两个民族都有用，英格兰人可以得到这一语言，威尔士人可以保存这一语言。

得到：威尔士语是一种原始语言，没有他古文物研究者就会跛足（我是凭借自己的弱点认识到的），无法理解这个民族保留下来的遗作（很多作品中的一少部分）。

保存：威尔士语和其他语言一样，不用的话不仅会出现讹误，而且还会遗忘，这是威尔士本地人也承认的。实际上各种语言的所有词典都有用：有了词汇就可以用语言表达事物。柏拉图说得好，一个名称或一个单词就是教育的一个工具，让知识为我们所了解。

然而，任何东西也不可能同时开始与结束，塞尔斯伯里的书（此类书中的第一本）只是对这一工作的尝试而不是完成，后来由别人完成了。他死于 1600 年前后。

加布里埃尔·古德曼，爱德华·古德曼先生的儿子，出生于（约1529年）登比郡的里辛，后来成为剑桥圣约翰学院的神学博士和威斯敏斯特教长，在威斯敏斯特定居了整整四十年。不过凭借他自己的才华和朋友们的影响力，他本可以在圣公会担任他想担任的职务。亚比该这样说她丈夫："他名叫拿八（就是"愚顽"的意思），他为人果然愚顽。"[1]但对于这位杰出的教长，我们可以这样说：他名叫古德曼[2]，他生性果然善良，从以下证据中可以看出来：

1. 他自己出资将《圣经》翻译成威尔士语，这在前言里的一个注释中可以看出来；

2. 他在自己出生的镇上创建了一座校舍，提供适当的工资。他还在这里捐建了一座救济院，供养十二个穷人；

3. 他为里辛的牧师维修了房子，提供了餐具和其他炊具，可以传给继任者；

4. 他在米德尔塞克斯的奇西克买了一座漂亮的房子，周围还有地。他在这里亲手栽种了一行榆树，现在长得又高又漂亮，供威斯敏斯特的师生在炎热的夏季来避暑，或在任何传染病流行的时候来躲避。如果这些地现在没有盈利，就像当年捐赠者出于虔诚而打算的那样，我们还是感到惋惜为好，不应该指责造成这一结果的人。

证明他的诚实和能力不需要其他证据，这一个也就够了：英格兰财政大臣、像涅斯托耳一样的贤明长者塞西尔指定他为自己的遗嘱执行人之一，让他处理大笔的慈善事业花费，委托给他的这一任务他最为忠实地完成了。

他死于1601年，埋葬在威斯敏斯特的牧师会教堂，在整个英格兰他是足以配得上这一荣誉的。卡姆登先生自费在这里勘察过。

---

① 参见《圣经·撒母耳记上》25:25。——译者注

② Goodman，"好人"。——译者注

沃尔特·德弗罗（埃塞克斯第一任伯爵）[1]，理查德·德弗罗爵士及其妻子多萝西（上一任埃塞克斯伯爵托马斯·鲍彻唯一的妹妹）[2]的儿子，出生于（约1541年）喀麦登镇，凭借其母系的权利，被女王伊丽莎白册封为埃塞克斯伯爵。他有尚武精神，天生讨厌懒散，认为懒散会腐蚀灵魂。

时间让派系之争沉寂下来，只能听到女王伊丽莎白宫廷的声音。世界上任何一个地方，都没有这个宫廷闹心。主要是由于上帝的仁慈和女王的谨慎，才没有造成更多伤害。很多人诋毁我们的伯爵，想促使他产生危险的想法。可宫里的人能怀有这么可怕的怨恨吗？我们也不需要请教阿波罗圣所来寻找他主要的对手，这个对手是个大红人，爱伯爵最亲近的人[3]比爱伯爵本人还要上心，所以就让伯爵参与了爱尔兰计划。

然而，沃尔特对参与这一计划并不感到吃惊，因为同意参与者不会受到伤害。他知道有人更喜欢他的卧室，而不是喜欢与他在宫里为伴，他就心甘情愿地接受了这一任务。他和女王起草了一些条款（我相信在此类条款中是第一份，也是最后一份），他要自己出资供养一定比例的军人，征服阿尔斯特的克兰德博伊以后，他自己可以得到一部分领土。熊皮就这么多。整个计划就是捉住熊、杀死熊、剥熊皮。

按说供养一支军队（虽然人数很少）是君主的事，不是臣民的

---

[1] 埃塞克斯伯爵先后册封过九次，沃尔特·德弗罗是第八次册封的第一任伯爵。——译者注

[2] 原文有误。沃尔特·德弗罗的上一任埃塞克斯伯爵是托马斯·克伦威尔，并非托马斯·鲍彻。查遍埃塞克斯的历任伯爵，也没有发现托马斯·鲍彻这个人。——译者注

[3] 指伯爵的妻子。——译者注

事，这让任何一个平民负担都太沉重了。这位伯爵先是抵押借款，然后卖掉了他在埃塞克斯一笔相当大的遗产。他去了爱尔兰，由一些高贵的亲属和朋友陪伴，都是超编志愿者，在约定的士兵人数以外。

爱尔兰总督威廉·菲茨威廉爵士听说他来了，就担心（宫廷里的猜忌早就起床了，或是根本就没有上床安睡）这位大伯爵会让自己显得黯然无光，便恳求女王让他继续拥有全权，一点也不缩减，说这样有助于维护女王陛下的荣誉，他是女王陛下的代表。于是伯爵接到命令，他要从总督手里接受委任，经过多次软缠硬磨和漫长时间的等待，伯爵只是得到一个阿尔斯特总督的头衔。

他在阿尔斯特留下很多印象之后（不是太成功），被总督召到爱尔兰南部，在那里花了很多时间（我看到的作家说，他总的表现是举轻若重），好处没有得到一点，损失倒是很大。他在英格兰宫廷里的朋友越来越少、越来越冷漠，仇人很多而且活跃，对他大肆侮辱，其目的是让他伤心，或是让他自己生闷气。

从芒斯特又把他派回到阿尔斯特，在那里被禁止利用他取得的胜利跟进打击。连委任他的职务也突然遭到剥夺，把他降为指挥三百人的首领。但他健壮的胃（就像千锤百炼的钢一样）弯而不断，在所有这些灾难中，他都是以不变应万变。发薪日在爱尔兰很密集，钱从英格兰来得却很慢。他高贵的伙伴开始撤离，普通人开始反叛，这样伯爵本人最后也被召回国。

不久之后，他第二次被派到爱尔兰，其头衔比爱尔兰伯爵司令官还要高级（羽毛的长度并不能让羽毛堆得更高），在爱尔兰开始莫名其妙地拉肚子（并非没有中毒嫌疑），他死于1576年。他把灵魂虔诚地交给了上帝，土地（已大为减少）留给了儿子罗伯特，当时儿子只有十岁。他的遗体被运回来，埋葬在他的出生地喀麦登，其遗孀（不再说了）很快再醮，嫁给了莱斯特伯爵罗伯特[①]。

我再多说几句。他享年三十六岁，他的死对全家是个致命打击，他父亲和祖父也死于同一年，他儿子埃塞克斯伯爵罗伯特根本就没有活到这个岁数。他孙子埃塞克斯伯爵罗伯特是有幸活到这个岁数，还是活得更长一些，就让别人去断定吧[②]。

休·布劳顿出生于（1549年）威尔士，但很靠近什罗普郡。他时常谈到自己出身高贵，谈到他家的纹章，那是猫头鹰，据他说预示着他致力于学习希腊语，因为猫头鹰是密涅瓦的鸟，是雅典的象征。我不敢否认他出身高贵，但很可能他父母家道中落，下面的故事可以说明这个问题。

伯纳德·吉尔平先生像使徒一样圣洁，每年都从他居住的北方的霍顿到牛津去。有一次他在路边看见一个年轻人，一会儿走，一会儿跑。吉尔平先生问他从哪里来，他回答说从威尔士来，想去牛津上学。

吉尔平先生发现他通晓拉丁语，也会说几句希腊语，就把他带到霍顿，来到吉尔平家里。他在这里学习拉丁语、希腊语，进步很大，吉尔平又把他送到剑桥基督学院，不久以后他凭借才华成为院里的研究生。

这就是那个布劳顿，以精通希伯来语而闻名，为剑桥增光添彩。如果他发胀的头脑能有所降温，武断专行能有所收敛，就更能为剑桥增光添彩。无论是何人，只要不立即完全接受他的观点，他马上就会与其争吵。他写了很多书，其中有一本《圣经的和谐》受到普遍赞扬。

---

① 即前文提到的那个大红人，他的主要对手。——译者注
② 他孙子活到五十五岁，死后就断了血脉。——译者注

他的勤奋值得赞扬，忘恩负义则必须谴责。如果我在文献上看到的属实，慷慨资助他的吉尔平先生（他是在吉尔平的关心和资助下成长起来的，直到他本人能够自立为止）老了，他让达勒姆主教巴尔内斯博士对吉尔平进行折磨和骚扰，其目的是想得到吉尔平的牧师住所，有些精明人这样猜疑。

他最后定居在伦敦市，在这里教很多市民及其徒弟学希伯来语。他布道时引来成群结队的人，不过其主题通常是满足好奇而不是为了教诲（卒于 1612 年）。

理查德·沃恩，出生于（约 1550 年）卡那封郡的尼福林，被培养为剑桥圣约翰学院的研究生，后来先后担任班戈尔主教、切斯特主教，最后担任伦敦主教。一个大胖子，但有宗教情怀；一个优秀的讲道者和生活虔诚的人，我发现了他的碑文，我尝试着翻译成英语：

> 伦敦高级教士（不朽的主教阁下，
> 在你们不列颠人中）第一个担任这一职务。
> 教别人应该怎么做的人是个好人，
> 按照别人教诲去做的人是更好的人，
> 您既教导别人应该怎么做，
> 又按照别人的教诲去做，是最好的人。

他说起话来最令人愉快，尤其是在就餐时，认为"吃饭时要愉快，伤心是罪孽"这一说法一点不错，他确实是个克制的人。我再补偿几句：任何东西也无法引诱他把教会的权利出卖给渎圣者，本教会的人犯了渎圣罪，他谴责起来也毫不留情。他死于 1607 年 3 月 30 日，很多人为之悲痛。

亨利·罗兰兹，出生于（1551年）卡那封郡，在牛津大学上学，1598年11月12日就任班戈尔主教。我们在前面讲过，主教巴尔克利掠夺了圣阿萨夫塔楼上五口漂亮的钟，现在这位慷慨的主教又在这座塔楼上安装了四口新钟（在这种情况下，第二批基本上都没有第一批大），其中最大的花费了一百英镑。他还资助牛津耶稣学院的两名研究生。他死于1616年。

约翰·菲利普斯（约出生于1555年）是威尔士本地人，在牛津接受教育，后来晋升为马恩主教。出于传播上帝福音的热情，他学会了马恩岛语，通常用马恩岛语布道。

看官，您要知道，西班牙国王本人（虽然其领土广阔）在欧洲所管辖的地盘上所说的语言，还没有大不列颠国王领土上所说的语言多，有七种语言在大不列颠国王领土上使用，即：

1. 英语，在英格兰；

2. 法语，在泽西岛和根西岛；

3. 康沃尔语，在康沃尔；

4. 威尔士语，在威尔士；

5. 苏格兰语，在苏格兰；

6. 爱尔兰语，在爱尔兰；

7. 马恩岛语，在马恩岛。

这位菲利普斯博士承担了把《圣经》翻译成马恩岛语的任务，让一些马恩岛人帮助他，也就是福音牧师休·坎内尔爵士，不久前（如果现在不是的话）是柯克迈克尔教区牧师。他在二十九年间完成了这一任务，但由于（他的）死亡而从来没有出版。

我不知道做这件事是让死者脸上有光彩，还是他死后没有刊印而让活人感到耻辱，这样一件有益于大家的事肯定能筹到钱。这就让人不那么同情马恩岛牧师们的辛苦努力了，他们付出了双倍的努力，将英文版《圣经》用马恩岛语读出来。这位异常博学、好客、勤恳、虔诚的高级教士死于 1633 年。

休·米德尔顿爵士是理查德·米德尔顿的儿子，出生于（约1560 年）登比，在伦敦长大成人。这就是在整个英格兰最配得上伦敦的那位优秀骑士。如果那些闯过非利士人的营盘，从伯利恒的井里打水来满足大卫愿望（这一愿望主要来自幻想而不是必需）的人堪称大卫的勇士①，那么这位杰出人物所做的事就非常值得称赞。他自己出资，开挖出一条二十四英里多的排水道，让成千上万的伦敦市民喝上水②。沿途遇到无数人的反对，与丘陵搏斗，与岩石搏斗，与森林搏斗，克服重重困难，终于完成了这一工程（卒于 1631 年）。

休·霍兰德出生于威尔士，先在威斯敏斯特上学，后来成为剑桥三一学院的研究生。一个不坏的英语诗人，一个最优秀的拉丁语诗人。实际上他沉溺于新－旧宗教：新，在于比较真理；旧，因为忏悔一直持续了很长时间。

他到海外旅行，在意大利（认为自己说的话，英格兰人听不到）大肆诋毁女王伊丽莎白的信誉。他从意大利到耶路撒冷，不过他没有被册封为圣墓骑士团骑士，或不愿承认自己是圣墓骑士团骑士。回来时他在君士坦丁堡短暂停留，在这里国王詹姆斯派驻的大使托马斯·格洛弗爵士让他解释在罗马诽谤女王的情况，以前信口开河让他付出了一度蹲监的代价③。

---

① 参见《圣经·历代志上》11:18。——译者注
② 这条人工水道名叫"新河"，从赫特福德郡一直挖到伦敦。——译者注
③ 伊丽莎白女王建立了当时欧洲最发达的情报系统，到处都是她的耳目，尤其是在罗马，主要是针对教廷反对她的阴谋。——译者注

最后他获得释放，回到英格兰以后，其才华因学识而得到提升，其学识由于旅行见闻而有所增加，他就期待着很快推选他至少担任枢密院文书。但这一期待落空了，余生中他就一直抱怨，明显表现出不满。他写诗描述欧洲的主要城市，写女王伊丽莎白统治的编年史（相信他越老越聪明了，不再像以前那样骂人了），还写了一本卡姆登先生传，这些都在私人手里，没有一本公开刊印。我看这是要防止剽窃，不让别人把偷来的羽毛插在自己身上当翅膀，把自己辛苦努力的成果轻轻松松地说成是他们的。

他在伦敦有一份可观的财产，房产租金收入丰厚。他死于国王查理统治初期（卒于 1633 年）。

*朗斯洛特·巴尔克利*出生于（约 1568 年）安格尔西岛一个当时很受人尊敬（后来值得尊敬）的家庭，在博马里斯附近有一处漂亮的住所（其他地方也有）。他在牛津布列斯诺斯学院上学，后来在都柏林先担任大助祭，后担任大主教，1619 年 10 月 3 日阿尔马大主教克里斯托弗为他主持任职仪式。不久之后，他在爱尔兰被国王詹姆斯任命为枢密院大臣，在那里一直享有好名声，直到大约十年后去世（卒于 1650 年）。

朱林尼斯·赫林 1582 年出生于蒙哥马利郡的福莱姆贝尔－迈耶尔。他父亲从这里回到考文垂，他与考文垂关系密切，其先人（有将近二百年时间）曾是那里的主要官员。父母发现儿子有出息，就送他到剑桥西德尼学院学习。他后来成为一名有益而又勤勉的讲道者，在德比郡的卡尔克，在什鲁斯伯里镇，在柴郡的伦伯里，成为一个生活虔诚的人，但在观点上对圣公会教规感到不满。

他的教名在当地上层人士里面非常普通，是为了纪念朱林尼斯·帕尔默（女王玛丽统治时期的殉教者），和一个考文垂本地人。

他由于不服从国教而被禁止在这里布道，被召到阿姆斯特丹，在那里继续为英格兰会众布道好几年[①]，在当地很受尊重，最终死于1644年。

乔治·赫伯特出生于（1593年）蒙哥马利城堡，是赫伯特勋爵爱德华的弟弟，剑桥三一学院的研究生，剑桥大学演说官员，查理王子从西班牙回来以后，他发表了一场博学的演讲，很受欢迎。

他可不是提哥亚贵族，在建造耶路撒冷时，"他们的贵胄不用肩担他们主的工作"[②]，而是放弃俗界的晋升，选择在上帝的圣坛上效力，把政务放在一边。他生活极为虔诚，效法前贤，可为后世圣洁的楷模。为了证明他独立于所有人，他从来不提耶稣基督的名字，而是称其为"我的主人"。除了圣子耶稣之外，他还爱《圣经》，人们常听见他说，就是把全世界都给他，他也不会舍弃一页《圣经》。

他严格遵守教规，以此把他教区的大多数居民都吸引过来，每天都陪他一起参加公共礼拜活动。然而，他在职务晋升上（因为没有要求）从来都没有高于索尔兹伯里附近的贝默顿牧师（他在这里为继任者建了一所漂亮的房子）和雷顿牧师（在林肯大教堂），他在雷顿建了一座漂亮的教堂，得到一些朋友的慷慨捐助。

他临死前一位朋友去安慰他，回忆起建教堂这件事，说这是一件特别的善工，他回答说："如果上面洒有基督的血，就是一件善工。"但他的"教堂"（那首无与伦比的诗）会比这座建筑延续的时间更长久。他死于1633年。

---

① 阿姆斯特丹是当时欧洲在宗教政策上最宽容的地方，在英格兰遭受迫害的不服从国教者很多都逃到那里去避难，而罗马天主教徒则倾向于逃到北美的马里兰。——译者注

② 参见《圣经·尼希米记》3:5。——译者注

爱德华·赫伯特（切尔伯里第一任男爵赫伯特），理查德·赫伯特先生及其妻子莫德林·纽波特的儿子，出生于（1583 年）蒙哥马利城堡，国王詹姆斯册封他为骑士，派他到法兰西担任大使（这是他弟弟、已故的节庆礼宾官亨利·赫伯特爵士告诉我的）。后来国王查理一世册封他为爱尔兰的卡斯莱兰男爵，几年以后又册封他为这个郡的切尔伯里男爵。

他是个最杰出的艺术家和罕见的语言学家，既从书本上学，也跟人学，他本人是两部最优秀著作的作者，也就是用法语写的《论真理》，在海外受到盛赞，至今（我听说）仍然非常荣幸地保存在教皇的梵蒂冈图书馆。

他娶了蒙茅斯郡圣朱利安斯的威廉·赫伯特爵士的女儿和唯一继承人，因此在英格兰和爱尔兰都有一大笔遗产。他死于 1648 年 8 月，埋葬在伦敦菲尔兹的圣吉尔斯。他打算立一根漂亮的纪念柱，由他自己设计，为他竖立在蒙哥马利教堂，其样式如下：

地面上有一个平台，十四英尺见方，中间立一根多利斯式柱子，带有柱脚和柱顶，十五英尺高，柱顶上放一个骨灰瓮，还有个心形大烛台，由两个天使支撑。柱脚上有四个天使守护，放在平台的四个角，其中两个拿着颠倒的火炬，使必死性的箴言无效，另两个举着象征胜利的棕榈叶。

这根纪念柱一直没有被立起来（遇到什么障碍我不想打听），而且我担心不可能完成。这倒是让我这样描述它：原打算用大理石立起来的，也可以立在纸上。

约翰·威廉姆斯出生于（1582 年）卡那封郡的康韦，剑桥圣约翰学院的研究生，剑桥大学学监，威斯敏斯特教长，林肯主教，英格兰掌玺大臣，最后担任约克大主教。

我在拙作《教会史》里得罪了他的朋友，因为赞美他的话我写得非常少；也触怒了他的仇人，因为我说了很多为他辩解的话。但我宁可活着说得罪人的话而让其他人愤怒，也不愿死的时候因为说假话而谴责自己的良心。他死于 1650 年 3 月 25 日。[1]

　　戈弗雷·古德曼出生于（1583 年）登比郡，父母都很富有，跟着叔叔[2] 在威斯敏斯特学校上学，后来在剑桥三一学院上学，攻读神学博士学位，先后晋升为温莎受俸牧师、罗切斯特教长、格洛斯特主教。

　　他可以加入宗教改革之前（虽然宗教改革之后他又活了很长时间）的高级教士行列，因为他与他们的看法一致，死的时候公开承认是罗马天主教徒，这从他的遗嘱里可以看出来。然而我们教阶体制[3] 的反对者没有理由获得胜利，这些人恶毒攻击罗马天主教徒，说他们服从戈弗雷所有的命令，在女王伊丽莎白执政以来的二百位主教中，只能举出他这一个例子，而且他也不是个非常显赫的人物，不仅其同僚不承认他，还由于其错误观点在不久前的教士会议上被监禁。

　　实际上他在交谈中经常抱怨我们早期的改革者，有一次我听见他有些激动地说，主教里德利是个非常古怪的人，有人马上回答说："他确实是个怪人，大人，英格兰所有的罗马天主教徒中，没有一个人在学识上和宗教信仰上能比得上他。"

---

① 威廉姆斯深深地卷入了当时复杂的政治之中。他试图软化查理一世对待议会的态度，但查理不理会他的建议，并撤销了他的掌玺大臣职务。后来他被指控泄露枢密院的秘密，然后被监禁在伦敦塔。内战爆发后，他隐退到康韦。1645 年，纳斯比战役之后，威尔士人推选他为首领，他与议会领导人达成了协议。威廉姆斯做了一些善事，其中有一件是捐出一大笔钱，用于建造剑桥圣约翰学院。——编者注
② 即前文提到的加布里埃尔·古德曼。——译者注
③ 英格兰虽然经历了宗教改革，但基于历史原因，以前罗马教会的教阶体制仍然保留了下来，所以在新教阵营里属于另类，时常为其他新教教派所诟病。——译者注

为古德曼说句公道话，他是个没有恶意的人，除了伤害他自己之外不会伤害任何人，他同情穷人，对邻居热情友好，反对毁掉持相反观点的人，把他留下的大部分财产都用在宗教事业上。他绝不是个可鄙的历史学家，但我承认他不如黑克威尔博士。

我想起来他在遗嘱中留给我的那枚戒指，上面刻有"逝者安息"，所以我就不再打扰他的亡灵了。1642 年他被任命为主教，大约七年以后死于威斯敏斯特，享年将近八十岁（卒于 1656 年）。

托马斯·豪厄尔出生于（1588 年）布雷克诺克郡的兰加马奇，距离布雷克诺克几英里，牛津耶稣学院的研究生，后来成为一个温顺的人，一个最优秀的讲道者。他的布道词就像西罗亚池子里的水一样缓缓流淌，在一条平静的小溪里流过，这样他讲的内容凭借法律允许而又值得赞美的罪孽①悄悄进入听众的心里。国王查理任命他为布里斯托尔最后一任主教，在牛津举行了任职仪式。他死于1646 年，撇下好几个孤儿。

我听说值得尊敬的布里斯托尔市照顾这几个孤儿，让他们愉快地接受教育。我不愿打探过多的真相，免得因为说这些好话而受到批判。

---

① 暗示其布道词与当时主流的清教徒思想相左。——译者注

图书在版编目（CIP）数据

英格兰名人传 /（英）托马斯·富勒著；王宪生译.
—杭州：浙江大学出版社，2021.4
书名原文：The History of the Worthies of England
ISBN 978-7-308-21147-5

Ⅰ.①英…　Ⅱ.①托…②王…　Ⅲ.①名人—列传—英国
Ⅳ.①K835.61

中国版本图书馆CIP数据核字（2021）第039830号

英格兰名人传

[英] 托马斯·富勒 著　王宪生 译

责任编辑	王志毅	
文字编辑	田　千	
责任校对	张培洁	
装帧设计	宽　堂	
出版发行	浙江大学出版社	
	（杭州天目山路148号　邮政编码310007）	
	（网址：http://www.zjupress.com）	
排　　版	北京辰轩文化传媒有限公司	
印　　刷	河北华商印刷有限公司	
开　　本	635mm×965mm　1/16	
印　　张	39	
字　　数	488千	
版 印 次	2021年4月第1版　2021年4月第1次印刷	
书　　号	ISBN 978-7-308 21147-5	
定　　价	108.00元	

浙江大学出版社市场运营中心联系方式：（0571）88925591；http://zjdxcbs.tmall.com

Thomas Fuller, 1662

The History of the Worthies of England

本书翻译主要依据

Edited and introduced by Richard Barber, The Folio Society, 1987

同时参考

Edited with an introduction and notes by John Freeman, George Alien

& Unwin Ltd, 1952